区域法治发展研究丛书

区域法治发展的理论分析

Theoretical Analysis on the Development of Regional Rule of Law

公丕祥　著

法律出版社
LAW PRESS CHINA

《区域法治发展研究丛书》
编辑委员会

总　　序

当代中国正处于一个持续的深刻的转型与变革过程之中。这场社会转型与革命,给我们这个时代的社会生活的各个领域都带来了极其复杂而重大的变化。

随着从传统的高度集中的总体社会向现代的充满生机与活力的多元社会的巨大转换,当代中国也在经历一个从人治型的法律秩序向法治型的法律秩序的大转换、大转型的历史性的过程。这是又一场伟大而深刻的法律革命,是中国法制现代化的革命性过程。中共十八届三中全会作出了建设法治中国、推进国家治理体系和治理能力现代化的重大战略部署。中共十八届四中全会在中国共产党的历史上第一次专门审议通过了中共中央《关于全面推进依法治国若干重大问题的决定》,强调要坚定不移走中国特色社会主义法治道路,提出全面推进依法治国的总目标是建设中国特色社会主义法治体系、建设社会主义法治国家。这一重大战略抉择必将给当代中国社会变革、国家发展与法制现代化的进程提供强劲的动力,意义重大,影响深远。

中国是一个经济社会发展很不平衡的东方大国。推进法治中国建设的伟大进程,在我们这个幅员辽阔的国土空间范围内呈现出既内在统一又各具特色的鲜明的区域性特征,构成了变革时代区域法治发展的具体生动的法治场景。建设法治中国的历史性任务的提出,不仅为区域法治发展研究提供了重要的理论逻辑,也为区域法治发展实践开辟了广阔的空间。

从本质意义上讲,法治中国建设昭示着国家法治发展的基本走向,意味着法律文明价值体系的巨大创新,反映了我们这个民族从法律思想、法律制度到法律实践、法律行为的各个领域变化的多方面进程,进而确立了与全球法治发展进程相协调而又充满浓郁的民族意味的制度安排、价值观念及其生活准则系统。很显然,作为法治中国进程的有机构成要素的区域法治发展,乃是法治中国建设在国家特定区域范围内的具体实现,是从传统的总体社会向现代的多元社会转变这一特定过程中法律文明及其价值基础的历史转型在特定地域的展开过程。因之,区域法治发展与国家法治发展在基本性质、主体内容与目标任务诸方面,都是内在一致、并行不悖的,绝不存在一个脱离国家法治发展的历史进程的孤立的区域法治发展。这就是说,国家法治发展与区域法治发展之间具有内在的统一性,这种统一性意味着在国家法治发展的进程中,不同区域法治的运动发展不可能是处于互不相关、绝对排斥的状态,因而必定会构成国家法治发展这个"总体";意味着区域法治发展与国家法治发展乃是国家法治的发展与命运的共同体,国家法治发展这个"具体总体"统摄着区域法治发展这个具有丰富关系的"许多规定",区域法治发展必须以推动国家法治发展、建设法治中国的总体战略为依据和准绳,必须以维护国家法治的统一和权威为基本前提;也意味着在不同的区域法治发展进程中确实存在内在的统一性,存在共同的必然的区域法治发展的运动规律,这就要求我们从不同区域法治的运动发展中,努力探寻区域法治发展共同的普遍的规律。

应当看到,在建设法治中国的时代进程中,区域法治发展亦具有鲜明的多样性的品格。从广泛的法律文化意义上讲,人类社会的法律文化是多彩多姿的。不同民族或国度的法律文化,在不同条件的作用下,总是循着特定的路径发展演化。在同一社会形态之内,不同国家的经济、文化和思想发展水平是不一样的,它们的国家形态和政治体制方面也有着差异,每个国家又有其特定的历史发展、风俗习惯和民族传统特点,况且这些国家所处的地理位置、自然条件、人口状况等也不尽相同。这些复杂的因素,势必会使法律文化的运动呈现出五彩缤纷、丰富多样的历史特点。对于法治中国进程中的区域法治发展来说，它的一个鲜明特点就是具体性。建设法治中国、推进国家法治发展的进程，乃是一个由一定的国家法律制度、法律体系及其法律实践、法律行为、法律思想、法律心理所联结而成的运动之网。作为这面运动之网上的每一个区域法治的运动发展，都独具个性，并且这种个性不是仅仅具有相对意义的特殊性，而是一种不可绝对重复的个别性。尽管在区域法治的发展进程中，不同区域法治发展之间常常会有“惊人的相似之处”，但也只能是“相似”而已。正因为不同的区域法治的运动发展富有如此鲜明的个性色彩，所以当下中国的法治发展和区域法治发展进程才呈现出这般的丰富多姿。诚然，随着社会经济文化的发展，特别是法治中国建设的加快推进，区域法治发展的历史个性有可能逐渐减弱，但是中国法制现代化的进程表明，区域法治的运动发展并没有因此而变成呆板划一的堆积。随着法治中国建设的历史进程，区域法治发展的内容与形式只会越来越绚丽多样。这是毋庸置疑的客观趋势。我们应当深入把握法治中国进程中各种不同类型的区域法治发展的特殊逻辑，进而深刻揭示多样性的区域法治发展特殊的本质性特点。

因此，毫无疑问，当代中国的法学研究，应当密切关注自己的时代所提出的种种问题，参与到生动的现实的法律生活之中，反映并阐释时代提出的重大法律问题，使之成为法的时代精神的体现。面对着变革时代的区域法治发展这一法治中国进程中的一项重大法治议程，我们有必要从理论、历史与实际的结合上，深入研究建设法治中国对于推进区域法治发展提出的全新要求，努力探寻区域法治发展多样性统一的运动样式，悉心把握区域法治发展的基本性质、总体目标、主体内容、动力机制与实现路径，着力探讨法治中国进程中的区域法治发展鲜活的样本，比较考察不同区域法治发展的生动实践类型，进而概括与揭示区域法治发展的一般原理和基本规律，以期为推进中国法治现代化、建设法治中国、实现国家治理现代化奉献绵薄之力。

2014 年年初，经江苏省人民政府批准，南京师范大学法学院、东南大学法学院、苏州大学法学院、扬州大学法学院和江苏省社会科学院法学研究所共同设立了江苏高校区域法治发展协同创新中心。为了推动当代中国区域法治发展理论与实践研究深入扎实的开展，江苏高校区域法治发展协同创新中心组织编辑《区域法治发展研究丛书》。这项学术事业，得到了全国法学界同人们的热情关心、指导和支持,得到了江苏高校协同创新计划的专项经费资助,得到了南京师范大学、东南大学、苏州大学、扬州大学、江苏省社会科学院等单位领导和有关部门的大力支持,也得到了法律出版社领导和有关编辑的鼎力相助。在此,我们谨致以诚挚的谢忱。

公丕祥

2014 年 11 月于南京

前　言
一个重大的法学论题

马克思在论及哲学与时代的关系时提出这样一个深刻的论断,"任何真正的哲学都是自己时代的精神上的精华",并且"同自己时代的现实世界接触并相互作用";哲学家"是自己的时代、自己的人民的产物,人民的最美好、最珍贵、最隐蔽的精髓都汇集在哲学思想里"。[1] 这一精辟论断揭示了真正的哲学的时代性、人民性和实践性,鲜明展示了作为时代精神精华真正的哲学的价值蕴含。当代中国正处在一个极其深刻的社会转型的大变革时代。全面依法治国、建设法治中国的伟大实践要求我们必须高度重视区域法治发展。在不同的经济发展水平、社会结构、历史进程、文化传统和地理环境等因素的影响和作用下,当代中国不同区域间的法治发展形成了历史的差异性,这是中国这样一个东方大国的经济社会发展不平衡规律在法治建设领域中的集中体现。各具特色、程度不同的区域法治发展的不平衡性,构成了当代中国法治发展进程的区域性的表现形态。这是毋庸置疑的客观的法治现象。充分认识这一基本的法治发展现象,无疑有助于我们把握中国法治发展的区域特征,揭示法治中国建设的基本规律,进而为全面推进依法治国、加快建设法治中国提供可行且可靠的路径选择。

第一,推进区域法治发展,是探索法治发展的中国道路的必然要求。法

---

〔1〕《马克思恩格斯全集》(第2版·第1卷),人民出版社1995年版,第219~220页。

治发展是一个世界性的进程,尽管这个进程在不同国度的历史命运是不同的,但是其作为一种法律生活成长的趋势,却是不可避免的,而且在很大程度上具有不可逆性。不过,我们应当清醒地看到,不同民族与国家的法治发展道路是迥然相异的,并不存在一个呆板划一的固定的模式。中国的法治发展进程,受到中国社会的、经济的、政治的、文化的、历史的和地理的诸方面条件或因素的深刻影响,因而有其独特的历史特点。特别是在中国这样一个幅员辽阔的国度,不同地区之间的经济社会发展水平不平衡造成了各个区域法治发展状况存在差异性,必然影响或制约着各个区域法治发展的进展状况与实际效果。因而区域之间法治发展的历史差异性成为中国国家法治发展进程中的一个突出的客观实在,亦在很大程度上成为中国法治现代化的模式变量之一。这就需要我们悉心把握中国法治现代化进程的内在特质,探索法治发展的中国路径选择,确立推进中国法治现代化的现实基点,进而为走出一条具有中国特色的法治发展道路作出不懈的努力。

第二,推进区域法治发展,是实现当代中国区域社会治理现代化的有效途径。从总体上看,治理有全球意义上的区域治理与主权国家意义上的国家治理范围中的区域治理之分。就后者而言,作为与国家治理既密切相关又有所差别的地区性的治理体系,区域治理更具有基础性和根本性,构成了国家治理体系的有机组成部分和重要的前提性因素。党的十八大报告第一次在我们党的文献中正式提出"国家治理"的概念;[1]党的十八届三中全会《关于全面深化改革若干重大问题的决定》则明确提出"推进国家治理体系和治理能力现代化",强调要"改进社会治理方式",坚持系统治理、依法治理、综合治理、源头治理;[2]党的十八届四中全会进一步提出要"推进多层次多领域依法治理","提高社会治理法治化水平";[3]党的十八届五中全会通过的《关于制定国民经济和社会发展第十三个五年规划的建议》(以下简称《建议》),把"国家治理体系和治理能力现代化取得重大进展"确立为全面建成小康社会新的目标要求之一,进一步强调要"完善党委领导、政府主导、社会协同、公众

---

〔1〕《中国共产党第十八次全国代表大会文件汇编》,人民出版社2012年版,第24页。
〔2〕《中共中央关于全面深化改革若干重大问题的决定》,人民出版社2013年版,第49~50页。
〔3〕《中共中央关于全面推进依法治国若干重大问题的决定》,人民出版社2014年版,第27页。

参与、法治保障的社会治理体制,推进社会治理精细化,构建全民共建共享的社会治理格局”。〔1〕 这就把国家治理现代化的重大议题提到了全面深化改革、全面依法治国的新时代的党和国家的战略议程之中。党的十九大从坚持新时代中国特色社会主义基本方略的战略高度,强调要“不断推进国家治理体系和治理能力现代化”,“加强和创新社会治理”,“打造共建共治共享的社会治理格局”,在到2035年“国家治理体系和治理能力现代化基本实现”的基础上,到21世纪中叶“实现国家治理体系和治理能力现代化”。〔2〕 这就勾勒出推进新时代国家治理现代化的路线图、时间表。党的十九届四中全会对坚持和完善中国特色社会主义制度、推进国家治理体系和治理能力现代化作出重大战略部署,明确提出要“坚持和完善共建共治共享的社会治理制度”,“建设人人有责、人人尽责、人人享有的社会治理共同体”,“加快推进市域社会治理现代化”,“夯实基层社会治理基础”。〔3〕 在这里,如同国家法治发展在推进国家治理现代化中具有的重要地位一样,区域法治发展与区域社会治理现代化是同一个时代进程的两个不可分割的方面,二者的有机互动构成了当代中国国家治理现代化的强劲动力,也是区域经济社会发展的前进方向与基本保障。因此,持续不断地推进区域法治发展,不仅可以夯实国家治理现代化以及国家法治发展的区域性基础,而且对引领和推动区域社会的健康发展,实现区域社会治理现代化具有至关重要的作用。

第三,推进区域法治发展是保障国家区域发展总体战略顺利实施的内在需要。制定国家区域发展战略,实施区域发展规划与政策,进而推进区域协调发展,这是当今世界各国普遍面临的一个重大课题与艰巨任务。长期以来,中国政府基于对中国国情与区情的深刻把握,始终高度重视区域协调发展问题,不断调整和完善国家区域发展战略与政策。改革开放以来,特别是

---

〔1〕《中共中央关于制定国民经济和社会发展第十三个五年规划的建议》,人民出版社2015年版,第8、42页。

〔2〕 习近平:《决胜全面建成小康社会　夺取新时代中国特色社会主义伟大胜利——在中国共产党第十九次全国代表大会上的报告》(2017年10月18日),人民出版社2017年版,第21、23、28、29、49页。

〔3〕《中共中央关于坚持和完善中国特色社会主义制度　推进国家治理体系和治理能力现代化若干重大问题的决定》,人民出版社2019年版,第28、30页。

进入20世纪90年代以来，中国政府陆续形成与实施了西部大开发战略、振兴东北老工业基地战略、中部地区崛起战略、东部地区率先发展战略等一系列重大的国家区域发展总体战略。党的十八大报告把“区域协调发展机制基本形成”作为到2020年全面建成小康社会的目标之一加以设定，强调要“继续实施区域发展总体战略，充分发挥各地区比较优势，优先推进西部大开发，全面振兴东北地区等老工业基地，大力促进中部地区崛起，积极支持东部地区率先发展”。[1] 不仅如此，中国政府还从不同地区的特点出发，围绕城市发展与城乡一体化，以城市经济圈或城市群为支撑，形成国家区域协同发展格局。诸如，长江三角洲地区一体化发展战略、珠江三角洲地区一体化发展战略、京津冀协同发展战略、长江经济带发展战略，等等。党的十八届五中全会《建议》提出“实施脱贫攻坚工程”，把“解决区域性整体贫困”确定为全面建成小康社会新的目标要求之一，尤其是把协调发展纳入五大新发展理念体系之中，强调“发展空间格局得到优化”，要“重点促进城乡区域协调发展”，“拓展区域发展空间”，“以区域发展总体战略为基础，以‘一带一路’建设、京津冀协同发展，长江经济带建设为引领，形成沿海沿江沿线经济带为主的纵向经济轴带”，进而“塑造要素有序自由流动、主体功能约束有效、基本公共服务均等、资源环境可承载的区域协调发展新格局”。[2] 第十二届全国人大第四次会议审议通过的《中华人民共和国国民经济和社会发展第十三个五年规划纲要》（以下简称《“十三五”规划纲要》），强调“十三五”时期经济社会发展的主要目标之一是“区域协调发展新格局基本形成”，为此要“深入实施西部开发、东北振兴、中部崛起和东部率先的区域发展总体战略，创新区域发展政策，完善区域发展机制，促进区域协调、协同、共同发展，努力缩小区域发展差距”，并且对“推动京津冀协同发展”“推进长江经济带发展”等新的区域发展重大战略作出了具体安排。[3] 党的十九大着眼于开启新时代中国特色社会主义

---

〔1〕《中国共产党第十八次全国代表大会文件汇编》，人民出版社2012年版，第16、21页。

〔2〕《中共中央关于制定国民经济和社会发展第十三个五年规划的建议》，人民出版社2015年版，第7、8、11、19、33页。

〔3〕《中华人民共和国国民经济和社会发展第十三个五年规划纲要》，人民出版社2016年版，第10、90、93～97页。

发展新征程的战略安排，进一步强调要坚定“实施区域协调发展战略”，“建立更加有效的区域协调发展新机制”。[1] 党的十九届四中全会将“构建区域协调发展新机制，形成主体功能明显、优势互补、高质量发展的区域经济布局”纳入建设国家制度与国家治理体系的总体部署之中。[2] 当代中国国家区域发展战略的制定与实施，在中国大地上汇聚为一股强大的力量，深刻地改变着中国社会的面貌，而其中蕴含着的乃是制度创新的蓬勃生机与活力。[3] 在这里，尤其重要的则是法治的力量。推进国家区域发展总体战略，不仅对国家法治发展提出了相应的要求，中央政府必须从国家发展及现代化的全局出发，制定和完善有利于国家区域发展总体战略得以实施的法律制度和政策体系，而且对区域法治发展产生了直接的效应，相关区域的地方政府面临的一项重大任务，就是要在国家法治发展总体方向的基础上，适应贯彻国家区域发展战略的现实需求，通过法治化的方式建立健全保障国家区域发展总体战略有效实施的制度、机制与政策系统，为实施国家区域发展战略营造法治环境。因而变革时代的国家区域发展总体战略的形成与实施，对推进当代中国区域法治发展提出了历史性的重大需求。

本书的主旨在于把区域法治发展放置于推进法治中国建设的历史进程之中加以把握，试图建立起一个能够解释区域法治发展现象的理论分析框架，进而为区域法治发展基础理论研究作出必要的学术努力。

全书由前言、第一章至第八章和结语组成。前言简要论述大变革时代推进当代中国区域法治发展的时代意义，进而把握全面推进法治中国建设的战略与策略选择。

第一章主要分析区域法治发展的概念内涵。通过对地理学中的区域概念及其延展、法学视野下的区域概念、区域法治发展概念等若干基本概念的辨析，努力厘清区域法治与相关概念之间的逻辑关系，着力论证区域法治发

---

〔1〕 习近平：《决胜全面建成小康社会　夺取新时代中国特色社会主义伟大胜利——在中国共产党第十九次全国代表大会上的报告》（2017 年 10 月 18 日），人民出版社 2017 年版，第 32 ~ 33 页。

〔2〕《中共中央关于坚持和完善中国特色社会主义制度　推进国家治理体系和治理能力现代化若干问题的决定》，人民出版社 2019 年版，第 21 页。

〔3〕 黎雨编著：《大格局：变动中的中国区域发展战略布局》，国家行政学院出版社 2013 年版，第 89 ~ 90 页。

展现象在逻辑概念上的可能性与在当下实践意义上的必要性,以期为全书的立论与阐释打下基础。

国家层面的区域法治发展研究的方法论是一个多层次的有机系统。第二章着重从法哲学方法论意义上探讨了区域法治发展的理论分析准则,涉及多样性统一的逻辑命题、个别化的方法论准则等法哲学分析原则。我们可以看到,马克思提出的“多样性统一”的概念命题,为研究区域法治发展问题提供了有益的启示:区域法治发展既是一个“自然的历史过程”,具有内在的统一性,又具有鲜明的多样性的品格,进而呈现出多样性统一的运动样式。“个别化的方法论准则”是黑格尔在 19 世纪德国世俗历史主义的思想流变进程中逐渐形成的方法论准则,马克斯·韦伯是该方法论准则的集大成者。批判地改造并运用个别化的方法论准则,有助于我们发现区域法治发展现象的内在奥秘。这里需要注意的是,应妥当地处理好整体性与个体性的关系;揭示和概括个体行动的本质性关系;努力探索个体性行动的因果性联系;从现实中升华并形成思维类型;对研究对象展开具体的历史性的分析;高度重视价值基础和价值评价的特殊意义。运用这些基本的法哲学方法论准则,可以使我们对区域法治发展问题获得新的认识与理解。

第三章进一步论述了区域法治发展的分析框架。这是从理论、历史与现实关系上把握区域法治发展运动机理的思想枢纽,深入阐述了国家发展、区域分析、空间关系三个方式变项对于打开区域法治发展现象内在奥秘的概念工具意义。在这一理论分析架构中,国家发展的方式变项是一个基础性或前提性的分析工具,这一理论工具意义在于强调国家发展进程决定着区域法治发展的运动方向,国家发展的议程通常在区域法治发展领域得以展开,区域法治发展是国家发展现象之网上的有机“纽结”,国家政制的统一性确立了区域法治发展的基本准则。区域分析是区域法治发展的理论分析框架中的具有核心意义的方式变项。这一概念工具的价值意义是确定文明社会法治发展现象的“中层”研究基点,阐释国家法治进程中的区域样式与区域法治进程中的国家法权之间的互动机理,由此,逻辑地形成若干分析范式,诸如“国家中的区域”、“区域中的国家”、“区域的整体性结构”、“区域的功能分析”以及“区域的有经验根据”等分析向度。在区域法治发展的理论分析框架中,空间关系是一个关键性的概念。运用这一概念工具旨在确证区域法治发展现象的空间性，理解区域法治发展现象的自然空间和社会空间条件，揭示区域法治发展的空间类型转换机理。借助于上述区域法治发展现象的重要概念分析工具，我们的研究视野无疑会得以拓展。

第四章深入分析区域法治发展的构成要素。我们可以看到，区域法治发展现象是以行政区域为基本空间单元的区域法治与跨行政区域为基本空间单元的区域法治的有机整体。在当代中国社会转型变革的历史进程中，运用区域法治发展的概念架构，可以使我们在广阔的社会背景下悉心把握这一变革进程在区域社会中的实现程度，揭示区域法治运行的内在逻辑，为法治中国进程中的法治区域建设与发展确立基本的要素系统。因此，不仅要关注跨行政区划的具有法律意义的区域性的制度安排、实践活动与行为模式选择，更要重视以特定行政区划为基础的区域法治创新实践活动；不仅要研究区域法治进程中正规化的制度安排及其实际效果，更要加强对非正规化的规范体系及其对于区域法治的功能作用的深入研究；不仅要注重探讨特定行政区域和跨行政区域的法治现象，更要注重研究区域法治生活领域中的文化问题，深入揭示区域法治现象的文化意义与价值，因为作为治理机制的法治在本质上是一种“地方性知识”。

第五章以中国县域法治为中心分析主线，深入考察了区域法治发展的历史进程。在中国的国情条件下，县级政权是国家政权结构的基础，构成了国家政权结构的基本单元。县域治理体系是国家治理体系的基石，涉及中央与地方，国家与社会、城市与乡村等一系列重大的国家治理关系。县域法治发展是国家法治发展的根基，也是区域法治发展的关键和重心所在。因此，“郡县治，天下安。”在传统中国，郡县制度是两千余年帝国治理体制的主干，体现了普遍性的规则之治与特殊性的乡土之治的内在相连。随着近代中国的国家转型发展，县域治理亦处在一个深刻的历史嬗变过程之中。1949 年中华人民共和国成立，推动中国县域治理展开了现代转型发展进程。党的十八大以来，县域法治发展方兴未艾，正在向纵深推进。

第六章着力研究了构成区域法治发展现象差异性特征的文化因素。这是因为地缘因素以及与之相随的血缘纽带在任何一个时代、任何一个社会中都是至关重要的，其中隐藏着的是文化的力量。因而，运用个别化的方法论准则，深入探讨区域法治发展与文化传统之间的内在关联，深入揭示区域法治发展现象的文化机理，便具有特殊的意义。文化有大传统与小传统之区别。无论是文化大传统，还是文化小传统，都具有空间区域性的特征，对于区域法治发展进程产生深刻的影响。在迅速走上现代化道路的当下中国及其各个区域社会，需要我们重建文化传统在区域法治发展进程中的基础性地位。在这里，重要的是要把文化传统之重建有机融入大众的日常生活之中，使之成为日常生活过程与空间的内在要素。

第七章的主题是区域法治发展的功能取向。发展与法治之间的关系，是全球发展与法治现代化进程中的一个重大论题。法治发展对于国家发展全局具有基础性、保障性、长远性的地位和作用。在全面深化改革、全面依法治国的时代条件下，深刻把握区域发展与区域法治之间的内在关联，对于准确认识区域法治发展的功能定位至为关键。从本质意义上看，区域发展是一个在一定空间地域范围内利益关系的产生、变化与调整的过程，蕴含着错综复杂的法权要求。因此，必须善于运用法治方式，正确处理好区域发展进程中的政府与市场的关系这一法治枢纽问题，形成一定的区域规范调整机制，构筑区域创新发展的法治基础，创设区域协调发展的法治机制，健全区域绿色发展的法治体制，塑造区域开放发展的法治格局，彰显区域共享发展的法治价值，深入推进发展型区域治理，着力构建区域发展的法治秩序。由此，可充分展示区域法治发展的功能取向。

第八章旨在深入揭示区域法治发展的动力机理。如同人类社会历史发展进程乃是“无数个力的平行四边形”综合作用的产物一样，区域法治发展进程的深厚动力，源自于这一进程中的错综复杂的矛盾运动。就总体而言，政府推动与社会演进之间交互作用，构成了中国区域法治进程的内在动因，由此形成法治发展的区域动力类型学。一方面，从区域法治进程的启动机制来看，政府的强力推动成为区域法治发展的强劲动力。地方政府竞争理论认为，区域法治的兴起，是地方政府之间基于形成区域竞争优势而彼此竞争的产物，地方政府成为区域制度创新的主导者。这是有一定道理的。然而，这一理论分析工具忽略了区域社会内部条件及其变化对于区域法治的需求，尤其是没有足够地注意到区域社会主体的法权感及其对于区域法治的内生性动力。另一方面,因区域社会内部法权因素或条件的成长而形成的区域法治社会自然演进过程,确乎构成了区域法治发展的内生性制度变革动力系统,具有坚韧且持久的法治动能,推动着区域法治的蓬勃发展。因而,在新时代的区域法治发展进程中,恪守以人民为中心的法治发展准则,全面深化区域法治实践,有效满足区域社会主体日益增长的法治需求,努力实现平衡且充分的区域法治发展,无疑有着重要的时代价值。

结语部分对全书的主要理论观点进行了必要的梳理,借以进一步凸显区域法治发展的理论需要,初步回应大变革时代对于区域法治发展研究的学术挑战,并且为未来的进一步探讨确立基本的理论方向。

目　　录

Table of Contents

第一章　区域法治发展的概念内涵

任何事物都有其内在的本质性的基本规定以及外在的多样化的表现形态。区域法治发展现象亦是如此。因此,研究区域法治发展问题,至关重要的是要揭示研究对象的内在特性,进而分析由这种内在特性所决定的外在形态。在对本书的论题展开之前,有必要先行厘清若干概念,以便确定本书的讨论范围,认识论题的时代意义。

一、地理学中的区域概念及其延展

"区域",亦可称为"地区",这是一个含义丰富、外延广泛的多层面的综合性概念,在不同的学科领域有着虽然相通但却差异明显的意义表达。

"区域"概念由来已久。20世纪初叶日益兴盛的区域地理学把地球表面的区域差异作为主要的研究对象,极力突出区域在地理学科中的基础性地位。作为区域地理学的先驱者之一,德国地理学家阿尔夫雷德·赫特纳认为,一切时代地理学都是关于地球上各种不同空间的知识,即"区域描述"或者"区域学"。因而在赫特纳那里,地理学被视为关于地球表面的"区域科学"。[1] 美国地理学家理查德·哈特向在阐述赫特纳基本观点的基础上,进一步揭示地理学中区域概念的本质性意义,力图从地理世界的总观念中将某

---

〔1〕［德］阿尔夫雷德·赫特纳:《地理学——它的历史、性质和方法》,王兰生译,商务印书馆2011年版,第159～160页。

种地区的地理特性予以抽象化，确定地区关联性的主要类型。哈特向的区域概念，不仅考虑到地方上的相似性和差异性，而且涉及地方之间的现象相互关联性，从而"使区域概念成为一个能够应用的锋利的技术工具"。[1] 因此，地理学中的区域概念，一般与自然地理状况的地域性特征密切相关，旨在描述地球表面的某一特定区域单元。

地理学上的区域概念，是我们认识一切区域现象的知识基础。对于法学以及其他学科来说，跨越学科之间的鸿沟，推动法学和其他学科与地理学之间的交融，无疑会对我们理解区域概念产生作用。区域概念的运用，为现代地理学的研究拓展了广阔天地，也深刻影响了其他学科领域的分析框架。区域经济学、区域政治学、区域法学、区域社会学、区域文化学、区域人类学、区域历史学等新的学科智识形态蓬勃兴起、茁壮成长，从而有力推动了区域科学的形成与发展。

时下广泛流行的区域经济学，在研究一定区域范围内或者区域之间的经济现象时，通常是把一定的经济活动的空间区位及其成因作为这一领域研究的主轴。区域经济学注意区分经济领域与行政区域，认为一国内部的经济发展是不平衡的，工业化更多的是区域现象而不是国家现象，强调区域属于某种经济空间的一部分，"应从某种关联性角度去理解区域，也就是因为存在某种关联性，因而把一些地区视为具有完全相同的特征，进而可以把它们整合成某一空间实体，这就是区域"。[2]

区域政治学中的区域概念有着特定的指向，更多的是指以主权国家范围之内行政管辖层级为基础的特定地域空间单元，这亦称为行政区域。而一定形态或结构的行政区域的确定，集中反映了国家统治者的政治意志及其取向，体现了国家治理的目标选择与现实需要。[3]

如果说区域经济学强调的是作为基本的经济空间单位的区域概念意义，

---

[1] [美]R. 哈特向：《地理学性质的透视》，黎樵译，商务印书馆2012年版，第128页。

[2] [法]皮埃尔－菲利普·库姆斯、蒂里·迈耶、雅克－弗郎索瓦·蒂斯：《经济地理学——区域和国家的一体化》，安虎森等译，中国人民大学出版社2011年版，第2页。

[3] 有的学者认为，行政区域是地理区域的一种特殊形式，行政区划不是一般意义上的地理区域，而是结合政治目的与行政管理需要来划定的。周振鹤：《中国行政区划通史·总论》，复旦大学出版社2009年版，第17页。

区域政治学则致力于把握住主权国家范围内的区域行政辖区属性，那么社会学领域的区域概念则注重揭示区域的社会内涵，尤其是着力分析区域的社会空间形态。当代区域社会学的一个重要研究方向，即在于比较考察作为区域社会空间载体的乡村与城市区域的空间变动或重构与一定的社会经济、政治与文化条件的内在关联。由此，我们愈益认识到以一定的地域条件为基础的乡村社会与城市社会的空间形式及其变迁的独特意蕴。

此外，区域性或地域性是文化现象的显著特征之一，不同的地理环境条件，往往会形成各具特质的不同的区域或地域文化，所以区域文化学关注的是文化的区域空间分布状态及其特征。

显然，“区域”概念确乎是一个多面的棱镜体，映现出丰富多样的概念内涵意蕴。

二、法学视野下的区域概念

从总体上看，法学视域中的区域概念，具有全球意义上的区域和国家层面上的区域的双重意义。就全球的角度而言，区域不仅仅意味着以地理因素为基础的空间结构，而更多的是指通过稳定的经济的或政治的协议建立起来的、一定地域范围内甚至是跨地域的国际组织。作为重建法律文件，《联合国宪章》第八章“区域办法”第 52 条第 1 项规定“本宪章不得认为排除区域办法或区域机关、用以应付关于维持国际和平及安全而宜于区域行动之事件者；但以此项办法或机关及其工作与联合国之宗旨及原则符合者为限”，并且专门设定了区域体系的法律框架。由此，区域体系即成为介于国际体系与民族国家之间的一种具有全球意义的次级国际体系。[1] “二战”以来，这种基于经济的、政治的、地理的、生态的甚至军事安全的诸种共同联系的区域性次级国际体系，如雨后春笋般地发展起来，深刻地改变着当代国际关系格局及其发展走向。[2]

---

〔1〕 张伟主编：《联合国核心人权文件汇编》，中国财富出版社 2013 年版，第 17 页。

〔2〕 有的学者把国际体系中的地区一体化或区域一体化看作继民族国家之后的第二种人类一体化形态，进而与全球一体化这种遥远的未来人类一体化形态相观照，认为作为新的国际安排和政治、经济、安全概念的“地区”或“区域”，以新的国际行为体的身份登上国际舞台，是“二战”结束以后世界政治发生的最具深远意义的重大变化。庞中英：《全球治理与世界秩序》，北京大学出版社 2012 年版，第 93 页。

民族国家意义上的区域概念具有两层含义：一是指主权国家范围内的以特定行政区划为基本构成的特定地域空间，在当代中国，有省域、市域（设区的市）、县域等不同行政辖区层级；二是指主权国家范围内那些由相邻地域所组成的跨越不同行政区划的空间地域，如中国的西部地区、中部地区、东部地区、长江三角洲地区、珠江三角洲地区、京津冀地区、东北地区等。

可见，民族国家意义上的区域概念，不仅指基于特定行政辖区的空间地域单元，而且包括跨越行政区划的空间地域单元的集合体。只有这两个层面的区域含义的有机整合，才能构成一个完整的法学意义上的区域概念。对于法学研究来说，这种涵盖以特定行政区划为基础的空间地域单元和跨行政区划的空间地域单元集合体的整体性的区域概念，为法学视野下的区域研究设置了统一的场域。法学意义上的区域概念的这两个层面的含义各有其特定的价值指向：基于特定行政区划的地域空间单元，表达了不同行政辖区层级之间的纵向空间地域单元结构；基于跨行政区划的地域空间单元集合体，则表征着不同行政区划之间的横向空间地域结构。这两种不同属性的地域空间单元既彼此区别，又相互联系，共同形成一个内在联结、相互作用、相互依存、不可分割的主权国家范围内的地域空间结构体系。当代中国法学研究无疑应当悉心探讨这两个层面的区域空间结构中的法治状态，并且把它作为一个整体来把握。这是区域法治发展理论研究的必由之路。

三、区域法治发展概念何以可能

一种事物何以可能的问题，与其说是本体论问题，不如说更是一个认识论的问题。区域法治发展的概念能否成立，说到底就是这样的认识论问题，这无疑是一个颇具挑战性的论题。在这方面，学界的认识见仁见智，莫衷一是，但大体上已经或正在形成共识，即区域法治发展的概念不仅是可能的，也是必要的。本书的基本主题就是要对这个问题加以论证与阐释，这里所要提出的原则性看法是，尽管区域法治发展与国家法治发展具有内在的一致性，但是，在法治发展的起点、条件、过程、动力机制、实现方式等诸多方面，区域法治发展与国家法治发展之间无疑存在明显的差异性；这种差异性或个性特征，恰恰是需要我们认真地加以对待的，在这里我们可以清晰地发现区域法治发展对国家法治发展进程的深刻影响，以及国家法治发展与区域法治发展之间的必要的张力及其互动过程，从而确证区域法治发展的蓬勃生机和强大生命力。

我们知道，德国古典哲学大师康德的先验批判哲学被视为"哲学中的'哥白尼革命'"。在《纯粹理性批判》一书的导言中，康德提出："哲学须有一种规定先天的知识之可能性、原理及其范围之学说。"他认为，自然科学包含有作为其原理的先天的综合判断，那么，先天的综合判断何以可能？这是纯粹理性的固有问题之终极所在。由此，康德设定了以下一系列设问：纯粹数学何以可能？纯粹自然科学何以可能？视为自然倾向之玄学何以可能？视为学问之玄学何以可能？[1]在这里，康德预设了一种主体与客体的二元论，排拒休谟的怀疑的经验论，把主客体关系颠倒过来，强调我们所认识的客体是由主体的经验方式和思维方式形成的，而不是主体受到客体的影响；认为在经验中存在必然的、普遍有效的东西（诸如因果律），而这种必然的、普遍有效的东西赋予人类的经验以一定的结构和秩序，而给予经验以结构和秩序的东西，因而服从普遍有效之原则的东西，其来源并不是作为认识对象的客体，而是认识主体（我们自己）。在康德看来，这种人类认识中存在必然的、普遍有效的东西乃是理所当然的不成问题的事情，而认识所要探求的恰恰在于这种普遍有效的和必然的东西是如何可能的问题，而不是是否可能的问题。进一步来说，康德强调，一切经验知识都带有主体赋予其上的形式（空间、时间和因果性），这是所有人类知识都具有的同样的原则性的"形式"。如果人类知识是可以理解的话，就必定带上时间、空间和因果性印记，这些形式结构乃是普遍有效的和必然的，进而构成知识的可能性条件。由此，自然科学是可能的，自然科学的必然的普遍有效的特征是存在的。[2] 因此，这种认识论前提的转换以及由此产生的问题视域之转换，进而确证普遍有效和必然的自然科学知识之可能，构成了康德先验哲学认识论的本质性特征。

康德知识论的论证方式，无疑具有先验唯心主义认识论的浓厚性质。但

[1] [德]康德：《纯粹理性批判》，蓝公武译，商务印书馆1960年版，第30、37～41页。

[2] [挪]G. 希尔贝克、N. 伊耶：《西方哲学史——从古希腊到二十世纪》，童世骏等译，上海译文出版社2012年版，第437～440页。

撇开此点不论，这种普遍有效的和必然的东西如何可能的问题，从认识论与方法论的角度而言，康德关于具有普遍必然性的自然科学知识如何可能的论证，按照黑格尔的看法，恰恰蕴含着客观性的意义。客观性的第二种意义，“是由康德所提出的，指普遍的必然性，以区别于感知的特殊的主观的和偶然的因素”。[1] 康德突出构造知识所必需的普遍认识形式，把先验哲学的认识论看作研究认识形式的纯粹系统，强调这些先验的认识形式与结构显示了科学知识真理的普遍必然性的理性力量，借以追求和确证认识的客观性。这显然有着合理的理论因素。[2]

德国著名社会学家齐美尔（又译西美尔）承继康德的认识论传统，致力于探讨作为社会学研究对象的社会化的形式问题。他借助于康德的分析工具，提出了“社会化是如何可能的”设问。齐美尔运用个别化的分析原则，阐述了作为一门特殊的科学的社会学的性质和特点，指出：“任何一门科学都是建立在一种抽象的基础之上的，因为它从一种概念的观点出发，根据它的某一方面，观察某一种事物的整体，而我们却不能通过任何科学把这个事物整体作为统一体来把握。面对一种事物和诸多事物的整体，任何科学的成长都是通过分工把整体分解为各种单一品质和功能，在此之前，找到一个概念，概念可以把这些品质和功能分离出来，并且在其现实事物的整个存在中，按照方法上的相互联系来把握这些品质和功能。”[3]因此，社会学绝不是一个包罗万象的科学标签，而是一种新的研究方法，具有自己固有的和崭新的客体，有着自己的独立的和确定的边界。社会学作为一门特殊的科学能够从中找寻自己的特殊的客体，它是通过一些本身是众所周知的事实来确定一条新的路线，而概念使这些事实成为这条新的路线的构成部分，即构成一种基于共同的方法的科学的统一体，进而使之成为可以认识的客体。作为一门特殊的科学，社会学的社会概念本身，除了对这些社会现象加以外在的概括之外，还必须对所有这些社会的历史的事实进行一种抽象化和归纳整理。正是通过这种

---

〔1〕［德］黑格尔：《小逻辑》，贺麟译，商务印书馆1962年版，第131页。

〔2〕李泽厚：《批判哲学的批判：康德述评》，人民出版社1979年版，第67～75页。

〔3〕［德］盖奥尔格·齐美尔：《社会学：关于社会化形式的研究》，林荣远译，华夏出版社2002年版，第3页。

概念化的分析方法，这些社会的历史的事实因而被视为社会学的研究客体。[1] 社会的本质意义在于构成社会的各种要素相互作用，在于社会现象的内容与形式构成一个统一的社会现实，在于孤立的个人通过无数不同的方式相互参与和相互支持得以实现的社会化的过程。因之，“倘若有一门科学，它的研究对象是社会，而不是任何别的东西，那么它就只能想研究这些相互作用、这些社会化的方式和形式”。[2] 然而，尽管社会现象的内容与形式在实际过程中不可分割地结合在一起，但是社会现象的内容只有通过一定的形式才能成为社会的内容，才能被进行逻辑的概括。因而抽象社会现象的内容与形式恰恰是被分割开来加以分析，使之在方法上被置于一种统一的科学的观点之下，探寻构成社会的诸要素之间相互作用或社会化的各种形式，“这似乎阐明着一种社会的特殊的科学本身的唯一和全部的可能性。借助这门科学，我们称为社会的、历史的、现实的事实，就切实地被反映在纯社会事实的层面上”。[3] 作为一门社会的特殊的科学，社会学的基本问题在于对社会要素的相互作用与社会化的纯粹形式进行概念确定、系统整理、心理学阐述和历史发展的论证，从而构建为一个特殊的专门科学的领域。“在这个特殊的领域里，认识论已经变成一种这样的专门科学，因为它从对各种事物认识的多样性抽象出了认识本身的范畴和功能。”[4]

基于上述分析，齐美尔遵循着康德的认识论逻辑，提出了这样一个至关重要的设问：既然社会学是一门描述社会主体相互作用及其社会化的形式的专门科学，那么，“不仅在社会的一般概念下，在经验上产生的各种形态如何是可能的呢，而且社会作为主观的心灵的一种客观的形式，如何是可能的呢？”[5]对于这样的设问，齐美尔作出了自己的理论回应。他认为，康德之所以能够在哲学上提出和回答“自然是如何可能的”这个基本问题，是因为在康德那里自然无非是关于自然的观念。这就意味着我们只能在自然是我们的

---

〔1〕［德］盖奥尔格·齐美尔：《社会学：关于社会化形式的研究》，林荣远译，华夏出版社2002年版，第3～4页。

〔2〕同上书，第5页。

〔3〕同上。

〔4〕同上书，第7页。

〔5〕同上书，第18页。

意识的一种内容的范畴内来谈论自然，也意味着我们称为自然的东西实际上是一种我们的悟性借以组合、安排和塑造的感官感觉的特殊方式，通过精神的活动，把自然汇集为这一活动的对象和系列，汇集为实体和特性，汇集为在因果关系上被联系在一起。“对于康德来说，自然是认识的一种特定的方式，是一种通过我们的认识范畴并且在认识范畴内形成的现象，因此，自然是如何可能的？——也就是说，为了能有自然，什么是必须存在的条件？——对他来说，这个问题的解决要通过发现一些构成我们的悟性的本质、因而也实现自然本身的形式”。〔1〕 康德的世界图像的观念对齐美尔探讨“社会是如何可能的”这个问题提出了重要启示。在齐美尔看来，“使社会成为可能的基础是一些先验的条件，必须以类似的方式来探讨这些先验的条件的问题是可以理解的”。〔2〕 然而，自然的统一体与社会的统一体是有差别的：前者仅仅在进行观察的主体上实现，自然的结合只能由主体来实现，而永远不可能存在于各种事物里；后者则是由社会的要素直接实现的，社会的结合事实上是在各种“事物”里实现的，构成社会的统一体的诸社会要素是有意识的、综合性的、能动性的，因而社会的统一体不需要观察者。因此，“社会是客观的，不必要有不被包括在其中的观察者的统一体”。〔3〕 齐美尔进一步分析说，社会是建立在意识的能动性基础之上的，解决“社会是如何可能的”这个问题，要用在各种社会要素本身中先验存在的条件来回答，通过这些条件，各种社会要素现实地结合为社会的统一综合体。由此，要理解社会的综合性的统一体的功能，就必须转移到对于社会本身的各种要素的理解上。那么，什么是社会的诸要素中先验存在的一般条件和基础？什么样的先验性的前提条件必须切实有效，以便使个人意识里的各种单一的具体的进程真正成为社会化的进程？而社会化的进程包含什么样的要素，才能使这一进程的功效（建立社会的统一体）是来自个人的？面对这一系列设问，齐美尔认为，对于社会化进程的这些先验条件的研究，是一种认识性质的东西，即进行社会化的意识或者

---

〔1〕［德］盖奥尔格·齐美尔：《社会学：关于社会化形式的研究》，林荣远译，华夏出版社 2002 年版，第 18～19 页。

〔2〕同上书，第 19 页。

〔3〕同上。

被社会化的意识,而这里所涉及的是相互作用的各种进程。齐美尔从社会认识论的方法原则意义上进一步研究了社会化进程中这些作为先验地发挥作用的条件或形式问题,强调构成这一社会认识论的有三个基本的逻辑层面:其一,在社会生活中,人们从共同的生活基础出发,形成某些假定,根据一种先验,从人作为他的类型,从他自己完善的思想,从他所属的社会的普遍性,产生相互作用,形成相互关系,通过这些先验发挥作用的条件,实现社会的普遍化,进而我们唯独称为社会关系的关系才变成为可能,进而把现实的社会变为一个可认识的世界。其二,个人与社会的相互关系是复杂的,一个群体中的每一个要素不仅仅是社会的一部分,而且还是某种东西。这个范畴所要表达的乃是这样一个经验的社会生活的先验,即生存并非完全是社会的,我们塑造我们的相互关系,不仅在个人人格的没有进入相互关系的部分消极的保留物中进行,而且恰恰是它处于社会的进程之外这一形式上的事实,决定着这种影响的方式。因此,各种社会是由同时处于社会之内和之外的人构成的产物。这是最重要的社会学的形式结构之一,体现了社会学的能动性,甚至表达了社会的能动性。我们可以看到社会也许最有意识地至少是最普遍地产生着生存的一种基本形式,即个人的心灵永远不会处于一种结合之内而又不同时处于结合之外,它不可能被设置于一种秩序之内,又不发现自己与之相对立。这样,个人就保持一种自我存在,一种个人的对照,一种分离下来的自我,社会的扩散并没有把我们的人格彻底融化。社会化的事实使个人处于双重的地位上,个人不仅被包括在社会里,而且同时与社会相对峙,是社会有机体的一个环节,本身又是一个完整的有机的整体,因而是一种为社会的存在和一种自为的存在。这充分体现了特殊的社会学的先验的本质和意义,表明在个人和社会之间的之内和之外并非是两个并存的预定目的,而是表示社会生存的人的完全统一的地位。因此,社会不仅是由一些部分没有被社会化的人组成,而且是由这样一些人组成,他们一方面作为完全的社会的存在,另一方面保持相同内容,作为完全个人的存在。这二者构成了社会的统一体的综合范畴和形式结构,并且供我们使用。这就是经验的社会的一种先验,它使社会能够具有我们认识的形式。其三,社会是一种由不同要素构成的产物。尽管社会是一个整体,但是在这个整体之内,任何一点只能以那些特定的方式得到和发展，整体的具体存在运动的特定方式有着无法估量的多样性。然而，诚然社会的整体之内具有巨大的差别，但是社会的现象学的结构仍然是各种要素的一种秩序，反映了各种客观上和在其社会的重要性上有意义的职能和职能中心的协调。这种社会的现象学的结构就是由社会的每一个要素提供的生存方式和奉献的总和与关系，而每一个要素占有一个个别确定的位置。这恰恰体现了社会化过程的意义所在，即单个人的个性在普遍的结构里找到一个位置，这种因果的相互关系把每一种社会的要素都编织到每一个其他的要素的存在和行为之中去，并且使社会的外在之网得以实现，单个人的生存过程的特殊性变成在社会整体的生存中的一个必要环节——这作为基本的范畴赋予个人的意识以形式，它指定个人作为社会的一种要素。[1] 通过上述对社会的认识论研究，齐美尔对“社会为何是可能的”问题给出了自己的康德式的解答，阐述了社会关系的相互作用及其赖以存在和表现的形式结构，为社会学的特殊的研究对象进行了逻辑证明，从而确证了社会学作为一门独立的科学的正当性和合理性。

康德关于“自然是何以可能的”的著名设问及其回应和齐美尔关于“社会是何以可能的”的经典命题及其论证，为我们分析“区域法治发展是如何可能的”的时代论题提供了重要的法律发展认识论和方法论原则。在这里，重要的是要把握作为一种法律发展政策选择的区域法治发展问题的内在理论逻辑，探寻区域法治发展概念的逻辑意义及其现实基础。只有这样，我们才能够对当代中国区域法治发展现象作出总体性的认知，进而确立起阐释“区域法治发展何以可能”的概念的分析原则。

首先，从概念的逻辑结构来看，区域法治发展的概念体现了概念的普遍性、特殊性和个别性三个环节的有机统一。按照黑格尔的看法，概念是丰富的、生动的、具体的东西，它包含着普遍性、特殊性、个体性或个别性三个环节，而个体性或个别性作为普遍性与特殊性的统一，构成了概念的自身联系和普遍性。由此，黑格尔提出了“个体的即是普遍的”或“个体化的普遍性”的

---

〔1〕［德］盖奥尔格·齐美尔：《社会学：关于社会化形式的研究》，林荣远译，华夏出版社 2002 年版，第 22～31 页。

重要命题。[1] 在当代中国,作为法治发展的伟大实践,法治国家、法治中国、法治区域这三者乃是国家法治发展的有机整体。法治国家是一个普遍性的概念,表示着人类法治文明的普遍性的国家形态,反映了人类法治文明发展的一般规律;法治中国是一个特殊性的概念,体现了法治国家建设的中国道路、中国经验或中国模式;法治区域则是一个个别性的概念,意味着法治中国建设在特定空间地域范围内的历史性展开,构成了建设法治中国进程中的具体化的个别性的地区样式。[2] 因此,区域法治发展实际上是法治中国进程的一个具体表现形态,成为全面推进法治中国建设的个别化的实现方式之一,并且在某种程度上构成了"先行一步"的法治区域。所以,从概念的质的规定性意义上讲,区域法治发展属于当代中国法治发展的"个别性的概念"的范畴,鲜明地表达了法治国家的普遍性准则、法治中国建设的特殊国情要求和法治区域的个别化的具体取向。由此,我们可以说,当代中国的法治发展乃是法治发展的普遍性、特殊性和个别性的辩证统一的过程。作为这个辩证统一的有机网络中的一个重要的个别化的"纽结",区域法治发展实际上是具有普遍性意义的个别性的法治中国发展形态。

其次,从法治发展战略来看,区域法治发展构成了实施法治中国建设总体战略的重要的区域"支点"。在当代中国,法治发展战略可以区分为国家法治发展战略和区域法治发展战略两种类型。在党的十八大报告中第一次提出"国家治理"的概念,指出要"更加注重发挥法治在国家治理和社会管理中的重要作用"。[3] 党的十八届三中全会《关于全面深化改革若干重大问题的决定》把"完善和发展中国特色社会主义制度,推进国家治理体系和治理能力现代化"作为全面深化改革的总目标。这一重大战略决策为当代中国法治发

---

〔1〕［德］黑格尔:《小逻辑》,贺麟译,商务印书馆1980年版,第337、340页。

〔2〕张文显教授认为,区域法治是国家法治在一定区域内的展开,是根据区域的不同的自然环境、经济基础、历史传统、民族习惯等因素实施的法治治理,形成具有区域特色的法治运行模式。也可以说,区域法治是治国理政的区域性模式,是国家法治统一性基础上的区域法治的多样性和国家法治整体性基础上的区域法治发展的个别性。这一见解是颇有见地的。张文显:《变革时代区域法治发展的基本共识》,载公丕祥主编:《法制现代化研究》(2013年卷),法律出版社2014年版,第27~29页。

〔3〕胡锦涛:《坚定不移沿着中国特色社会主义道路前进为全面建成小康社会而奋斗——在中国共产党第十八次全国代表大会上的报告》(2012年11月8日),人民出版社2012年版,第25页。

展战略的制定与实施指明了方向。国家现代化、国家治理体系和治理能力现代化、法治现代化这三者是一个有机统一的整体。国家现代化离不开国家治理体系和治理能力现代化,而法治现代化则是国家治理体系和治理能力现代化的基础和前提,因而构成国家现代化的重要内容。因此,推进中国法治现代化,是推进国家治理体系和治理能力现代化的题中应有之义。国家法治发展战略旨在于从国家层面上,立足中国的法治国情条件,围绕推进国家治理现代化这一目标,对国家法治系统这一国家治理体系的核心要素的中长期的改革与发展进行战略筹划,借以形成指导和推动国家法治发展及其现代化的战略规划。区域法治发展战略则是在国家法治发展战略的指导下,根据特定区域经济社会发展的法律需求,运用法治思维和法治方式创新区域社会治理体制,推进区域社会治理现代化的战略规划和行动方案。不仅如此,在某种意义上,一方面,区域法治发展是实施国家法治发展战略的"试验田",通过区域法治实践的积极探索,为国家法治发展战略的实施创造实践经验;另一方面,区域法治发展又是国家法治发展战略的"先行者",通过区域法治实践的先行先试,使国家法治发展战略得到有效的实施。时下人们广泛提及的中国(上海)自由贸易试验区(以下简称上海自贸区),涉及包括法律制度在内的一系列重大制度创新,这一新的时代条件下推进改革开放的重大举措的本质性意义就在于法治创新,在于建构具有先导意义的法治发展区域。通过上海自贸区的先行先试,突破既有的规则,创设新的规则,从而营造国际化、法治化的营商环境。[1] 上海自贸区的法治创新实践,构成了当代中国区域法治发展的鲜活样本,进而提出了国家法律局部性的因地调整的重大法治课题。这就是说,为了保证上海自贸区改革创新的先行先试,全国人大常委会和国务院相继发布关于在上海自贸区暂时调整法律和行政法规的决定,就相关法律和行政法规的适用范围作出暂时的局部调整,从而给上海自贸区的法治与制度创新留出了足够的规则空间。[2] 上海自贸区的法治创新这一当代中国区域

---

〔1〕 有的学者睿智地指出,"中国(上海)自由贸易试验区"本身冠以"试验"两字,就蕴含了不囿于既有规则之义。当然,所谓试验,并不是恣意妄为,而是在遵循合法规则的前提下的大胆创新。沈国明:《法治创新:建设上海自贸区的基础要求》,载《东方法学》2013 年第 6 期。

〔2〕 刘华:《依法为"先行先试"清障护航》,载《文汇报》2014 年 1 月 8 日,第 5 版。

法治发展的崭新形态，不仅深刻反映了当代中国区域发展不平衡的基本规律，而且集中体现了特定区域法治与制度创新先行先试的内在需求。通过这一生动的法治与制度创新实践，努力形成可复制、可推广的法治与制度创新成果，从而为实施法治中国建设总体战略、推动国家法治发展提供可资参考借鉴与运用的区域性经验。

最后，从区域法治实践来看，区域法治发展概念的提出有着深厚的现实基础。1997 年 9 月召开的党的十五大作出了坚持依法治国基本方略、建设社会主义法治国家的战略部署，开启了当代中国法治发展的新的历史阶段。全国各地扎实推进依法治理，涉及依法治省、依法治市、依法治县的不同层次，成为贯彻实施依法治国基本方略的重要载体，开启了区域法治建设与发展的历史进程。进入 21 世纪以来，面对新的形势与任务，一些地区的党委政府深入总结本地区依法治理的成功经验做法，明确提出了建设法治区域的目标。2004 年 7 月，中共江苏省委率先在全国颁布了《法治江苏建设纲要》（以下简称《纲要》），召开专门会议进行组织推动。[1] 该纲要对建设法治江苏的总体进程进行了基本构想，提出在 2005 年前完成规划、动员、部署工作；2006 ~ 2015 年全面贯彻落实《纲要》的各项任务，基本实现以中心城市为核心区域的法治化目标；2016 ~ 2020 年巩固全省法治化建设成果，全面提高江苏区域政治生活、经济生活、社会生活的法治化水平。[2] 此后，2006 年 4 月，中共浙江省委作出《关于建设"法治浙江"的决定》，[3]"法治云南"（2006 年）、"法治吉林"（2011 年）、"法治安徽"（2011 年）、"法治广东"（2011 年）、"法治天津"（2012 年）等关于省级层面的法治区域建设的文件陆续颁行，[4] 有力地推动了区域法治建设，谱写了区域法治发展的新篇章。经过长期持续不懈的努

---

〔1〕 有的学者指出《法治江苏建设纲要》是全国第一部省级区域法治建设的纲领性文件。何勤华等：《区域法治文化初探》，载夏锦文主编：《区域法治发展的文化机理》，法律出版社 2015 年版，第 41 页。

〔2〕 《法治江苏建设纲要》（2004 年 7 月 14 日），载中共江苏省委党史工作办公室、江苏省依法治省领导小组办公室编：《法治建设在江苏》，中共党史出版社 2013 年版，第 326 页。

〔3〕 夏锦文、陆俊杰：《长三角区域法治文化的基本特质与协同理路》，载夏锦文主编：《区域法治发展的文化机理》，法律出版社 2015 年版，第 221 ~ 245 页。

〔4〕 周尚君：《地方法治试验的动力机制与制度前景》，载《中国法学》2014 年第 2 期。

力,“法治中国”的概念应运而生。2013年1月,习近平在为全国政法工作会议所作的批示中,鲜明地提出建设“法治中国”的历史性任务。[1] 党的十八届三中全会《关于全面深化改革若干重大问题的决定》把推进法治中国建设第一次载入党的文献之中,强调建设法治中国,必须坚持“依法治国、依法执政、依法行政共同推进,坚持法治国家、法治政府、法治社会一体建设”。[2] 党的十八届四中全会《关于全面推进依法治国若干重大问题的决定》庄严号召全党全国各族人民“为建设法治中国而奋斗”。《“十三五”规划纲要》把“全面推进法治中国建设”作为全面建成小康社会的决胜阶段的重大历史性任务加以部署安排。[3] 党的十九大提出“成立中央全面依法治国领导小组,加强对法治中国建设的统一领导”。[4] 建设“法治中国”这一重大命题的提出,不仅指明了当代中国法治发展的前进方向,而且为区域法治发展拓展了更为广阔的空间,提供了更为扎实的基础。在推进法治中国建设的新的时代进程中,坚定而持续不断地建设法治区域,推动区域法治的发展与变革,这已经成为实现中国法治现代化的一项重大社会与法律议程摆在我们的面前。

基于上述分析,我们完全可以这样说,区域法治发展概念不仅是可能的,在理论上是可以证成的,而且在实践中也是可行的。它是在中国这样一个经济社会发展很不平衡的东方大国,推进法治中国建设,实现中国法治现代化,推进国家治理体系和治理能力现代化的一条现实主义的法治发展路径。

四、区域法治发展的规定性

综上可见,作为国家法治发展的有机构成要素的区域法治发展,是国家法治发展在主权国家的特定区域范围内的具体实现,它所展示的是从前现代社会向现代社会转变这一特定过程中法律文明及其价值基础在特定地域中

---

〔1〕 彭波:《顺应人民对公共安全司法公正权益保障的新期待　全力推进平安中国法治中国过硬队伍建设》,载《人民日报》2013年1月8日,第1版。

〔2〕《中共中央关于全面深化改革若干重大问题的决定》,人民出版社2013年版,第31~32页。

〔3〕《中华人民共和国国民经济和社会发展第十三个五年规划纲要》,人民出版社2016年版,第185页。

〔4〕 习近平:《决胜全面建成小康社会　夺取新时代中国特色社会主义伟大胜利——在中国共产党第十九次全国代表大会上的报告》(2017年10月18日),人民出版社2017年版,第38页。

展开的具体生动的法治场景。基于特定区域范围的法治发展现象，无疑有着丰富多彩的历史时空的个别化特征。

那么，何为区域法治发展？对此，学术界见解纷呈，各具特色。[1] 我的基本观点是：在当代中国，区域法治发展是实现依法治国基本方略、推进法治中国建设的有机组成部分，是在国家法治发展进程的基本要求的基础上，根据区域发展的法律需要，运用法治思维和法治方式推进区域社会治理现代化的法治实践活动。因此，区域法治发展实际上是在遵循国家法治发展的总体方向的前提下，适应特定的空间范围内的区域法治发展的现实需求，建构有机协调的区域法治秩序，推动区域发展的法治进程，因而是治国理政的区域性依法治理模式。[2] 由此，区域法治发展概念内涵的基本特征在于：

首先，区域法治发展是国家法治发展的有机组成部分。区域法治发展是与国家法治发展密切相关的。关于法治发展，这个概念与法治现代化概念具有相通的意蕴。正如我们多年来不断论及的，法治现代化反映了从传统的人治型价值—规范体系向现代法治型价值—规范体系的历史性转型与变革过程。时下正在历史性展开的中国社会变革，实际上是要完成从传统社会向现代社会的历史转型。正是在这一转型与变革的过程中，当代中国法治呈现出创新乃至现代化的发展趋势。因而，在当代中国，国家法治发展就是要致力于从前现代社会法律系统向现代社会法律系统的转变，实现从传统法制向现代化法治的历史性跃进。而这个时代进程的基本目标就是要推进法治中国建设，实现中国法治现代化。所以，从本质意义上讲，法治中国昭示着国家法治发展趋势和走向，这意味着中国法律系统及其法律价值体系的深刻转型，呈现出从法律观念、法律制度到法律实践、法律行为的各个领域变化的多方

---

〔1〕 文正邦：《区域法治——深化依法治国方略中的崭新的法治形态》，载《甘肃社会科学》2008年第6期；文正邦：《区域法制研究纵论》，载公丕祥主编：《法制现代化研究》（2009年卷），法律出版社2009年版，第356～383页；李爱平：《关于我国区域法治几个问题的思考》，载《西部法学评论》2011年第1期；张胜全：《我国区域法治的宪政基础与实践探索》，载《唯实》2012年第4期；夏锦文：《区域法治发展的基础理论研究构架》，载公丕祥主编：《法制现代化研究》（2013年卷），法律出版社2014年版，第43～64页；蔡宝刚：《增进区域法治发展的法理证立》，载公丕祥主编：《法制现代化研究》（2013年卷），法律出版社2014年版，第91～100页；等等。

〔2〕 张文显：《变革时代区域法治发展的基本共识》，载公丕祥主编：《法制现代化研究》（2013年卷），法律出版社2014年版，第28页。

面进程,进而在全球法治发展进程中重构具有鲜明的中国风格的法律制度与准则系统。很显然,作为国家法治发展以及法治中国进程的有机构成要素的区域法治发展,乃是国家法治发展以及法治中国建设在国家的特定区域范围内的具体实现,是在从传统的总体社会向现代的多元社会转变的进程中国家法律系统转型与变革在特定区域的历史性展开。它所展示的,是从前现代社会向现代社会转变这一特定过程中法律文明及其价值基础在特定空间地域展开的具体生动的法治场景。区域法治发展与国家法治发展在基本性质、主体内容与总体目标诸方面,都是内在一致、并行不悖的,绝不存在一个脱离国家法治发展以及法治中国建设的历史进程而孤立自在的区域法治发展。[1] 这充分表明,区域法治发展与法治中国进程是当代中国国家法治的发展与命运的共同体,法治中国建设导引和规制着区域法治发展的运动方向,区域法治发展必须以法治中国建设的总体战略为依据和准绳,必须以维护国家法治的统一和权威为基本前提。在建设法治中国、推动国家法治发展的进程中,不同区域法治的运动发展汇聚为一股内生性的强大力量,推动法治中国建设向纵深发展。应当看到,在法治发展的起点、条件、过程、动力机制、实现方式等诸多方面,区域法治发展与国家法治发展之间无疑存在着明显的差异性。正是这种差异性或个性特征,恰恰是需要我们认真地加以对待的,在这里我们可以清晰地发现区域法治发展对国家法治发展进程的深刻影响,以及国家法治发展与区域法治发展之间的必要的张力及其互动过程,从而确证区域法治发展的蓬勃生机和强大生命力。

其次,区域法治发展是区域发展的推动力量。区域发展是国家发展进程在一定地域或区域中的实现状态,它在反映国家发展的前进方向和基本要求的同时,集中地反映了特定区域经济社会条件的固有属性,形成具有鲜明的区域特点的发展机理,从而展示出区域经济社会生活的成长趋向。从法权意义上讲,区域发展不可避免地凝结为一定的法权关系,提出相应的法权需求,

---

[1] 周尚君:《国家建设视角下的地方法治试验》,载《法商研究》2013 年第 1 期。

因而构成区域发展的法权基础。[1] 换言之,区域法治发展与区域发展处于同一个历史过程之中,区域发展的实践有力地推动着区域法治的发展与变革。从本质意义上看,区域发展是一个利益关系的产生、变化和调整的过程,其间所关涉的法权关系复杂多样。这就要求一定区域的法治发展必须迅即反映区域发展进程中因利益关系变动而产生的特定的法权要求。法律调整的基本功能表征之一就是它的指引性或引导性。社会主体遵循法律的规则之治,可以对自己的行为取向作出合理的预期。在特定的经济社会条件的作用下,区域发展的行为准则问题愈益突出地成为国家和地方政府必须高度关注的重要议题。区域法治发展的任务之一,就是要致力于建构一套有利于区域经济社会健康发展的规则体系,借以有效地调节区域社会主体的行为预期,引导区域社会主体向市场和社会提供能够增进区域社会根本福祉的产品,进而为区域发展确立可靠且可行的规则基础。

再次,区域法治发展是区域性依法治国模式。如上所述,区域法治发展是在主权国家的特定空间范围内的具体展开和实现,体现了治国理政的多样化的区域制度的历史性建构。在传统中国,不同历史时期的区域治理形态,既有着相对稳定的构成机理,又有着各具特点的表达形式。比如,郡县制构成了古代中国地方治理体制的一条主轴。秦汉帝国以来的各个王朝的行政统辖区域,大体上都按照郡县制的架构,结合具体的社会历史的因素,加以划分,进而形成一幅皇朝统治的疆域版图,持续不断地施行区域治理活动。而在不同的皇朝统治年代,郡县制外在表现形式又呈现出丰富多样的历史特点,借以裨于皇朝更加有效地辖驭四方、治理天下。在当代中国,区域治理活动与行政统辖层级往往交织在一起,因而区域治理有了更加丰富的内涵及其表现形式。诚然,郡县制这一传统中国行政辖区的基本主轴并未发生根本性的改变,尽管新中国成立之初曾经一度实行行政大区制度,但是“省”和“县”

---

〔1〕 有的学者把发展权的概念架构引入区域发展的现象领域,提出“区域发展权”的概念,认为区域发展在本质上是一项权利,是隶属于作为基本人权的发展权的拓展性权利。这一从道义到权利的理念升华,使区域发展由特定性的国内政策递归为普遍性的基本人权。不仅如此,要把区域发展权放到特定的时空中加以思考,和特定区域的实际条件、发展程度、历史传统、风俗舆情联系起来进行综合考量。汪习根、王康敏:《论区域发展权与法理念的更新》,载《政治与法律》2009 年第 11 期。

依然成为中央政府实施国家治理的基本行政依托。然而,时下中国的行政统辖层次繁复多样,在新中国成立之初省级政府分出的行政公署的基础上,又出现了“较大的市”或“设区的市”这一介于“省”和“县”之间独立的行政管辖层级,实施着相应的空间范围的治理活动。加之,在我们这个统一的多民族的东方大国,基于国家统一、民族和谐和有效的边疆治理等多方面因素的考虑,确立和实行民族区域自治制度。在实施民族区域自治的地方,行政管辖层级以及区域治理亦有着鲜明的特点。不仅如此,随着国家区域协调发展战略的逐步实施,区域治理与行政统辖层级彼此交错的非均衡格局开始形成,超越现行行政管辖层级的省份与省份之间、设区的市之间的区域性行政合作与协调发展机制迅速成长起来。跨行政区划的区域协同治理制度的表现形式亦各具特点,跨行政区域的治理活动正在新的广度和深度上展开。中央政府对不同区域的经济社会发展及其区域治理,设定各有侧重的预期目标,作出不同的政策与制度安排,省级政府亦是如此。因而,当代中国的区域治理的内涵与形式确乎发生了历史性的变化。总体来看,在当代中国,不仅存在以行政区域为基础的经济区域,或可称为“行政区经济”,而且有以跨行政区划为依托的经济区域,亦称“跨行政区经济”或“区域经济一体化”。〔1〕根据我国中央政府的区域发展总体战略,基本上把全国经济区域划分为东部沿海地区、东北地区、中部地区、西部地区等等。〔2〕当然,这里还有一些更加细致的区分,诸如长江三角洲地区、环渤海湾地区等等。省域以及以特定地缘关系为基础的若干省域的结合、市域(设区的市)以及同样一般以相邻的空间地域为纽带的若干市域的结合和县域这样的基本的区域单元,大体上构成了当下中国的多层面的区域治理活动。正是在这样的多层面的区域治理活动中,融入特定的经济的、社会的、政治的、法律的、历史的、文化的乃至空间地理环境等诸多因素,便会相应地形成区域经济、区域社会、区域政治、区域法治、区域历史、区域文化和区域地理等多样化的历史和现实的区域治理类型,从而给我们认识主权国家范围(包括当下中国)的区域治理生活状况打开了一个

---

〔1〕 刘君德:《关于中国行政区经济理论的核心要义与新的认识》,载刘君德、林柘主编:《中国行政区经济与行政区划:理论与实践》,东南大学出版社2015年版,第4页。

〔2〕《中国共产党第十八次全国代表大会文件汇编》,人民出版社2012年版,第21页。

广阔的思想天地。因此,区域法治发展是在治国理政总方略的指引下,以法治方式推进区域治理活动的具体实践,旨在推动区域治理制度与机制的创新发展,把区域治理活动纳入法治化的轨道之中。

最后,区域法治发展是在一定的地域空间范围内运动变化的法权现象。实际上,区域法治概念与地方法治概念具有相通的意蕴,都是与国家法治概念相对而言的层级性的法治类型学概念。[1] 不过,与地方法治概念稍有不同,区域法治概念在统摄法治发展现象普遍性意义的基础上,引入地域空间的概念要素,旨在揭示法治发展现象特殊性的意蕴,进而表达不同地域空间范围的不同法治发展状态及其原因。因而,在当下中国,亦就存在"先行法治化"的现象。[2] 纵观人类政治和法律文明演进的历程,我们可以清晰地看到,国家和法的现象从来都是同一定的地域空间相联系而存在的。按照恩格斯的看法,从地域空间的意义上看,原始社会末期的城市与乡村的对立,是人类跨入文明时代门槛的基础,因而也是早期国家和法的现象产生的基本条件之一。因而,国家与旧的氏族组织首要的不同点,就在于国家是"按地区来划分它的国民"。[3] 在文明社会国家与法的现象的运动过程中,伴随社会主体的活动从起初局限于狭窄的范围和孤立的地点,到因地理大发现及新航路的开辟所形成的世界市场的历史性转变,以地域空间为基础的并以国家主权为核心的民族国家形态大踏步地发展了起来。因此,在一个主权国家的疆域范围内,国家与社会治理的体制和方式以及法律发展的进程不可避免地要受到该地域空间之内特定经济的、政治的、社会的、文化的、历史的乃至地理环境等诸多因素和条件的深刻影响。而文明社会的统治史亦表明,国家规模或疆域大小与国家治理效果和法律发展样态之间常常有着复杂的关系。卢梭曾经从自己心目中的理想国家图式出发认为,"一个体制最良好的国家所具有的幅员也有一个界限,为的是使它既不太大以致不能很好地加以治理,也不能太小以致不能维持自己。每个政治体都有一个它所不能逾越的力量极限,并

---

〔1〕 付子堂、张善根:《地方法治建设及其评估机制探析》,载《中国社会科学》2014年第11期。

〔2〕 孙笑侠:《局部法治的地域资源——转型期"先行法治化"现象解读》,载《法学》2009年第12期。

〔3〕 《马克思恩格斯文集》(第4卷),人民出版社2009年版,第184~190页。

且常常是随着它的扩大而离开这个极限地就愈加遥远”。[1] 这里暂且不论卢梭关于国家规模的观点是否合理,只客观地来讲,卢梭是在努力探寻与地域空间条件密切联系的文明社会国家规模程度与国家和社会治理效果相关的规律性的准则问题。他试图要说明统治距离越远,必然导致行政层次的繁多,这不仅造成治理的行政负担,而且带来治理效益的衰减,行政施行也就越发困难。应当说,卢梭的这一见解是很深刻的。这一论述启示我们,对于我们这个幅员辽阔、人口众多、各地经济社会发展很不平衡的东方大国来说,面对社会转型与变革的严峻挑战,从不同地域空间的实际出发,施行统一性与多样性相结合的国家与区域社会治理措施,充分考虑地域空间的因素和条件,切实改善国家与区域社会治理状况,努力增强国家与区域社会治理的针对性、适时性和有效性,进而扎实推进区域法治发展,不断夯实治国理政的区域基础,就显得尤为重要和迫切。因此,空间要素是区域法治发展现象的基本变量,是科学认识和揭示区域法治发展的内在机理的重要视角,也是打开区域法治发展进程的内在奥秘的一把钥匙。离开了对特定地域空间关系的透彻把握,对于区域法治发展现象的认识,甚或对于国家法治发展问题的研究,只能是空中楼阁、流于玄想,是无济于事的。

---

〔1〕［法］卢梭:《社会契约论》,何兆武译,商务印书馆1980年版,第63页。

第二章　区域法治发展的法哲学方法论准则

从方法论角度深入分析主权国家范围内的区域法治发展现象,这是一个重要的基础理论研究工作。而国家层面的区域法治发展研究的方法论,是一个多层次的有机系统。本书从法哲学方法论的意义上加以探讨,以期为下一步的研究工作提供有益的分析工具。

一、引言

对于一门学科来说,方法论是一个基础性的基本问题。任何科学研究都要有相应的分析原则或方法论准则,法学研究亦是如此。研究区域法治发展现象,同样要关注方法论问题。它的重要性主要在于:第一,方法论问题是区域法治发展研究领域的基本理论问题,有助于我们更加深刻地揭示区域法治发展现象的本质特征、内在规律和运动方向。第二,方法论问题是确证区域法治发展现象的客观必然性的概念工具序列,有助于我们通过探讨一定社会条件下区域法治发展现象赖以存在和发展的内在必然性,把握作为这一理论分析的基本出发点或具体的客观事实。第三,方法论问题还是分析区域法治发展现象系统中诸要素有机联系的便利的理论思维工具,有助于我们借助理论思维的抽象力,通过充分占有相关资料阐释区域法治发展现象的各种发展形式,进而探寻这些形式之间内在的联系,并且在观念上再现或复制区域法治发展现象的基本结构与现实关系,由此使我们获得思维经济的解释尺度。因此,方法论问题是研究区域法治发展现象的一项基础性理论工作。

区域法治发展研究方法论是一个多层次的有机系统，大体上可以区分为三个层面，即法哲学方法论原则、法社会学方法论原则和实证性的研究方法。在这里，我们着重讨论区域法治发展研究的法哲学方法论，借以确立研究区域法治发展现象的法哲学思维范式。

在《德意志意识形态》中，马克思曾经对历史唯物主义法哲学方法论原则问题作过精辟的阐释。他是这样提出问题的："以一定的方式进行生产活动的一定的个人，发生一定的社会关系和政治关系。经验的观察在任何情况下都应当根据经验来揭示社会结构和政治结构同生产的联系，而不应当带有任何神秘和思辨的色彩。社会结构和国家总是从一定的个人的生活过程中产生的。但是，这里所说的个人不是他们自己或别人想象的那种个人，而是现实中的个人，也就是说，这些个人是从事活动的，进行物质生产的，因而是在一定物质的、不受他们任意支配的界限、前提和条件下活动着的。"[1]由此，马克思强调，历史唯物主义法哲学方法论的基本出发点，"是从事实际活动的人"，"这种考察方法不是没有前提的。它从现实的前提出发，它一刻也不离开这种前提。它的前提是人，但不是处在某种虚幻的离群索居和固定不安状态中的人，而是处在现实的、可以通过经验观察到的、在一定条件下进行的发展过程中的人"。因而，"在思辨终止的地方，在现实生活面前，正是描述人们实践活动和实际发展过程的真正的实证科学开始的地方"。[2] 显然，在马克思看来，历史唯物主义法哲学方法论的前提或基本准则，是要研究处在一定社会条件下的现实中的人的实践活动及其关系，研究每个时代的个人的现实生活过程。"德国哲学从天国降到人间；和它完全相反，这里我们是从人间升到天国"。"前一种考察方法从意识出发，把意识看作是有生命的个人。后一种符合现实生活的考察方法则从现实的、有生命的个人本身出发，把意识仅仅看作是他们的意识"。[3] 对于这些现实的历史、现实的过程以及人们的实践活动的研究，构成了历史唯物主义法哲学方法论的基础，从而成为历史唯

[1] 《马克思恩格斯选集》（第1卷），人民出版社2012年版，第151页。

[2] 同上书，第152～153页。

[3] 同上。

物主义法哲学与历史唯心主义法哲学的原则区别。[1]

马克思关于历史唯物主义法哲学方法论原则的总体逻辑,为区域法治发展研究提供了科学的法哲学世界观与法哲学方法论,确立了研究区域法治发展现象应遵循的基本的法哲学方法论准则。一是应把一定社会条件下的现实的个人及其活动作为我们研究包括区域法治发展现象在内的一切法权关系的基本出发点,由此揭示现实的个人及其活动与区域法治发展现象之间的内在关联。二是应把包括法律意识在内的社会意识看作与一定社会条件的前提相联系的现实的过程和人的实践过程的必然升华物,进而努力探寻一定社会条件下的文化现象与区域法治发展之间的有机联系。三是应深入考察一定社会条件下进行的人的能动的现实活动及其实践过程,由此我们会发现对于包括区域法治发展进程在内的社会发展进程的研究,绝不是一大堆僵死的社会事实的堆砌,也不是想象的社会主体的抽象活动,而是深深植根于生动鲜活的人的社会生活过程之中的创造性的阐释活动。四是描述一定社会条件下区域法治发展的现实活动及其实践过程,这是真正的区域法治发展实证科学开始的地方,要求人们把区域法治发展现象放到生动的现实活动及其实践过程之中来加以把握,这既是逻辑的起点,也是现实的起点,由此可以终结一切关于法治发展与区域法治发展的思辨研究活动。五是探讨包括区域法治发展在内的社会与法治发展的种种社会与法权现象,需要从概念逻辑上作出最一般结果的抽象概括,以便形成不可或缺的思维类型,借以提供基本的概念分析工具或理论分析框架。而这些抽象概括与思维类型一旦离开人的现实的历史、现实的活动与现实的实践过程,就没有任何价值。六是对于区域法治发展进程的抽象概括,只能给我们整理相关材料提供某些思维上的

---

〔1〕 有的学者指出,历史唯物主义作为一种新的世界观不是没有前提的。"从现实的人出发"就是马克思的这种新世界观的基本的理论前提。"现实的人"是马克思新唯物主义世界观的基本出发点。哲学的理论出发点不同,它们的总体性质就是完全不同的。在《德意志意识形态》中,马克思把理论出发点问题概括为是从"天国"出发去解释"人间",还是从"人间"出发去解释"天国"的问题。历史唯心主义是从"抽象的人"出发的反历史精神的世界观与历史观。而"从现实的人出发",即从人们的现实生活过程出发去解释意识,就是马克思历史唯物主义世界观与历史观的思维逻辑或解释原则。刘福森:《马克思哲学的历史转向与西方形而上学的终结》,北京师范大学出版社 2017 年版,第 126 ~ 131 页。

便利，但它决不能提供解释任何时代和任何时期的区域法治发展现象的现成公式。换言之，要将区域法治发展问题的研究放到特定的社会条件下和一定的历史时期中来加以把握，借以认识特定的区域法治发展现象所具有的独特特点。七是在研究区域法治发展现象的过程中，要着力探寻影响这一进程的基本前提条件，诸如人的现实的法治实践活动，这一现实活动赖以发生的环境条件，等等。只有对这些前提条件作出更为现实的具体的考察之后，我们才能得出恰当的结论。除此之外，别无他法。

因此，在区域法治发展研究过程中，运用法哲学方法论原则的意义在于：其一，从本体论来看，它要求注重揭示研究对象的内在规律；其二，从价值论来看，它要求注重把握研究对象现实运动的价值基础；其三，从认识论来看，它要求注重提供认识对象的认识范式。具体而言，运用区域法治发展研究的法哲学方法论原则，拟注意阐释两个重要论题，即"多样性统一"的命题和"个别化方法"的分析原则。我们先来分析"多样性统一"的命题。

二、"多样性统一"的命题（上）

"多样性统一"的概念表达，与马克思批判地继承黑格尔关于从抽象上升到具体的方法论思想密切相关。在法哲学史上，黑格尔第一个提出并运用了"从抽象上升到具体"的法哲学叙述方法。他反对那种建立在纯粹的主观结论和任意专断基础上的讨论问题方式，强调要运用辩证法的原则，考察概念的流动变化过程，揭示概念的具体性及其多样性统一的内在方式。他指出："根据这种方法，在科学中，概念是从它本身发展起来的，这种发展纯粹是概念规定内在的前进运动的产物。"按照这一分析原则，"理念最初不过是抽象的概念，所以它必须不断地在自身中进一步规定自己。但是这个最初的抽象规定决不会被抛弃，相反地，它只会在自身中愈加丰富起来，于是最后的规定是最丰富的规定"。[1] 这是一个从抽象到具体的概念运动过程，在这一过程中，最初具有单一性的抽象概念不断地在自身中规定自己，形成种种规定及其定在的形式，最终返回到具有许多规定性的普遍物或统一性的具体概念。

---

〔1〕［德］黑格尔：《法哲学原理》，范扬、张企泰译，商务印书馆1961年版，第38～40页。

因而,从抽象上升到具体的概念自身运动,构成了一种多样性统一的概念运动图式。

在《1857～1858年经济学手稿》或《政治经济学批判大纲》导言中,马克思高度重视黑格尔的概念运动的辩证法原则及其运用,抛却了这一辩证法原则在黑格尔体系中的"幻觉"成分,在阐述政治经济学的方法时,区分了两种不同的方法论原则。在他看来,第一种政治经济学的方法原则,反映在经济学产生时期走过的历史道路之中。比如,"17世纪的经济学家总是从生动的整体,从人口、民族、国家、若干国家等等开始;但是他们最后总是从分析中找出一些有决定意义的抽象的一般关系,如分工、货币、价值等等"。[1] 与此相反,第二种政治经济学的方法论原则则反映了这样的思维过程,即"这些个别要素一旦多少确定下来和抽象出来,从劳动、分工、需要、交换价值等等这些简单的东西上升到国家、国际交换和世界市场的各种经济学体系就开始出现了。"[2]这就是说,通过思维的抽象力,抽取一类对象的共同点,把握客观对象的某个方面、某个片断的简单规定,构成思维或叙述的起点,进而从局部的、简单的规定,上升为全面的、综合的、深刻的概念系统或普遍的理论概念体系。这是科学思维"所专有的方式"。[3] 很显然,这是两种迥异的方法论原则。按照马克思的看法,第一种方法以近代早期的重商主义学派和古典政治经济学的创始人配第等为代表,[4]他们的论述通常"从实在和具体开始,从现实的前提开始,因而,例如在经济学上从作为全部社会生产行为的基础和主体的人口开始,似乎是正确的。但是,更仔细地考察起来,这是错误的。如果我,例如,抛开构成人口的阶级,人口就是一个抽象。如果我不知道这些阶级所依据的因素,如雇佣劳动、资本等,阶级又是一句空话。而这些因素是以交换、分工、价格等等为前提的。比如资本,如果没有雇佣劳动、价值、货币、价格等,它就什么也不是"。[5] 因此,"在第一条道路上,完整的表象蒸发为抽

---

〔1〕《马克思恩格斯全集》(第2版·第30卷),人民出版社1995年版,第41～42页。

〔2〕同上书,第42页。

〔3〕同上书,第43页。

〔4〕刘永佶:《马克思经济学手稿的方法论》,河南人民出版社1990年版,第272页。

〔5〕《马克思恩格斯全集》(第2版·第30卷),人民出版社1995年版,第41页。

象的规定”。[1] 最初的认识对象,表现为无限丰富的现象,成为认识过程中的直观和表象,进而“蒸发”出一些抽象的一般关系。第二种方法在政治经济学研究中的运用,则是从亚当·斯密、大卫·李嘉图等英国古典政治经济学思想家那里开始的。[2] “在第二条道路上,抽象的规定在思维行程中导致具体的再现”。[3] 依据这样的方法论原则,“如果我们从人口着手,那么,这就是关于整体的一个混沌的表象,并且通过更切近的规定我就会在分析中达到越来越简单的概念;从表象中的具体达到越来越稀薄的抽象,直到我达到一些最简单的规定。于是行程又得从那里回过头来,直到我最后又回到人口,但是这回人口已不是关于整体的一个混沌的表象,而是一个具有许多规定和关系的丰富的总体了”。[4] 这样,通过理论思维,把作为思维的起点的那些抽象简单的规定,再现为被认识对象的内容,使之不再是一个关于整体的混沌的表象和感性的直观,而是一个表现为必然的和综合起来的许多规定和关系的综合体,从而获得整体的具体规定。

因此,马克思强调,作为政治经济学研究过程乃至一切科学思维的两个阶段,研究方法和叙述方法或者从具体到抽象和从抽象上升到具体,这二者处于同一思维过程之中,二者彼此依存,相互联系,不可分割。[5] 然而,对于形成和建立一个理论概念体系来说,“后一种方法显然是科学上正确的方法”。[6] 马克思在这里提出了科学研究的一个重要的方法论原则,即“具体之所以具体,因为它是许多规定的综合,因而是多样性的统一。因此它在思维中表现为综合的过程,表现为结果,而不是表现为起点,虽然它是现实的起

[1] 《马克思恩格斯全集》(第2版·第30卷),人民出版社1995年版,第42页。

[2] 张一兵:《回到马克思——经济学语境中的哲学话语》,江苏人民出版社1999年版,第588页。

[3] 《马克思恩格斯全集》(第2版·第30卷),人民出版社1995年版,第42页。

[4] 同上书,第41页。

[5] 在《资本论》第1卷第2版跋中,马克思分析了叙述方法与研究方法的关系,指出,“当然,在形式上,叙述方法必须与研究方法不同。研究必须充分地占有材料,分析它的各种发展形式,探寻这些形式的内在联系。只有这项工作完成以后,现实的运动才能适当地叙述出来。这点一旦做到,材料的生命一旦观念地反映出来,呈现在我们面前的就好像是一个先验的结构了”。马克思强调,他的这一思想是对黑格尔关于辩证法的一般运动形式的学说的批判性继承,并且说“我要公开承认我是这个大思想家的学生”。《资本论》(第1卷),人民出版社1975年版,第23~24页。

[6] 《马克思恩格斯全集》(第2版·第30卷),人民出版社1995年版,第42页。

点,因而也是直观和表象的起点”。[1] 从抽象上升到具体,这是科学理论思维所特有的、把直观和表象材料加工改制成概念的方法。也就是说,把在经验上得到的直观和表象材料,放在应有的逻辑联系之中,考察它们之间的客观必然的相互联系。经过这一过程,人们就可以在概念运动中反映、再现、复制所考察客体的自我发展的客观过程,使“整体的表象”成为“多样性统一”的具体的整体。作为一个辩证逻辑命题,“多样性统一”的思维范式提供了一种认识和思考社会与法律发展现象的法哲学分析原则。马克思强调,“从最简单上升到复杂这个抽象思维的进程符合现实的历史过程”,[2]体现了逻辑的与历史的相一致原则。在社会与法律发展领域,比较简单的范畴通常可以表现一个比较不发展的整体处于支配地位的社会与法权关系形式,而比较具体的范畴是与较为发达的具有多样性的社会与法权关系形式相适应的。当然,也不能把这一关系图式简单化、绝对化。比较简单的范畴,只有作为最现代的社会范畴,才表现为实际上真实的东西,而比较具体的范畴在一个比较不发展的社会与法权形式中,有过比较充分的发展。[3] 按照马克思的看法,研究任何历史科学和社会科学,“应当时刻把握住:无论在现实中或在头脑中,主体……都是既定的;因而范畴表现这个一定社会即这个主体的存在形式、存在规定、常常只是个别的侧面;因此,这个一定社会在科学上也决不是在把它当作这样一个社会来谈论的时候才开始存在的”。[4] 因此,“多样性统一”的研究范式,在分析文明社会法律发展现象问题时得到了生动的体现,从而勾勒出一幅文明社会法律发展进程多样性统一的理论图式。

就总体而言,在马克思看来,不同国家之间经济的、政治的、社会的、文化的、民族传统、历史发展乃至人口状况、地理环境等方面的因素或条件是千差万别的,这些因素或条件错综复杂的交互作用及其矛盾运动,必然形成各具特质的多样化的法律发展样式。在《资本论》(第3卷)中,马克思在论及劳动

[1] 《马克思恩格斯全集》(第2版·第30卷),人民出版社1995年版,第42页。

[2] 同上书,第44页。

[3] 刘永佶:《马克思经济学手稿的方法论》,河南人民出版社1990年版,第273~277页;张一兵:《回到马克思——经济学语境中的哲学话语》(第3版),江苏人民出版社2014年版,第588~593页。

[4] 《马克思恩格斯全集》(第2版·第30卷),人民出版社1995年版,第47~48页。

地租的法权关系问题时，指出“从直接生产者身上榨取无酬剩余劳动的独特经济形式，决定了统治和从属的关系”，因而一定的经济形式构成一定的独特的政治结构的基础。任何时候，我们总是要在这种经济形式当中，“为整个社会结构，从而也为主权关系和依附关系的政治形式，总之，为任何当时的独特的国家形式，发现最隐蔽的基础，发现隐蔽着的基础”。不过，按照马克思的看法，“这并不妨碍相同的经济基础——按主要条件来说相同——可以由于无数不同的经验的情况，自然条件，种族关系，各种从外部发生作用的历史影响等等，而在现象上显示出无穷无尽的变异和彩色差异，这些变异和差异只有通过对这些经验上已存在的情况进行分析才可以理解”。[1] 显然，马克思的这一经典论述一方面揭示了一定经济形式对于一定政治结构的决定性作用，指出要从这种独特的经济关系中发现独特的国家形式的最隐蔽的基础；另一方面则强调就主要条件来说相同的经济基础，由于多种因素或条件的影响，而在现象上呈现出无穷无尽的变异和差异。各种不同的经验情况、自然条件、种族关系以及从外部发生作用的历史影响等因素，成为国家形式的各种差异和变异的根由。因此，由相同的经济基础决定的国家形式之所以会造成现象上的变异和差异，这是需要在历史的和现实的经验分析的过程中加以认知和理解的。实际上，马克思的上述论断提出了认识和把握法律发展现象多样性统一机理的重大理论任务。

三、“多样性统一”的命题(下)

马克思关于“多样性统一”的整体的具体规定的方法论原则，为我们研究区域法治发展问题提供了有益的启示。第一，要使国家法治发展这一概念成为“整体的具体规定”，就必须着力探讨构成国家法治发展这个既定的、具体的、生动的、整体的、若干单方面的、比较简单的基本单元或要素，即以特定空间形态[省域、市域(设区的市)、县域及其有机联结的相关地域]表现出来的法治发展状况为基础或出发点，考察这些基本单元的区域法治的一切历史的与现实的差异性。离开了对特定区域法治发展状况的深刻把握，国家法治发

〔1〕《马克思恩格斯全集》(第2版·第46卷)，人民出版社2003年版，第894～895页。

展的概念就可能流于“整体的表象”。第二,如果说国家法治发展的概念是一个“具体的总体”,即许多规定和关系的综合体,那么区域法治发展的概念则是对于这个“具体的总体”的单一性、直接性和形式的普遍性的抽象。也就是说,区域法治发展构成了国家法治发展这个“具体总体”的若干单一的规定性,它不断地从自身中进一步规定自己,从而愈加丰富起来,最后重新返回到国家法治发展这一普遍性的“具体总体”之中。第三,国家法治发展不应当是若干个区域法治发展的简单罗列,而是各个区域法治发展之间的必然的有机联系的严密结构。每一个别的区域法治发展,都是国家法治发展这个体系之网上的纽结,因而不是杂乱无章的,而是井然有序的。因此,就必须把每一个别的区域法治发展作为一个有机的系统来看待,揭示每个个别的区域法治发展之间的相互联系和相互影响,进而把握由若干个“局部的规定性”所表达出来的“整体的具体”或“具体总体”。因此,马克思关于“多样性统一”的辩证逻辑命题,构成了我们认识和思考区域法治发展现象的法哲学方法论的基础。

马克思指出:“我的观点是:社会经济形态的发展是一种自然历史过程。不管个人在主观上怎样超脱各种关系,他在社会意义上总是这些关系的产物。”[1]因此,如同整个法的现象以及国家法治的运动发展一样,区域法治发展是一个“自然历史过程”,它总要受到一定规律的支配,不是区域法治发展决定这些规律,而是这些规律决定区域法治发展。在区域法治的运动发展过程中,存在社会主体的能动意志和一定社会经济必然性之间的矛盾。推进区域法治发展的社会主体的能动意志,归根结底总是受到一定社会经济条件的制约和统摄。所以,主权国家范围内的区域法治发展之所以是一个社会的自然历史过程,就是要从区域法治发展的现象系统中划分出支配区域法治发展的社会经济关系系统,并且把它们当作决定区域法治的运动发展全貌的基本关系,进而把区域法治发展看作一个受到一定规律支配的活的有机体。从这个意义上,我们可以说区域法治发展具有不可抹杀的客观性质。但是,同其他社会现象的运动发展一样,区域法治发展的内在规律性是通过社会主体的

---

〔1〕［德］卡尔·马克思:《资本论》(第1卷),中共中央马克思恩格斯列宁斯大林著作编译局译,人民出版社1975年版,第12页。

能动的自觉活动表现出来的。这是因为区域法治的运动发展规律在很大程度上是社会主体从事区域法治实践的规律,是区域法治发展的进程中社会主体活动的产物和条件。因而,区域法治发展运动规律和社会主体的有意志有目的的活动总是处于内在的相互联系之中。在区域法治发展的过程中,我们常常可以看到,有的社会主体对本区域赖以生存和发展的社会物质生活条件及其规律性的认识深刻而准确,从而有意识地把本区域社会经济关系法权要求转化为生动的区域法治实践;反之,有的社会主体对本区域社会经济生活条件的法权要求无法自觉地加以把握和转化,从而妨碍或延缓了本区域法治的进步与发展,这充分体现了区域法治发展的历史进程中社会主体的主观能动性的差异性。因此,在这个意义上,我们能够看出区域法治的运动发展亦具有不容忽视的主观性。

更进一步地来看,区域法治发展中的客观性与主观性的对立统一关系,实际上反映和影响着区域法治发展的多样性统一的运动样式。如前所述,由于区域法治的运动发展有着内在的客观规律,所以区域法治的运动发展呈现出合乎规律的"自然历史过程"。因此,所谓区域法治发展的多样性统一,就是指区域法治的运动发展是"一个具有许多规定和关系的丰富的总体"。[1]在这里,区域法治发展的统一性,意味着在一个主权国家范围内,不同区域法治的运动发展不可能是处于互不相关、绝对排斥的状态,必定会构成国家法治发展这个"总体",这意味着区域法治发展与国家法治发展是一个法治的发展与命运的共同体,国家法治发展这个"具体总体"统摄着区域法治发展这个具有丰富关系的"许多规定",区域法治发展必须以维护国家法制的统一和权威为基本前提;这也意味着在不同的区域法治发展进程中确乎存在内在的统一性,存在共同的必然的区域法治发展的运动规律,这就要求我们从不同区域法治的运动发展中,努力探寻区域法治发展的共同的普遍的规律。

不仅如此,区域法治发展亦具有鲜明的多样性的品格。从广泛的法律文化意义上讲,人类社会的法律文化是多姿多彩的。不同民族或国度的法律文化,在不同条件的作用下,总是循着特定的路径发展演化。在同一个社会形

---

〔1〕《马克思恩格斯全集》(第2版·第30卷),人民出版社1995年版,第41页。

态之内,不同国家的经济、文化和思想发展水平是不一致的,它们的国家形态和政治体制方面也有差异,每个国家又有其特定的历史发展、习惯和民族传统特点,况且这些国家所处的地理位置、自然条件、人口状况等也不尽相同。这些复杂的因素,势必会使法律文化的运动呈现五彩缤纷、丰富多彩的历史特点。对于主权国家范围内的区域法治发展来说,它的一个鲜明特性就是具体性。国家法治发展是由一定的国家法律制度、法律体系及其法律实践、法律思想、法律心理联结而成的运动之网。作为这面运动之网上的每一个区域法治的运动发展,都独具个性,并且这种个性不是仅仅具有相对意义的特殊性,而是一种不可绝对重复的个体。尽管在区域法治的发展进程中,不同区域法治发展之间常常会有“惊人的相似之处”,但也只能是“相似”而已。正因为不同的区域法治的运动发展具有如此鲜明的个性色彩,所以当下中国的区域法治发展才呈现出这般的丰富多姿。诚然,随着社会经济文化的发展,特别是国家法治发展的加快推进,区域法治发展的历史个性有可能逐渐减弱,但是,国家法治现代化的历史进程表明,区域法治的运动发展并没有因此而变成呆板划一的群体的堆积。随着国家法治发展的时代进程,区域法治发展的内容与方式只会越来越绚丽多姿。这是毋庸置疑的客观趋势。因此,我们应当深入研究各种不同的区域法治的特殊的发展进程,进而深刻揭示多样性的区域法治发展的特殊的本质性特点。

很显然,主权国家范围内的区域法治发展是一个多样性与统一性有机结合的过程。一方面,区域法治发展的多样性是统一性的基础。离开了区域法治发展的多样性,就无法科学地解释历史上存在的和现实中依然表现出来的千差万别的区域法治现象,也就无法科学认识区域法治发展的统一性,其结果只能使国家法治与区域法治发展的一般规律成为超越时空的神秘的力量,从而成为捉摸不定的虚幻之物。另一方面,区域法治发展的统一性又是多样性的必然表现形式。认识和考察区域法治的运动发展,不能简单地停留在区域法治发展的多样性层面之上,而应当深入下去,从纷纭复杂、繁复多样的区域法治的运动发展的多样性的表象背后,揭示出制约区域法治发展的一般性规律。否则,我们就只会把区域法治发展的空间展开,看作一个充满了一大堆偶然现象的杂乱无章的法治序列。

区域法治的运动发展之所以会呈现出多样性统一的特征，在很大程度上是因为区域法治发展所赖以存在的一定社会生活条件的历史差异性。这里重要的是，在不同区域的经济发展水平、社会结构、历史进程、文化传统和地理环境条件等关键性因素的程度不同的影响和作用下，区域社会及其区域法治形成了经久相沿的空间差别。正因如此，在不同的历史发展阶段中，区域法治的运动发展呈现出千姿百态、迥然不同的面貌。这也从一个侧面映现了经济社会发展的不平衡规律（尤其在中国这样的东方大国），从而展示区域法治发展的多样性的特质。但是，这种多样性与统一性并不是互不相容的，它们之间是“同一个东西的两极”的关系。[1] 一定的区域社会生活条件的诸因素与区域法治现象的运动发展之间的相互作用，“是在归根到底不断为自己开辟道路的经济必然性的基础上的相互作用”，经济条件归根结底还是“唯一能使我们理解这个发展进程的红线”。[2] 这是区域法治发展运动的多样性统一的最深刻的根据所在。只有在这样的基础上，我们才能理解区域法治的运动发展何以会产生那些不同点和相似点，也才能揭示各种特殊的区域法治现象的运动发展的特殊规律，并且从中加深对支配区域法治发展的一般规律的透彻把握。

四、“个别化方法”的分析原则（上）

基于上文的阐述，为了进一步揭示区域法治发展的多样性统一这个命题的价值意义，有必要深入考察构成国家法治发展这个丰富的“具体总体”的基本地域单元的区域法治现象的“许多规定和关系”。从法哲学意义上讲，区域法治发展的多样性之所以构成统一性基础，是因为一般只寓于个别之中，并且通过个别来实现。因此，这里的作为“一般”之载体与实现途径的“个别”，显然具有特殊重要的地位。运用个别化的分析方法研究区域法治发展现象，有助于我们透视和把握区域法治发展运动的多样性的内在奥秘。

辩证法大师黑格尔曾经对一般、特殊与个别的关系作过精辟的论述。按

[1] 《马克思恩格斯全集》（第1版·第20卷），人民出版社1971年版，第558页。
[2] 《马克思恩格斯全集》（第1版·第39卷），人民出版社1974年版，第199页。

照他的看法，在人们的心目中，似乎概念只是单纯的抽象的普遍性，不是关注概念形成的特殊部分，而是坚持其共同之点，其结果导致人们在情感上觉得这种概念是空疏的，只认为概念是抽象的格式和阴影。其实，概念是丰富的、生动的、具体的东西，它包含普遍性、特殊性、个体性或个别性三个环节。普遍性“是指它在它的规定性里和它自身有自由的等同性”；特殊性即规定性，在这里，“普遍性纯粹不变地继续和它自身相等同”；而个体性或个别性则“是指普遍与特殊两种规定性返回到自身内。这种自身否定的统一性是自在自为的特定的东西，并且同时是自身同一体或普遍的东西”。[1] 因此，概念的普遍性并不是一个单纯的与独立自在的特殊事物相对立的共同的东西，而是不断地自己在特殊化自己，必须把真正的普遍性与单纯的共同之点加以区别，而不能混为一谈，这一点极其重要。在黑格尔看来，概念的普遍性、特殊性、个体性这三个环节是不可分离的，而在这三个环节中，概念的个体性或个别性具有十分重要的地位。“个别就是从区别出发而在绝对否定性中自身反思的概念”。[2] 概念之所以是完全具体的东西，就在于概念同它自身的否定的统一，作为自在自为的特殊存在，这就是个体性或个别性。而个体性或个别性作为普遍性与特殊性的统一，构成了概念的自身联系和普遍性。“当概念的统一把具体物提高到普遍性，而又把普遍的东西仅仅了解为被规定的普遍性时，这就正是个别性，它是作为自身相关的规定性而发生的。因此，抽象是具体物的分离及其规定性的个别化”。概念作为具体的东西，是个别内容与抽象普遍性的统一。不仅如此，“出于同一的理由，特殊的东西也是个别的东西，因为它是被规定的普遍的东西，反过来说，个别的东西也同样是特殊的东西，因为它是被规定的普遍的东西”。[3] 所以，普遍和特殊一方面显现为个别之变的环节，另一方面它的本身又是总体的概念，而“只是在个别中被建立为

〔1〕［德］黑格尔：《小逻辑》，贺麟译，商务印书馆1980年版，第331页。这里需要注意的是，在黑格尔《大逻辑》的中文译本中，概念的三个环节被译为普遍、特殊和个别。显然，这里的“个别”与《小逻辑》中的概念“个体性”的含义是相通的。［德］黑格尔：《大逻辑》（下卷），杨一之译，商务印书馆1981年版，第266～267页。

〔2〕［德］黑格尔：《大逻辑》（下卷），杨一之译，商务印书馆1981年版，第267页。

〔3〕同上书，第289页。

它们自在自为地所是的东西”。[1] 由此,黑格尔提出了如下的重要论断:“个体的即是普遍的”。“一切事物都是个体的,而个体事物又是具有普遍性或内在本性于其自身的;或者说是,个体化的普遍性。在这种个体化的普遍性中,普遍性与个体性是区别开了的,但同时又是同一的”。[2]

很显然,黑格尔关于概念的普遍性、特殊性和个体性(个别性)的辩证关系的论述,无疑被包裹在客观唯心主义的神秘的外壳之中,在他看来,现实事物不过是概念的普遍、特殊、个体(个别)三个环节思维过程的外部表现而已。因此,“辩证法在黑格尔手中神秘化了,但这决不妨碍他第一个全面地有意识地叙述了辩证法的一般运动形式”。[3] 在后来的德国思想演进过程中,黑格尔关于“个体化的普遍性”的学说得到了进一步的发展,这在19世纪后半叶德国的所谓“世俗历史主义”中又有了新的意义表达。按照有的学者的看法,历史主义的本质在于它用个体主义的观察视角取代关于人类历史发展的普遍主义的观念,取代了任何试图寻找人类生活的一般法则和一般类型的企图。这种试图把普遍性与特殊性截然分开的方法论原则也受到了批评,以至于有的学者提出“具体的普遍性”的分析原则。[4] 实际上,这种“世俗历史主义”的思潮旨在同以孔德为代表的社会实证主义历史观相抗衡,以便为德国的历史主义正名。这一思潮在社会学领域,通常被认为是理解社会学的发源地,它由威廉·狄尔泰开启,经由威廉·文德尔班和海因里希·李凯尔特到马克斯·韦伯而集大成。作为“解释学之父”,狄尔泰把理解的方法视为精神科学或人文科学的一种特殊的方法,认为“一门科学,只有它的对象通过建立其在生活、表达和理解三者关系之间的态度而与我们发生联系的时候,才属

---

[1] [德]黑格尔:《大逻辑》(下卷),杨一之译,商务印书馆1981年版,第288页。

[2] [德]黑格尔:《小逻辑》,贺麟译,商务印书馆1980年版,第337、340页。黑格尔还区别了概念的个体性与直接的个体性,指出个体事物与现实事物是一样的,只不过前者是从概念中产生出来的,因而是被设定为普遍的东西,而现实的事物只是存在和本质的潜在的或直接的统一。因之,概念的个体性不可以了解为只是直接的个体性。[德]黑格尔:《小逻辑》,贺麟译,商务印书馆1980年版,第332页。

[3] [德]卡尔·马克思:《资本论》(第1卷),中共中央马克思恩格斯列宁斯大林著作编译局译,人民出版社1975年版,第24页。

[4] [英]罗伯特·伯恩斯、休·雷蒙-皮卡德:《历史哲学:从启蒙到后现代性》,张羽佳译,北京师范大学出版社2008年版,第85~86页。

于人文科学"。[1] 狄尔泰极力强调个体或个别对总体或整体的价值意义，指出"理解总是以个别物为其对象"，"但我们理解个体是借助它们彼此之相似性，它们内部的共同性。这一过程假定了普遍人性与个体化之关联，个体化在普遍人性基础上延展于精神生存之多样性之中，而在这一关联中我们不断地在实践上解决内心仿佛经历朝向个体化之提升的任务"。[2] 正是通过理解，单一的个体性与总体性或普遍法则之间建立了联系。生命的总体只有在种类的意义被理解之后，才能被把握。"在这里，对个体的理解有助于对总体的理解。所有其他类型都是如此。意义在于对类型的理解，只有通过它，生活本身才能被理解"。[3] 由此，狄尔泰对理解过程中的主体与客体之间的关系加以说明，认为客体化仅仅对个体化说来乃是异己的需要加以解释的他人精神世界的符号和密码，在理解的主体与对个体的理解之间应当存在某种介质或媒介物，这就是客观精神，理解的主体正是通过客观精神来把握个别的客体化，因为在客观精神中，客观化已经表现为属于共同的东西，即属于某种类型的客体化。通过客观精神，我们理解了"不同个体在由可感世界的客观化而构成的共同背景中所形成的各种形式"，"它的范围从生活方式到经济形式直至这个社会所形成的最终的整个系统，包括道德、法律、国家、宗教、艺术、科学和哲学"。[4]

德国新康德主义哲学的弗莱堡学派代表人物威廉·文德尔班和海因里希·李凯尔特在狄尔泰的论述的基础上，进一步论证了个别化的方法论原则。文德尔班从方法论上区别了自然科学与历史学，把这种区别看作法则科学与个体科学，重复性、常规性与个体性、独特性之间的区别，进而强调自然科学与历史学的分类，是一种纯粹方法论上的分类。"自然科学追求的是规律，历史研究追求的是形态。在自然科学中，思维总是从确认特殊关系进而

---

〔1〕［英］罗伯特·伯恩斯、休·雷蒙－皮卡德：《历史哲学：从启蒙到后现代性》，张羽佳译，北京师范大学出版社2008年版，第243页。

〔2〕同上书，第245页。

〔3〕［德］威廉·狄尔泰：《历史理性批判手稿》，陈锋译，上海译文出版社2012年版，第26页。

〔4〕［英］罗伯特·伯恩斯、休·雷蒙－皮卡德：《历史哲学：从启蒙到后现代性》，张羽佳译，北京师范大学出版社2008年版，第243页。

掌握一般关系；在历史研究中，思维则始终是对特殊事物进行亲切的摹写"。[1] 在这里，文德尔班反对实证主义的历史哲学的主张，不赞同所谓的"从历史中建立一门自然科学"的口号，指出："与这种观点相反，我们必须坚持人类的一切兴趣和判断，所有与价值有关的评价，全部是建立在个别的、一次性的东西之上。"[2] 这是作为一门严格科学的历史学的内在价值之所在。作为文德尔班的学生，海因里希·李凯尔特进一步系统地阐述了文化科学与自然科学之间的原则区别。他提出所谓"形式的分类原则"，认为这种分类原则是从科学方法的角度对科学加以分类，据此可以把文化科学概念与自然科学概念截然划分开来，而二者的区别体现了历史方法与自然科学方法的形式对立。在这里，李凯尔特阐述了一个他认为对于方法论具有决定性意义的观点，即"科学需要一个选择原则，根据这个原则，科学就能像人们所说的那样把所有材料中的本质成分和非本质成分区别开来。相对于现实的内容来说，这个原则具有形式的性质。这样一来，科学的'形式'这个概念便清楚明白了"。因此，"科学方法的特点显然取决如何分开现实之流以及如何把本质成分挑选出来的那种方式"，进而把现实的直观内容纳入概念的形式之中。[3] 在这里，重要的是要把握概念形成的原则和方式。李凯尔特强调，普遍化方式是自然科学方法的本质性特征，认识自然就意味着从普遍因素中形成普遍概念，发现自然规律的概念就意味着形成关于现实的绝对普遍的判断。"如果没有通过普遍化的方法对世界进行简化，那就不能对世界进行计算和支配。在个别和特殊之物的无限多样性没有通过普遍概念得到克服以前，这种多样性是使我们感到头晕目眩的"。[4] 而对于文化科学问题来说，则是不能用普遍化方法加以详尽研究的。文化科学总是力图从现实的个别性方面说明现实，这种现实绝不是普遍的，而始终是个别的。与自然科学的普遍化方法不同，文化科学的个别化方法旨在于从个别性和特殊性的观点来观察现

---

〔1〕［德］威廉·文德尔班：《历史与自然科学》，载［英］罗伯特·伯恩斯、休·雷蒙－皮卡德：《历史哲学：从启蒙到后现代性》，张羽佳译，北京师范大学出版社2008年版，第249页。

〔2〕同上书，第251页。

〔3〕［德］H. 李凯尔特：《文化科学和自然科学》，涂纪亮译，商务印书馆1991年版，第34～35页。

〔4〕同上书，第41页。

实。比如,历史总是“力求使它的叙述仅仅符合于它所研究的某个与所有其他对象不同的对象,这个对象可能是一个人物、一个世纪、一个社会运动或一个宗教运动、一个民族或其他等等,历史学借助于这种方法使听众或读者尽可能接近于它所指的个别事件”。[1] 当然,文化科学并不排斥普遍概念,但是对于科学的逻辑学的区分来说,文化科学使用的普遍概念,仅仅涉及它用以构成其个别化叙述的那些因素的或大或小的“精确性”。不论文化科学在多大程度上利用了普遍概念,都不可能对文化科学构成奠基性的意义,因此,自然科学的普遍化方法与文化科学的个别化方法这两种方法所固有的思维目的、思维形式恰恰是相互排斥的,这两种方法之间的原则性的逻辑区别是不容置疑的。由此,李凯尔特通过对“解释”与“理解”的含义的辨析,力图对自然科学与文化科学的区别作进一步的界定。他指出:“在解释中,是将不同的部分整合为一个整体,而在理解中,则是沿着相反的方向将整体分解为部分。”对于作为文化科学的历史学来说,历史理解通常意味着“既是对真实存在的个体性的‘再创造’,又是对那些存在于个体性之中的非真实意义的‘理解’”。[2] 这里所说的“非真实的意义”,是所有文化都共同遵循的某些共同的价值基础。李凯尔特进一步分析说,作为体现个别化方法的文化科学的历史学,它的历史概念的形成是受一定的原则指导的,这就是文化价值。文化现象以及那些被我们当作文化萌芽阶段或类似之物而与文化现象相联系的现象,与价值有着十分密切的联系,必须从与文化价值相联系的观点去观察现实。这一文化价值立场的认识论或方法论的意义就在于,“只要把对象看作整体,那么对象的文化意义就不是依据于它与其他现实的相同之处,而是依据于它与其他现实的相异之处”。[3] 这就是说,基于文化价值的认识论或方法论,对特殊的个别之物及其一次性过程感兴趣,要求应用历史的、个别化的方法去认识特殊和个别之物,认识现实与现实之间的相异之处,进而把去观察的现实看作是特别的和个别的。因此,文化与历史之间的价值联系,表

---

〔1〕［德］H. 李凯尔特:《文化科学和自然科学》,涂纪亮译,商务印书馆1991年版,第56页。

〔2〕［德］H. 李凯尔特:《自然科学的概念形成的局限》,载［英］罗伯特·伯恩斯、休·雷蒙－皮卡德:《历史哲学:从启蒙到后现代性》,张羽佳译,北京师范大学出版社2008年版,第267～268页。

〔3〕［德］H. 李凯尔特:《文化科学和自然科学》,涂纪亮译,商务印书馆1991年版,第72页。

明文化概念能够使历史成为一门科学,也就是说借助于文化概念来形成“个别化的概念形成的方法”。认识到这一点,是十分关键的。这种“个别化概念形成方法”的功能意义就在于,在价值联系原则的指导下,它能够从那些纯粹的不能加以科学表述的异质性中把可表述的个别性提取出来。“文化概念给历史概念的形成提供了一条选择本质成分的原则”,“通过文化所固有的价值以及通过与价值的联系,可叙述的、历史的个别性概念才得以形成”。[1] 因此,李凯尔特关于选择性原则的先验判断带有显明的唯心主义先验论的色彩。但是,他坚持把文化科学看作以个别化方法为认识论与方法论特征的客观而严格的科学,突出文化价值对于个别化的概念形成方法的指导性原则地位,并且试图调和普遍性与个别性的现实关系,强调个体的统一性基础来自独特性,证明个性统一性或独特个性的不可分割性(而这仅仅是和某种价值相关的个体的统一性)。这一思想对马克斯·韦伯的社会科学方法论产生了很大的影响。[2]

有的学者把马克斯·韦伯的社会科学方法论准则称为“个体性因果分析”方法,这是有道理的。[3] 面对19世纪末20世纪初德国思想界关于自然科学与人文科学或文化科学的相互关系及其方法论问题的激烈争论,韦伯坚定地承继着自狄尔泰以来的理解社会学的学术传统,捍卫着文化科学的个别化或个体性的方法论准则。但是,韦伯的方法无疑有其独到之处,因而具有深邃的原创意义,散发着炽烈的理性之光。与以往的思想家把理解与解释加以彼此对立的看法不同,韦伯强调理解与解释之间的相互关联与彼此补充的互动关系,认为理解与“意义”有着密切的联系,而“意义”有两种含义:一是指在给定的特殊行动者的具体情形中实际存在的意义;二是指理论上被设想出

---

〔1〕[德]H.李凯尔特:《文化科学和自然科学》,涂纪亮译,商务印书馆1991年版,第73~74页。

〔2〕马克斯·韦伯的妻子玛丽安妮·韦伯在韦伯传记中这样写道,1920年春,为纪念海德堡大学复校100周年,应该校哲学系的同事之约,马克斯·韦伯为纪念文集撰写了题为《罗舍尔与克里斯及国民经济学的基础》的论文,这是韦伯第一篇有关社会科学方法论问题的论文。虽然这篇论文最后没有全部完成,只是发表了第一部分,但韦伯在写这篇论文时,李凯尔特的认识论为他提供了所需的思想工具。[德]玛丽安妮·韦伯:《马克斯·韦伯传》,阎克利等译,商务印书馆2010年版,第394页。

〔3〕[美]弗里茨·林格:《韦伯学术思想评传》,马乐乐译,北京大学出版社2011年版,第91~102页。

来的主观意义的纯粹类型,这种主观意义被归之于给定的行动类型中假设的活动者,当然,在任何情况下,这种主观意义都不是指某种客观上的“正确”意义或者某种形而上学层面上的“真实”意义。而对这种主观意义的行动即主观上可理解的行动的解释,就成为社会学和历史学这样的关于行动的经验科学的基本使命。[1] 因此,在韦伯看来,关于“理解”的概念,它有两个方面的意义:第一,它是对诸如此类的给定活动包括言词的表达的主观意义所做的直接观察理解;第二,它是指解释性的理解,对于关注行动的主观意义的经验科学来说,说明需要被这样解释的可理解的有意义的行动的现实途径。“在所有这些情况下,理解都牵涉出现在下列情况之一中的意义的解释性把握:(a)历史研究中的情形,即对具体的个体行动的实际预期的定义;或(b)社会学的大众现象,即现实的预期意义的平均值或相似性;或(c)适合于科学阐述的纯粹类型(理想类型)的普通现象的意义”。[2] 社会科学是一门致力于解释性地理解社会行动并进而对原因和结果作出因果说明的科学,而这里所说的“行动”是在行动着的个体把主观意义附着在他的行为之上的意义上加以界定的。因此,探讨行动着的个体的行为动机及其后果,进行因果性的解释,就成为属于文化科学范畴的社会学的重要任务。“对具体行动途径做正确的因果解释,只有在这种明显的行动和这些动机被正确地理解,且同时它们的关系成为有意义的和可理解的情况下,才能达到”。[3] 对于此项工作,自然科学是无法胜任的,因为它只局限于阐述自然过程中的整体与部分的功能关系以及诸客体和事件中的因果统一性,而个体的可理解的主观意义是社会文化科学或社会学的主题,对作为社会的集体状态组成部分的个体行动作出主观的理解,则是社会文化科学或社会学知识的特有性质与任务,这是在自然科学中绝不可能获得的东西。在这里的因果解释问题上,韦伯对唯物主义的历史观进行了曲解,认为唯物主义历史观作为一种对历史实在作出因果解释的公式,“只有经济的原因被说明(或者显现出)在什么地方或者以什么方式发

---

〔1〕［德］马克斯·韦伯:《社会学基本术语》,载马克斯·韦伯:《社会科学方法论》,杨富斌译,华夏出版社1999年版,第36页。

〔2〕同上书,第40~41页。

〔3〕同上书,第35、44~45页。

挥作用时,他们对一个历史文件作出因果解释的要求才会得到满足”,“相信经济‘因素’是‘真实的’因素,唯一‘真实的’因素,是一种‘最终无所不在的决定性的’因素”。[1] 当然,韦伯在评析德国法学家鲁道夫·施塔姆勒对历史唯物主义法律观的歪曲时,注意到历史唯物主义概念的首要目的,是要区分“物质”的东西与“意识形态”的东西,并且指出无论对哪个“个别现象”进行因果回溯,都会发现对经济现象的说明,会牵涉政治、宗教、伦理、地理及其他条件,同样地,对政治现象的说明,也会牵涉经济条件和其他各种条件。[2] 这表明在韦伯那里,经济因素乃是对行动着的个体行为及其后果的因果解释链条中的一个方面,而不是归根结底的唯一的决定因素。不仅如此,韦伯对马克思关于一切特殊规律和发展结构的“理想类型”思想,也给予一定程度的肯定,认为“凡是使用过马克思的概念和假设的人都知道这些理想类型对评价现实的巨大的、独特的启发意义”。[3]

总体看来,韦伯把旨在把握个体的可理解的主观意义的解释性的理解,看作是个体性因果解释的一种基本形式,进而区分了致力于抽象规则的自然科学或法则性科学与追求特定具体知识的社会文化科学或现实实在的科学,强调我们感兴趣的那种社会科学,是一门关于具体现实的经验科学,“我们的目的就是理解我们在其中生活着的现实的独特性质”。[4] 正是从上述立场出发,韦伯对作为价值概念的文化给予高度关注,指出只有当我们把经验现实与价值观念联系起来才成为“文化”,进而在赋予现实以意义的价值指导下,对现实的关注以及根据现象的文化意义对受价值影响的现象进行选择和分类。由此,韦伯建立了一个对作为经验科学的社会文化科学具有根本性意义的理想类型的概念分析工具系统,并且把关于历史事件和形式的文化意义的认识看作是这个“概念结构”的独一无二的终极目的。[5]

---

〔1〕 [德]马克斯·韦伯:《社会科学方法论》,朱红文等译,中国人民大学出版社 1992 年版,第 65 页。

〔2〕 [德]马克斯·韦伯:《批判施塔姆勒》,李荣山译,上海人民出版社 2011 年版,第 75、79 页。

〔3〕 [德]马克斯·韦伯:《社会科学方法论》,朱红文等译,中国人民大学出版社 1992 年版,第 97 页。

〔4〕 同上书,第 68 页。

〔5〕 同上书,第 72 ~ 75、84 ~ 105 页。

五、“个别化方法”的分析原则(下)

通过扼要地回眸个别化的方法论原则的演进过程,我们可以看出,对于包括法学在内的社会科学研究来说,个别化的分析原则之重要意义就在于探讨包括法的现象在内的社会生活现象,固然要注重揭示该现象的变化运动的基本规律,借以探求社会生活的固有法则,更重要的是要致力于研究社会现实生活中历史地形成的具体的个别的关系或结构。关于区域法治发展问题的研究,亦应如此。实际上,当下的一些人文社会科学学科的研究日益显现出这种个别化的方法论取向。比如,在历史学领域,在重视民族国家总体历史研究的同时,区域研究日益兴盛,对区域社会史的关注蔚为大观。〔1〕这些年来,在研究近代中国社会转型进程时,一些学者把区域分析方法应用到以区域、省份或者地方为中心的较小的单位,力图反映处于转型过程之中的近代中国社会的区域性与地方性的变异内容和幅度,这一方法论被视为“中国中心取向”的主要理论特征之一。〔2〕又如,在中国法律史的学术领地,探讨特定地区的历史上的法律问题,已经成为区域法律史研究的新的兴奋点,诸如关于近代上海租界法制及其历史影响的考察,〔3〕关于中国古代和近代地方司法档案的系统整理与研究〔4〕,等等。再如,在法理学研究中,有的学者把地方法制或行业法治作为特定的研究对象,这方面的探讨还在不断深化。〔5〕如此等等,不一而足。当然,也许个别化的方法论原则与史学领域的区域研究方法并不属于同一个方法论层面,但是区域社会史、法律史、经济史等的研究,确乎体现了重视历史的具体经验现实的独特性分析这一“个别化的方法”

---

〔1〕 赵世瑜:《叙说:作为方法论的区域社会史研究——兼及12世纪以来的华北社会史研究》,载赵世瑜:《小历史与大历史:区域社会史的理念、方法与实践》,三联书店2006年版,第1~11页。

〔2〕 [美]柯文:《在中国发现历史——中国中心观在美国的兴起》(增订本),林同奇译,中华书局2002年版,第178~185页。

〔3〕 王立民、练育强主编:《上海租界法制研究》,法律出版社2011年版,第135页。

〔4〕 [美]黄宗智、尤陈俊主编:《从诉讼档案出发:中国的法律、社会与文化》,法律出版社2009年版,第157~158页。

〔5〕 李林、田禾主编:《中国法治发展报告·地方法治》(2013),社会科学文献出版社2013年版;葛洪义主编:《中国地方法制发展报告》(2012),法律出版社2013年版;孙笑侠主编:《转型期法治报告(2013年卷):行业领域的法治》,法律出版社2013年版;等等。

的本质性要求。那么,运用个别化的方法论准则分析区域法治发展问题,需注意哪些基本的方面呢?

第一,按照个别化的方法论原则,应当妥当地处理好整体性与个体性的关系。黑格尔关于“个体性的普遍性”以及马克思关于“许多规定的总体”的论断,确证了整体性依存于个体性,个体性体现普遍性且为普遍性之基础的辩证关系,思想深刻、意味深长。毫无疑问,在区域法治的运动发展过程中,一方面,必须贯彻整体性的原则精神,反映国家法治发展的基本走向和根本要求,这是国家法制的统一和权威在各个区域法治发展进程中的必然表现。国家法治发展的准则是体现在区域法治发展中的一般的、相对稳定的、不断重复的东西,因而是区域法治发展的最强大的基础和动力,制约和影响着区域法治发展的运动方向与实际效果。另一方面,也必须贯彻个体性的原则要求,实际上,国家法治发展通过区域法治发展的具体途径,以不同的方式和不同的强度表现出来,不能把国家法治发展作为大写的符号同区域法治发展截然对立起来。因此,一个必然的结论也就会自然得出:不仅要重视国家法治发展,也要看到国家法治发展在实现过程中的区域差异性,进而重视和推进区域法治发展。

第二,按照个别化的方法论原则,应当注意揭示和概括个体性行动的本质性的关系和属性。在区域法治的运动发展中,同样存在本质性的与非本质性的关系的区分问题。从哲学意义上讲,“本质是映现在自身中的存在”,[1]是客观事物内部存在的规律性的东西。认识区域法治发展的现象,必须运用反思的观点,认识区域法治发展的本质性意义。一是要从逻辑上把握区域法治在区域社会发展中的地位,充分认识到“社会不是以法律为基础的。那是法学家们的幻想。相反地,法律应该以社会为基础”。[2] 因此,区域法治发展在很大程度上受到区域社会发展的制约。二是要深入分析区域法治发展与区域社会发展之间的互动关系,充分肯定区域法治发展对区域社会发展的能动作用。不仅要考察区域法治发展影响区域社会发展的可能性和必然性,而

〔1〕［德］黑格尔:《小逻辑》,贺麟译,商务印书馆1980年版,第241页。

〔2〕《马克思恩格斯全集》(第1版·第6卷),人民出版社1961年版,第291~292页。

且要指出区域法治发展作用于区域社会发展过程的复杂情形。三是要深刻把握一定条件下区域法治发展与区域社会发展之间的不平衡规律，认识到区域法治发展并不是同区域社会的一般发展成比例的，它有时会先于或落后于区域社会发展并与其发展要求相矛盾。这是一种值得关注和研究的区域法治发展现象。只有这样，我们才能真正揭示出蕴藏在区域法治发展的现象内部或背后的本质性关系，进而赋予区域法治发展问题以更加丰富的内涵，使之不至于成为一个简单的抽象的法学命题。

第三，按照个别化的方法论原则，应当努力探寻个体性行动的因果性联系。在一定社会条件的作用下，区域法治发展是一个复杂的矛盾运动过程。深入追溯社会主体在推进区域法治发展的过程中，出于什么样的动机、在什么样的条件下、在什么程度上、受到哪些因素的影响而导致特定结果的实际过程，这是个别化的方法论原则提出的个体性因果分析的基本要求。对此，马克思的如下论述会给我们以深刻的启示。在《资本论》（第3卷）中，马克思认为，一定社会独特的政治结构和法的现象，都是建立相应的经济形式上的。在任何时候，都要从一定的经济形式中，为整个社会结构、国家形式以及法权现象，找出最深的秘密和隐蔽的基础。“不过，这并不妨碍相同的经济基础——按主要条件来说相同——可以由无数不同的经验的情况，自然条件，种族关系，各种从外部发生作用的历史影响等等，而在现象上显示出无穷无尽的变异和彩色差异，这些变异和差异只有通过对这些经验上已存在的情况进行分析才可以理解”。[1] 因此，对于法哲学来说，要对区域法治发展现象进行因果性分析，就必须清醒地意识到影响社会主体推进区域法治发展进程及其实现结果的原因和因素是复杂多样的，经济因素并不是影响区域法治发展及其变革进程的唯一因素，而应当正视、承认和努力揭示各种非经济因素对区域法治发展进程的深刻影响，进而通过这种因果性的解释，把握区域法治现象的运动发展的内在机理。

第四，按照个别化的方法论原则，要把特定的诸要素从现实中加以升华而形成思维类型。韦伯的个体性因果分析方法论的一个显著特点就是努力

〔1〕《马克思恩格斯全集》（第2版·第46卷），人民出版社2003年版，第894页。

找寻个体性行动的因果联系的理解尺度，进而构造了一个以理想类型为基本表征的理解社学的概念工具系统。按照他的看法，运用这种理想类型概念分析工具，可以使对个体性行动的因果解释变得更加清晰和可理解。"理想类型的概念将有助于提高我们在研究中的推断原因的能力：它不是'假设'，但它为'假设'的构造提供指导；它不是对现实的描述，但它旨在为这种描述提供明确的表达手段"。[1] 所以，韦伯把理想类型概念和结构的盛行，看作一门学科处于青春期的特有的症状，强调就理想类型被认为具有经验有效性或者是一种类概念来说，"科学的成长总是意味着对理想类型的超越"。[2] 随着时光的流逝，韦伯的理想类型学说对社会科学的创新发展产生了深远的影响。正是在这样的思想流淌过程中，我们研究区域法治发展问题，有必要从研究者所关心的问题出发，把特定的诸要素从区域法治的运动发展进程的现实中抽取出来，加以概念的升华，形成一定的思维类型或理想类型。进而运用这一思维类型及其概念工具，考察区域法治发展进程中的各种历史的和现实的材料，这样便具有发现的功能。面对着转型中国的法制现代化的重大历史的与时代的议题，大约在二十多年前，我曾经尝试着建立一个理论概念框架，试图运用马克思的历史唯物主义方法论，批判地继承以韦伯为代表的理解社会学的"理想类型学"方法，提出了由十一对方式变项所组成的概念工具系统，以期形成新的"理想类型学"的分析工具，进而为中国法制现代化问题提供一个基本的分析框架。[3] 时至今日，我感到这套概念分析工具的主体内容依然可以用来对近代以来中国的区域法治发展问题进行探讨，但需要加入必要的区域性的变量因素和条件。这十一对方式变项运用于区域法治发展的分析过程之核心，即在于把人治的式微、法治的兴起作为近代以来中国区域法治转型发展的基本评估概念工具。而在当下的中国，区域法治发展进程

---

〔1〕［德］马克斯·韦伯：《社会科学方法论》，朱红文等译，中国人民大学出版社1991年版，第85页。

〔2〕同上书，第98页。

〔3〕公丕祥：《中国法律文化现代化的概念分析工具论纲》，载《南京社会科学》1990年第1期。这篇文章提出由人治与法治、强制与自由、专制与民主、特权与平等、义务与权利、一元与多元、依附与独立、集权与分权、社会与个体、他律与自律、封闭与开放等十一对方式变项组成的概念工具系统，旨在于为研究近代以来的中国法律文化现代化的进程提供可资运用的基本分析框架。

中的二元结构并存的法律状态，提示我们在运用这套概念工具系统的时候，要更多地考量这一进程及其结构的复杂的历史性因素。

第五，按照个别化的方法论原则，应当注重对研究对象的具体的历史性分析。在19世纪晚期德国思想界的历史主义与实证主义的尖锐论战中，个别化方法的理论分析原则得到了突出和强化，进而成为世俗历史主义思潮所信奉的文化科学或社会文化科学的基本的方法论信条，并且被转化为由马克斯·韦伯建立的理解社会学的个体性的社会行动理论系统。所以，韦伯热情洋溢地说道，对于历史学科这一永远年轻的科学中的一员来说，文化之河不断地向它们提出问题，“它们工作的核心不仅在于超越一切理想类型，同时也在于新的理想类型的必然出现”。[1] 因而，个别化方法的分析原则本身有着深厚的历史感。当我们运用这一方法论原则分析中国的区域法治发展问题，应意识到这一理论分析原则及其概念系统乃是历史关系的产物，它们的规定性是从对区域法治发展的历史与现实的过程中抽象出来的最一般结果的综合，从而对因果性地解释区域法治发展现象的所有材料提供了思维上的方便。换句话说，我们研究中国的区域法治发展问题，应当确立这样的历史分析基点，即“把整个自然的、历史的和精神的世界描写为一个过程，即把它描写为处在不断的运动、变化、转变和发展中，并企图揭示这种运动和发展的内在联系”。[2] 这就是说，要通过深入的历史性分析，证明区域法治现象的运动发展的内在必然性，证明区域法治现象从一种联系秩序过渡到另一种联系秩序的历史逻辑。要用历史的眼光和态度去考察不同类型的区域法治现象，首先要占有大量的区域法治现象的材料，阐明这些材料、事实之间的内部联系及其差异性，分析它们的各种发展形式。当然，反映区域法治发展状况的材料和事实总是错综复杂的，它好比一条链条，在研究中需要善于把握那些影响区域法治的运动发展基本格局的典型事实材料。只有这样，才不至于使研究工作受到某些次要的、不典型的事实或材料的影响。此外，在考察区域法治发展现象时，要把它们放到一定的历史范围之内加以分析。如果不从特定

---

〔1〕［德］马克斯·韦伯：《社会科学方法论》，朱红文等译，中国人民大学出版社1991年版，第98页。

〔2〕《马克思恩格斯全集》（第1版·第20卷），人民出版社1971年版，第26页。

的历史形式与范围来分析区域法治发展现象，就不可能理解它在一定历史时期中或发展阶段上特定的区域法治发展形态所处的特殊地位，也就不可能合理地评估它的应有的历史价值。并且各个历史时代区域法治现象赖以存在和发展的经济、社会、政治、文化等条件有所差异，它们的具体历史特点亦各不相同，如果不估计到所有这些一般的历史条件及其具体特点，那就根本无法揭示一定时期区域法治发展现象的内在的文化价值属性。

第六，按照个别化的方法论原则，要高度重视价值基础和价值评价的特殊意义。这个问题至关重要，我们有必要结合李凯尔特、韦伯的相关论述做更为深入的讨论。与实证主义否定价值的观点相反，李凯尔特把价值看作一种指导历史材料的选择进而指导一切历史概念形成的东西，把“价值联系”视为文化科学的个别化方法得以形成的指导原则，认为“价值能够与主体的活动相联系，并由此使主体的活动变成评价”，“价值的实质在于它的有效性”，历史学都不需要讨论价值的有效性问题，“价值的有效性并不是历史问题，肯定的或否定的评价也未构成历史学家的任务”。但是，这丝毫不意味着否认文化价值所应有的有效性，文化概念“不仅在其形式方面是事实上被普遍承认的价值总和，而且就内容而言也是和这些价值的系统相联系”，“不管对这些文化价值的事实上的评价如何，这种有效性是这些文化价值所应有的”。[1]由此，李凯尔特提出了文化科学客观性问题，强调文化科学的客观性是由文化概念的客观性决定的，而后者又是由文化价值的客观性决定的，因而文化科学的客观性的最深厚的基础在于我们大家企图促进和支持的那种一般的普遍的文化价值。韦伯吸收了李凯尔特关于价值联系原则和文化科学客观性的思想（尽管他并不赞成李凯尔特关于文化科学的客观性来自于普遍文化价值的观点）。[2] 在他看来，价值判断属于主观性的范畴，是个人主观情感作用的产物，它不是经验科学所能解决的问题。“一门经验科学不能告诉任何人应该做什么——但能告诉他能够做什么——以及在特定条件下——他想

---

〔1〕［德］H. 李凯尔特：《文化科学与自然科学》，涂纪亮译，商务印书馆1991年版，第78、123页。

〔2〕［英］罗伯特·伯恩斯、休-雷蒙·皮卡德：《历史哲学：从启蒙到后现代性》，张羽佳译，北京师范大学出版社2008年版，第234页。

什么。的确,在我们的科学中,个人的价值判断试图影响尚未被明确承认的科学观点。它们已经引起持续的混乱,甚至在决定各种事实之间简单的偶然相互联系的领域,它们也会根据实现个人理想的机会增加了还是减少了,即是否有可能获得某物,而对科学论点做出各式各样的解释"。[1] 诚然,科学认识需要了解个体性的社会行动的动机,这就必然涉及价值问题,但是,价值的本质并不在于真实的事实性,而是其有效性。"不过,判断这种价值的有效性是一个信仰问题。这个问题也许可以在探讨人生和宇宙意义的思辨解释中得到解决。但是,关于价值有效性的判断肯定不属于现在人们实际从事的经验科学的范围。这些终极目标不断地经受着历史的变化,因而是不确定的,这一经验上可证明的事实并不影响科学与价值判断之间的区分,这与人们经常认为的恰恰相反"。[2] 因此,韦伯强调在科学研究中重要的在于研究者要保持价值中立的态度,而不要做出价值判断。应当看到,针对人们对韦伯命题的误解(认为经验科学不能把主观的评价作为它分析的论题),韦伯郑重地说道:"不管我过去说过什么,下述'异议'是非常严肃地提出来的:科学致力于获得'有价值的结果',也就是具有科学意义的在逻辑上和事实上正确的结果;更进一步说,论题的选择其本身已经包含了'评估'。"[3] 在我们看来,毋庸讳言,作为一门经验科学的法学,固然要解决法和法律实际上是什么的问题,而且要致力于探讨法和法律应当是什么的问题,这是法律科学的学术使命之所在。法制现代化的历史实践证明:法律不仅建构于非人格的关系之上,法律是无感性的,是以形式上正当合理的程序制定出来的,因而成为每个人行动的一般模式,从而使人的行为及其后果具有可预期性;法律也是对基本原则的阐释、维护和实现,诸如正义、平等、自由、安全、利益等。因此,在区域法治发展问题的研究过程中,不仅要关注形式问题,也要研究价值与价值评价问题。这就是说,我们要更为深切地关注作为区域法治发展研究的核心意义的"法治",尽管这个概念的内涵多样,众说纷纭,但从本质意义上讲,"法治"是指一种形式法治基础上的实质性法治的概念。比之形式法治的概念,

---

〔1〕 [德]马克斯·韦伯:《社会科学方法论》,杨富斌译,华夏出版社1999年版,第151~152页。
〔2〕 同上书,第152页。
〔3〕 同上书,第109页。

实质性法治的概念更加关注国家确立的个人合法愿望和尊严可能得以实现的经济的、政治的、社会的与文化的条件，重视法律下的自由与秩序的良性互动，因而强调维护法治的核心价值。[1] 认识到这一点，对于我们把握区域法治现象的运动发展的时代趋势，无疑大有裨益。

六、小结

在当代中国，社会转型与变革正在经济、社会、政治、法律、文化诸领域全方位地深入展开——这是又一场深刻的伟大革命。这一革命性的变化，必然反映到区域法治发展的历史进程之中，推动着区域法治的运动、变化、发展与转型。为了给这方面的研究确立更为扎实的基础，本章着重从法哲学方法论意义上探讨区域法治发展的理论分析准则。

本章对国家层面的区域法治发展的法哲学方法论的初步研究，主要从两个方面进行。一是通过对马克思在《1857～1858 年经济学书稿》中提出的具体概念的多样性统一之辩证逻辑命题的深入解析，揭示了这一重大命题的法哲学内涵及其对区域法治发展问题的方法论意义。我们看到，一方面，区域法治发展是一个“自然的历史进程”，与国家法治发展之间形成了内在的关联，体现了必然的统一性，构成一个完整的法治发展整体或“总体”；另一方面，在不同的社会条件或因素的影响与作用下，不同的区域法治发展之间形成了历史的差异性，因而具有多样性的品格。区域法治发展的多样性统一的运动样式，反映了中国法制现代化或国家法治发展进程的丰富多姿。

二是本章着力阐述了区域法治发展研究的个别化的方法论原则。我们通过回溯从黑格尔到马克斯·韦伯的思想历程，探讨了从“个体性的普遍性”经过文化科学的个别化方法，再到个体性因果分析的方法论准则的流变及其理论价值，从中概括出对于区域法治发展问题研究具有指导作用的“个别化方法的分析原则”的若干基本要义。这就是说，在研究区域法治发展问题，应

---

[1] 有的学者强调，一个完整的法治概念，同现代社会的制度文明密不可分，它是一个内含民主、自由、平等、人权、理性、文明、秩序、正义、效益与合法性等诸社会价值的综合观念。这似乎颇有见地。张文显：《论中国社会主义法治道路》，载《中国法学》2009 年第 6 期；顾培东：《当代中国法治话语体系的构建》，载《法学研究》2012 年第 3 期。

当努力做到:(1)注意把握好整体性与个体性的关系,不仅要重视国家法治发展,也要关注国家法治发展的区域差异,自觉地推进区域法治发展;(2)要注意把握好个体性行动的本质性关系的认知与揭示,概括区域法治发展进程的基本规律性的东西;(3)要注意把握好个体性行动的因果解释,努力揭示影响和制约区域法治发展的复杂因素及其内在机理;(4)要注意把握好从现实中形成的思维类型,旨在为区域法治的发展问题的研究提供一套可行便利的概念工具系统;(5)注意把握好研究对象的具体性的历史分析,把历史的画卷打开,深入考察不同类型的区域法治现象的各种历史发展形式;(6)要注意把握好价值基础和价值评估的特殊意义所在,不仅要关注区域法治发展的形式问题,更要重视区域法治发展的价值基础与价值评价问题,以期回应我们这个时代对中国法制现代化和区域法治发展研究提出的挑战。

第三章 区域法治发展的分析框架

面对变革时代的区域法治发展这一法治中国进程中的重大法治议程，我们需要从理论、历史与现实的结合上，深入研究建设法治中国对于推进区域法治发展提出的全新要求，运用反映区域法治发展现象运动规律的理论分析框架，悉心探讨区域法治发展的基本性质、主体内容、动力机制与功能取向，借以把握法治中国进程中的各种不同类型的区域法治发展的特殊的本质性特点，进而梳理和概括出区域法治发展的一般原理。本章试图在上文讨论的基础上，进一步阐释区域法治发展的概念分析工具。

一、问题的设定

在民族国家层面意义上的区域法治发展现象，是一种特殊类型的法治发展样式，有其特有的变化与运动法则。因此，有必要提出一个能够很好地理解或解释区域法治发展现象的概念分析工具系统。而这样的概念工具应有“理想类型”的性质与功能，通过对区域法治发展现象这一法治发展特殊类型的深入解析，描述国家法治发展进程中的不同区域法治发展现象的生成与变动轨迹，进而获得有关国家法治发展的总体性智识。这种具有“理想型”意蕴的理论分析，并不是仅仅停留在区域法治发展现象的时间上的描述，也不是抽象地讨论区域法治发展现象的社会与价值基础，而是要在不同的空间条件下认识区域法治发展现象的类型学意义，试图揭示这种特殊类型的区域法治发展现象的模式特征及其内在机理。这样的分析工具系统，并不企望对区域法治发展现象加以面面俱到的考察,而是主要涉及在相当程度上关乎区域法治发展整体性把握的那些关键性的变量要素,借助区域法治发展现象的这些关键性变项,即可以从总体上对作为特殊法治发展类型的区域法治发展进行深入分析,阐释区域法治发展现象的基本特性和运动机理,揭示这些特性和机理得以展示出来的社会条件,描述那些导致不同区域法治发展状况差异性的诸方面因素及其影响。

由此,建立区域法治发展问题的分析框架,必须满足以下若干条件。

其一,这一分析框架应当有助于说明区域法治发展现象赖以存在和发展的基本原因,依此可以对区域法治发展现象作出因果性解释。毫无疑问,探讨客观事物的因果性关系,这是科学研究不可回避的重要使命。尤其是对于区域法治发展这一特殊类型的法治发展现象来说,对其存在的正当性加以因果性阐释,可以使人们深刻认识区域法治发展现象的内在必然性。特别是在当下的思想界依然存在关于区域法治问题的某种疑惑的情况下,运用适当的概念分析工具,确证区域法治发展现象之深厚的因果关系及其机理,就愈加显得重要。

其二,这一分析框架有助于描述区域法治发展现象的运动状态,进而对区域法治发展现象作出合理性的价值判断。社会科学领域绝不是像马克斯·韦伯所说的那样是一片"价值中立"或"价值无涉"的园地。社会科学研究不可避免地要对某一特定学科的研究对象作出价值评判,以便作出功能价值上的取舍。探讨区域法治发展问题,决不是发思古之幽情,而是充满鲜明的理论的与实践的价值指向,旨在为形成区域性法治发展政策提供可资运用的方案选择。建构区域法治发展研究的分析框架,就是要通过对区域法治发展状态的理性描述,理解国家法治发展与区域法治发展之间的交互作用的过程,考察影响区域法治进程的诸方面条件及其相互关联,进而为探寻不同区域法治发展的差异性提供基本的观照角度。

其三,这一分析框架应当为人们研究区域法治发展领域的基本问题提供便利可行的认识范式,使区域法治发展研究具有思维经济的实际效果。对于社会科学研究活动,使用方便且有效的分析工具至为重要。这不仅能够使研究活动获得知识上的增进,而且有益于在研究进程中形成新的发现,推动研究活动向纵深展开。架构区域法治发展的新的分析工具系统，要有利于获取把握研究对象实际运动的认识范式，这种范式在研究过程中往往具有发现的功能，使人们对于区域法治发展问题的研究能够获得新的分析视角，进而能够理解错综复杂的区域法治发展进程及其结果。这样的认识范式亦应具有简洁便利的特征，有助于凝练地概括与揭示区域法治发展现象的基本规律。

接下来，我们确乎有必要简要描述体现“理想类型”特质的区域法治发展之概念分析工具的大致图景。在这里，重要的是要确定有利于把握区域法治发展现象本质特性的方式变项或分析维度，以便对国家法治发展进程中的区域法治发展状态进行富有力度的观照和分析。按照我们的看法，这些用来考察区域法治发展现象的变项或维度，应依据国家法治发展与区域法治发展之间的交互作用，以及构成不同区域法治发展差异特征和功能取向的分析思路来加以确定。一般来说，区域法治发展问题的分析框架主要由以下三个方式变项所组成，即国家发展、区域分析和空间关系。这亦是我们理解区域法治发展现象的三个基本的分析维度。

在这三个方式变项的序列中，国家发展居于首要的位置。这表明研究区域法治发展问题，必须充分考虑国家发展对于区域法治发展进程的深刻影响，舍此，我们便不能切实地表达区域法治发展的内在逻辑。人类政治文明史的历程不断地揭明一个基本的道理：尽管国家生活及其发展变革是社会发展与变革的历史产物，但是国家发展状况常常构成人类社会与政治文明发展的基本标志之一，并且成为推动社会变革与政治发展的重要力量，甚至在某种程度上乃是一种决定性的力量。区域法治发展与国家发展和国家法治发展不可分割地联结在一起。作为国家法治发展有机组成部分，区域法治发展的进程及其状态无疑映现着国家法治发展的进展状况，塑造着国家法治发展的总体格局，并且在很大程度上决定着国家发展的区域基础以及国家法治发展的基本面貌。因此，讨论国家发展的方式变项，有必要研究国家发展的类型学及其法律基础，与此相关的问题是国家转型发展的历史进程及其对国家与区域法治发展的重要影响，以及这一进程中的区域法治转型发展。

国家发展总是在各个区域范围中展开的。在主权国家治理体系中，区域治理占有十分重要的基础性地位，并且影响区域法治发展的功能取向。因此，把区域分析纳入区域法治发展分析框架的方式变项序列中加以考察，是殊为必要的。如同国家发展领域存在类型学的问题一样，区域法治发展领域同样存在着类型比较问题。这就是说，随着国家发展的转型变革进程，区域法治发展亦在经历着一个从传统型向现代型的历史转变过程，这是一个国家现代化进程中的区域现代化的过程。区域发展转型变革及其现代化的进程，催生着不可遏制的法治需求，推动着区域法治发展的历史性进步，所以把握好区域分析这一分析维度，将会使我们对区域法治发展问题的历史正当性之认识获得新的升华。由于受到不同的经济的、政治的、社会的、文化的乃至地理环境诸方面条件的影响或制约，不同区域法治发展之间无疑存在程度不同的差异性。因此，在区域法治发展问题的分析框架中，区域差异的分析考察无疑有着特殊的意义。在一个主权国家的疆域范围内，造成地区差异的因素或条件是多样化的，主要有经济发展水平、社会结构、文化传统、风俗习惯、历史进程和地理环境等方面。在这些因素或条件的综合作用下，不同地区之间形成了以经济社会发展水准为关键变量的地区差异版图，进而影响地区间经济社会生活乃至不同区域之间法治发展的进程、程度或水准，甚至会影响国家法治发展的总体进程与路径选择。在这里，实际上蕴含两个不平衡发展的规律，即区域经济社会发展不平衡规律和区域法治发展不平衡规律。我们的任务，就是要揭示这两个不平衡发展规律的生成机理、外在表现、相互作用及其固有逻辑，从而为科学把握法治中国建设的基本规律、深入谋划全面推进法治中国建设进程中的区域法治发展的战略目标与策略问题，提供可行且可靠的路径选择。

空间关系是区域法治发展分析框架的方式变项序列中的基础性要素，也是以往人们每每忽略的亟须应予认真对待的法治分析单元。时下，学界在讨论区域法治发展问题时，常常会提出区域法治概念与地方法治概念二者间的关系问题。对此，我们的基本看法是：这两个概念具有相通的意蕴，都是与国家法治概念相对而言的层级性的法治类型学概念。[1] 不过，与地方法治概念稍有不同，区域法治概念在统摄法治发展现象普遍性意义的基础上，引入地

---

〔1〕 付子堂、张善根：《地方法治建设及其评估机制探析》，载《中国社会科学》2014 年第 11 期。

域空间的概念要素，旨在揭示法治发展现象特殊性的意蕴，进而表达不同地域空间范围的不同法治发展状态及其原因。下文将要就这个问题进行深入阐发，这里需扼要提及的是，空间要素是区域法治发展现象的基本变量，是科学认识和揭示区域法治发展的内在机理的重要视角，也是打开区域法治发展进程的内在奥秘的一把钥匙。离开了对特定地域空间关系的透彻把握，对于区域法治发展现象的认识，甚或对于国家法治发展问题的研究，只能是空中楼阁、流于玄想，是无济于事的。因此，我们要着力研究空间关系在区域法治发展进程中的特殊功用，从文明史的演化进程及其法律空间的历史转换的视域，深刻把握空间要素对于揭示区域法治发展现象运行机理的价值意义。

上述区域法治发展分析框架的三个方式变项，是一个相互联系、密不可分的有机统一体，其中的每一个方式变量既可以用于分析区域法治发展领域的总体性问题，也可以用来研究区域法治发展领域的个别性问题，因而具有普遍性的概念工具价值。不仅如此，每一个方式变量既能够在彼此密切联系的分析维度序列中发挥着观照考察的作用，又能够以某种方式和途径彼此独立地起到分析研究的功用。国家发展、区域分析、空间关系这三个分析变量的内在结合，构成了区域法治发展领域的总体分析框架，标示着大变革时代中国区域法治发展的历史方向。

下面，我们就来逐一探讨这三个方式变项的主要内容。

二、国家发展

国家发展有广义与狭义之分。广义的国家发展涉及国家制度以及政治、经济、社会、文化、军事、环境等各领域的变化过程，实际上反映了整个国家生活领域的全方位的发展状态及其走向。而狭义的国家发展，则主要是指国家制度体系的转型变革，表示着国家治理体系的现代化进程。[1] 以国家制度发展为核心的国家发展，在很大程度上决定着国家生活与社会生活领域的进展及其变动方向。我们这里所论及的国家发展，一般是在狭义的意义上来使用

---

〔1〕 有的学者认为，现代化是一个全方位的变革过程，本质上是现代国家制度建设与体制改革。胡鞍钢等：《中国国家治理现代化》，中国人民大学出版社 2014 年版，第 84 页。

的,更多地关注国家制度发展及其现代化的历史进程。

从历史社会学的意义上看,国家发展是一个民族国家的建构与转型发展的过程。近代以来,伴随着民族国家的建构过程,国家发展成为国家政治生活的主旋律,这一进程的价值指向是推进和实现国家现代化。然而,国家发展及其现代化的进程在不同国度,其推进的方式与实现的后果是迥然不同的。美国学者巴林顿·摩尔注意到,“各种主要的政治类型的先决历史条件相互之间存在着很大差别”。“即使是在每一类型内部,既存在明显的相似之处,也存在极大的差异,其中最大的差异也许存在于民主革命的不同的形式当中”。比如,各个国家的起点不同,就可能形成不同的国家发展道路。“在农业社会中是否存在一些结构性的差异,从而可能在某些情况下更有利于议会民主的发展,而其他一些起点则可能使实现这一目标困难重重或者干脆就排除了其可能性呢?”当然,尽管起点可能并不是决定性因素,并不能够完全决定可能经历的现代化进程,但是有一些起点还是有可能比其他一些起点更有利于民主的进展。在这方面,欧洲中世纪的封建主义制度对于推动民主的发展确实有别于其他社会的某些制度。〔1〕因此,摩尔试图以现代化进程中的乡村社会地主与农民之间的不同关系为分析坐标,概括出从前工业世界向现代世界转变过程中所经历的三条主要的现代化道路,即以英国、法国和美国为代表的“资产阶级革命道路”,这是一条资本主义和民主政治相结合的国家发展道路;以德国、日本为典型的“反动的资本主义道路”,这是一条先前“经过了一段简短而又不稳定的民主时期”而后却走上了法西斯主义的国家发展道路;以俄国和中国为代表的农民革命所导致的共产主义的国家发展道路。〔2〕在这里,我们看到,摩尔所构造的现代化道路的类型学分析范式,致力于揭示在不同社会条件的影响下国家发展及其现代化道路的多样性的理论

〔1〕［美］巴林顿·摩尔:《专制与民主的社会起源——现代世界形成过程中的地主和农民》,王茁、顾洁译,上海译文出版社2013年版,第428~429页。

〔2〕同上书,第4~7页。

努力,为我们研究国家发展类型提供了有益的视角。[1]

有趣的是,巴林顿·摩尔曾经指导过的研究生查尔斯·蒂利(前者是后者的博士学位论文导师)继续深化和开拓摩尔关于现代化进程中的国家转型发展的分析理路,着力探讨西欧民族国家形成及其民主化进程问题,成为当代美国历史社会学或历史制度主义的开创者之一。[2] 在《强制、资本和欧洲国家(公元990～1992年)》一书中,蒂利把目光聚焦在西欧民族国家形成的主题上,以强制和资本为概念分析工具,架构了一个近代以来西欧民族国家形成与演进的类型学系统。蒂利不赞同当时思想界流行的“现代化”“政治发展”之类的观点,认为“那些观点不仅消除了不同国家的历史道路的差异,模糊了它们的起源,而且暗示着那些走着与当今世界主流国家不同路线的国家是不太发达的,而且它们最终或者重演西方国家的经历,或者永远落在后面”。[3] 蒂利选取了两个历史时间节点,即公元990年,这是欧洲国家在世界格局中处于边缘地位之际;公元1992年,这是欧洲及其周边地区持续两个世纪的霸权开始动摇之际。通过这两个时间节点之间的连结之链,阐释欧洲国家形式的转化和演变过程。蒂利的基本观点是资本的相对分布及其彼此相对独立的变动过程,对国家演进道路有着不可忽视的影响。在欧洲历史中,“资本和强制的不同的结合产生了不同类型的国家”。在公元990年以来的近代历史进程中,在欧洲的不同地方,接受贡赋的帝国、类似城邦国家和城市联盟的主权分裂的体系、民族国家这三种国家类型都在迅速地成长。因此,蒂利排拒那种欧洲国家发展道路单一论的观点,主张探讨近代早期以来欧洲国家形成的实际过程,强调近代欧洲国家形成路径的多样性,指出:“三种国家类型的长期存在和共存,反驳了任何把欧洲国家的形成说成是单一的直线

[1] 美国历史社会学家查尔斯·蒂利认为,巴林顿·摩尔的分析,“集中于某一历史时刻的政府条件的解释,因而未能解释在此重要时刻前后相同的民族所经历的政府的不同形式”。[美]查尔斯·蒂利:《强制、资本和欧洲国家(公元990～1992年)》,魏洪钟译,上海人民出版社2012年版,第15～16页。

[2] 孙琇:《解读蒂利——查尔斯·蒂利的政治转型研究与美国历史社会学的发展》,山东人民出版社2015年版,第3～8页。

[3] [美]查尔斯·蒂利:《强制、资本和欧洲国家(公元990～1992年)》中文版序,魏洪钟译,上海人民出版社2012年版,第1页;杜华:《国家构建理论与美国政治史研究的新趋势》,载《史学理论研究》2015年第1期。

发展的过程,或者说成作为自然的优越的政府形式的民族国家的过程的主张——虽然民族国家最终流行起来”。而民族国家最终的广泛流行,进而成为具有主导地位的国家类型,在一定程度上具有某种偶然性。16 世纪欧洲国家之间战争的规模与费用的不断扩张,给予有能力创造和支持庞大武装力量的民族国家超过帝国、城邦国家和城市联盟的体制上的优势。即便如此,“欧洲人也不是沿着单一的道路上走向民族国家的”。[1] 显然,蒂利的独特见解(尽管对其理解颇费心思),确证了多样化的国家发展道路的内在根由,无疑拓展了人们思考国家发展领域一系列重要论题的视野。

从总体上看,国家发展的过程,交织着错综复杂的矛盾运动。这一矛盾运动制约着国家建构的过程,规制着国家发展进程的运动方向,造就着具有不同性质与特点的国家发展类型,从而呈现出国家发展的不同历史轨迹。

以国家发展的动力来源为尺度,可以区分出两种国家发展类型。

一是内生型国家发展模式。其特点在于国家发展的动力一般来自社会内部诸方面因素和条件的刺激或推动,这种国家发展类型主要以西欧国家为主要代表。近代早期以来的西欧民族国家的形成史表明,西欧中世纪的封建制度是近代欧洲民族国家建构的母体。按照英国新马克思主义代表人物佩里·安德森的看法,中世纪的欧洲封建主义制度起源于古代社会和日耳曼生产模式,“是以一个复杂的统一体为特征的”,“是一种由土地和自然经济占主要地位的生产方式”,包括农奴、庄园制、贵族对农民超越经济的压迫、贵族中的附庸等级制,以及最高统治权的分割。在这一制度架构中,“国家的职能被分解为重点向下配置的,在每一层水平上,政治与经济的关系在另一方面是整合的。这种主权的划分与分配是整个封建生产方式的要素”。由此,形成封建主义的三个结构性特点,即“公社式村庄的土地和农民自主地都从前封建生产方式中残留下来”;“主权的封建分裂化产生了中世纪的西欧城市”;

---

〔1〕［美］查尔斯·蒂利:《强制、资本和欧洲国家(公元 990 ~ 1992 年)》,魏洪钟译,上海人民出版社 2012 年版,第 3、21 ~ 29、272 ~ 273 页。

“在整个封建依附等级制的顶点有着固有的模糊或动摇”。[1] 这种富有特色的中世纪封建主义模式，为绝对主义国家和近代资本主义的产生创造了必要的条件，从而在国家发展的多样化的世界历史进程中展示了西欧国家建构进程的独特历史个性。

二是外发型国家发展模式。虽然这种国家发展类型的动力基础离不开本国度内部的因素或条件，正是这些内部的因素或条件，赋予国家发展进程的独特的民族特性，但就总体而言，外部世界的影响甚或冲击，则成为国家发展的强大力量，推动着国家建构各个领域的复杂变化。而由于国家发展进程的显著的民族特性之坚韧力量，因而外部世界的挑战与本国传统基础的结合，便形成推动国家发展及其现代化的内生动力。一般来说，这种国家发展类型主要以俄罗斯、日本等国家为代表。作为一个超大规模的欧亚大陆国家，俄罗斯与西欧的历史进程息息相关，并且一直自诩为欧洲社会文化体系的组成部分。不过，俄罗斯近代国家发展进程无疑受到近代西欧国家发展与变革模式的深刻影响。如果说 18 世纪之前的俄罗斯国家构造受到蒙古人和拜占庭政治传统的程度不同的外来影响，那么 18 世纪初叶彼得大帝改革，则在统一的全国性政府架构与治理的基础上，广泛引进西方技术，仿行近代西欧国家的政府机构，建立了西欧式的近代化政府体制，逐步形成了类似于近代西欧最早走上工业化道路的国家的基本特征。19 世纪中期，俄国在克里米亚战争中失败，激发起再次向欧洲（主要是德国、奥地利等中欧国家）学习、推行政制改革的愿望和动力，开启了从 1861 年到 1873 年的所谓“大改革时期”，废除了农奴制度，建立了“缙绅会议”以推行地方议会制度改革，展开了教育制度、司法制度和军事体制等领域的改革，近代俄国国家发展开始迈入现代化的门槛。[2] 与俄国相比，作为一个亚洲岛国，日本早期国家发展与外部世界很少接触，具有封闭性的特征。尽管古代中国政体模式曾经成为日本

---

〔1〕［英］佩里·安德森：《从古代到封建主义的过渡》，郭方、刘健译，上海人民出版社 2016 年版，第 107～111 页；［美］玛丽·福布鲁克、西达·斯考切波：《命定的路径：佩里·安德森的历史社会学》，载［美］西达·斯考切波：《历史社会学的视野与方法》，封积文等译，上海人民出版社 2007 年版，第 191 页。

〔2〕［美］西里尔·E. 布莱克等：《日本和俄国的现代化——一份进行比较的研究报告》，周师铭等译，商务印书馆 1984 年版，第 48～50、82～86、157、183～184、188～190 页。

政体运作的典型范式，并且被融入日本自身的传统和经验，但是大约从平安时期(794～1185年)开始，帝王制度逐渐失去了实质性政治内容，在德川时代(1603～1867年)，高度集权的王权体制逐渐被幕(府)藩(国)体制所取代，经历了“一个高度集权、形式化的封建制度的创立过程”。[1] 1853年佩里舰队闯入江户湾，此后1858年美国迫使日本签订了一系列不平等条约，强行打破了日本长达两个世纪的闭关锁国状态，不过，这在很大程度上促进了明治维新时代的到来。1868年明治天皇颁行“宪章誓约”，在恢复皇权的号召下，引入西方的立宪体制，建立了中央集权的君主立宪制国家，以期回应西方列强的挑战，推动国家建构进入一个新的时期。应当看到，无论是俄国，还是日本，在“整个变革时期，这两个国家都出现了某些普遍的情况，任何执政的政府都必须对这些情况作出反应”。其中的首要的情况，就是“这两个国家都发现自己处于这样一种国际环境，在这种国际环境中，要保持孤立实际上是不可能的，而卷入全球事务却几乎是不可避免的”。[2] 正是在这样的国际环境下，俄国和日本在注重保留民族特性的同时，大规模有选择地借鉴引进域外的制度，有力地推进了近代国家发展的历史进程。

与近代西方以及俄国、日本的国家发展道路不同，近代以来的中国国家发展经历一个独特复杂的过程。作为一个进入现代化行列比较晚的国家，中国国家发展面临的重大而紧迫的历史任务，在于走出一条与本国国情条件相适应的国家现代化之路。尽管民族国家的建构被认为是近代欧洲的“一大发明”，但是在中国，早在2000多年前就已经开始了建构民族国家的历史进程。从传统中国国家形成的历史起点来看，传统中国的国家制度发展有着明显不同于其他国度的历史特点。公元前221年，秦王嬴政在战国时代诸侯之间的征战的过程中合并六国，创立了延续两千多年的皇权专制主义中央集权制国家，实行书同文、车同轨，统一度量衡和货币，建立了官僚体制，这与在四分五

[1] [美]詹姆斯·L.麦克莱恩：《日本史(1600～2000)》，王翔等译，海南出版社2014年版，第11～30页；[美]西里尔·E.布莱克等：《日本和俄国的现代化——一份进行比较的研究报告》，周师铭等译，商务印书馆1984年版，第17、51、66～69页。

[2] [美]西里尔·E.布莱克等：《日本和俄国的现代化——一份进行比较的研究报告》，周师铭等译，商务印书馆1984年版，第191页。

裂的政治权威基础上展开的近代西欧民族国家形成是明显不同的。秦王朝的国家制度被认为是“现代化的雏形”(让·雅克语)的国家政制模式,在历史王朝兴衰的进程中演进发展,直到1911年辛亥革命的爆发而告终结。从传统中国国家制度发展的基本构成来看,在幅员辽阔的古老的东方国度,传统中国形成了一个相对稳定的国家治理结构,塑造了一个独具特质的传统国家政制类型。“一个中央集权制国家的理念,一种成熟的治国方略,在孔子的教化之中深入人心。孔子对此后两千多年来的中国政治和精神世界产生了巨大的影响”。[1] 作为国家意识形态,“难与进取,可与守成”的具有保守倾向的儒家理念倡导“正名”和“礼教”,崇尚政治和社会生活领域的秩序价值,致力于维护家国相通的内在伦常秩序,修身、齐家、治国、平天下之间乃是一个融合的有机体,这样的伦理秩序理念浸透在国家政治与法律的各种制度设置之中。所以,“中国人的国家观念,是一种‘道德的’国家,或是‘文化的’国家,所以必然要达成到‘天下的’国家”。[2] 所以,儒家思想体系成为治国安邦的“长久之术”(西汉陆贾语)。在传统中国的国家治理结构中,发端于秦王朝的政府与官僚制度占有重要的地位,被认为“在其规模、效能和‘现代型’方面都独具特色”。这一政府与官僚制度的“基本理念是上下有序、中央集权和国家要为社会传播正确的道德框架”。因此,这个延绵长久的“中央集权的官僚统治传统,是中国最非凡的成就之一”。[3] 在中国这样一个超大规模的国家里施行国家治理活动,确乎需要明晰、精致且理性化的国家制度安排,建立在大一统国家理念基础上的中央与地方之间的调控体制便是其中之一。秦汉时代建构的郡县制,成为调节中央与地方关系、实现中央集权制治理目标的基础性国家制度。诚然,在传统中国的演进过程中,作为国家治理的理想愿景,实现天下的真正统一,因经济的、交通的等条件的制约,具有某种相对的而非绝对的意义。[4] 但是,在中国历史的长河中,国家政制的统一始终是主导性

---

〔1〕 [英]马丁·雅克:《大国雄心:一个永不褪色的中国梦》,孙豫宁等译,中信出版社2016年版,第51页。

〔2〕 钱穆:《中国历史精神》(新校本),九州出版社2012年版,第28页。

〔3〕 [美]李侃如:《治理中国:从革命到改革》,胡国成等译,中国社会科学出版社2010年版,第13页。

〔4〕 张纯明:《中国政治二千年》,当代中国出版社2014年版,第18~21页。

的趋势,而这一趋势之坚韧,与秦汉以来根深蒂固的天下统一观念和作为大一统之政制基础的郡县制的持续施行是密不可分的。以皇权为依据的中央集权制国家系统中的郡县制的建构,成为传统中国国家政制体系的枢纽。因此,儒家的伦理政治秩序理念,中央集权的官僚制度和以郡县制为本体的地方政治制度,构成了传统中国国家政制的基本要素,与欧洲国家和其他国家的政制模式区别了开来。

此外,再从中国国家发展遭遇到的外部冲击和转型变革的进程来看,进入近代社会以来,西方列强用战争和商品强行打开了传统中国的大门,随之而来的外部世界的严峻挑战对传统中国的国家制度造成了强烈冲击,中国国家发展走上了艰难的转型之路。从 1898 年的“百日维新”,到 1901 年启动的晚清新政与立宪运动,晚清统治集团推出了一系列政制改革举措,改造或更新传统中国的国家制度,企望仿效德、日式的君主立宪体制,在中国建立起君主立宪制的国家政制,以期回应外部世界的尖锐挑战和国内危殆的政治局势。殊不知,“这些改革努力最终却加速了清朝的衰亡”,“改革药方最终毁灭了沉疴已久的清王朝”。从这个意义上讲,“来自工业化的西方和日本的压力提供了一种催化剂,使一个典型的王朝衰败转变为一场革命”。[1] 1911 年的辛亥革命,用资产阶级民主共和的国家制度代替了延续两千多年的封建专制帝国政制体系。“尽管推翻了王朝制度,但是仍可以说,新的共和制度的形式是 1901 年 1 月宣布改革以来中国政治发展的直接结果”。[2] 辛亥革命所推动的现代国家的建构,是 20 世纪以来中国国家发展进程中的第一次革命。由此,中国国家发展也被强行纳入由西方主导的现代民族国家体系之中。辛亥革命之后的国家发展并没有因为这场革命而走上现代化道路。1949 年中华人民共和国成立,标志着中国国家发展的崭新时代的到来,社会主义国家制度体系在中国大地上第一次全面确立,实现了 20 世纪以来中国国家发展进程中的第二次革命。这场国家发展革命在传承新民主主义政权建设和治理经

---

〔1〕 [美]李侃如:《治理中国:从革命到改革》,胡国成等译,中国社会科学出版社 2010 年版,第 28~29 页。

〔2〕 [美]吉尔伯特·罗兹曼主编:《中国的现代化》,陶骅等译,上海人民出版社 1989 年版,第 352 页。

验的基础上,借鉴域外的经验,结合本国的历史和国家发展的现实需要,创建了社会主义与人民民主有机结合的国家政制模式,从而展示了与以往国家政制模式截然不同的全新的国家制度发展方向。1978 年党的十一届三中全会揭开了改革开放的伟大篇章,有力地推动着当代中国国家发展的重塑进程,开启了 20 世纪以来中国国家发展进程的第三次革命。如果说第二次国家发展革命的基础是高度集中统一的计划经济体制,那么第三次国家发展革命则是要促进从计划经济体制向社会主义市场经济体制的转变,重构国家发展的经济社会基础。正是在这一新的经济动力系统推动下,第三次国家发展革命取得了重要进展。党的十八大以来,当代中国国家发展进入了新时代。党的十八届三中全会《关于全面深化改革若干重大问题的决定》把完善和发展中国特色社会主义制度,推进国家治理体系和治理能力现代化确定为全面深化改革的总目标。党的十八届四中全会《关于全面推进依法治国若干重大问题的决定》则对全面推进依法治国作出重大战略部署,强调要坚定不移走中国特色社会主义法治道路,提出全面依法治国的总目标是建设中国特色社会主义法治体系,建设社会主义法治国家。党的十九大描绘了从全面建成小康社会到基本实现现代化再到全面建成社会主义现代化强国的当代中国国家发展崭新蓝图,从而开启了新时代中国国家发展的新征程。显然,当代中国国家发展面临着全新的境况和历史性机遇,实现国家现代化是这一革命性进程的时代主题。所有这一切表明,中国的国家发展进程有其固有的演进轨迹,有着不同于域外国度国家发展的内在逻辑,走着一条具有自身特点的独特的国家发展道路。这条国家发展道路体现了作为文明国家的中华文明的基本规定性。[1]

国家发展概念蕴含着丰厚的理论、历史与现实的意义,对于理解法治发展与法治现代化而言至关重要,这不仅是把握国家与法治现代化性质、特征和进程的基础,而且是认识区域法治发展基本属性的前提性问题。因此,我们研究区域法治发展现象,必须有效运用"国家发展"这一概念分析工具,深

---

〔1〕 [英]马丁·雅克:《大国雄心:一个永不褪色的中国梦》,孙豫宁等译,中信出版社 2016 年版,第 175 ~ 182 页。

入考察区域法治发展的生成条件和运动方向,揭示国家发展对于区域法治发展进程的深刻影响。

第一,区域法治发展不是一个孤立的过程,不仅受到特定区域经济社会条件的制约或影响,而且在总体性方向上与国家发展状况形成不可分割的有机整体。脱离国家发展的实际情况来考察区域法治发展现象,那是不可思议的。历史与现实都充分表明,国家发展进程中每一个重大事件或重大变动,都会或迟或早地波及区域社会生活领域,进而直接或间接地、程度不同地影响不同区域法治发展的实际过程,甚至在很大程度上对区域法治发展进程的走向产生决定性作用。

第二,毫无疑问,在主权国家的范围内,每一个区域社会的存在与发展的条件是千差万别的,一定的经济发展状况、社会结构特性、参差不齐的生活水平、人们的观念与意识、方言与风俗习惯、文化与历史、种族关系、气候条件与地理状况等因素,必然形成不同区域社会发展的不同特点,从而成为区域法治发展差异性的基本根源。应当看到,这些不同的社会的、人文的和自然的因素在一定条件的作用下,可能会成为不同区域彼此离散、相互隔膜的负面性因素,甚至造成四分五裂的区域分割或割据的局面。而国家发展如同文化、种族、文明等意识一样,作为一种强大的聚合性力量,能够对不同区域之间的融合与协调产生重要的功能调控作用,使之形成不可遏制的国家意识,增强对民族国家的总体性认同,从而在保持多样性的同时,维护和发展统一性,规制着区域社会与法治发展的基本走向。在现代社会,国家发展及其现代化进程日益提出确立国家意识、强化国家认同的历史性课题。维护和巩固国家统一性,不断增强国家意识与公民意识,不仅是现代国家权威性与合法性之所在,也是主权国家范围内区域法治发展的历史天职。

第三,区域法治发展不是一个静止的、凝固不变的客观存在,而是一个动态的、变化的法治有机体。一定区域社会生活条件的生存与变动,都会对区域法治发展提出相应的法权要求,区域法治发展以其特有的方式回应区域社会生活变动的客观要求。然而,区域法治发展现象的变化运动,是在国家发展以及作为国家发展重要内容的国家法治的变化发展的总体性条件下展开的,国家发展及国家法治的每一步进展,都会在区域社会发展以及区域法治发展的层面上表现出来。在当代中国,国家发展正在经历极其深刻的转型变革的时代进程。全面推进“法治中国”建设的重大战略部署,提出了推进国家法治现代化的历史性任务,这无疑给国家带来全新的局面,为国家发展及其现代化进程设定了法治基础,国家现代化与法治现代化内在地交融为一个有机的整体。在这样的历史条件下,区域社会与法治发展现象获得了新的时代内涵,推进区域社会现代化和区域法治现代化已经或正在成为应予全力以赴的重大议程。因此,只有在对国家发展现象及其运动趋向作出深刻把握的基础上,我们才有可能提出区域社会与法治发展的新的目标愿景。

第四,如前所述,区域法治发展亦不是一个呆板划一、毫无生气的抽象客体,而是一个丰富多姿、生动鲜活的历史进程。它以自己多样性的存在和运动方式,反映了主权国家范围内不同区域法治现象的独特的个性特征,表达了不同区域法治发展的内在机理,确证着区域法治发展现象历史运动的多样性的基本定律。然而,独具个性特征的区域法治发展现象,乃是国家发展现象之网上的有机“纽结”,不可能并且也不会游离于国家发展现象的网络之外而成为孤立的自在物。实际上,如果说在古代中国社会,因经济和交通等诸方面条件的局限,而影响到国家政治的真正统一程度。[1] 那么,在通信技术高度发达和交通体系日益完备的当代社会,国家发展领域与区域发展领域已经结成了内在统一性的庞大网络,这就为实现国家政治的真正统一创设了基本的物质条件,进而使区域社会与法治发展作为国家发展之网上的“纽结”作用更加鲜明,地位亦更加突出。所以,我们要把握好“网络”与“纽结”的关系,善于从国家发展及国家法治发展之网的视域来观照区域社会与法治发展现象的“纽结”之基本样态及其表现形式。

第五,从功能关系上看,国家发展现象以一种政制化方式塑造了国家生活领域的基本面貌,界定了国家制度发展的基本边界,从而也就决定了作为国家发展现象构成要素的区域社会与法治发展的内在属性与运动方向。这一状况集中体现了国家发展的主导性的功能关系。因此,在国家发展及国家法治发展的进程中,形成了区域社会与法治发展的基本向度,确立了区域社

〔1〕 张纯明:《中国政治二千年》,当代中国出版社 2014 年版,第 18 ~ 21 页。

会与法治发展的行为准则,从而保证国家政制的统一性。与此同时,在国家发展的总体构架下,区域社会与法治发展现象所具有的内在的能动性因素得以释放,在一定条件的作用下形成旺盛的创造活力,展现出区域社会与法治发展现象的蓬勃生机。这一状况无疑构成了对国家发展及法治发展现象的功能互补关系。

总之,在区域法治发展问题的分析框架中,国家发展这一概念工具居于统摄性的地位,规定着这一研究工作的基本取向与价值选择。

三、区域分析

以上我们讨论了国家发展概念工具的基本内涵和类型学意义以及运用于区域法治发展问题分析时应把握的若干要求,或许会注意到国家发展的结构形式或层次的问题。也就是说,国家发展同时也意味着国家结构形式的变迁,表明国家权力的纵向层级体系的某种变化。当然,国家结构形式或国家权力纵向层级体系所关涉的领域相当广泛,但其中的基础性的事项是区域问题,即基于国家治理的客观需要,配置全国性政府与各个行政层级区域性政府之间的权力与利益关系。[1] 随着国家发展及其现代化进程的深入展开,区域问题更加凸显,区域发展的地位愈益突出起来,这反映了区域分析方法对于实现国家有效治理的概念工具价值。研究区域法治发展问题,确乎有必要引入国家结构形式或国家权力纵向层级体系下的"区域分析"的概念工具,借以分析国家发展进程中的区域法治发展现象的运行状态。

就总体而言,学术界对国家发展进程中的区域问题较为关注。应当说,尽管20世纪上半叶以前的国际思想界也注意到人文社会科学领域的区域研究问题,但是作为一个较为广泛使用的跨学科的分析方法,区域研究在第二次世界大战之后日益兴盛起来,并且成为研究国家转型发展问题的重要范式

---

〔1〕 有的学者认为,"从最一般意义上说,国家结构的主要内容是:国家职能赖以实现、权力行使者权能借以有效发挥作用的国家区域构成单元划分;各层级区域单位的地位和权限划分;处理全国性政府与区域性政府之间纵向职级关系的原则;各层级政府之间权限争议的解决;等等。其核心问题是全国性政府与各级区域性政府之间的权限划分,以及相应的利益和财富分配"。童之伟:《国家结构形式论》(第2版),北京大学出版社2015年版,第96页。

之一。这一学术现象在很大程度上反映了"二战"之后广大亚、非、拉发展中国家摆脱殖民统治、走上独立发展道路的国家发展现实状况,同时亦表明国际学术界愈益关注民族国家内部的具体生活场域及其转型发展的区域性现象和内在动力,试图探寻多样化的民族国家发展道路的内在机理。(当然,这并不排除这一研究背后的某种"西方中心主义"的动机与企望[1])一些学者在研究西欧民族国家形成问题时,有意识地关注这一进程中的区域问题。在这方面,德国思想家马克斯·韦伯的看法是耐人寻味的。在《民族国家和经济政策》(1895年5月)这篇演讲稿中,韦伯吁请人们"将视野投向帝国的最东部,即西普鲁士地区普鲁士省的平原地带。这一地区状况特别适于说明我们要讨论的问题,因为它能使我们清楚看出一个民族国家的边境地区所有的状况,以及(边境两边不同民族在)社会经济生存处境上不同寻常的巨大差异"。通过对德国东部地区德国人与波兰人的此消彼长现象的分析,韦伯心情沉重地注意到波兰人正在东部地区占有越来越多的土地,指出:"德国东部的波兰小自耕农,和德国西部的小自耕农完全是两个样。西部的小自耕农,就像我们从莱茵河得天独厚的河谷地带所能观察到的一样,拥有一小片土地,通过经营温室和菜蔬花果农圃,供应城市的市场,忙得不亦乐乎。而在东部的波兰小自耕农,可以说真的吃草为生,所以才获取了更多的土地。他不是忍受着物资和精神生活的低水平而立足于东部的,而是凭着对物资和精神生活的低要求而立足于东部的。"在这里,"日耳曼和波兰这两个民族,长久以来在东部都面对同样的生存条件"。由此,"我们看到了一个独特的物竞天择过程:一个民族兴盛,一个民族衰落。哪个民族更能够适应既定的经济和社会条件,就能获得胜利"。因此,韦伯从维护德国的民族国家利益的立场出发,提出了两项政策建言:一是恢复施行俾斯麦时期的关闭东部边界政策;二是由国家大规模收购东部土地。[2] 在美国学者查尔斯·蒂利看来,近代欧洲民族国家的形成经历了不同的道路,而不是沿着单一的路径发展的。他把国

---

〔1〕[美]戴维·L.桑顿:《美国区域研究的起源、性质与挑战》,袁剑译,载刘北成主编:《文明研究第一辑·多元文明与区域变迁》,商务印书馆2014年版,第100、107~108页。

〔2〕[德]马克斯·韦伯:《民族国家与经济政策》,甘阳等译,三联书店1997年版,第76、82、84~87页。

家比之为区域，借助于“强制”和“资本”两个概念工具，区分了欧洲的强制密集地区和欧洲的资本密集地区两种区域类型，前者是指城市很少且农业占优势的地区，在那里直接强制在生产上起着主要作用；后者是指有许多城市且商业占优势的地区，在那里市场、交换和市场导向的生产盛行，这两类不同区域中的主要社会阶级的组织以及它们和国家的关系差异很大。“结果，国家组织形式在欧洲的这些不同地方有着显然不同的轨道”。由此，蒂利进一步强调，“如果我们解释了欧洲国家所经历的不同道路，我们就会更好地理解当今非欧洲国家，并非欧洲国家或者拉丁美洲现在正在重演欧洲的经历”。〔1〕近代欧洲国家形成的多样化道路，一定程度上体现了区域因素之意义所在。

需要指出的是，海外学者在对中国历史的研究过程中，愈益重视区域分析的工具作用。美国著名汉学家欧文·拉铁摩尔（Owen Lattimore，1900－1989）把中国边疆这一特殊的地理区域单元纳入中国问题的整个思考框架之中，写下了《中国的亚洲内陆边疆》（1940年）一书，以长城边疆为主线（在西藏地区，山岭代替了长城），着重考察了东北、内蒙古、新疆、西藏四个内陆边疆区域，旨在“设法说明每一个地区的形势、每一地区的发展的社会形态以及人民的生活”，“由此可以表现长城边疆各个地区是如何不同，并提供一个视野，观察后来的发展”，“也可以说明长城边疆各个民族间的差异及相互作用而产生的影响，并表明连续意识在理解历史上的重要性”。〔2〕如果说拉铁摩尔区域研究关注的重心是中国西北方向的内陆边疆区域，那么美国经济人类学家施坚雅（G. William Skinner，1925－2008）则以中国西南区域农村社会市场结构分析为切入点，进而拓展到传统中国社会不同区域市场与行政结构以及城市发展领域，形成了所谓“施坚雅研究范式”。〔3〕按照施坚雅的分析范式，“中国”是由诸多经济社会发展不平衡的“区域”构成的，不同区域之间的

〔1〕［美］查尔斯·蒂利：《强制、资本和欧洲国家（公元990～1992年）》，魏洪钟译，上海人民出版社2012年版，第19～20页。

〔2〕［美］欧文·拉铁摩尔：《中国的亚洲内陆边疆》，唐晓峰译，江苏人民出版社2008年版，第16页。

〔3〕袁剑：《边疆的背影：拉铁摩尔与中国学术》，社会科学文献出版社2016年版，第169～171页。

差异性与其所承担的功能的不同密切相关。[1] 由此，施坚雅一方面注意到一定的行政区域架构下的地方性的经济社会现象的基本特性，但另一方面更加重视由“经济中心地及其从属地区构成的社会经济层级”，即跨行政区域的地方性的经济社会现象的运作方式，强调“区域体系理论的基本模式大体上适用于所有的农业社会，即以农民为基础的文明”。这一分析模式“在总体上显示了这样一种区域结构，它包含着以镇和市为连接点的本地和区域体系的层级”。这一理论模式的核心观点是“不仅大区域经济具有核心—边缘结构，它的每一层次上的区域系统均呈现和大区的核心—边缘结构类似的内部差别”。[2] 后来，施坚雅把这一分析模式用于研究当代中国的工业化进程，进一步突出了区域体系的研究方法的现实意义。

“施坚雅研究范式”产生了广泛的学术影响，是继费正清“冲突—回应”模式之后的美国中国史研究的又一个主流分析范式，因而被认为是“美国中国学研究的第二代领军人物”。[3]《在中国发现历史》一书的作者认为，施坚雅的区域系统分析方法的最大优点在于他同时突出了“各个区域之间以及每一个区域内部的中心地带与边缘地带之间，在空间与时间上存在的差异”。[4] 在施坚雅区域体系分析范式的影响下，一些学者力图运用这一研究方法找寻中国历史演进过程的特殊轨迹，借以打破欧洲中心主义的一元论发展模式。例如，旅美学者王国斌和美国学者彭慕兰基于区域比较分析方法原则，从不同视角对1800年前后中国经济核心区域与欧洲经济核心区域的经济社会生活条件进行比较，从而把经济发展看作区域之间互动的结果，强调明清时期的中国与近代早期欧洲在经济变化的动力方面具有更多的相似性，直到1800年之后才变得截然不同，或者说才出现了“大分流”的现象。这一“学术共识”

---

〔1〕 陈倩：《区域中国与文化中国——文明对话中的施坚雅模式》，人民出版社2013年版，第23~25页。

〔2〕 施坚雅主编：《中华帝国晚期的城市》，叶光庭等译，中华书局2000年版，中文版前言第1~3页。

〔3〕 [美]黄宗智：《华北的小农经济与社会变迁》，中华书局2000年版，第23页。

〔4〕 [美]柯文：《在中国发现历史——中国中心观在美国的兴起》，林同奇译，中华书局2002年版，第181页。

亦被人们称为“加州学派”，甚或“尔湾学派”。[1] 此外，20 世纪 80 年代以来，区域研究方法亦在日本中国史研究领域深入展开。[2]

其实，在中国，区域研究古已有之。《尚书·禹贡》、《汉书·本纪》、《汉书·地理志》、《禹贡地域图》（西晋裴秀）、《盟会图》（西晋杜预）、《海内华夷图》及其《古今郡国县道四夷述》（唐朝贾耽）、《历代舆地图》（清朝杨守敬）、《水经注图》（清朝杨守敬、熊会贞）等典籍，留下了大量区域问题的思考。特别是进入近代社会以来，在人文社会科学的诸多领域，区域研究日益成为一个不可或缺的学术取向。著名史学大师陈寅恪在研究魏晋南北朝问题时，自觉地运用区域比较分析范式考察南北朝社会的诸多方面的差异，诸如经济、嫡庶、家族、大族等，进而得出“南北朝有先后高下之分，南朝比北朝要先进”的结论。[3] 著名经济学家冀朝鼎在研究中国经济史的过程中，创造性地提出了“基本经济区”的概念，撰写了题为《中国历史上的基本经济区》（1935 年）的并不为人们所熟知的经典之作。他从理解中国社会动力学的最根本问题的高度，力图通过追溯中国历史上灌溉、水运和防洪的发展，对基本经济区的转移过程及其与中国历史上兴废更替之间的动态关系加以分析，“发现支配中国历史发展的主要趋势”。按照冀朝鼎的看法，“基本经济区这一概念，可以用来阐述中国历史的每个基本问题。它强调的是中国经济的地方和区域特征。秦始皇（前 221 年～前 210 年）成功打破了战国时期各个国家之间的封建障碍，但他取得的统一是松散的统一。不像现代国家一样，依靠经济联系凝聚在一起，这种统一是通过控制基本经济区进行军事和官僚统治而实现的。因此，它不可能长久，一旦基本经济区的主导地位受到挑战，统治者就会失去立足之地和补给来源。分裂和混乱就会随之发生，直到新的统治者扎根于一个基本经济区，并依靠经济区重新实现统一。这就是中国古话‘合久必分，分

---

〔1〕 [美]王国斌：《转变的中国》，李伯重等译，江苏人民出版社 1999 年版，第 3 页；[美]彭慕兰：《大分流：欧洲、中国及现代世界经济的发展》，史建云译，江苏人民出版社 2010 年版，中文版序言第 1～5 页。

〔2〕 比如，有的学者以清代水利问题为切入点，通过揭示区域社会的实际情况，探寻区域社会中实际存在的课题，试图以此去接近区域社会的历史性质和特征。[日]森田明：《清代水利与区域社会》，雷国山译，山东画报出版社 2008 年版，第 354～355 页。

〔3〕 陈寅恪：《魏晋南北朝史讲演录》，贵州人民出版社 2012 年版，第 277～281 页。

久必合'的真正含义。这是一条铁的法则，它准确描述了中国历史从第一个皇帝到19世纪闭关状态被打破的半殖民时期的一种基本趋势"。冀朝鼎认为，区域关系问题和基本经济区概念，对于理解中国历史进程乃至当代中国问题，具有重要意义。"尽管区域关系问题并非中国历史的中心问题，基本经济区这一概念也并非解释整个中国历史的主导概念，但是应该认识到在区域自然经济条件下，这种理论具有特殊的意义，能极大地促进我们对整个中国历史进程的理解，还为研究帝国主义冲击造成的影响以及当代中国问题提供研究背景"。〔1〕这一独特的见解，突出了区域关系理论和基本经济区概念的分析工具价值，无疑开启了中国区域经济学乃至区域政治学发展的历史先河，甚至可以说冀朝鼎乃是中国区域经济学和区域发展理论的先驱者之一。

如同20世纪以来西方区域地理学对于区域分析方法的广泛运用所作出的重要贡献一样，中国历史地理学界亦为此作出了不懈地努力，取得了重要的学术进展。1934年成立的禹贡学会，有力推动了历史地理学及其区域历史地理学研究的深入拓展，区域分析方法的价值日益显现出来。著名历史地理学家谭其骧不仅在历史区域地理学的理论建设领域作出了杰出的贡献，而且主持编绘了《中国历史地图集》这部鸿篇巨制，对历史上的中国的范围与中国历代疆域作出了清晰、合理的确定，把从18世纪50年代到19世纪40年代鸦片战争以前这个时期的中国版图作为我们历史时期的中国的范围，强调这个范围乃是几千年来历史发展所自然形成的中国，中原地区和各个边区统一在清王朝中央政权之下。乾隆中叶（18世纪50年代），广义的东北的满族地区、蒙古族地区（除内外蒙古地区之外，还包括维吾尔地区和藏区）、汉族地区（除汉族中原地区外，还包括许多南方少数民族地区）三区的统一，形成了一个幅员辽阔的统一的多民族的传统中国疆域版图。〔2〕在这里，充分显示了区域因素在统一的多民族的传统中国疆域形成过程中的独特作用。在谭其骧先生的带领下，复旦大学历史地理学研究团队在区域历史地理学领域辛勤耕耘，

---

〔1〕 冀朝鼎：《中国历史上的基本经济区》，岳玉庆译，浙江人民出版社2016年版，序言第1～6页。

〔2〕 谭其骧：《历史上的中国和中国历代疆域》（1981年5月下旬在"中国民族关系史研究学术座谈会"上的讲话），载《中国边疆史地研究》1991年第1期。

成果卓著。葛剑雄深入考察了历史上的中国疆域变迁中的区域关系存在和变动的历史图式,将古代中国疆域区分为正式行政区、特殊的行政区、军事驻防和屯垦区、民族或地方自治地区、实际统治区以及羁縻行政区等若干个区域类型,[1]从而展现了统一中国疆域变迁过程中丰富多样的区域关系样式。周振鹤则在中国历史政治地理领域执着探索,以行政区划为基本分析单元,对历史上的中国行政区划变迁过程进行了开拓性的研究,把行政区划变迁放置到一定的经济、政治、军事、社会、文化、历史和地理环境条件下加以观照,从行政区划的层次、幅员、边界、地理分布、等第诸方面揭示中国历代政区变迁的内在机理,认为“从秦到清,行政区划的形态有过纷纭繁复的变化,这些变化不但是中央集权与地方分权互为消长的表征,也是经济开发程度的标志和文化领域差异的体现,有时甚至是军事行动的结果。政区所有变化自然都是人为的,但同时又摆脱不了地理环境的制约”。[2] 由此,一幅广阔社会背景下的中国政区演进的历史画卷跃然纸上。

在中国,区域研究方法几乎在人文社会科学的各个学科领域都得到了广泛的运用,尤其在区域社会史、区域文化史、区域人类学等领域更是卓然不凡。比如,在区域社会史领域,逐渐形成了所谓“华北模式”“关中模式”“江南模式”“岭南模式”等区域社会史研究的解释范式。[3] 赵世瑜试图从方法论意义上探讨将区域分析方法应用于中国社会历史研究的意义所在,认为可把区域社会史研究理解为一种方法论,因为它的目的并不在于区域或地方,而在于它体现了一种重写通史的努力。“中国幅员辽阔,地区性差异大,因而把中国的历史变迁置于空间维度下进行考察是最切实可行和可将研究引向深入的方法;同时,整体社会史的研究最可能的是在特定区域内进行尝试,也就是说,区域社会史把特定地域视为一个整体,全方位地把握它的总体发展,这既是一种整体社会史在特定区域内的研究尝试,又可以在实践中推动整体社

---

〔1〕 葛剑雄:《历史上的中国——中国疆域的变迁》,上海锦绣文章出版社 2007 年版,第 34 ~ 39 页。

〔2〕 周振鹤:《中国历代行政区划的变迁》,中国国际广播出版社 2010 年版,第 5 ~ 6 页。

〔3〕 杨念群:《“地方性知识”、“地方感”与“跨区域研究”的前景》,载《天津社会科学》2004 年第 6 期。

会史研究的深入发展”。[1] 于是,在中国史的研究中,区域社会史与整体社会史乃至中国通史的内在联系得以揭示,区域研究的方法论价值更加展示出来。不少学者围绕特定区域社会中某一类突出问题展开研究,企望找寻区域社会史演化的基本脉络。诸如,关于山西水资源问题与这一区域社会发展的关联性考察,即这类研究的范例。行龙主张从人口、资源和环境入手,探讨一定的区域社会演化的内在机理,强调“任何一个区域都有其特色迥异的地理、人文环境。环境选择技术,社会改造环境。不同环境下孕育出的社会绝不是迥然相同的,区域史研究者不可忽视这一点”。[2] 由此,他以晋水流域水资源日趋匮乏及其利用、分配和争夺的场景出发,努力揭示水事管理和祭祀活动所体现的国家与社会、国家意识形态与地方性知识之间的复杂的互动作用。邓小南考察了从前近代山西洪洞县的水资源状况以及地方社会水资源管理活动中“精英人物”的活动,借以表达民间的水利共同体所努力构建的基层社会秩序。[3] 赵世瑜对明清山西汾水流域的分水之争及其若干案例作了深入考察,力图发现在分水故事和分水制度背后的历史上乡土社会各种权力运作的逻辑。[4] 张俊峰则在对明清以来山西介休县洪山泉域争水斗讼事件的梳理分析基础上,试图概括出由泉域社会、流域社会、湖区社会和浑水灌溉社会所构成的水利社会的框架。[5] 如此等等。因此,区域社会史学界极力倡导跨学科的综合性的区域研究,企望通过这一研究,获得更为丰富有效的分析工具,进而重新认识和叙述中国历史。在杨念群看来,中国的社会史研究自从实现了“区域转向”之后,形成了多元并存的发展局面。尽管“华北模式”“关中模式”“江南模式”“岭南模式”等解释范式所包含的内容并非十分明确,也

---

〔1〕 赵世瑜:《小历史与大历史:区域社会史的理念、方法与实践》,三联书店 2006 年版,第 27 页。

〔2〕 行龙:《从共享到争夺:晋水流域水资源日趋匮乏的历史考察——兼及区域社会史之比较研究》,载行龙、杨念群主编:《区域社会史比较研究》,社会科学文献出版社 2006 年版,第 17 页。

〔3〕 邓小南:《追求用水秩序的努力——从前近代洪洞的水资源管理看“民间”与“官方”》,载《暨南史学》2004 年第 3 辑。

〔4〕 赵世瑜:《分水之争:公共资源与乡土社会的权力和象征——以明清山西汾水流域若干案例为中心》,载《中国社会科学》2005 年第 2 期。

〔5〕 张俊峰:《介休水案与地方社会——对泉域社会的一项类型学分析》,载《史林》2005 年第 3 期。

不能说业已系统地提出了区别于以往理论的完整表述，但是，“它们都有一个共同的特点，即基本上是以‘村落’为单位，以‘宗族’‘庙宇’为核心论题展开论述的，虽有个别的观点是从市场网络、经济变迁和城乡关系等方向力图区别于‘村落取向’”。“由于区域社会史找到了‘宗族’和‘庙宇’两个可以从组织与象征层面把握乡土社会的工具，所以中国社会史研究逐步变成了‘区域社会史’研究，而‘区域社会史’研究又成为‘进村找庙’的同义语”。〔1〕 因此，从总体上讲，以宗族和庙宇为核心概念的分析架构，构成了中国区域社会史研究的基本理论标识。

那么，当下中国法学领域中的区域研究情形如何呢？从总体上看，近年来，关于中国法律发展的区域研究开始日益兴盛起来。一些学者把区域分析方法应用到以区域、省份或者地方为中心的较小单位，力图反映处于转型过程之中的中国法律发展现象的区域性与地方性的变异内容和幅度。在中国法律史的学术领地，探讨特定地区的历史上的法律问题，已经成为区域法律史研究的新的兴奋点。深入探讨中国地方法制史研究所取得的重要进展，从中可以看出改革开放四十年来中国法律史学界在中国区域或地方法律发展史方面的成果，不仅表现为以一定行政区域为基本地理单元的法律发展沿革进程的通史或断代史或专题史等学术文献，而且包括以跨行政区域为地缘单位的法律发展史的研究成果，甚或涉及以少数民族聚居区域的法律发展史为研究对象的大量学术著述，以及关于中国地方法律史的整体研究或特定区域法律发展问题研究的诸多成果。〔2〕 由此，我们不难发现中国法律史领域的区域研究确乎大有可为。需要指出的是，中国法律史学界关于中国古代和近代地方司法档案的系统整理与研究，释放了中国区域或地方法律史领域的殊为珍贵的历史文献信息，拓展了中国法律史领域的区域研究的广阔空间。地方司法档案的价值意义，主要在于它所反映的国家成文法律在一定区域范围内的具体实践情形，尤其是来自基层社会的法律实际运行状况，这无疑表现了

---

〔1〕 杨念群：《“地方性知识”、“地方感”与“跨区域研究”的前景》，载《天津社会科学》2004 年第 6 期。

〔2〕 王立民：《中国地方法制史研究的前世与今生》，载《中外法学》2013 年第 5 期。

国家法律实现过程的区域多样化的生动场景。[1] 与此同时,大量的地方司法档案的相继发现与整理研究,亦给我们展示了作为整体的特定区域或地方性法律生活的基本面貌,借以从中理解古代中国区域或地方的法律发展的整体性的独特意蕴,揭示其鲜活具体的区域法律实践逻辑,进而把握传统中国社会条件下国家法律制度设计与区域法律实践生活之间彼此互动的有机关联。毫无疑问,确立整体性的研究视角,把传统中国的区域法律发展放置到中国法律历史沿革的进程之中加以观照,深入挖掘丰富多彩的地方司法档案以及地方法律文献的深厚蕴含,将会使我们对传统中国的法律生活世界获得一种全新的认知。诚如有的学者指出的,"确凿的历史事实表明,中国古代存在地方法制,那种认为中央集权制度下没有地方法制存在空间的观点不能成立"。[2] 应当看到,近年来,我国法理学界在研究当代中国社会转型过程中的法治发展问题时,愈益注意到区域法治发展现象存在的客观条件及其特殊意义,试图把区域研究方法引入对于当下中国法治发展的分析过程之中,发表了不少相关的学术成果。其间,人们在概念工具的使用上还是有所不同的。有的使用"区域法治"的概念,意指在国家法制统一性的制度架构下,以一定行政区域为基础的法治发展与以跨行政区域为基础的法治发展之有机结合的法治发展现象;[3]有的使用"区域法制"的概念,旨在于分析跨行政区域的法制问题;[4]还有一些学者使用"地方法制"或"地方法治"的概念,试图从中央与地方之间的关系维度,探讨各个不同地区法治(或法制)发展的基本状况

---

〔1〕 [美]黄宗智:《中国法律的实践历史研究》,载[美]黄宗智、尤陈俊主编:《从诉讼档案出发:中国的法律、社会与文化》,法律出版社2009年版,第7~9页。

〔2〕 杨一凡、刘笃才:《关于中国古代地方法制的几点认识》,载杨一凡:《重新认识中国法律史》,社会科学文献出版社2013年版,第131页。

〔3〕 张文显:《变革时代区域法治发展的基本共识》,载公丕祥主编:《法制现代化研究》(2013年卷),法律出版社2014年版,第28页。文正邦:《法治中国视域下的区域法治研究论要》,载《东方法学》2014年第5期;夏锦文:《区域法治发展的法理学思考——一个初步的研究构架》,载《南京师大学报》(社会科学版)2014年第1期;公丕祥:《区域法治发展的概念意义——一种法哲学方法论上的初步分析》,载《南京师大学报》(社会科学版)2014年第1期;等等。

〔4〕 周叶中、曹阳昭:《我国区域法制建设简论:以武汉城市圈为例》,载《当代法学》2012年第2期;曹阳昭:《我国区域法制冲突的协调程度研究》,载《太原理工大学学报》(社会科学版)2011年第4期;王春业:《我国区域法制构建中法律规范供给模式的创新》,载《南京社会科学》2013年第1期;等等。

及其对于国家法治(或法制)建设的影响。[1] 综览这些各具规定性的概念表达,我们可以清晰地看出关注区域研究已经或正在成为当代中国法学界注重"经世致用"、拓展研究领域的一个重要的且极具生命力的法学学术增长点,日益展示出蓬勃旺盛的原创性的法学理论发展的崭新趋向。

作为区域法治发展问题研究的分析框架中的一个基本变量,区域分析的概念工具之本质性意义在于确定文明社会法治发展现象的中层研究基点,着力阐释国家法治发展中的区域样式与区域法治发展中的国家法权之间的互动机理,进而深刻理解构成国家法治发展整体的区域经验或区域实践活动。很显然,这里的区域研究,就不能简单地理解为一种单纯的局部性研究,而是一种区域的整体性研究,是一种对于区域法治发展进程所获得的中国法治发展整体性的智识统摄。而这样的区域研究决非超时空的理论描述,而是深入各具特质的国家整体生活系统中的众多特定地理——行政单元之中,揭示国家法治发展的"区域逻辑",由此把握国家法治发展的总体面貌。[2] 因而,中国法治发展的区域研究,是关于一定地域范围内的法治发展现象的理论分析。这一研究既不同于国家法治发展问题的总体性的客观研究,也不同于关于法治发展进程中的具体法律问题的微观研究,它是一种介于法治发展的宏观研究和微观研究之间的中观研究,或者按照美国著名社会学家罗伯特·K. 默顿所说的,这是一种"中层理论"研究。在《社会理论和社会结构》这一巨著中,默顿对时下流行的社会学中层理论给予了极大的关注,强调"社会学理论要想获得有意义的进步,就必须在这两个相互联系的层次上发展:(1)创立可

---

〔1〕 葛洪义:《作为方法论的"地方法制"》,载《中国法学》2016 年第 4 期;余涛:《地方法制理论视野下的"小制度"研究》,载《云南大学学报》(法学版)2015 年第 6 期;付子堂、张善根:《地方法治建设及其评估机制探析》,载《中国社会科学》2014 年第 11 期;朱未易:《地方法治何以可能和正当》,载《广东社会科学》2016 年第 5 期;等等。

〔2〕 有的学者强调,中国区域史研究的重要认识论原则在于确立"区域研究中的'国家'"的观念,这是因为区域史研究的出发点是作为历史主体的人,而人作为能动者一定是在某种特定的结构中存在,同时也在行动中改变结构。这个结构,在一个国家形态已经高度发达的历史环境下面,最核心的权力体系就是国家。所以,我们每个人在自己的生活经验里面对的国家都是一个完整的实体,不只是区域里面的,也包括区域之外的那个权力中心。但是,对于一个区域而言,在社会现实生活中具有意义的"国家"权力,一定是内化于这个区域社会结构内那个权力格局之中的。在这个意义上,我们所能够认识的国家,或者所谓中国论述,只能是在特定的时空之中的,不能放大为可以跨越时空的中国。刘志伟、孙歌:《关于区域史研究认识论的对话》,东方出版社 2016 年版,第 109 页。

以推导出能够接受经验研究的假设的特殊理论；(2)逐步地而非一蹴而就地发展概括化的概念体系，即能够综合各种具体理论的概念体系”。第一个层次上的努力便是形成中层理论，社会学把主要关注点放在发展中层理论上，它就能够取得进步，由此逐步在第二个层次上发展出一种综合性的理论。“如果它的主要精力集中于发展大而全的社会学体系，则它就会停滞”。[1]那么，何为中层理论？在默顿看来，“中层理论既非日常研究中广泛涉及的微观但必要的工作假设，也不是尽一切系统化努力而发展起来的用以解释所能观察到的社会行为、社会组织和社会变迁的一致性的统一理论，而是指介于这两者之间的理论”。这就是说，“中层理论介于社会系统的一般理论和对细节的详尽描述之间。社会系统的一般理论由于远离特定类型的社会行为、社会组织和社会变迁而难以解释所观察到的事物，而对细节的详细描述则完全缺乏一般性的概括”。简言之，“中层理论涉及的是范围有限的社会现象，正如它的名称所表明的一样”。“当然，中层理论也涉及抽象，但是这些抽象是与观察到的资料密切相关的，是结合在允许进行经验检验的命题之中的”。[2]默顿的社会学中层理论之分析意见，尽管受到一些学者的质疑，但是依然保持着坚韧的理论穿透力，对当代人文社会科学发展及其方法论思想产生了广泛影响。[3]对于法治发展研究而言，形成和确立区域研究的分析视角，可以使我们在一个广阔且有限的空间范围内认识国家法治发展进程在各个不同区域的具体实现状况，而这样的认识并不是空洞的泛化之语，而是真切实在的生动表达，由此获取对于国家法治发展的总体智识。因此，从这个意义上，我们可将区域法治发展研究称之为对于“法治发展的中层理论”的一种探求。换言之，作为“法治发展的中层理论”表达形式之一的区域研究，有着自身的

---

〔1〕［美］罗伯特·K.默顿：《社会理论和社会结构》，唐少杰等译，译林出版社2015年版，第74～75页。

〔2〕同上书，第59～60页。

〔3〕比如，中国区域史学者在不同程度上引入社会学中层理论的分析原则，试图构造区域史研究的崭新架构。对此，有的学者认为，“在中国的语境中，大力提倡‘中层理论’和‘区域研究’的建构策略，以使中国社会史的解释能力趋于多元化，恰恰是最为紧迫的课题。当然，建立中国式的社会史‘中层理论’模式并非是直接移植西方社会学理论，或实现所谓的‘范式突破’，而只是实现一种研究取向的意向性转换。这种转换不是对以往解释的替代而是修正”。杨念群：《中层理论：东西方思想会通下的中国史研究》（增订本），北京师范大学出版社2016年版，第180页。

内在特性和独特的概念工具要求——这是需要我们加以悉心把握的。

第一，区域研究的一个基本的限定性条件，是整体性的国家法治发展中的区域法治现象的生成与变动，即"国家中的区域之分析原则"。这就是说，在法治发展的区域研究过程中，要贯彻整体性原则，把区域法治发展进程中的每一个基本事实、每一种基本形态和每一个基本要素，都放置到国家法治发展的整体性联系之中加以把握，在国家法治发展的整体性结构中分析特定的或者个别化的区域法治现象的特殊表现形式，借以在国家法治的整体结构与区域法治的局部形态之间建立起一种有机的事实与逻辑关系，从而获得对于区域法治发展现象的整体性认知。正是在这种对于区域法治研究的整体性追求过程之中，我们才不至于把区域法治现象的研究仅视为一种单纯的局部性研究，亦才能真正理解法治发展的区域研究之内在价值是对于区域法治发展现象本身所蕴含的国家法治发展机理的探寻。〔1〕其实，国家法治发展的内在机理在很大程度上恰恰寓于或内在于区域法治现象之中。研究区域法治发展问题，尽管并不可能直接地表达国家法治发展的基本原理，也不可能简单地等同于揭示国家法治现象的内在机理，但是却可以为理解国家法治发展现象的本质性意义提供不可或缺的区域性经验事实，进而能够成为探讨国家法治发展的内在机理的殊为重要的基本条件，甚至具有国家法治发展现象的原理性的表达功能。因此，对于法治发展的区域研究来说，"国家中的区域"确乎是我们应予时刻谨记的一条重要分析准则。

第二，区域研究的一个基本要求，旨在深入分析多样性的区域法治发展现象在国家法治发展进程中所展示出来的独特个性，即"区域中的国家之分析原则"。法治发展的区域研究的主要对象，即主权国家范围内的不同区域的法治发展现象，而这里的"区域"边界无疑是多层次或多样化的。从纵向关系上看，不同行政辖区层级的法治发展运动，构成了拥有相对行政区域边界

〔1〕黑格尔在论及全体与部分的关系时指出："这些部分彼此是不同的，而且是各自独立的。但只有就它们相互间有同一联系，或就它们结合起来而构成全体来说，它们才是部分。""譬如，一个活的有机体的官能和肢体并不能仅视作那个有机体的各部分，因为这些肢体器官只有在它们的统一体里，它们才是肢体和器官，它们对于那有机的统一体是有联系的，决非毫不相干的"。这一关于全体与部分的辩证法原则，对于我们把握"国家中的区域"的分析取向，无疑是很有启迪意义的。［德］黑格尔：《小逻辑》，贺麟译，商务印书馆1980年版，第281～282页。

范围的区域法治现象的纵向空间结构系统。在中国，这一纵向的区域法治结构关系大致从省（市、区）到覆盖设区的市（州、盟）、县（市、区）和乡（镇）等不同行政层次单元，而村级区域层级单元（往往称为“行政村”）尽管不具备行政辖区的性质和地位，但却是基层社会治理格局中的基本社会单元。不仅如此，在基层社会生活中，层出不穷的宗族或家族现象亦对基层社会治理产生重要的功能性影响。从横向关系上看，在不同的行政区域之间往往会形成一定的经济、行政、司法、社会、文化诸方面的相对稳定的联系，不可避免地凝结为一定的区域间的法权关系，进而形成跨行政区域的法治发展进程。在中国的社会条件下，这种跨行政区域的法治发展现象同样是丰富多彩的，并且在相当的程度上反映了中国法治发展的特殊意义。因此，无论是纵向关系的区域法治发展结构，还是横向关系的区域法治发展结构，无疑表示着不同的空间场域条件下的区域法治现象的固有逻辑。然而，应当强调的是，纵向的或横向的行政或跨行政区域的不同空间或边界状态下的法治发展现象，决非游离于整体性的国家法治进程之外，而是“区域中的国家”的法治现象的具体而生动展现。通过这些各具形态的区域法治现象，我们可以真切而内在地进入国家法治发展的广阔天地。尽管这些不同的区域法治现象显示出无穷的程度或样态上的差异性，以至于人们会发现多样性的区域法治现象与整体性的国家法治现象之间的不尽吻合或不尽协调之处，但是这恰恰就是国家法治发展的真实样式与鲜活景观。正是通过对于这种多样化的区域法治现象世界的深刻认识，我们才能够真实地描述国家法治发展的总体性面貌，也才能真正确立起多样性统一的国家法治发展的基本立场。由此，我们就会发现，那种超越时空条件的大而化之的国家法治发展的叙述方式是不可能理解法治发展现象的内在奥秘。只有借助“区域中的国家”的分析原则，我们对国家法治发展问题的认知才是真实可靠的。

第三，区域研究的重要指向就在于通过对不同类型的区域法治现象差异性的深入分析，努力寻求关于多样性统一的区域法治发展机理的理论阐释，即“区域的整体性结构分析原则”。无论“区域”现象的表现形式如何纷繁复杂,整体性才是区域现象的基本属性。[1] 诚然,法治发展的区域研究的出发点,是要探究不同区域的法治现象的差异性特征,揭示产生区域法治发展进程的差异性的内在成因。当下的区域科学研究的重要领域之一是关于区域发展与增长的差异性及其成因分析。比如,区域经济学关注区域经济变量因素的差异性及其对区域增长过程的影响,认为"不同的区域之间,在地理和经济规模、人口统计特征、产业组合、劳动力技能、厂房与机械设备的使用年限、与其他区域的贸易联系、消费方式以及许多其他的基本经济特征方面,存在极大的差别"。[2] 这些具有显著差异性的区域经济变量要素的变化,对区域之间的发展水平与质量起到明显的作用。然而,千姿百态的、充满差异性的区域本身,实际上构成一个整体,是一种类型化的整体。在许多区域社会学的研究者那里,面对着范围广阔、形态多样的区域研究,总是力图从具体的、个别的、具有鲜明个性特征的基本社会单元入手,通过类型化的比较方法,对不同区域之间社会生活领域差异性状况建立起一个整体性分析。著名社会学家费孝通强调,中国农村的"社会结构并不是万花筒,随机变化出多种模样的,而是在相同的条件下会发生相同的结构,不同的条件下会发生不同的结构"。由此,他不仅在《江村经济》中通过对一个农村社区的社会结构及其运作的描述,"勾画出一个由各相关要素有系统地配合起来的整体",借以"表达人类社会结构内部的系统性和它本身的完整性",而且在《云南三村》中应用类型比较法,逐步扩大实地观察的范围,寻找条件不同的具体社区,"进行比较分析,逐步识别出中国农村的各种类型",从而"步步综合,接近认识中国农村的基本面貌"。[3] 因此,区域现象的整体性结构特征,内在地嵌入区域社会生活领域的诸要素之中,成为人们认识和把握区域现象的本质意义上的属性

---

〔1〕 有的学者指出:"在任何一个在研究时界定为整体的区域里,都是有政治或行政的中心的。以一种功能分析的方式看,一个'区域',一个作为研究对象的具有整体性的社会单元,都会有一个或多个权力中心,这个权力中心也都有着控制资源、制定规范、维持秩序等功能。在这个意义上,'区域'与国家,作为具有整体性的研究单元,在结构上并没有什么不同。"刘志伟、孙歌:《在历史中寻找中国——关于区域史研究认识论的对话》,东方出版社 2016 年版,第 117 页。

〔2〕 [英]哈维·阿姆斯特朗、吉姆·泰勒:《区域经济学与区域政策》,刘乃全等译,上海人民出版社 2007 年版,第 3 页。

〔3〕 费孝通:《江村经济》,上海人民出版社 2013 年版,第 482～484 页。

的基本维度,亦构成区域研究认识论的核心要义之一。这就启示我们在探讨区域法治发展现象的运行机理的过程中,必须把国家法治进程中的每一个区域法治发展现象系统都作为一个特定空间下的法治发展整体性结构来加以研究,并且基于对这种"区域的整体性结构"的理解去揭示构成区域法治整体性结构的诸要素之间的复杂矛盾运动关系。不仅如此,国家法治体系中的每一个不同区域法治运行的整体性结构,都不是自我封闭的区域法治系统,而是与其他区域法治系统通过一定的关系或路径而联结起来,相互之间并行不悖,彼此共存于国家法治共同体之中,由此便确立了不同区域法治的整体性结构之间的比较关系,同时也产生了跨区域法治发展的整体性结构的正当性的基础问题。由是,对于法治发展的区域研究来说,一俟"区域的整体性结构"原则成为观察区域法治现象的基本视角,那么就会在研究者的眼前展示出一幅丰富多彩但却井然有序的区域法治运行的广阔空间图式,从而每每获得理论发现的欢悦。

第四,区域研究的价值目标,就在于把一定区域的法治发展的现象置于社会发展与转型变革的进程中加以观察分析,阐明区域法治与区域发展之间的互动机理及其功能表现,进而探寻和描述社会发展与变革进程中的区域法治发展的特定场域逻辑,这就是所谓的"区域的功能分析原则"。区域法治现象并不是一种孤立存在的封闭之物,而是深深地植根于特定的区域社会的场域结构之中,并且对转型与变革时代的区域社会场域结构的变动状况作出某种特定的回应。因此,在区域法治现象与区域社会场域结构之间不可避免地形成或建构起一种内在的功能关系。正是在这种功能关系的实现过程中,区域法治现象表现为一定的法权意义上的机制,借以促进或确保区域社会场域结构的生成、衍变或转化,从而对社会的转型变革进程产生影响作用。在这里,区域法治现象对于区域社会场域结构的功能性关系,不仅体现了一种必然性的联系,即在特定区域社会场域结构条件下形成的区域法治现象,内生地确定了具体的功能指向,而且体现了一种能动性的联系。也就是说,一定的区域社会场域结构的关系与形式,固然有其客观性的属性,但在很大程度上是从一定区域法治调整过程中涌现出来的产物,因而赋予其某种主观性的特性,故而表现出必然性与能动性的有机统一。认识到区域法治现象与区域社会场域结构之间的必然性与能动性之统一关系，是至为重要的。我们知道，场域概念是贯穿法国社会学家布尔迪厄理论体系的中心概念之一。尽管这位思想家不尽赞同中层理论或所谓的“中层法则”，将“中层法则”视为“一种满足实证主义要求的做法”，认为这是一种“琐屑而且片面的法则”，但是当布尔迪厄强调“概念的真正意涵来自各种关系”，场域概念是要从“关系系统”的角度进行思考的时候，实际上并没有从根本上构成对中层理论的彻底排拒。恰恰相反，布尔迪厄试图运用“对应因素分析”的基本原理，借助马克思的“社会关系”学说，更多地采纳关系的思维方式（而不是结构主义的思维方式）揭示场域现象的内在意蕴。[1] 这一方法论取向其实体现了中层理论的基本立场。作为社会学中层理论的创立者之一，默顿明确中层理论的重要目标是“对具体变量之间的关系做清晰的表述和可验证的判断”，正是在这种各个变量之间关系的分析过程中，中层理论得以对社会行为和社会结构的不同方面进行抽象概括。[2] 由此，我们可以看到，尽管布尔迪厄并不承认其场域概念与中层理论之间的某种联系，但是他的场域概念无疑打上了默顿中层理论的不浅的印记。布尔迪厄说道：“在高度分化的社会里，社会世界是由大量具有相对自主性的社会小世界构成的，这些社会小世界就是具有自身逻辑和必然性的客观关系的空间，而这些小世界自身特有的逻辑和必然性也不可化约成支配其他场域运作的那些逻辑和必然性。”因此，场域有其内在的逻辑，它的存在是有限的或是表现为一个确定的疆界，它也是“力量关系”和旨在改变场域的“斗争关系”的地方，“每一个子场域都具有自身的逻辑、规则和常规”。因此，“各种场域都是关系的系统”，场域构成了那些参与场域活动的行动者与周围的社会条件之间的关键性的中介环节。[3] 很显然，布尔迪厄的场域概念不仅突出了场域现象的客观关系逻辑的必然性，而且专注于场域疆界内的社会行动者对外部社会条件积极作为或自主能动性关系，从而揭示了场域的

---

〔1〕［法］布尔迪厄、［美］华康德：《反思社会学导引》，李猛、李康译，商务印书馆2015年版，第121～122页。

〔2〕［美］罗伯特·K.默顿：《社会理论和社会结构》，唐少杰等译，译林出版社2015年版，第76～77、100页。

〔3〕［法］布尔迪厄、［美］华康德：《反思社会学导引》，李猛、李康译，商务印书馆2015年版，第123、126、130～133页。

本质性意义。这一方法论，对于我们理解作为一种中层理论工具的区域法治的基本特性是大有裨益的。区域法治现象与区域社会场域结构之间的关系，不仅内含着客观必然性的关系逻辑，而且彰显着积极能动性的鲜明特质。二者的有机统一，确立了“区域的功能分析原则”的基础与理论方向。

第五，区域研究的基本表征，在于它是介于宏大的综合理论构造与具体的实证经验研究之间的有限的但却是高度整合的中级理论概括方式，试图在对大量的丰富多样的法治发展的经验现实进行关联分析的基础上，对法治发展现象的特定时空范围加以考察和描述，因而这一中层理论层面的建构无疑是建立在生动鲜活的区域性的具体法治实践经验的基础之上的，此即所谓“区域的有经验根据之分析原则”。我们之所以把区域法治发展理论研究界定为一种中层理论意义上的概念工具系统，就在于默顿所说的，“根本的一点在于这些理论是有经验根据的理论，它们包含了一套被证实了的假说，而不仅仅是整理过的描述性资料或经验概括或在逻辑上依然分离的假说”。[1] 与单纯的实证经验研究不同，区域法治研究的基点是提出若干影响或指导具体经验研究的规则或原理，即“区域法治经验概括”；而这里的“经验概括”，并非是对于若干经验事实的变量之间的某种因果性等关系的归纳命题，而是能够得到经验验证的或是具有经验根据的具有高度抽象力和概括水平的理论逻辑原理。诚如马克思所指出的，“具体总体作为思想总体、作为思想具体，事实上是思维的、理解的产物；但是，决不是处于直观和表象之外或驾于其上而思维着的、自我产生着的概念的产物，而是把直观和表象加工成概念这一过程的产物”。[2] 正是借助于这一具有足够抽象程度的区域法治发展的中层理论工具系统，我们才可以超越区域法治发展现象形态上的纯粹经验描述之方法论樊篱，使繁复多样的关涉区域法治的经验事实得以类型化，并且获得普遍的认识价值。只有恪守这样的“中层”概念一致性的研究尺度，我们才能在区域法治现象的研究过程中，探寻打开这一普遍且复杂的法治发展领域内在奥秘的理论钥匙。也只有在这样的理论基础上，我们才能获取解决当下的和

---

〔1〕［美］罗伯特·K. 默顿：《社会理论和社会结构》，唐少杰等译，译林出版社2015年版，第89页。

〔2〕《马克思恩格斯文集》（第8卷），人民出版社2009年版，第25页。

未来的法治发展问题的理论认识工具,从而坚实而有力地迈向更为广阔的整合性的法治发展理论。

综上所述,法治发展领域的区域研究,确乎是一个远未得到辛勤耕耘的理论处女地。而在法治发展的区域研究中,着力把握“国家中的区域之分析原则”“区域中的国家之分析原则”“区域的整体性结构分析原则”“区域的功能分析原则”“区域的有经验根据之分析原则”等若干基本的研究维度,这对于揭示区域法治发展理论的内在底蕴,确证法治发展的区域研究之价值意义,无疑是大有裨益的。通过这些分析向度,我们可以看到国家法治发展在一定区域社会中的呈现样态,探寻区域法治发展表达或反映国家法治发展进程的多样化方式及其动因机理,从而理解区域法治发展现象的固有逻辑及其实现路径,借以为走向区域发展法学确立基本的理论方位。

四、空间关系

空间现象千变万化,形态繁多,诸如陆地空间、海洋空间、太空空间甚至网络虚拟空间等。在不同的历史时期以及不同的文化系统中,对于空间现象的理解不尽相同。[1] 从总体上看,空间不仅表现为以物质实体为基础的自然空间,而且呈现出作为人类实践活动产物的社会空间,以至于人们一般把空间现象划分为自然空间与社会空间两大基本类型。[2] 从本源意义上讲,以一定的地理单元为载体的自然空间,构成了人类实践活动的物质性的前提性条件。马克思把人与自然的关系看作全部人类历史“第一个需要确认的事实”,强调“人们所处的各种自然条件——地质条件、山岳水文地理条件、气候条件以及其他条件”的重要性,指出:“任何历史记载都应当从这些自然基础以及它们在历史进程中由于人们的活动而发生的变更出发。”[3]因此,相对于社会

---

〔1〕 [美]罗伯特·戴维·萨克:《社会思想中的空间观:一种地理学的视角》,黄春芳译,北京师范大学出版社2013年版,第3页。

〔2〕 王晓磊:《社会空间论》,中国社会科学出版社2014年版,第1页。

〔3〕 《马克思恩格斯文集》(第1卷),人民出版社2009年版,第519页。上述所引证的原文手稿中删去了如下这句话:“但是,这些条件不仅决定着人们最初的、自然形成的肉体组织,特别是他们之间的种族差别,而且直到如今还决定着肉体组织的整个进一步发展或不发展。”《马克思恩格斯文集》(第1卷),人民出版社2009年版,第519页注②。

空间而言,以地理环境为依托的自然空间具有本源性的意义,成为人类全部历史活动赖以存在与发展的具有决定性意义的基本场域。所以,我们研究与区域法治发展相联系的空间关系问题,一个基本的立足点是分析以一定地理或自然条件为物质载体的空间现象,即地理学意义上的空间关系。只有在这样的前提条件下,我们才有可能进一步讨论其他形态的空间关系。这是必须加以首先强调和说明的研究基点。

论及地理学范围的区域问题,不可避免地涉及空间关系。换言之,区域的本质是空间,这是区域科学领域的研究者的普遍共识。[1] 早在古希腊历史学家、地理学家斯特拉博的笔下,一幅以“有人居住世界”为地理纬度的自然、历史与社会空间图景栩栩如生地展示在人们面前,这里所记录的乃是包含外形、大小、距离、纬度、冷热等自然环境特征的有着众多差别的各国区域空间样态。在他看来,从事地理学研究的人,必须“把大地作为一个整体来描绘”,观察“许多与居住区域环境相应的差别”,并且能够准确地、恰如其分地解释各地之间的空间差别。因此,“对于像地理学这类学科而言,最必需的是几何学和天文学。而且,它们确实是必需的。因为不使用这两种科学方法,就不能精确地确定各国的几何形状、‘纬度’、面积和其他类似的概念”。[2] 斯特拉博被认为是古希腊时期“最好的区域地理学者”,[3]这番论说把空间问题对于地理学研究之价值意义清晰地揭示了出来,促使我们深入思考国家及其区域现象中的空间特性。

进入20世纪以来,空间关系愈益成为地理学家、区域科学研究者们乃至人文社会科学领域思想者们探讨社会现象以及经济政治问题不可或缺的概念工具。作为近代地理学区域学派的创始人,德国地理学家阿尔夫雷德·赫特纳把空间视为区域的基本特性,并且把地理学看作关于地球上各种不同空

---

〔1〕 比如,在区域经济学那里,空间要素被赋予极其重要的地位,强调“经济活动在空间产生、成长和发展”,空间不仅影响着一个经济系统的运转效率,而且也能产生地理优势,因而,“空间是决定一个地方生产系统竞争力的基础性重要因素”。[意]罗伯塔·卡佩罗:《区域经济学》,赵文等译,经济管理出版社2014年版,第1~2页。

〔2〕 [古希腊]斯特拉博:《地理学》(上),李铁匠译,上海三联书店2014年版,第11~12、17页。

〔3〕 [法]保罗·克拉瓦尔:《地理学思想史》(第4版),郑胜华等译,北京大学出版社2015年版,第21页。

间的知识之区域描述或区域学,认为“地理学的考察完全只能是区域的”,而区域的特性乃是空间,“正如历史学是要考察各种不同时代的特征一样,地理学则要考察各种不同的空间和地点的特征”。“只有当我们把这些现象视作地球空间的特性时,我们才是在从事地理学研究”。因此,“地理学的基本思想是根据其空间的差别性,根据空间划分为大陆、地区、地方和地点来理解地表”。“以区域观点考察地表事物和事变过程,意味着不是把它们理解为这些事物和事变过程的本身,也不是理解为它们随着时间的发展,而必须把它们理解为对空间的充填”。[1] 地理学的价值在于从区域—空间的角度来了解人类和自然。从这个意义上讲,地理学亦可以称为空间科学。赫特纳的上述思想对国际地理学界产生了经久而深远的影响。美国地理学家理查德·哈特向对赫特纳的地理学思想推崇备至,认为这位德国地理学家的“方法论论述已被视为地理学上的‘经典’”,赞同赫特纳和许多地理学家的看法,把地理学家称为“方志学”或“关于区域的科学”。在这里,哈特向研究的重心在于他不是简单地按关系来规定地理学,将地理学视为一种“关于关系的科学”,而是致力于证实和描述地理学研究的一系列事实和具体现象。哈特向师承赫特纳的学术传统,试图以地理学与历史学的比较为基础来确定地理学的一般概念及其研究对象,强调“历史学总是按时期来考虑过去,同样地理学家也必须按有限地区来考虑世界,而万物正是在这些有限的地区内密切联系着的”。地理学研究世界最重要的方法之一,就是按地区或区域来加以研究。这是地理学的基本职能之所在,即“了解世界各地是怎么一种样子”。从这个意义上讲,区域地理学的主要任务,就在于“作出一个地区的综合描写”,以便进行空间上的划分和排列。[2] 由此,哈特向认为,如果说历史学研讨的是现实的时间部分,那么地理学则研究现实的空间部分,即地球表面或世界的空间部分,“力求描述和解释世界不同部分的差异性”,进而获得关于世界的不同区域或

---

〔1〕［德］阿尔夫雷德·赫特纳:《地理学——它的历史、性质和方法》,王兰生译,商务印书馆1983年版,第159~162、273~274页。

〔2〕［美］理查德·哈特向:《地理学的性质——当前地理学思想述评》,叶光庭译,商务印书馆1996年版,第100、104、129~138、144~147页。

地区差异的全部知识。[1] 所以,空间关系和空间差异构成了区域或地区的质的规定性。哈特向“把地理学作为一种‘关联科学’,用地图比较法去解释空间上的‘现象的功能综合’,从而为正规的空间科学的发展铺平了道路”。[2] 随着现代区域地理学对人文社会科学领域的广泛渗透,空间关系愈益成为一个不可或缺的概念工具,深刻地影响抑或改变着人文社会科学研究者的思维方式,[3] 以至于出现所谓“空间的转向”的学术现象。

大约自20世纪70年代开始,以法国为代表,“空间转向”的学术范式愈益成为西方人文社会科学研究者的思维工具,“空间转向已经成为西方人文社会科学知识的重要议题”。[4] 以当代西方新马克思主义重要代表人物、法国思想家亨利·列斐伏尔为代表的都市社会学派,无疑是“空间转向”学术范式的积极倡导者。按照有的学者的评价,列斐伏尔通过发表《进入都市的权利》(1968)、《从乡村到都市》(1970)、《马克思主义思想与城市》(1972)、《空间与政治》(1972)、《空间的生产》(1974)等系列研究著作,实现了从乡村社会学家到都市研究专家的转变,从而成为“一个都市、空间与城市的思考者”。[5] 列斐伏尔认为,当代科学的研究对象并不是时间,而是空间。“我们再重申一下,更普遍地说,在过去的十年中,几乎在任何地方都可以肯定的是,或者在一定程度上可以肯定的是,作为对象的,尤其是作为科学对象的,是空间,而不是时间”。[6] 而空间的政治维度是列斐伏尔空间学说关注的一个重要问题。列斐伏尔试图运用马克思的生产方式批判分析理论,把空间现

---

[1] [美]理查德·哈特向:《地理学的性质——当前地理学思想述评》,叶光庭译,商务印书馆1996年版,第576、580页。

[2] [英]R. J. 约翰斯顿主编:《人文地理学词典》,柴彦威等译,商务印书馆2004年版,第666页。

[3] 有的学者说道,“对于所有的思维模式来说,空间都是一个必不可少的思维框架。从物理学到美学、从神话巫术到普遍的日常生活,空间连同时间一起共同地把一个基本的构序系统(ordering system)楔入到人类思想的方方面面”。[美]罗伯特·戴维·萨克:《社会思想中的空间观:一种地理学的视角》,黄春芳译,北京师范大学出版2013年版,第4~5页。

[4] 景天魁等:《时空社会学:拓展和创新》,北京师范大学出版社2017年版,第129页。

[5] [法]雷米·埃斯:《序言:亨利·列斐伏尔与都市》,载[法]亨利·列斐伏尔:《空间与政治》(第2版),李春译,上海人民出版社2015年版,第1~2页。

[6] [法]亨利·列斐伏尔:《空间与政治》(第2版),李春译,上海人民出版社2015年版,第35页。

象纳入生产关系的再生产这一总体性理论的框架之中加以研究，力图提供一种关于空间的生产的知识（而不是“空间的学科”），以此建立一种建立在“社会实践活动的总体之上”的社会空间理论。在列斐伏尔那里，“空间在建立某种总体性、某种逻辑、某种系统的过程中可能扮演着决定性的角色，起着决定性的作用”。实际上，空间的问题构成不仅属于关于都市的理论与学科，而且是“最终，属于一个更宏大的问题构成，即整个社会的问题构成”。也就是说，“整个空间变成了生产关系再生产的场所”。[1] 这就是所谓“空间的生产”。按照列斐伏尔的看法，“空间的生产”这一术语建立在社会的总体之上。“它要表明的是，人们并不把空间看作思想的先验性材料（康德），或者世界的先验性材料（实证主义）。人们在空间中看到了社会活动的展开”。由此，列斐伏尔区别了社会空间与精神空间，前者是与社会实践相联系的并且基于人的社会实践活动而形成的空间样态，体现了“社会关系的生产和某些关系的再生产”。“正是在这个意义上，空间变成了这种再生产的场所，包括都市的空间、娱乐的空间、所谓的教育的空间、日常生活的空间等。这种再生产通过一种和现存社会相关的方案来完成”。如果说社会空间是通过一定的社会实践活动而“被建构的、被生产的、被规划的”，尤其是都市空间，那么，精神空间则是人们所“感知的、想象的、被表现的”。实际上，社会空间与精神空间之间存在一种“空间的表现”与“表现的空间”的关系，二者乃是“一个特定的、完备的空间”，从而构成“特定社会中的一种生产模式”。[2] 在这里，重要的是要深入研究所谓“被表现的、被设计的、被建立的”社会空间，“是如何进入社会、经济，或者政治、工业与都市的实践中的”。由此，可以清楚地看到，空间并不是中性的或纯洁的或非政治性的东西，它就是一种政治性的存在。列斐伏尔强调，“空间是政治性的。空间不是一个被意识形态或者政治扭曲了的科学的对象，它一直都是政治性的、战略性的”。空间“是一种社会的产物”。他以自然环境的政治化现象分析说，自然是一种诗性符号的空间。如今，“自然同样也被加工、塑造和改变了，它是一个更大规模的行为的产品”。“今天，在某种

---

〔1〕［法］亨利·列斐伏尔：《空间与政治》（第2版），李春译，上海人民出版社2015年版，第19～20、30页。

〔2〕同上书，第5、20、27、31～33页。

意识形态中，自然被当成了认识的材料，被当成了技术的对象。它被统治、被征服了。因为被统治、被征服了，它也就远离了我们。然而，人们突然发现，在被征服的过程中，它被破坏了，面临着毁灭的危险，而同时这又危及了人类的空间。人类的空间已经和自然联系在了一起，因而陷入了这种危险中。由此，就需要有一项战略。这就是被政治化的空间"。[1] 因此，列斐伏尔极力申言："存在着一种空间的政治学，因为空间是政治性的。"[2]

在20世纪下半叶以来的西方人文社会科学研究领域"空间转向"的进程中，以英国新马克思主义者、地理学家大卫·哈维为代表的后现代地理学派所作出的努力，无疑应给予足够的关注。哈维空间学说的一个鲜明特质，在于他试图用马克思主义历史唯物主义的方法论原则，对空间现象进行全新的地理学阐释。所以，哈维的这一理论视角往往被称为"马克思主义激进地理学"或"历史地理唯物主义"。青年时代的哈维曾经秉持实证主义地理学的学术立场，在《地理学的解释》(1969)一书中着力探讨了空间现象及其关系的基本性质。尽管他主张地理学研究需要把哲学与方法论统筹起来，把握二者相互作用的机制，但更多地试图提供一种关于地理学中的解释的实证主义方法论框架，借以"对将来的方法论分析提供一系列跳板"，并且"为引导地理学的经验研究提供一些粗略的和成熟的方针"。哈维认为，"将方法论问题和哲学问题分离开来，就为进入解释中所涉及的许多问题提供了一条方便之路"，而地理学中的解释具有一定的逻辑，有必要用科学模型来加以讨论和分析。在这里，涉及认识性描述、形态测定分析、因果分析、解释的时间方式、功能的和生态的分析、系统分析等若干不同性质和特征的解释形式，它们相互之间并不是互相排斥的，而是存在某种重和、互补的关系。在哈维看来，"地理学的整个实践和哲学取决于掌握物体和事件在空间分布的概念框架的发展。用最简单的话来说，就是对物体和事件已知的绝对位置用某个坐标系统(如纬度和经度)来规定"。空间概念是建立在经验之中的。社会文化背景的差异，必然形成不同的空间概念。随着社会文化条件的变化，空间概念不可避免地

---

〔1〕 [法]亨利·列斐伏尔:《空间与政治》，李春译，上海人民出版社2015年版，第20、35~37、39页。

〔2〕 同上书，第41页。

发生实质性的变化。哈维赞同哈特向关于把地理学作为空间科学的概念在地理学思想史中的重要地位的观点,强调“地理学史至少在部分上可以看作地理学空间概念的历史,因为空间在地理学方法论中是一基本的组织概念”。由此,哈维进一步探讨了地理学中空间哲学关系、地理距离的度量以及地理学意义上形成空间语言的运用等论题,强调“地理学的空间概念,建立在经验之上。在部分上,对于地理学家工作其间的整个社会来说,经验是普遍的。因此它取决于亲身的实际经验和特定的社会中积累起来的社会阅历。不去参照特定文化的语言、艺术和科学方面所发展的空间概念,就想理解地理学的空间概念是不可能的。关于空间的地理学观念因此被深深地置于某些较广泛的文化体验之中”。“空间和距离”“活动空间”“过程距离”等专门概念,可以用来阐明空间形式以及创造这些形式的过程。因此,“‘空间’一词可以用各种方式来对待,且空间概念本身就是多维的”。不过,地理学者既“不会关心雪花里结晶的空间形式(这种解析水平是太高了)”,也“不关心宇宙中星球的空间形式(这种解释水平是太低了)”,而是“倾向于选择介于这二者之间的解析水平”,即“研究区域水平上的人文和自然分异”。用技术语言来说,就是地理学者“倾向于滤去小尺度变化和大尺度变化,而把他们注意力集中在具有区域解析水平意义的那些个体系统之上”。完全可以说,“根据区域解析水平来确定其领域”,这是地理学思想的一个“基本信条”。[1]

以1973年发表《社会正义与城市》一书为标志,哈维开启了从实证主义地理学向激进的马克思主义地理学的转变。此后,他相继出版《资本的界限》(1982)、《资本的城市化》(1985)、《意识与城市经验》(1985)、《后现代的状况》(1989)、《正义、自然和差异地理学》(1996)、《希望的空间》(2000)、《资本的空间:批判地理学》(2001)、《新自由主义的空间:通往不平衡地理发展的理论》(2004)、《跟大卫·哈维读〈资本论〉》(2010第1卷)、《跟大卫·哈维读〈资本论〉》(2013第2卷)、《资本社会的17个矛盾》(2014)、《世界的逻辑:如何让我们生活的世界更理性、更可控》(2016)等一系著述,试图把地理学的

---

〔1〕[英]大卫·哈维:《地理学中的解释》,高泳源、刘立华、蔡运龙译,商务印书馆1996年版,第15~16、100~103、231~232、235、249、274、576、580页。

空间视角与马克思历史唯物主义分析原则融合在一起，提出了所谓“历史—地理唯物主义”的方法论系统，企望通过“历史—地理唯物主义的复兴”来构造一种庞大的社会发展理论。按照哈维的看法，“历史—地理唯物主义是一种无限制的和辩证的探究方法，而不是一种封闭的和固定的理解实体”。[1]依据这一方法，有必要把空间维度视为无数差异和他者的场所，进而理解资本主义发展的全面逻辑。实际上，马克思和恩格斯撰写的《共产党宣言》(以下简称《宣言》)，清晰地表达了资本主义发展的地理学。《宣言》有着特定的空间和地理维度，“仔细考察就会发现，关于地理转型、‘空间定位’和不平衡地理发展在资本积累的漫长历史中的作用，《宣言》包含了一个独特的论证。既然《宣言》详细地说明了资产阶级如何既创造又毁灭它自己活动的地理基础(生态的、空间的和文化的)、并按照自己的面貌来创造一个世界，那么对其空间和地理维度进一步详细审查就很值得”。[2] 可见，哈维的空间地理学思想既有关于空间现象的实证主义逻辑分析，又有“历史—地理唯物主义”的独特空间视角，在国际学术界产生了广泛的影响，对社会科学研究的“空间转向”起到了重要的推动作用。

马克思的学说以其深刻的理论逻辑力量和鲜明的社会实践品格，实现了人类思想史上的伟大革命。对于空间现象的认识，在马克思的理论体系中占有重要的地位。[3] 诚然，时间维度始终是马克思分析社会与法的现象的一个基础性的概念工具要素。马克思高度重视考察人类社会形态及其法权关系类型的历史演进过程，运用历史唯物主义的方法论原则，揭示法的现象运动变化的本质特征，探讨法律发展的历史类型，强调“每种生产方式都产生出它

---

〔1〕［美］戴维·哈维：《后现代的状况：对文化变迁之缘起的探究》，阎嘉译，商务印书馆2013年版，第441页。

〔2〕［美］大卫·哈维：《希望的空间》，胡大平译，南京大学出版社2006年版，第23页。

〔3〕大卫·哈维在其最新力作《世界的逻辑》一书中认为，马克思在《资本论》中对于危机形成、固定资本流通、信贷体系、资本积累趋势、世界贸易等等大量问题的研究，纳入了诸如社区、地域以及世界市场等若干空间概念。“马克思所使用的语言常常会令人联想到空间和地理现象与其概念工具的联系”。“每当提到空间和地理现象时，基本的概念工具也紧接着出现，因此空间现象应在马克思的整体理论中也占据基础地位”。［美］大卫·哈维：《世界的逻辑：如何让我们生活的世界更理性、更可控》，周大昕译，中信出版社2017年版，第39页。

所特有的法的关系、统治形式”。[1] 因此,法律发展的历史进程打上了鲜明的时间印记。离开了对于时间因素的认知,不仅会使对于法的现象的把握缺乏应有的历史感,而且无法准确分析包括法律发展进程在内的人类社会历史运动的基本法则。所以,有的学者虽然把马克思列入研究地点的主要社会学家之一,但还是认为在马克思看来,“历史更多地是按照时间序列展开的,不是空间和地点”。[2] 其实,在马克思看来,空间关系是一种至为关键的分析工具,在马克思全部社会与法律理论分析架构中居于基础性的地位,成为马克思研究社会历史进程中法律发展类型的历史转换的基本概念工具。从古代奴隶社会向封建社会的过渡及其法权关系的深刻变化,是文明社会法律发展进程的重大问题之一。[3] 按照马克思的看法,与古代希腊和罗马不同,中世纪欧洲的封建所有制的发展是在宽广得多的地域范围内向乡村转移开始的,这种发展起点的转移,影响和制约着中世纪封建制度的构造。在广大的中世纪乡村,与封建的土地占有结构相适应,产生了贵族等级制度;而在那些由获得自由的农奴重新建立的城市里,则创造了行会等级制度。显然,中世纪欧洲封建制的形成与发展过程,贯穿着空间场域的巨大转换,广袤的乡村地区成为中世纪欧洲社会赖以存在的社会与空间地理条件。从前近代社会的法权关系类型向近代社会法权关系类型的转换过程,通常伴随着一定的空间结构关系的迁移与变动。欧洲中世纪封建主义向资本主义的转变及其法权关系系统的历史变革,是文明社会法律发展进程的又一个重大问题。马克思同样运用空间关系的概念分析工具,深入探讨了这一社会历史变迁过程。在马

---

〔1〕《马克思恩格斯全集》(第2版·第30卷),人民出版社1995年版,第29页。

〔2〕[美]安东尼·奥罗姆、陈向明:《城市的世界——对地点的比较分析和历史分析》,曾茂娟等译,上海人民出版社2005年版,第11页。

〔3〕在这方面,国际学术界进行了广泛深入研究,涌现出丰硕的学术成果。英国学者佩里·安德森试图运用马克思主义历史唯物主义的方法论原则,考察欧洲封建主义及其法权关系的起源问题及其空间现象,认为西欧封建主义是罗马和日耳曼传统的融合的特有结果,在欧洲中世纪发展起来的法律和宪政制度同样是综合性的,表现为深刻的“双重起源”及其空间结构关系。[英]佩里·安德森:《从古代到封建主义的过渡》,郭方等译,上海人民出版社2016年版,第91~93页。

克思看来,1500 年前后的新大陆与新航路的发现具有重大的历史意义。[1]它极大地开拓了人类思考和探索的广阔空间视野,连同这一时期涌动生成的近代工业化大潮一起,有力地推动着世界历史的形成与发展。“随着美洲和通往东印度的航线的发现,交往扩大了,工场手工业和整个生产运动有了巨大的发展”。[2] 这一重大的历史事件扩大了交往与市场范围并逐步形成世界市场,大大推动生产力的新发展,由此而产生了社会历史发展的一个新阶段。如果说在古代世界,各个民族之间相互交往和联系很不发达,在很大程度上处于原始的闭关自守的状态,那么,随着交往的扩大,进入近代世界以来,各民族之间相互影响的活动范围日益拓展,以往那种孤立的民族生存状态逐渐被打破,而被纳入一个整体化的、彼此相互联系的发展网络之中,由此,孤立的或分裂的历史开始向整体的或统一的历史转变。因此,马克思强调,“各个相互影响的活动范围在这个发展进程中越是扩大,各民族的原始封闭状态由于日益完善的生产方式、交往以及因交往而自然形成的不同民族之间的分工消灭得越是彻底,历史也就越是成为世界历史”。[3] 显然,空间和地理现象成为马克思考察从前近代世界向近代世界转变的一种有力分析工具。近代早期地理大发现所引发的交往空间的拓展及其世界市场的建立,构成了近代型法权关系形成与发展的物质性条件。不仅如此,马克思还认为,正是在历史向世界历史的转变的过程中,人类社会的法律发展空间场域也在发生巨大的变化,先前不同民族的各自孤立空间场域的法律演化进程,逐渐被统一空间场域中的全球法律发展格局所替代。随着一些欧洲国家冒险的远征和殖民地的开拓以及工商贸易的广泛发展,原先那些带有地域性和民族性的交往形式、政治结构乃至法律生活领域,日益融入全球空间场域一体化的世界历史

---

〔1〕 美国著名全球史学家威廉·麦克尼尔认为,公元 1500 年前后,克里斯托弗·哥伦布、瓦斯科·达·伽马、费迪南·麦哲伦横跨地球的海洋航行,构成了世界历史的重要转折点。“欧洲地理大发现使地球上的海洋成为他们进行商业活动和征服的快速通道。他们因此沿着可居住的海岸建立了一种新的文化边疆,这种新文化边疆与陆地边疆的重要性进行竞争,并最终使陆地边疆黯然失色”。[美]威廉·麦克尼尔:《世界史——从史前到 21 世纪全球文明的互动》(第 4 版),施诚等译,中信出版社 2013 年版,第 269 页。

〔2〕 [德]马克思、[德]恩格斯等:《德意志意识形态》(节选本),中共中央马克思恩格斯列宁斯大林著作编译局译,人民出版社 2003 年版,第 54 页。

〔3〕 《马克思恩格斯文集》(第 1 卷),人民出版社 2009 年版,第 540 ~ 541 页。

进程及其法律发展体系之中。作为世界历史进程的强大动力的近代大工业,“首次开创了世界历史,因为它使每个文明国家以及这些国家中的每一个人的需要的满足都依赖于整个世界,因为它消灭了各国以往自然形成的闭关自守的状态”。[1] 全球空间范围内世界历史一体化的进程在政治与法律发展领域也表现出来,原先“各自独立的、几乎只有同盟关系的、各有不同利益、不同法律、不同政府、不同关税的各个地区,现在已经结合为一个拥有统一的政府、统一的法律、统一的民族阶级利益和统一的关税的统一的民族”。这一近代全球化运动,产生一股强大的冲击力量,有力地改变西方与非西方关系的历史格局与空间状态,把一切民族都卷入文明的旋涡之中,迫使非西方民族推行所谓文明制度,进而“使未开放和半开放的国家从属于文明的国家,使农民的民族从属于资产阶级的民族,使东方从属于西方”。[2] 因此,历史向世界历史的转变,不仅意味着全球空间场域范围内的第一次全球化运动的历史涌动,冲击着文明社会发展的民族基础,为近代西方国家按照自己的形象创造出一个新世界提供了条件,而且打破了各民族和国家法律生活孤立演进与发展的封闭状态,逐渐把非西方民族和国家的法律发展纳入统一的打上所谓“文明国家”印记的全球法律发展轨道之中,推动着近代西方政制模式与法律类型向非西方社会的广泛推行,从而深刻地改变了全球法律发展的历史空间版图,开启了一个统一空间场域的全球法律发展的新的阶段。因此,马克思关于文明社会法律发展类型变迁的分析,不仅使用的是时间概念,而且十分重视空间或地点概念的运用,给我们展示了一幅法律发展现象的空间场域转换的生动图景。这种法律发展赖以存在和运动的空间或地点的变化,并不是无关紧要的偶然性的产物,而是反映了法律发展类型变动的本质性内涵的差异性,所以空间关系便具有特殊重要的概念工具的分析价值,同时亦表达了马克思对法律发展现象的空间性质的足够的关注。因此,那种认为“马克思本人对如何理解地点没有做出重要的贡献”的观点,[3] 实在难以苟同。

---

[1] 《马克思恩格斯文集》(第1卷),人民出版社2009年版,第566页。

[2] 《马克思恩格斯选集》(第1卷),人民出版社2012年版,第405页。

[3] [美]安东尼·奥罗姆、陈向明:《城市的世界——对地点的比较分析和历史分析》,曾茂娟等译,上海人民出版社2005年版,第11页。

综上可见,空间关系不仅是地理学的基本概念,也是人文社会科学领域的重要分析工具,同样地亦是法学理论的不可或缺的方法论原则。研究区域法治发展现象,必须高度重视空间概念的使用,使之成为打开区域法治发展进程内在奥秘的一把有用而便利的分析钥匙,进而大大拓展我们研究区域法治问题的空间视野,深入开掘区域法治发展现象的广阔而丰厚的空间意义,促进区域法治发展研究的深入展开。在这里,需着力把握好以下若干重要论域。

第一,认识区域法治发展现象的空间属性。时下,法与法律现象的空间性问题逐渐引起当代中国法学界的关注。[1] 这确乎是一个可喜的学术现象,它从一个侧面反映了空间概念正在嵌入法学理论的重构过程之中。作为一个世界性的历史进程,法治发展是人类社会自近代以来所经历的一场涉及社会与法律生活主要领域的深刻的法治变革过程,是社会向法治社会的转变与跃进。它不仅是社会文明历时性进程的指示器,而且是社会文明同时性地域的空间测度。在不同的社会与自然空间条件下,往往呈现出不同的法治发展样式,因而会形成各具特质的法治发展类型。庞德曾经运用社会学法学的空间分析原则,试图对不同空间条件下社会演进与法治发展予以关联性考察。在他看来,在19世纪,法律所安排的社会的图画,具有了它的最后形式。“在这幅图画中,关系是被忽视了,每个人都成了独立自在的人,他是一个在经济上、政治上、道德上从而在法律上自足的单位。他要通过自由竞争来为自己寻求位置。至善就是这些单位最大限度的、自由的自我肯定。这些单位的主要特征是它们的各种自然权利,即它们赖以享有某些东西或自由地做某些事情的那种品质。法律的目的是保障这些自然权利,最充分地和最自由地放任这些单位去进行竞争性的占有活动,并以最低限度的干预来管理这种竞

[1] 苏力:《大国及其疆域的政制构成》,载《法学家》2016年第1期;苏力:《家族的地理构成》,载《山西大学学报》(哲学社会科学版)2007年第5期;朱垭梁:《空间理解对法律的阐释》,载《求索》2014年第7期;朱垭梁:《法律中的空间现象研究》,载《湖北社会科学》2015年第8期;徐爱国:《法律文化的空间与时间维度》,载《光明日报》2017年5月1日;巩方健:《认真对待法律的空间性》,载《政法论丛》2008年第4期;张世明:《空间、法律与学术话语:中国边疆民族历史研究的若干理论问题》,载《商丘师范学院学报》2012年第1期;等等。

争”。[1] 庞德认为,这幅19世纪的法律画面,实际上反映那一时期“一个拥有大片无人居住的公有土地和正待开发的自然资源的大陆上的一个开拓时期的乡村的农业社会,但是它已不再是一幅今天必须在那里实现法律秩序的那个社会的真实画面了”。那么,当今社会的真实画面是什么?法律又应当如何安排这样的社会呢?在庞德看来,20世纪初以来的西方社会发展呈现新的特点,社会的合作与秩序愈益成为现代文明的发展趋势。“合作的观念远比自由的个人自我主张的传统观念更接近于工业的现实情况”。“此外,这种关于合作的观念远比我们用以衡量事物的竞争性的自由自我主张的观念,更接近于今天的城市生活的现实情况”。[2] 由此,现代法学更加关注法律如何发生作用以及法律能否被用来取得正义的结果,而不是考虑法律的抽象内容以及从抽象意义上看法律是否具有正义性。庞德关于前现代法律功能与现代法律功能两大类型的比较研究,是建立在一种特定的空间关系结构分析的基础之上的,即乡村农业社会与城市工业社会的不同空间场域类型之间的区域差异性及其不同的法权表现形态。正是这样的空间关系的差异性,决定了法律功能类型的内在区别。区域法治发展现象具有深刻的空间性。(1)法治发展的区域社会基础,从总体上规制着区域法治的空间本质性特征。离开了特定的空间地域条件,区域法治现象就如同无源之水、无本之木。研究区域法治现象,至关重要的就是注意分析一定空间地域条件下的区域法治现象之生成、演化、变动、成长的空间轨迹,把区域法治的运动过程放置到特定的空间或地点、场所中去考察。由此,我们便会在较大的程度上对区域法治发展的差异性作出合理性的解释。(2)从空间关系上看,正如下文即将分析的,区域法治发展的基本构成要素之一是以特定行政区域为基本空间单元的法治发展,这是区域法治进程中的主导性的类型,其间蕴含着丰富的空间意义。在联邦制国家,高度分权的体制与特定行政区域(州或省或共和国等)的结合,进而使联邦制条件下区域法治发展的自主性增强,并且形成联邦层面的法律空间与联邦组成单位层面的法律空间的二元结构体系。而在单一制国家,则

〔1〕 [美]罗斯科·庞德:《通过法律的社会控制》,沈宗灵译,商务印书馆2010年版,第73页。
〔2〕 同上书,第73、78页。

形成集权统治的格局与特定行政辖区之一元化法律空间结构,区域法治发展在很大程度上与国家法治发展结合成为法治共同体,法治发展的区域空间相对有限。不过,随着中央政府权力的逐步下放而形成某种程度的分权结构关系,区域法治的自主性空间在愈益拓展。[1] (3)以跨行政区域为基本空间单元的跨行政区划法治发展,是区域法治进程的一种重要样态,表征着两个或两个以上特定行政区域政府之间竞争与合作所形成的一定法权类型,通常以区域政府间的行政协议或协定表现出来。比如,美国的州际协议是美国联邦制国家结构形式下州际竞争与合作的制度产物,是"美国联邦制下跨州区域协作治理的法治化机制",由此建构的州际争端治理体系,有效地调节着州际区域合作关系,促进了资源、技术和信息的跨州区域流动,增强了跨州区域公共事务自主协作治理能力。[2] 在这样的跨区域协作治理的制度架构下,形成了跨行政区域的协同治理空间关系,拓展了区域政府治理空间的范围。(4)在以特定社会机理与自然地理条件相融合的区域系统中,亦会构成多种形式的空间关系。比如,"乡土中国"的概念,实际上是一种空间概念的生动表达。它不仅表示着与城市社会空间结构截然不同的乡村社会空间体系由无数个有着特定空间疆域或村庄边界的村庄或村落构成,[3]因而是村庄或村落的共同体,而且意味着村庄或村落共同体内部的差序格局的社会空间关系,无论是乡土社会的亲属关系之"同心圆波纹的性质",还是乡土社会的地缘关系之"团结格局的性质",都存在一定的社会关系空间网络,这与西洋社会的社会空间结构关系迥然不同。[4] 由此,我们可以进一步探讨乡村社会与城市社会的各具特色的自然与社会空间关系体系,从而获得新的认知。

---

〔1〕 苏力:《当代中国的中央与地方分权——重读毛泽东〈论十大关系〉第五节》,载《中国社会科学》2004 年第 2 期;周飞舟、谭明智:《当代中国的中央地方关系》,中国社会科学出版社 2014 年版,第 10 ~ 11 页;封丽霞:《中央与地方立法关系法治化研究》,北京大学出版社 2008 年版,第 306 ~ 308 页;魏建国:《中央与地方关系法治化研究:财政维度》,北京大学出版社 2015 年版,第 218 ~ 220 页;等等。

〔2〕 吕志奎:《区域治理中政府间协作的法律制度:美国州际协议研究》,中国社会科学出版社 2015 年版,第 2 ~ 4 页。

〔3〕 折晓叶:《村庄边界的多元化——经济边界与社会边界封闭的冲突与共生》,载《中国社会科学》1996 年第 3 期。

〔4〕 费孝通:《乡土中国 · 差序格局篇》,载应星等编:《中国社会学文选》(上册),中国人民大学出版社 2011 年版,第 18 ~ 21 页。

第二，理解区域法治发展现象的自然空间条件。如上所述，就总体而言，空间关系可区分为自然空间关系与社会空间关系。就前者而言，任何社会现象都是在一定的自然空间条件下运动变化的，而法权现象的形成与发展，与特定的自然空间或地理环境状况密切相关。区域法治发展现象同样体现着一定的自然空间性。我们知道，不同区域的法治发展差异性形成的成因之一就是自然条件和它的地理空间环境。数千年来，思想家们都注意到自然空间或地理环境因素对包括法与法律现象在内的人类社会发展进程的重要影响。无论是亚里士多德在《政治学》中对于政治运行与地理环境之间交互作用的分析，[1]还是近代人文主义思想家维科在《新科学》中关于地理环境因素对政治法律现象变迁的作用机理之探讨，[2]都清晰地揭示了法权现象运动的自然空间条件及其重要性。特别是近代启蒙运动代表人物之一的孟德斯鸠，在《论法的精神》一书中，用相当大的篇幅讨论法权现象和自然空间环境之间的相互关系问题，提出了一些颇有见地但又易于产生争议的观点。他叙述道："如果精神的气质和内心的感情真正因为不同的气候尚有极端差别的话，法律就应当和这些感情的差别以及这些气质的差别有一定的关系。"比如，在北方国家，气候寒冷，人们体格健康魁伟但是迟笨，对一切使得精神焕发的东西都感到快乐，比如狩猎、旅行、战争和酒。所以在北方气候的条件下将会看到邪恶少、品德多，人民诚恳而又坦白。而当走进气候温暖南方国家的时候，你便感到自己完全离开了道德的边界，将会看到分散不定的人民品德邪恶、行为无常，这是因为气候的性质没有充分的决定性，不能把他们固定下来。[3]

---

〔1〕 在亚里士多德看来，希腊的自然空间条件甚为独特，位于两个大陆之间，这种空间位置决定了希腊诸神与希腊政治的秉性。希腊人"既有热忱，也有理智；精神健旺，所以能永保自由，对于政治也得到高度发展；倘使各种性格一旦能够统一于一个政体之内，他们也就能治理世上民族了"。[古希腊]亚里士多德：《政治学》，吴寿彭译，商务印书馆1965年版，第360~361页。

〔2〕 按照维柯的看法，"诗性地理"是"诗性智慧"的存在形式。古代地理学中的"祭坛"这个名词，原本指创建在一些自然险要的地方的要塞，后来逐渐"推广到包括一个英雄城市的整个区域"；称为"土地"时是考虑到这个城市与外方人划开了疆界，称为"领土"时是考虑到该城市对它的公民们享有法律统治权。所以，"凡是古代地理都散布这种祭坛"，以至于西塞罗把罗马参议院称为"社团祭坛"，"因为罗马各行省都要到罗马参议院去控诉行政长官在财政方面贪污剥削的罪状。这就可以把罗马各行省的起源追溯到世界上最初的'社团'"。[意]维柯：《新科学》，朱光潜译，人民文学出版社1986年版，第402~405页。

〔3〕 [法]孟德斯鸠：《论法的精神》(上册)，张雁深译，商务印书馆1961年版，第227、230页。

在这里,孟德斯鸠通过描述南方国家与北方国家气候上的差异,分析其与人的行为和性格上的差异以及与对待法律的不同态度之间的某种关联。俄国著名马克思主义理论家普列汉诺夫在阐述唯物史观基本原理时,深入研究了地理环境条件在人类发展进程中的重要作用,甚至认为地理环境对于原始氏族社会乃至更大的社会之命运产生决定性影响。[1] 马克思亦十分重视自然空间环境与法权现象变化的关系问题,在《资本论》第3卷中强调尽管要从一定的经济形式为法权现象找出最深的秘密,但是,这并不妨碍按主要条件来说相同的经济基础"可以由于无数不同的经验的情况,自然条件,种族关系,各种从外部发生作用的历史影响等等,而在现象上显示出无穷无尽的变异和色彩差异"。[2] 马克思在确立"按主要条件来说相同的经济基础"这一非常重要的前提之基础上,把自然空间条件看作法权现象彼此差异的决定性因素之一。这就使我们对自然空间或地理环境在法权现象变化中的重要性获得了崭新的认识,具有方法论的重大价值意义。对于区域法治发展现象来说,自然空间条件或地理环境因素的特殊意义主要表现在:(1)在基本相同的社会经济条件下,自然空间条件或地理环境往往影响甚至决定区域法治发展进程,这一情形是区域法治进程多样性和差异性的决定性因素。(2)自然空间或地理环境往往构成区域法治发展进程的隔离机制,从而催生着各具样式的区域法治的独立的发展进程。(3)自然空间或地理环境与社会发展的交互作用,在很大程度上深刻影响着区域法治发展进程的广度和深度。[3] 自然空间

---

〔1〕 普列汉诺夫认为,"生产力发展的程度决定着人对自然的统治的程度"。"生产力发展本身是为环绕着人的地理环境的属性决定的"。可是,和自然斗争的是社会人。"社会人的属性在每一个特定的时间是为生产力发展的程度决定的,因为,整个社会联合制度是取决于这些力量发展的程度。这样,归根结底,这个制度是由地理环境的属性决定的,它给予人们以发展他们的生产力的或大或小的可能"。《普列汉诺夫文选》,张光明编,人民出版社2010年版,第200~201页。

〔2〕《马克思恩格斯文集》(第7卷),人民出版社2009年版,第894~895页。

〔3〕 有趣的是,美国的两位学者把包括自然空间或地理环境因素在内的资源禀赋因素引入对近现代美国州议会政治竞争机理的分析,通过对大量原始档案数据的精心计算,认为精英阶层的职业同质性会带来政治竞争,职业同质性持续影响州议会中的政治竞争水平,而职业同质性与各州降水量以及距离水路运输的远近之间存在关联性。在这方面,"与农业和贸易发展有关的初始条件很可能起到了决定性的作用。我们能够证明与农业和贸易有关的初始条件,特别是降水量以及到河流和湖泊的距离这两个方面,同各州政治竞争的长期水平密切相关"。[美]丹尼尔·伯科威茨、卡伦·克莱:《法律、地理和国家发展:以美国为例》,李丹莉、韩微译,中信出版社2015年版,第6~8、48~51、55~58、60~68、92~97、101~102页。

或地理环境条件的差异性,势必在相当程度上造成区域法治进程的不平衡的运动格局,甚至导致某些区域法治的不充分发展的状况。不同的自然空间或地理环境条件,也会使处于同一的社会历史发展阶段中的不同区域法治进程呈现出不同的历史特点和运动法则。

第三,把握区域法治发展现象的社会空间条件。如果说自然空间条件构成了区域法治进程的不可忽视的重要影响因素,甚或在按主要条件相同的社会经济发展状况的前提下,起到一种决定性的作用,那么社会空间条件则是区域社会法治实践的产物,构成了区域法治进程的内在性机理,并且是与现实的区域法治生活密切相联的具有法权意义的社会事实。[1] 列斐伏尔强调,"空间是社会性的",既涉及再生产的生产关系,也牵涉生产关系。作为社会关系的空间,"内含于财产关系(特别是土地的拥有)之中,也关联于形塑这块土地的生产力"。所以,尽管社会空间源自于气候、地理状况等自然空间,但是,"社会空间总是社会的产物"。[2] 因此,区域法治发展的社会空间条件的本质性意义,在于它是特定类型的法权关系。之所以说这是一种特殊类型的法权关系,就在于它是通过各不相同的区域法治实践活动形成和表现出来的空间形态,即区域法治实践活动赖以存在或生成的场域或地方。区域法治发展的社会空间条件,涉及区域法治进程的自然地域基础、政治区域结构、经济活动区位、文化空间系统、乡村与城市等多层而多样式的场域要素。以特定行政区域为地域空间单元和以跨行政区域为地域空间单元的有机结合,形成了区域法治发展的场域网络,不仅体现了纵向的行政层级关系,而且反映了横向的行政协作关系。由此,生成了区域法治发展的两类基本构成要素,即以特定行政区划为地域空间单元的区域法治发展和以跨行政区划为地域空间单元的区域法治发展。我们可以看到,一定的自然空间与社会空间不可避

---

〔1〕 有的学者从社会认识论角度界定社会空间概念,认为社会空间就是指社会运动的伸张性、广延性,社会空间实质上就是人的活动的不断拓展。一部人类社会的发展史,就是人的活动在社会空间中的不断扩展的历史,就其实质而言,社会空间与人的活动是不可分的,它实质上就是人的在活动中结成的群体及其活动的社会范围和地理区间。欧阳康:《社会认识论——人类社会自我认识之谜的哲学探索》,云南人民出版社 2002 年版,第 374 页。

〔2〕 [法]亨利·列斐伏尔:《空间:社会产物与使用价值》,王志弘译,载包亚明主编:《现代性与空间的生产》,上海教育出版社 2003 年版,第 48~49 页。

免地组成一个总体或综合体,基于社会主体区域法治实践的“人化的”自然或地理空间,往往决定着特定区域范围内的法治现象的基本面貌。随着区域空间法治实践活动的深入与拓展,社会空间条件日益取得新的样态。

第四,揭示区域法治发展的空间类型转换。应当看到,基于一定自然与社会空间条件的区域法治发展是一个动态的演进过程,我们确乎能够进一步感受到历时性的社会空间的力量。马克思曾经按照不同时空条件下社会关系的性质和特点,提出了社会空间演进三种社会形式的重要论述,并且由此揭示三种类型的法律发展现象之差异性。他指出:“人的依赖关系(起初完全是自然发生的),是最初的社会形式,在这种形式下,人的生产能力只是在狭小的范围内和孤立的地点上发展着。以物的依赖性为基础的人的独立性,是第二大形式,在这种形式下,才形成普遍的社会物质变换、全面的关系、多方面的需要以及全面的能力的体系。建立在个人全面发展和他们共同的、社会的生产能力成为从属于他们的社会财富这一基础上的自由个性,是第三个阶段。第二个阶段为第三个阶段创造条件。”[1]很显然,诸如范围、地点、普遍、全面等具有浓郁空间意义的术语,成为马克思表达人类社会空间形式演进过程的生动词汇,人的依赖关系、物的依赖关系和自由个性发展,分别表示着凝结不同类型社会关系的三种差异深刻的社会空间形式。在前近代社会空间形式下,人的依赖关系即个人之间的统治和服从关系,体现了社会关系的本质属性。而构成这种人的依赖关系的基础,是发生在狭小的空间范围和孤立封闭的空间地点上的不发达的交换体系,只是出现在不同共同体之间。以物的依赖关系为特性的近代社会空间形式,体现了以物的关系为媒介的人的互相依赖体制。在空间关系上,“生产越是以交换价值为基础,因而越是以交换为基础,交换的物质条件——交通运输工具——对生产来说就越是重要。资本按其本性来说,力求超越一切空间界限”。[2] 如果人的依赖关系发生在狭隘的地方性联系的范围之内,那么,物的依赖关系则突破了地域性的空间樊篱,由此产生出更大空间范围的世界贸易和世界市场。从历史的眼光

---

〔1〕《马克思恩格斯全集》(第2版·第30卷),人民出版社1995年版,第107~108页。

〔2〕同上书,第521页。

来看，建立在发达的交换价值体系基础之上的以个人互相独立和漠不关心为前提的物的联系，不仅比单个人之间没有联系要好，而且比单纯以自然血缘关系和统治从属关系为基础的地方性联系要好，体现了以物的依赖性基础上的人的独立性，所有权、自由和平等是近代世界社会空间形式的法权表现。然而，建立在交换价值基础之上的物的依赖关系体系，具有普遍的物化或异己化的性质，必然导致劳动者与生产资料在空间上发生分离，由此工人丧失所有权，而资本则占有他人劳动，拥有对活劳动的所有权，进而构成资本主义生产方式或社会空间的基本条件。这种物的关系"同在共同占有和共同控制生产资料的基础上联合起来的个人所进行的自由交换相对立"，[1]并且为既摆脱人的依赖关系又摆脱物的依赖关系的自由个性的社会空间形式之确立创造了条件。因此，要用全面发展的个人来同受到物的支配的个人相对立，整个社会生活表现为自由结合的人们活动的产物。"这个领域内的自由只能是：社会化的人，联合起来的生产者，将合理地调节他们和自然之间的物质变换，把它置于他们的共同控制之下，而不让它作为一种盲目的力量来统治自己。"[2]在这一个"自由人联合体"的崭新的社会空间中，作为目的本身的人类能力的全面发展才能开始。可见，马克思描绘的这幅文明社会进程中社会空间形态历时性转换图景，无疑使我们深化了对于社会空间意义的认识，也提供了考察区域法治发展进程的社会空间变动轨迹的科学理论工具。在现代社会，伴随着从传统的社会空间形态向现代的社会空间形态的历史性转变进程，区域法治也在经历着这样一个特殊的结构性变动的过程。这是一个法治功能分化的过程，因而是一个从传统型法权治理秩序体系向现代型法权治理秩序体系的历史变革过程。因此，运用空间关系的分析工具，研究区域法治发展的社会空间形态转换问题，应注意：(1)要把握区域法治发展类型转变的社会空间条件及其变动，从而确立这一转变的社会历史意义及其因果性联系。(2)要探讨区域法治进程社会空间形态变动的动因机理，认识到这一动力机制是多种因素或条件综合作用的结果，既是因政府的主导推动而产生深

---

[1] 《马克思恩格斯全集》(第2版·第30卷)，人民出版社1995年版，第109页。
[2] 《马克思恩格斯全集》(第2版·第46卷)，人民出版社2003年版，第928页。

刻变革,更是社会演进及其内部条件的成熟而从传统走向现代,这种内生性的社会空间类型的制度变革,产生区域法治进程的强大动力。因此,需认识这一转变进程的广度、深度、速率及其后果。(3)要考察区域法治进程的社会空间类型转变的基本性质及其逻辑特征,认识到区域法治与区域治理之间的内在关联,而区域治理的社会空间形态丰富多样。因此,区域法治进程的社会空间形式在很大程度上反映了区域社会治理体系和治理方式的转变,这个过程不仅表现在它是一个从人治型的区域社会治理体制向法治型的区域社会治体制的更新过程,而且在于它是一个从单向度的一元化的区域社会治理模式向复合向度的多元化的区域社会治理模式的变迁过程,从而确证这个转变的运动方向。(4)要研究区域法治进程的社会空间类型转换的实际过程及其不同的发展阶段,悉心探讨这一转换进程的历史连续性特征,认识到考察区域法治进程的社会空间形态转换,不能忘记基本的历史联系。其实,传统社会及其区域社会生活的规制过程本身,蕴含着现代社会及其区域法治现象赖以发生的某些现代性因素。(5)要分析区域法治进程的社会空间类型转换的功能取向,理解这一进程对于区域发展的深刻意义。作为一场全方位的当代发展变革的产物,区域法治进程的社会空间状态,构成了更新区域发展理念、重构区域发展逻辑、创新区域发展体制的区域法治实践的具体场域。因此,要引导和发挥区域法治进程的社会空间类型转换对于推动区域发展、构筑区域竞争优势,进而提升区域核心竞争力的能动作用。在这里,至为重要的是高度关注区域发展权问题。这实质上是实现“空间正义”的必然要求,切实解决区域发展进程中的中心区域与边缘区域、发达地区与欠发达地区、城市与乡村之间的发展不平衡问题,在区域法治进程的社会空间类型转换中促进区域之间的平衡且充分的发展。〔1〕只有这样,我们才能深切理解这一转变进程的深刻意义。(6)要阐释区域法治进程的社会空间类型转换对于区域社会主体行动方式及其价值取向的影响机理,揭示区域社会主体现代化的基本

〔1〕后现代地理学的代表人物爱德华·W.苏贾提出“空间正义”的概念,试图以此作为解决区域发展不平衡现象的路径选择,指出:“寻找空间正义在当代公众和政治想象中,比其他行动更能获得强有力的坚持。”[美]爱德华·W.苏贾:《寻找空间正义》,高春花等译,社会科学文献出版社2016年版,第19页。

要求。实际上,在当今社会的大变革时代,区域法治进程的社会空间转换,是一个区域社会主体的法治理念、法治实践和法治行动等诸方面现代化的过程。区域社会主体的现代化,是区域法治进程的社会空间类型转换的必不可少的要素之一。它绝不是这个进程的副产品,而是这一变革进程的基本先决条件。可这样说,一个现代化区域法治进程的社会空间类型转换要取得预期的效果,就必须依赖于这一进程中的区域社会主体的现代化素养。唯其如此,才能赋予这个转变过程以坚实的现实可能性。

五、小结

行文至此,我们通过对国家发展、区域分析和空间关系这三个概念工具的深入论述,大体上建立起关于区域法治发展问题的概念分析框架,这里有必要进行归纳性的小结,以期对这一初步的理论工具架构获得一个总体性的认识。

在上述分析框架中,国家发展的概念工具居于基础性的前提地位,是考察区域法治发展现象的基本出发点。进入文明社会以来,国家发展进程跌宕起伏,波澜壮阔,在不同的国度呈现多样化的历史特质。从总体上看,国家发展进程大体上与国家制度与国家治理体系的构造密切相关,实际上是一个构造政治秩序的过程。福山把国家法治和负责制政府的"现代政治制度的三大重要组件"及其组合,看作走向现代政治秩序体的"国家建设"的主导性体制与机制,因而有着自身独特的逻辑。[1] 自近代社会以来的国家发展,是民族国家的建构以及走向现代化国家或国家现代化的过程。这是一个突破原有制度的固有架构而在新的社会经济、政治条件下所显示出来的国家发展领域的革命性巨变的过程。这个过程或是因为内部条件的成熟而由传统型国家跨入现代型国家的行列,或是因为外部的冲击或挑战所发生的国家制度的历史性重建。然而,无论是哪一种国家转型发展的变革形态,国家发展无疑是一个创新的概念。"不同国家是可以经由不同的方式走向'现代'的。当我们

---

〔1〕 [美]弗朗西斯·福山:《政治秩序的起源:从前人类时代到法国大革命》,毛俊杰译,广西师范大学出版社2012年版,第429、448、450~451页。

一旦认识到这一点之后,便能够将现代化发生的'内部'史观和'外部'史观从方法论上统一起来了"。[1] 19 世纪下半叶,中国国家生活发生了急剧的变动,社会政治革命有力地推动了国家转型发展的进程。1949 年中华人民共和国成立以及 1978 年改革开放的历史新时代,先后开启了创新中国国家制度与国家治理体系的进程;而党的十八大以来推进国家治理现代化的伟大实践,进而使国家发展领域发生了革命性的变化,清晰地确证与表达了非西方世界的国家发展的中国经验。党的十九大对新时代中国国家现代化进程作出了战略安排,昭示着当代中国国家现代化与法治现代化的宏伟愿景。正是在这一过程中,中国区域法治发展愈益展现出蓬勃的生机与活力,构成了国家发展的有机组成部分,进而成为国家法治发展在主权国家的区域范围内的具体展开,集中体现了治国理政的区域性依法治理模式。因此,必须从国家发展的总体性上深刻把握区域法治发展的质的规定性,借以反映国家法治总体进程中的不同的个别化的法治区域的生动实践。在当代中国国家发展的新时代,坚定地推进区域法治发展,不断深化区域法治实践,是新时代全面推进法治中国建设的法权要求。

区域分析的概念工具,是研究国家发展进程中的区域法治发展现象的理论框架之核心方式变项。尽管学术界对"中层理论"见仁见智,但是这一理论分析工具的穿透力与适当性,则是探讨区域法治现象不可或缺的。由此,"国家中的区域之分析原则""区域中的国家之分析原则""区域的整体性结构分析原则""区域的整体性结构分析原则""区域的功能分析原则""区域的有经验根据之分析原则"等基本的区域分析维度,有助于我们更加深入地考察区域法治进程的多样性统一的运动格局。中国经济社会发展不平衡的规律,同样体现在法治发展领域,历史性地生成着法治发展的区域差异性。所以,区域法治发展的不平衡性与不充分性,构成了当代中国法治发展的区域特征。实际上,当代中国法治区域的多样性与差异性的运动样式,已经或正在重塑着法治中国的区域版图。依据区域分析的概念工具,我们可以进一步研究不同区域的法治进程差异性的主要特征、要素禀赋、累积过程、功能类型、历史

---

〔1〕［美］孔飞力:《中国现代国家的起源》,陈兼等译,三联书店 2013 年版,第 2 页。

后果、趋同限度、多维比较等一系列变量关系，从而对区域法治发展现象进行深入辨析，从中释放出独特的理论元素，以便使区域法治发展问题研究的理论目标更为突出，亦愈加清晰，借以为建立一个区域法治发展的解释理论框架结构打下坚实的基础。更为重要的是，面对着当下中国区域法治发展不平衡不充分的现实状况，加强和拓展法治发展的区域分析，深入探讨社会主义初级阶段历史方位中的法治区域建设的重要问题，努力揭示中国法治发展的不平衡规律，这无疑有助于我们深刻认识当代中国的法治国情特点，准确理解中国法治发展的区域逻辑，进而有针对性地思考和谋划深化全面依法治国实践，全面推进法治中国建设的战略与策略。

"空间是人类生活的第一原则"，这是爱德华·苏贾对马丁·布贝尔将空间性表述为人类意识的开端这一思想所作的阐发，[1]借以确立空间的本体论依据。应当说，自20世纪70年代以来西方人文社会科学领域中的"空间转向"，几乎颠覆了人文社会科学研究的传统范式。列斐伏尔、福柯、哈维、卡斯特、苏贾等思想家，为推动人文社会科学研究的"空间转向"作出了不懈的努力，也取得了成功。作为这一"空间转向"的时代产物，空间关系的概念正在成为人们解析人类社会生活的理论工具，应有必要引入区域法治发展研究乃至整个法学理论研究过程之中，使之释放出更多的法学知识发现的能量。实际上，在马克思主义法哲学理论体系中，蕴藏着极其丰富的空间法哲学观念，有待人们去深入开掘与阐释，借以指导我们的理论研究。从本体论意义上讲，空间性是法与法律现象的内在属性之一。纵览文明社会的法律文明历程，法律发展的基地，是丰富多样的自然空间与社会空间场域；法律发展进程的变革，都伴随着空间条件的巨大变动；法律发展类型的生成与演进，意味着空间系统的内在独特性与坚韧性，在我们这样一个超大规模的国度里，空间问题更是具有生存与发展的根本性意义。[2] 在主权国家的疆域范围内，国家

---

〔1〕［美］爱德华·W.苏贾：《后现代地理学——重申批判社会理论中的空间》，王文斌译，商务印书馆2004年版，第201页。

〔2〕苏力通过深入探讨历史中国行政区划中的自然地理因素及其地缘政治考量，精彩地分析了大国疆域及其政制构成的演进与发展之空间意义与取向。苏力：《大国及其疆域的政制》，载《法学家》2016年第1期；张世明：《空间、法律与学术话语：中国边疆民族历史研究的若干理论问题》，载《商丘师范学院学报》2012年第1期；等等。

和社会治理的体制与方式以及法治发展进程，不可避免地要受到特定地域范围内的经济、政治、社会、文化、历史乃至地理环境的各种因素和条件的深刻影响。区域法治发展的进程，浸润着极其丰厚的空间元素。在区域法治发展问题研究中引入空间关系的变量因素，为深入理解区域法治现象的空间性打开了全新的视野。对于我们这样一个幅员辽阔、人口众多、各地经济社会发展很不平衡的东方大国来说，面对社会转型和变革的严峻挑战，从不同地域空间的实际出发，实行统一性和多样性相结合的国家与区域社会治理措施，充分考量法治发展的区域空间因素与地理环境条件，增强区域性治国理政的针对性、适时性与有效性，在大变革时代显得尤为重要。因此，空间关系的方式变项是区域法治发展问题理论架构的关键性概念工具，是揭示区域法治发展运行机理的独特视角，因而是打开区域法治发展进程的内在奥秘的一把钥匙。离开了对特定地域和场域空间关系的透彻的把握，对区域法治现象的认识只能是空中楼阁。

第四章　区域法治发展的构成要素

区域法治发展概念内涵丰富、外延广泛，是一个涉及诸多学科领域的多层面的综合性概念。在主权国家的范围内研究区域法治发展现象，既要关注以一定行政区划为基础的特定地域空间结构中的法治运行，也要重视由相邻地域行政辖区构成的跨行政区划的地域空间单元中的法治问题，这就是区域法治发展构成要素的基本要义。

一、引言

在中国的语境条件下，民族国家意义上的区域概念，不仅指基于特定行政辖区层级的空间地域单元，而且包括跨行政区划的空间地域单元的集合体，这是两个既相区别又有联系的具有不同属性的地域空间单位。只有将这两个层面的区域含义有机整合，才能构成一个完整的法学意义上的区域概念。

对于法学研究来说，这种涵盖以特定行政区划为基础的空间地域单元和跨行政区划的空间地域单元集合体的整体性的“区域”概念，为法学视野下的区域法治研究设置了统一的场域。“区域”概念的这两个层面的含义各有其特定的价值指向：基于特定行政区划的地域空间单元，表达了不同行政辖区层级之间的纵向空间地域结构；基于跨行政区划的地域空间单元集合体，则表示不同行政区划之间的横向空间地域结构。这两种不同属性的地域空间单元，共同形成一个内在联结、相互作用、相互依存、不可分割的主权国家范围内的地域空间结构体系。当代中国法学研究无疑应当悉心探讨这两个层面的区域空间结构中的法治状态,并且把它作为一个整体来把握,深入界定区域法治发展构成要素的基本规定性,以期建构变革时代的中国区域法治发展的理论逻辑系统。这是区域法治发展理论研究的必由之路。

二、以行政区域为单元的区域法治发展

在“区域”概念系统中,基于特定行政区划的地域空间单元具有基础性的重要地位。这种以不同层级行政区划为基础的地区单元,具有丰厚的法学意蕴,恰恰是法学意义上的“区域”概念的主体内涵或基本规定。因此,以行政区域为基本单元的区域法治发展现象,进而构成区域法治发展理论的基本研究对象。

我们知道,行政区划或政区,乃是以主权国家范围之内行政管辖层级为基础的特定地域单元。行政区域或政区的设置,是国家治理的基础。一定的行政区划的设置以及行政辖区层级体系的确立,凝结着国家治理的理念与原则,反映了国家统治者施行国家治理的目标选择与现实需要。国家统治者为了有效地实施对国家疆域的治理,都要按照一定的理念原则,综合考量经济的、政治的、社会的、民族的、文化的、风俗的、人口的、历史的乃至地理的等诸多方面因素和条件,确立一定的行政管辖层级体系,并且把整个国家疆域划分为若干个不同的行政区域或政区。因此,“行政区划是一个国家权力再分配的主要形式之一,也是一个国家统治集团及政治、经济、军事、民族、习俗等各种要素在地理域空间上的客观反映”。[1] 作为国家治理基础的行政区划或政区的建构过程,在很大程度上体现了国家统治者的政治智慧与法律价值选择。

在中国,政区体制经历了一个历史嬗变过程。但是,无论政区体制如何变动与繁杂多样,都无法摆脱一定的地理区域因素及其空间状况的深刻影响。以特定范围的地域空间为基础的政区体制,体现了一种独特的社会关系——纵向的行政等级关系,凝结着中央与地方之间有机互动的独特的国家治理价值取向。根据我国现行《宪法》第30条之规定,中华人民共和国的行

〔1〕 浦善新:《中国行政区划改革研究》,商务印书馆2006年版,第1页。

政区划划分如下：全国分为省、自治区、直辖市、特别行政区；省、自治区划分为自治州、县、自治县、市；县、自治县分为乡、民族乡、镇。直辖市和设区的市分为区、县（市、区）；自治州分为县、自治县、市。这些不同行政辖区层级的地域空间，构成了相应的行政区划范围，即“省域”“市域”“县域”等。所以，基于特定行政区划或政区的地域空间单元，构成了法学视野下区域研究的主体对象。区域法治发展研究的一个重要的着力点，就是要深入探讨特定行政区域中的法律生活样态的性质、特征和变动轨迹，深入研究影响一定行政区域法律生活的诸方面因素和条件，描述一定行政区域法律生活变动与国家发展总体态势之间的互动画面。在当代中国社会转型发展的历史进程中，不同的行政区划或不同层级的行政区划的法治发展，往往显现出不同的法治生态状况，反映出不同的法治发展水平。这一现象在很大程度上体现了中国经济社会发展的不平衡规律。由此，我们即可发现不同的行政区划之间的法治发展状态以及同一行政区划中的不同行政层级区域中的法治空间的历史差异性。

不仅如此，处于不同行政管辖层级之中的行政区域之法治发展特点及其表现形态，亦往往显示出不同的运行机理。在一个主权国家范围内，不同的行政管辖层级担负着不同的行政与社会治理职责，因而不同行政层级区域的法治发展的主体与客体、规模与空间、动态与机理等，也是迥然不同的。省域、市域和县域之间的不同层级行政区域的法治状态及其空间特性、功能指向与评价尺度，既相共通，又相殊分。此外，一些行政区域还具有某种特定的经济、政治与社会功能，如经济特区、民族自治区域等。研究不同行政管辖层级的行政区域法治状态、同一行政管辖层级的不同行政区域法治状态以及赋予某些行政区域以特定功能的行政区域法治状态，构成了区域法治发展问题的研究重点所在。这充分表明，分析区域法治发展现象，首先要注意考察主权国家内以特定行政区划的地域空间单元为基础的区域法治发展运行状况。

显然，从上述意义上看，以行政区划为基本单元的区域法治发展概念，体现了国家法治发展在特定行政区域中的具体实现。换言之，区域法治发展是主权国家的法治发展在特定行政区域空间范围内的展开与实现，从而成为国家法治发展在区域纵向关系结构或进程的有机组成部分。在当代中国，以行政区划为地域空间单元的区域法治发展，是全面依法治国、建设法治中国的地方治理主体的法治实践，是在全面依法治国顶层设计方案的总体方向和基本要求的基础上，根据特定的行政区域（省级区域、市级区域、县级区域、乡镇级区域）经济社会发展的法治需求所实施的行政区域性依法治理活动，通常以省域法治、市域法治和县域法治诸形态表现出来。应当看到，以特定行政区划为地域空间基础的区域法治发展，在当代中国法治发展进程中有着至为关键的基础性作用，是区域法治发展体系中的重要的主导性方面。第一，如前所述，区域法治发展的概念范围涉及特定行政区域和跨行政区域的广阔的法治生活领域，其中恰恰以特定行政区域中的法治生活现象作为主导性的研究对象。在推进法治中国建设的时代进程中，省域、市域、县域不同行政辖区层级的法治发展主体、客体、样态、功能、推进方式与路径选择等，既有普遍性的要求，又有个别性特点。运用基于行政区划的区域法治发展的概念工具，有助于揭示和把握不同政区层级的区域法治发展的运行规律。第二，中国法治现代化进程是一个错综复杂的长期的历史过程，考察这一进程内在机理的一个殊为重要的理论视角，就是要深入分析不同层级的且处于不同地域空间条件下的行政区域范围内的法治发展现象及其特征。由此，我们就能够充分认知基于特定行政区划的法治发展成效对于推进国家法治发展的极端重要性，进而清晰地洞察当代中国法治发展进程中的“失重”现象。〔1〕在现实法治生活中，以特定行政区域化为基础的区域法治发展创新实践活动，往往成为国家法治发展进程的“先行者”或先行一步的法治实践探索，对中国法治现代化进程起到了内生性的强大推动作用。第三，在推进中国国家治理体系和治理能力现代化的现时代，以特定行政区划为基础的区域社会治理体系，构成了国家治理体系的不可或缺的组成部分。“法律是治国之重器，法治是国家治理体系和治理能力的重要依托”。〔2〕作为基于行政区划的地域空间单元的区域社会治理体系之基本依托，以行政区划为基础的区域法治建设与发展的基本目标就在于为创新和完善区域社会治理体系打下坚实的法治基础，提高区域社会治理法治化水平。推进以行政区划为基本地域空间单元的区域

---

〔1〕江必新、王红霞：《法治社会建设论纲》，载《中国社会科学》2014 年第 1 期。

〔2〕中共中央文献研究室编：《习近平关于全面依法治国论述摘编》，中央文献出版社 2015 年版，第 6 页。

法治发展，有利于运用法治方式与机制创新区域社会治理体系，提升区域社会治理能力，激发区域社会创造活力，优化区域发展法治环境，从而为全面推进法治中国建设夯实区域基础。

三、中央与地方：区域法治发展的中国实践

在当代中国，讨论基于行政区划的区域法治发展问题，不可避免地要涉及中央与地方的关系问题——这是一个无法回避的重大议题。换言之，当我们使用“区域法治发展”的概念时，一个理论基点是突出中国区域法治发展进程的国家主权一元观之前提性地位与意义。也就是说，作为国家法治发展的有机构成要素的区域法治发展，是国家法治发展在主权国家的特定范围内的具体实现，它展示的是从前现代社会向现代社会转变这一特定过程中法律文明及其价值基础在特定领域中展开的具体生动的法治场景。所以区域法治发展与国家法治发展在基本性质、主体内容与总体目标方面，都是内在一致、并行不悖的，绝不存在脱离国家法治发展历史进程的孤立的区域法治发展。这鲜明地体现了区域法治发展问题上的国家主权一元论的立场。

区域法治发展与国家主权之间的关系确乎是一个重大的学术论题。在当代中国，分析法治发展进程中的主权因素，必须着力把握单一制的国家结构形式的性质与特点，深入探讨这一国家结构体制对于法治发展的决定性作用机理。从总体上看，在民族国家的视域下，主权是统一的、不可分割的，也是不能让渡的，国家是主权的唯一的集合性的实体，具有独立的单一的国家人格。法国思想家博丹的“国家主权”学说，是近代民族国家主权思想典型表达。应当看到，不同的国家结构形式体现了不同的主权状态。在联邦制与单一制的不同政制条件下，主权关系图式是迥然不同的。一般来说，在实行联邦制的国家，国家主权是各个加盟的国家的主权的某些属性的集合体，作为联邦的国家的主权在很大程度上来自各个加盟的成员国主权的转移或者让渡，因而国家主权在本质上是被分割开来的，只是由于各个成员国主权在联邦宪法的架构下向联邦转移，方使联邦国家享有一种集合主权。从法理上讲，各个成员国可以在一定的条件下通过一定的宪法性机制收回让渡给联邦的主权。无论这种主权是被让渡还是被收回，联邦的各个成员国都拥有高度

的广泛的自治权力,这是来自各个成员国所拥有的主权地位(尽管已经让渡给联邦),因而是独立的、排他性的,甚至联邦国家都不能加以攫取。从这个意义上说,联邦制条件下的各个加盟成员国的主权与自治权力具有同一性的特征。然而,在实行单一制的国家,情形就大不一样了。单一制国家的主权保持着统一的、不可分割的、不可转让的状态。人们通常认为法国启蒙思想家卢梭的"人民主权"论是当代主权理论的思想渊源和经典代表,黑格尔和马克思都曾对卢梭的主权思想给予不同意义上的充分肯定。[1] 这里我们有必要对卢梭的"人民主权"理论作出进一步的解读,以便对单一制国家的主权关系获得一种新的认识。卢梭的"人民主权"思想是他的理论体系中远较"天赋人权"论更为深刻的一种理论学说,而这一思想的核心就在于强调主权是公意的体现与运用,因而主权从本质上讲存在于共同体的全体成员之中,它是不可分割的、不可转让的。由此,卢梭反对国家权力分立学说,指出一些政治家把主权分为强力与意志,分为合法权力与行政权力,分为税收权、司法权与战争权,分为内政权、外交权,这样就会把社会共同体加以肢解,"把主权者弄成一个支离破碎拼凑起来的怪物","没有形成主权权威的正确概念"。[2] 卢梭认为,由于主权是统一的、不可分割的,并且是不能转让的,作为反映公意的主权者意志的法律,便具有普遍性与整体性的特征,旨在确定、维护与实现公共利益。按照卢梭的"人民主权"论及其法律性质论的逻辑,不存在主权的分割以及国家权力的横向与纵向的分散化问题,也不存在国家立法与地方立法的区别和分离问题。卢梭强调主权不可分割,实际上主要是指实行高度集权的人民主权类型的国家条件下的主权状态。尽管他没有区别地讨论国家结构形式的单一制与联邦制的问题,但他认为国家规模不宜过于庞大,以防止国家治理效率衰减,他的心目中的国家实际上是主权高度集中统一的共和国的国家类型。在这样的国家类型中,实行中央集权,民族国家内部的各个区域都受控于更高的中央政府权威,主权附着在单一的、不可分割且不可转让的国家人格之上。诚然,在有的单一制的中央集权的统一国家中,推行一

---

〔1〕《马克思恩格斯全集》(第2版·第3卷),人民出版社2002年版,第15、53页;[德]黑格尔:《法哲学原理》,范扬等译,商务印书馆1961年版,第285页。

〔2〕[法]卢梭:《社会契约论》,何兆武译,商务印书馆1980年版,第37页。

定程度的区域或地区分权，但是参与分权的区域或地区机构或群体所行使的权力，并不是主权权力，而是治理权力或治权（当然，这并不排除在当代欧洲的某些国家，比如法国、英国等，参与分权的地区拥有某些主权权力）。在单一制国家的条件下，这种治权不具有主权的任何要素，也不意味着行使主权的某些权能，而是区域性的地方政府依据其法定职责与社会责任对区域性的地方公共事务加以治理或管理的权力。这种治权不是单一的、僵硬的，而是分层的、多样化的、因地因时而宜的，是实现国家主权的重要载体和基本路径之一，也是国家治理得以有效扎实展开的制度保障。因此，单一制国家的主权与治权之间存在统一性前提下的某种程度的"分离"现象（当然，并不是那种毫无联系的分离，而是指与主权行使没有直接联系的分离）。在推进国家治理体系现代化的进程中，基于行政区划的区域社会治理起到了基础性的重要作用。区域性的地方政府对于治权的有效施行，不仅可以使国家主权在全国范围内得到更有力地落实，促进主权在主权国家的疆域内的全面实现，而且可以释放区域社会的巨大潜力与活力，改善区域社会治理状况，增进区域社会的繁荣发展。

在中国的长期历史演进过程中，由公元前221年秦始皇开启的取代先前的邦国制度而形成的大一统的中央集权帝国制度，延续两千多年之久未曾更改，并且随着历史的进程日益强化。1911年的辛亥革命，推翻了帝国制度而代之以共和体制，但依然是大一统的国家体制而不是联邦或联邦制（尽管此后的一段时间内出现过短暂的所谓"联省自治"）。1949年诞生了中华人民共和国，大一统的中央集权的国家结构制度乃是新的国家体制的核心要义之一。[1] 这种大一统的国家制度的法权要求集中表现是由国家组织编撰施行

---

〔1〕 新中国成立之初，曾经面临国家的结构制度的选择问题。周恩来在中国人民政治协商会议第一次全体会议召开前向政协代表所作的报告中，特地论及新中国的国家结构形式问题。他说道："关于国家制度方面，还有一个问题就是我们的国家是不是多民族联邦制。"在周恩来看来，在中国的社会条件下，不应当搞多民族联邦制，而应实行单一制或祖国统一大家庭之前提下的民族区域自治。新的国家制度不是多民族联邦制，联邦制不适合中国社会的条件与民族状况的特点。单一制前提下的民族区域自治制度，是新中国国家结构的基本形式，是新的国家制度的内在属性。由此，《共同纲领》确证了民族区域自治制度的根本法地位。这一制度设计，也成为后来中国国家体制及国家结构形式的基本定位。中共中央文献研究室等编：《共和国走过的路——建国以来重要文献专题选集》（1949～1952），中央文献出版社1991年版，第66～67页。

全国范围之内的统一法典,法律成为确立与实现大一统国家体制的基本工具。1954年《宪法》(以下简称《五四宪法》)在国家建制方面的功能性目标之一,便是"建立高度统一的国家领导制度"。[1] 按照这一目标设定,在《中国人民政治协商会议共同纲领》(1949年9月29日中国人民政治协商会议第一届全体会议通过,以下简称《共同纲领》)的基础上,《五四宪法》对国家政治制度作了更加完备的规定,架构了一个以国家权力机关为核心的国家机构体系,建立了自上而下的统一的国家行政机关运作体制,并且对在坚持单一制国家结构形式的前提下的民族区域自治制度作了更加翔实的规定。后来的1982年《宪法》(以下简称《八二宪法》)适应"一国两制"的国家政制发展要求,建立了单一制国家体制框架内的特别行政区制度,但在总体上延续了《五四宪法》所确立的大一统的中央集权型的国家政制。这一国家政制的法律表现,就是《八二宪法》郑重宣示的国家法制统一原则,即"国家维护社会法制的统一和尊严"(第5条第2款)。而国家法制的统一的最深厚的法源依据,则在于宪法至上原则。因此,当代中国单一制的中央主导的国家政制为国家法制统一奠定了政治基础。这是现代法治的重要原则和基本要求,是国家法治发展的制度基石,也是当代中国区域法治发展不可逾越的政治底线。

进一步的分析表明,在当代中国,单一制的中央主导的国家政制模式所决定的国家法制统一性,并不绝对排斥不同区域法治发展之间的差异化或多样性。1956年4月25日,毛泽东在中共中央政治局扩大会议上发表了《论十大关系》的著名讲话,其中专门论及中央和地方的关系。他提出了正确认识和处理中央与地方之间的关系的基本原则,指出:"中央和地方的关系也是一个矛盾。解决这个矛盾,目前要注意的是,应当在巩固中央统一领导的前提下,扩大一点地方的权力,给地方更多的独立性,让地方办更多的事情。这对我们建设强大的社会主义国家比较有利。"[2] 为什么要实行这样的基本原则?毛泽东分析说,"我们的国家这样大,人口这样多,情况这样复杂,有中央和地方两个积极性,比只有一个积极性好得多。我们不能像苏联那样,把什么都

[1] 《刘少奇选集》(下卷),人民出版社1985年版,第144~145页。
[2] 《毛泽东著作选读》(下册),人民出版社1986年版,第729页。

集中到中央,把地方卡得死死的,一点机动权也没有”。[1] 显然,中国的基本国情状况和国际经验,决定了正确处理中央与地方的关系的必要性。毛泽东还特别提出中国法制建设的统一性与特殊性的关系问题,明确指出:“我们的宪法规定,立法权集中在中央。但是在不违背中央方针的条件下,按照情况和工作需要,地方可以搞一些章程、条例、办法,宪法并没有约束。我们要统一,也要特殊。”[2]这是当代中国法治发展的一个重大指导方针。它深刻地反映了中国基本国情条件的法治需求,体现了中国经济社会发展不平衡的基本规律。[3] 实际上,我国现行《宪法》和法律为国家法治发展的多样性统一运动样式提供了合宪性与合法性基础,亦为区域法治发展创设了广阔的制度空间。国家权力的纵向配置关系,是中央与地方之间的关系问题在法治领域中的集中体现。现行《宪法》第 3 条第 4 款确立了中央与地方之间权力关系的基本准则,即“中央和地方的国家机构职权的划分,遵循在中央的统一领导下,充分发挥地方的主动性、积极性的原则”。这一国家机构职权或权力的纵向划分配置的宪法原则及其制度机制安排,指明了当代中国中央与地方之间权力关系运行的法治方向。

立法权制度是国家法律体系的重要组成部分。合理界定国家立法与地方立法事项范围,科学划分中央立法权与地方立法权的责权关系,是建构国家纵向治理体制、推进国家治理体系现代化的基础性的制度环节。从 1979 年《地方组织法》赋予省级人大及其常委会行使一般地方立法权开始,国家纵向治权体制改革显示出蓬勃的生机与活力。作为区域治权的制度载体形式,地方立法权的公共事务管理功能得到愈益鲜明的彰显。无论是属于地方性法规事项的地方性公共事务,还是中央立法与地方立法的共同事项,其基本指向是经济社会发展过程中的公共事务与公共服务,这与改革开放以来国家纵向治权体制改革的走势轨迹是相吻合的。在社会转型过程中,区域性公共事务与区域社会治理状况密切相关。地方立法把一定行政区划范围内的区域性公共事务作为主要调整对象,可以充分发挥自主性的区域治权,把区域社

---

〔1〕《毛泽东著作选读》(下册),人民出版社 1986 年版,第 729 页。

〔2〕同上书,第 730 页。

〔3〕苏力:《道路通向城市——转型中国的法治》,法律出版社 2004 年版,第 62 ~ 65 页。

会治理纳入法治化轨道之中,有效应对区域社会治理过程中面临的突出矛盾和问题,努力改善区域社会治理状况。由于各个行政区域的公共事务与公共服务有着不同的需求,因此,地方立法必须从本行政区域经济、社会、文化、风俗、民情、历史传统乃至地理条件诸方面的实际情形出发,强化问题导向,悉心把握本行政区域公共事务的基本特点、需求程度、表现形式与发展趋势,着力体现调整本行政区域公共事务关系的规范规则的区域特点与现实针对性。2015 年 3 月 15 日,第十二届全国人大第三次会议审议通过了关于修改《立法法》的决定,把党的十八届四中全会《关于全面推进依法治国若干重大问题的决定》关于"依法赋予设区的市地方立法权"的精神上升为国家意志,规定"设区的市的人民代表大会及其常务委员会根据本市的具体情况和实际需要,在不同宪法、法律、行政法规和本省、自治区的地方性法规相抵触的前提下,可以对城乡建设与管理、环境保护、历史文化保护等方面的事项制定地方性法规"(《立法法》第 72 条第 2 款),这样,全国除《立法法》修改前 48 个较大的市享有地方性法规制定权外,还有 237 个设区的市因《立法法》修改而享有地方立法权。这是当代中国地方立法体制的重大变革,对于推进国家治理现代化、创新区域治权体制,加强区域社会治理进而推动区域法治发展,意义重大,影响深远。由此,作为区域治权体制法律表现形态之一的地方立法权,在遵循国家法制统一原则的前提下,在具体实现过程中势必呈现出多样化的鲜明特质。这种地方立法的区域特色,实际上反映了治权实现的区域差异性。在单一制国家的条件下,在统一的不可分割的国家主权之统摄下,分层化的多样性的区域治权能够将唯一的国家主权意志通过各具特色的途径与机制转化为有效的区域治理,进而形成和谐统一的国家治理局面。

总之,在当代中国研究区域法治发展问题,一个根本性的前提条件是恪守集中统一的国家主权一元观,坚持国家法制统一性原则。我国实行单一制的国家结构形式,在单一制的国家结构制度类型中,国家主权具有单一的、不可分割且不可转让的性质,国家内部的各个区域都服从于并且受控于中央政府的权威。单一制的国家政制模式决定了国家法制的统一性。在这里,根本不存在所谓国家主权的二元论问题,单一制的国家结构体制从根本上决定任何形式的法治发展的国家主权一元论的支配地位。作为这一国家结构制度的法权要求，国家组织编撰施行全国范围之内的具有最高法律效力的宪法大典，宪法成为确立集中统一的国家体制、实现国家法制统一的最为深厚的法源依据。因此，以宪法为核心的法律体系便具有一元性的基本性质。推进区域法治发展，必须以维护国家宪法的最高权威和国家法制的统一性为基本前提，遵循法治中国建设的总体战略。这是区域法治发展的不可动摇的制度基石。在中国这样一个区域经济社会发展很不平衡的国度，由于不同经济发展水平、社会结构、历史进程、文化传统和地理环境等因素的影响和作用，不同区域间的法治发展形成了历史的差异性，这是我国经济社会发展不平衡规律在法治建设领域中的集中体现。正因如此，现行《宪法》与有关法律基于“在中央的统一领导下，充分发挥地方的主动性、积极性”的宪制原则，架构了统一性与分层性相衔接、中央立法与地方立法相结合的立法体制，确立了国家权力纵向配置结构关系，为区域法治发展创设了广阔的制度性空间。由此，形成法制统一与区域差异有机关联的具有浓郁中国风格的区域法治发展样式。基于中国的特殊国情条件，我国现行宪法建构了调整中央与地方之间权力关系的基本准则和制度机制。在坚持和维护国家主权统一性、国家法制统一性的前提下，各级地方政府履行宪法和法律赋予的治理社会权力或治权，可以使国家主权在主权国家疆域内全面实现，进而释放区域社会发展的巨大活力。党的十九大基于“激发全社会创造活力和发展活力”的战略考量，强调要“赋予省级及以下政府更多自主权”。[1] 这确乎意义重大，影响深远。在这个意义上，当代中国的区域法治发展，恰恰是国家宪法与法律赋予的区域治权的有机载体，也是国家与社会治理现代化的题中应有之义。在全面深化改革、全面依法治国的现时代，努力建构一个国家主权统摄下的分层多样的区域治权体制，进而展开区域法治发展的中国实践，这对我们这个区域发展不平衡的东方大国来说，显然有着重大的意义。

四、进一步的讨论：区域法治与地方法治

研究基于行政区划的区域法治发展现象，必然要涉及区域法治发展与地

---

〔1〕 习近平：《决胜全面建成小康社会　夺取新时代中国特色社会主义伟大胜利——在中国共产党第十九次全国代表大会上的报告》(2017年10月18日)，人民出版社2017年版，第39页。

方法治之间的关系问题。应当说进一步讨论这个问题是很有意义的，因为这关乎如何准确把握区域法治与地方法治这两个概念的质的规定性的重要论题。

正如上文所述，我们所理解的区域法治发展，不仅是指以特定行政区划为基础所展开的法治建设，也包括以跨行政区域为基础所涉及的法治发展问题，因而是特定行政辖区的法治发展与跨行政辖区的法治发展之有机统一，舍弃其中任何一方面，都不是完整意义上的区域法治发展概念。[1] 由于区域法治发展概念突出以特定行政区域为基础的法治发展在当代中国区域法治发展进程中的主导性地位，因而这一概念与地方法治概念发生了概念内涵层面上的某种交集。也就是说，从原本的意义上讲，地方法治概念通常是指以一定的行政辖区为基础的法治建设状态。[2] 这一概念表达的实质在于将地方法治与国家法治相观照，突出地方法治在国家法治建设中的基础地位甚或是“中心地位”，以至于提出与国家整体主义法治观相对的“地方中心主义法治观”。[3] 有的学者在研究地方法治现象时，虽然没有对地方法治概念作出明确的界定，但从其行文之中可以看出，这里的“地方法治”是与一定的行政区域相联结的，诸如地方法治的三种类型，即“程序性法治”的湖南案例、“自治型法治”的广东案例和“市场型法治”的浙江案例。[4] 有的学者虽然使用了“地方法制”概念，但这里的“地方”显然系指特定的行政辖区的地方。[5] 有的学者尽管并未使用“地方法治”，但提出“局部法治”的概念，继而探讨转型期“先行法治化”现象，而“局部法治”概念以及“先行法治化”现象的阐释基础，是以一定行政区域中的法治状态为主要分析对象。[6] 值得注意的是，有的学者对地方法治概念内涵作了拓展性的解读，认为“所谓地方法治，是指

---

〔1〕 付子堂、张善根：《地方法治建设及其评估机制探析》，载《中国社会科学》2014年第11期。

〔2〕 张柳裕等：《论地方法治的可能性：以“法治浙江”战略为例》，载《浙江社会科学》2006年第2期。

〔3〕 黄文艺：《认真对待地方法治》，载《法学研究》2012年第6期。

〔4〕 周尚君：《国家建设视角下的地方法治试验》，载《中国法学》2013年第1期。

〔5〕 葛洪义：《法治国家与地方法制》，载《法学》2009年第12期。

〔6〕 孙笑侠：《局部法治的地域资源——转型期“先行法治化”现象解读》，载《法学》2009年第12期；孙笑侠：《转型期“先行法治化”现象解读》，载孙笑侠主编：《转型期法治报告》(2009年卷)，法律出版社2010年版，第80~85页。

国家主权范围内的各个地方(包括以行政区划为特征的地方省市、区县,也包括跨越行政区域的地方联合),在法治中国的推进过程中,践行法治精神,落实法治理念,以实现国家法治为目标,基于法治型社会治理的需求,逐渐形成并日益勃兴的一种法治发展现象,是建设社会主义法治国家在地方的具体实践”。〔1〕 可见,这里的“地方法治”概念因其对“地方”范围的界定涵盖特定行政区域和跨行政区域两个层面,所以就与笔者的“区域法治发展”概念内涵相通。正是基于上述分析,笔者曾在有关文章中强调“区域法治概念与地方法治概念具有相通的意蕴,都是与国家的法治概念相对而言的层级性的法治类型学概念”。〔2〕 因此,区域法治发展概念与地方法治概念之间的内在相通性,植根于二者对“区域”或“地方”范围界定的相似性。只有把握这两个概念内涵的有机关联,我们才能对概念的质的规定性作出准确的理解。

应当看到,虽然区域法治概念与地方法治概念有着相通的意蕴,但是笔者之所以要使用“区域法治发展”这一概念,正如在有关文章中所述及的那样,“与地方法治概念稍有不同,区域法治概念在统摄法治发展现象普遍性意义的基础上,引入地域空间的概念要素,旨在揭示法治发展现象特殊性的意蕴,进而表达不同的地域空间范围的不同法治发展状态及其原因”。〔3〕 在这里,我们有必要对构成区域法治发展现象基本变量的空间要素略加展开性的分析,借以揭示区域法治发展概念的内在的价值底蕴。

无论是何种形态的区域法治发展,都是在一定的地域空间范围内展开。空间是区域的本质属性,也是我们理解区域法治发展现象的一把钥匙。“对于所有的思想模式来说,空间都是一个必不可少的思维框架”。〔4〕 讨论区域问题,离开对特定地域单元中的空间关系的认识和把握是不可思议的。所以,“任何地方和区域发展的定义都需要从空间、地域、地点和范围这些基本的地理概念说起”。“‘地方’和‘区域’是典型的社会营造的空间范围,在这

---

〔1〕 付子堂、张善根:《地方法治建设及其评估机制探析》,载《中国社会科学》2014 年第 11 期。

〔2〕 公丕祥:《法治中国进程中的区域法治发展》,载《法学》2015 年第 1 期。

〔3〕 同上。

〔4〕 [美]罗伯特·戴维·萨克:《社会思想中的空间观:一种地理学的视角》,黄春芳译,北京师范大学出版社 2010 年版,第 4 页。

个空间范围内各种过程得以演进”。[1] 研究国家现象，必须关注国家的地理特征以及国家所处的空间状况，充分认识国家的地区或区域的特性与该地区或区域自然界状况之间的内在联系。不仅地区或区域自然界对国家空间特性形成一定的制约作用，而且国家的空间状况及其特性对地区或区域自然界也产生着影响。20 世纪著名思想家马克斯·韦伯高度关注国家现象的地理空间特性。在《以政治为业》这篇著名的演讲中，他对国家下了一个经典性的定义：“国家是这样一个人类团体，它在一定疆域之内(成功地)宣布了对正当使用暴力的垄断权。”韦伯还特别提醒人们：“请注意，‘疆域’乃是国家的特征之一。”[2] 因此，一定的地理疆域空间是国家正当使用暴力垄断权的边界范围。从古至今的国家之间的冲突乃至战争，在很大程度上缘自对国家之间一定地理疆域空间的争夺与控制权的斗争。而发生在一国之内的诸多形式的冲突状态，有的亦是与地域空间因素密切相关。

分析法律发展现象，应当认真对待地域空间因素。纵观文明社会法权现象的变迁历程，我们可以清晰地看到，法律发展进程与地理空间环境之间有着密不可分的联系。1500 年前后的地理大发现，极大地改变了人类社会发展的地域空间环境，在这一时段之前东西方文明大体上在其各自的地域空间范围内独立地演进与成长，而在此后，随着哥伦布、达·迦马和麦哲伦的远航探险所开启的近代地理大发现进程，东西方文明发展的地域空间条件发生了巨大的变化。以往那种孤立自在的民族生存状况被彻底打破，“地域性的个人为世界历史性的、经验上普遍的个人所代替”，历史也就“成为世界历史”。[3] 这是一个全球性的世界历史进程。在这样一个全新的地理空间环境中，各个民族国家的法律发展进程相互影响，形成一个整体化的相互联系的有机网络。不过，由于各个民族国家所处的地理空间状况不同，它们的法律发展状态必然呈现出各自的鲜明特点，由此而形成人类法律文明进程的多样性统一的历史特性。如前所述，早在数千年前，思想家们就注意到地理空间对法律

---

〔1〕［英］安迪·派克、安德烈·罗德里格斯－珀斯、约翰·托梅尼：《地方和区域发展》，王学峰等译，格致出版社、上海人民出版社 2011 年版，第 33 页。

〔2〕［德］马克斯·韦伯：《学术与政治》，冯克利译，三联书店 1998 年版，第 55 页。

〔3〕《马克思恩格斯选集》(第 1 卷)，人民出版社 2012 年版，第 166、168 页。

文明进程的重要影响。按照亚里士多德的看法，疆域问题关乎政治上的“实务”，如同人口数量多寡一样，构成城邦的社会生活物质或基础。他提出这样的问题：“构成一个理想城邦该有些什么基础（条件）？”对此，亚里士多德强调，“一个完美的城邦必须具有同它的性质相适应的配备”，“公民群众和土地（境界）就是所谓各种条件中的重要事项”。就疆域（境界）的大小或面积而言，国境不可太小也不求太大，“应当足以使它的居民过闲暇的生活为度，使一切供应虽然宽裕但仍须节制”，并且以“观察所能遍及”为条件。与此同时，“一个城邦的地理环境应该是敌军难于进入而居民都容易外出的”，在经济和军事上都具有运输的便利，适合成为境内四乡的集散中心。至于城邦是否濒临海港，尽管这是一个有争议的问题，其弊在于海上交通商旅云集，导致邦内人口增加，且不利于城邦自身的良好礼法，有损于内治的安宁。但是，“海洋对于一邦的城市及其全境无疑是有利的，这不仅对国防有益，也可凭以流通物资，使境内获得充分的供应”。在实际政治生活中，“留心当代各邦的国情，我们常常见到某些境内及其都邑布置着颇为恰当的港埠，这些港埠离城区不远，却又另外独立，城港之间联以墙垣，有助于港埠安全”，“凭这样的安排，显然既可以获得港埠的便利，又不难以法律防止其附带的任何不良影响”。[1] 因此，亚里士多德突出城邦疆域规模（境界大小）、区位布局（集散中心）、调控幅度（“观察所能遍及”）、临海状况（海洋交通）、安全距离（城港之间联结）等地理空间要素对于良好的城邦政治生活运行与法律发展的基础性功能作用。作为18世纪欧洲启蒙运动的重要代表人物之一，孟德斯鸠在《论法的精神》一书中，用很大的篇幅讨论法的现象与地理环境之间的互动关系问题。他深入探讨了近代早期新世界的发现这一地理空间环境的巨大转换对全球贸易格局及法律发展进程的深刻影响，指出：“贸易的历史是各民族交通的历史。”“罗盘针就好像把世界打开了。人们发现了亚洲和非洲，过去只知道它们的几段海岸而已；人们也发现了美洲，过去对它也是茫然无知的”。“在这以前，威尼斯人经由土耳其各邦经营印度的贸易……由于好望角的发现以及不久

---

〔1〕［古希腊］亚里士多德：《政治学》，吴寿彭译，商务印书馆1965年版，第352、356～359、455页。

以后的一些其他的发现，意大利不再是商业世界的中心了；它就好像处在世界的一个偏僻角落内，而且现在还在那里”。“发现美洲的后果就是把欧洲、亚洲和非洲连接起来了。欧洲同亚洲那一大块称为东印度的地区进行贸易，美洲则把贸易的货品供给欧洲。银，作为一种标记，对贸易是很有用的金属；但这时，作为商品的银，又已成为世界上最庞大的贸易的基础。末了一点：非洲的航行成为必要的了；它供给人手到美洲的矿山和田地去工作”。不仅如此，随着全球贸易空前的巨大变化，欧洲在近代世界经济与贸易体系中的地位逐步得到空间的强化，“欧洲的权势已达到了极高的程度”，虽然中国内部的贸易比整个欧洲的贸易还要庞大，“但是欧洲经营着世界其他三个地区的贸易和航业；这就同法、英、荷几乎经营着整个欧洲的航业和贸易的情况是相类似的”。〔1〕 孟德斯鸠的上述分析表明，正是在这一全球贸易地理空间场域的转换过程中，欧洲的一些海外殖民地陆续形成，进而催生了多种多样的调节欧洲宗主国与殖民地关系的法律，这就在一定程度上影响着国家和整个世界的关系。随着世界的新发现，全球贸易体系及其法律关系不可避免地发生着异常显著的变化，欧洲国家贸易逐渐成为全球贸易体系中的主导性力量，以近代西方自然法观念和西欧国家法律制度原则为基础的近代国际法体系进而成为支配性的国际法律系统，白银资本和奴隶贸易则是这一近代进程的必然产物。也正是在这一过程中，东西方文明在世界进程中的位置开始发生变动，原本与西方文明独立平行发展的东方文明，日益被纳入由西方文明逐步起到主导地位的全球化体制之中。在这一新的全球法律空间结构中，近代中国法律发展亦渐次地丧失其自主性地位，进而处于边缘化的状态。因此，从大历史的视角来看，地理空间关系是文明社会法律变迁过程的一个至关重要的自然与社会条件。

区域法治发展问题也是如此。如果说地方法治概念更多地体现了中央与地方关系的概念分析主轴，从现实与逻辑的关联之中把握中央与地方之间特定政治体制条件下的地方法治运动状态，那么，区域法治概念则更多地着眼于民族主权国家疆域范围内的特定行政区域主体推进法治建设的能动的

---

〔1〕 ［法］孟德斯鸠：《论法的精神》（下册），张雁深译，商务印书馆1963年版，第31、68、71页。

创造性活动，借以探讨一定行政辖区空间与跨行政辖区空间条件下社会主体的法治活动及其状态，从而反映作为治国理政基本方式的法治在特定地域空间范围内的实现程度及其水准。因此，区域法治概念始终以法治发展的地域空间关系作为基本分析对象。在这方面，一些学者进行了有益的探索。美国学者柯文在“中国中心观”的取向下，运用区域分析方法研究晚清社会变革进程，从地域空间上把近代中国划分为沿海地带与内陆地带这两大文化地带，认为鸦片战争以后，香港成了英国殖民地，上海、广州、宁波、福州、厦门成了通商口岸，沿海与腹地之间的区别进一步扩大，形成沿海商业中心的文化特色。“沿海文化的特色，不仅在于与腹地文化形成对比，而且在于自身的各组成部门之间出现相当大量的相似点。”“正是这种沿海地区在文化、制度与经济上的共同性，使该地区内部的交流得以顺畅进行”，因而构成沿海文化有别于内陆文化的显著特点。其中之一是，在法律发展方面，“沿海地带在行政和司法上是一种混合体，既含有中国的又含有西方的主权与惯例的因素”。[1]近代中国沿海区域法律文化系统表现出域外的与本土的两种法律价值体系彼此冲突与交融的内在特性，并且在很大程度上反映了沿海区域与内陆区域这两大地域空间范围内法律文化系统的某种差异性。这一空间区域分析原则为我们探讨近代以来中国不同地域空间的法律文化变迁大势提供了有益的启示。在这一分析架构下，有的学者对作为近代中国沿海区域文化系统之典型的近代上海法律生活状态进行了深入研究。这一研究结果表明，上海开埠以前，隶属于松江府的上海县，实行的是清王朝的法制，即一域一制。但是，随着1845年英租界的出现及其领事裁判权的确立，近代上海形成一城两制（华界与英租界法制）的区域法制状态，此后，又逐渐演变成一城三制、一城四制（华界与英租界、美租界、法租界法制）等各具特质的区域法制形态。[2]因此，这一研究开启了探讨以特定行政辖区的城市空间范围为基础的近代中

〔1〕［美］柯文：《在中国发现历史——中国中心观在美国的兴起》，林同奇译，中华书局1989年版，第142～144页。

〔2〕王立民：《中国近代的城市区域法制探研——以上海近代的区域法制为例》，载《法制现代化研究》（2013年卷），法律出版社2014年版，第65～73页。关于域外特定行政辖区的城市空间范围的法治状态研究，亦可参见张志铭、谢鸿飞、柳志伟、渠涛：《世界城市法制化治理——以纽约市和东京市为参照系》，上海人民出版社2005年版。

国城市区域法制形态的学术先河。

实际上,沿海地域空间范围或者沿海城市空间地域中的法治发展现象充分揭示了认识地域因素对于研究区域法治发展问题的极端重要性。有的学者透过当代中国局部区域先行法治化“现象”,提出“法律地理学”(legal geography)的命题,借以表明“同一国家的某些地区是/否能够更快地建立起法治秩序?”,这个命题中也包含了诸如“法治的区域化发展的可能性”,法治的发展是不是也存在“先发”和“后发”的问题,等等。〔1〕“法律地理学”概念的提出,把以区域法治空间变量关系为基础的新的法学研究领域愈益鲜明地展示在人们面前。这是一个崭新的法学学术领域,需要我们从全新的视野出发研究区域法治发展进程中的地域空间关系,不仅要探讨特定行政区域条件下的法治空间关系,而且要分析跨行政区域条件下的法治空间结构特性;不仅要梳理丰富多样的区域法治空间关系的形成、类型、功能及其效果,还要把握不同区域之间法治空间关系转换的途径、形式、动力及其机理,等等。而这一研究的基本目标,在于从理论上表达当代中国法治发展进程的多样性统一的内在逻辑及其必然性,丰富当代中国法治话语体系,从实践上为提升区域法治决策与区域法治治理能力找寻可能的行动方案选择,以期回应全面依法治国、建设法治中国的伟大时代对法学工作者的理论期待。在我们看来,把地域空间关系变量引入现代法学研究之中,将会大大开阔我们对于包括当代中国区域法治现象在内的当代法治发展问题的理论视域,使我们获得一种新的概念分析工具,增强现代法学研究的阐释力量。诚如当代著名西方马克思主义学者大卫·哈维所指出的,“空间概念尚未成功地嵌入社会理论,忽视实际地理结构、关系和过程之重要性的社会仍旧乏善可陈”。〔2〕因此,建构一个引入空间变量关系的区域法治发展理论系统,是当代中国法学界应全力以赴的一项重要的学术任务。“区域法治发展”的概念系统充满着无穷的学术魅

〔1〕孙笑侠:《转型期“先行法治化”现象解读》,载孙笑侠主编:《转型期法治报告》(2009年卷),法律出版社2010年版,第80~81页。2013年4月25日,国务院批复的《苏南现代化建设示范区规划》,强调要“建设社会主义法治区域”。这就提出了地处长江三角洲核心区的苏南地区这一区域空间范围先行法治化的重大任务。《城市评论》2013年第4期。

〔2〕[英]大卫·哈维:《论地理学的历史和现状:历史唯物主义宣言》,载蔡运龙、[美]Bill Wyckoff主编:《地理学思想经典解读》,蔡运龙译,商务印书馆2011年版,第252页。

力，是一个有待奋力开拓的法学园地，因而有着充分的必要性去发展这一概念。

五、基于跨行政区划的区域法治发展

以上我们探讨了作为区域法治发展现象主导性构成要素的基于行政区划的区域法治发展问题，分析了在中国的中央与地方权力关系纵向结构中的区域法治发展的基本性质与特点，并且对区域法治与地方法治之间的概念关系作了辨析。接下来，我们有必要进一步研究区域法治发展现象的另一个基本构成要素，即以跨行政区划为基础的区域法治发展。如前所述，就主权国家范围内的区域现象而言，法学视野中的“区域”概念，是一定行政区划中的地域空间单元和跨行政区划的地域空间单元的有机集合体。由此，在当代中国，区域法治发展不仅指主权国家范围内基于特定行政辖区的依法治理活动，而且指基于跨行政区辖区的协同治理活动。在这里，跨行政区划的区域间政府基于一定的制度安排（区域合作协议等）所实施的协同治理行为，构成了跨行政区划的区域法治发展现象的质的规定性。因此，我们需进一步研究基于跨行政区划的具有法律意义的区域性的制度安排、实践活动与行为模式选择。

从总体上看，跨行政区域的特定地域空间单元，亦是法学视野下的“区域”概念的内在属性之一。跨行政区划的区域概念由来已久。在中国，近代以来的大量文献中可以看到对于跨行政区划的区域概念术语的频繁使用。比如，晚清统治集团在推进司法改革的过程中，曾经对司法区域划分事宜作过规定，本着“既协因地制宜之义，亦合司法统一之规”的精神，强调“凡府直隶州有直接辖境者，即以其直接辖境为该地方审判厅管辖区域，凡无直接辖境之府有属县二县同城者，既查照奏章共设一地方审判厅而以各该县辖境为该厅管辖区域，其县治不在府城而有二县同城者，即共设一地方审判厅而以各该县辖境为该厅管辖区域。此外厅州县或专设一地方审判分厅，或合邻近州县共设一分厅或距府直隶州最近者，即由该府直隶州城治所设地方审判厅

管辖”。[1] 显然,晚清司法区域的划分,并不是简单地与行政区域相同,而是“以地方广狭人口多寡为标准之义”,同时着眼于“诉讼所以便民”的价值考量,由此确立了基于行政区划的司法区域与跨行政区划的司法区域相结合的司法区域划分体制。这一跨行政区划的司法区域之概念与原则的提出和施行,对近现代中国司法区域制度的建立与发展产生了深远的影响。应当说,新中国成立以来特别是1978年改革开放以来,中国经济发展进程中的一个明显的现象,是区域经济或经济区域化的趋势不可遏制地生长起来。随着区域经济的迅猛发展,区域经济一体化进程逐渐兴起。一些区域间政府打破区域行政壁垒,加强跨区域政府之间的横向合作,积极推进区域经济合作乃至一体化进程。这一经济与法治现象的出现,有着深刻的历史必然性。而这种必然性并非简单地是区域间政府选择区域间合作或联动所产生的“公共事务外溢”,在很大程度上是中央政府着眼国家现代化全局所自觉主动地作出的重大战略决策。无论是改革开放之初当代中国第一个跨行政区划的综合性经济区上海经济区的成立,20世纪90年代的以中心城市和交通要道为依托形成若干个跨省(区、市)的经济区域之构想与实践,还是世纪之交西部大开发这一国家区域发展重大战略的提出与实施,以及进入新世纪以来长江三角洲地区经济一体化、泛珠江三角洲地区经济一体化等一系列国家重大区域发展战略的提出,乃至新近出台的《京津冀协同发展规划纲要》《长江经济带发展规划纲要》等新的国家区域协调发展重大战略,都集中体现了党和国家主导和推进市场取向的经济改革、推进区域经济一体化、推进不同区域之间协调发展、推进区域间经济社会协调协同发展的自觉意识和国家意志。这一跨行政区划的区域协调发展现象,“并不是市场的自发秩序,而是国家通过公权力强力推进的”。[2] 正是在这一历史进程中,当代中国区域间政府合作方兴未艾,以区域政府间合作协议为主要形态的“区域际”制度创新实践层出不穷。这类“合作协议从局部走向全国,逐渐具有惯例意义,从而充实制度资源”,[3]

---

〔1〕 上海商务印书馆编译所编纂:《大清新法令(1901~1911)》(点校本第11卷),商务印书馆2010年版,第308~309页。

〔2〕 叶必丰:《区域经济一体化的法律治理》,载《中国社会科学》2012年第8期。

〔3〕 叶必丰、何渊主编:《区域合作协议汇编》,法律出版社2011年版,第1页。

进而推动区域间政府协同治理机制的生成与发展。这种区域间政府合作机制蕴含着深刻的法理意义,它不仅构成区域之间法治秩序的重要的制度渊源,而且成为创新区域社会协同治理机制的生动法治实践。因此,我们要历史地确证当代中国改革开放以来"区域崛起"现象,充分肯定区域间政府合作的法治价值,并且在现代法治的视野中把握区域间政府合作机制的深远意义。

需要指出的是,基于跨行政辖区的区域法治发展,实际上表现为以跨行政区域行为及其关系为调整对象的制度安排。比如,跨行政区域间的地方政府所订立的行政合作协议,是基于某种特定的利益互惠需求的平等协商的产物。[1] 按照区域经济学的解释架构,这种基于不同行政区域之间政府订立的行政合作协议,在很大程度上体现了区域经济活动中的竞争与合作的统一。区域间政府或市场主体在彼此从事市场竞争的同时,还通过多种方式与途径开展相互合作,订立特定的协议,促进产业合作,以期降低信息不对称的风险,节约交易成本,进而保证"社会化市场"或"社区市场"的有效健康运行。[2] 随着区域经济一体化进程的加快推进,不同区域之间的经济与市场开放度日益增强,区域间政府的合作或互惠性行为就显得尤为重要。倘若区域间政府彼此出于机会主义式的利己考虑而实施单边保护政策措施,就必然会加剧市场分割,形成市场壁垒,从而造成流动性障碍,增加市场交易成本。因此,在推进区域协调发展的过程中,区域间政府的协同治理行为及其制度化或机制化形式,对于构建跨行政区域的法治协调机制无疑具有重要的意义。[3]

---

〔1〕 有的学者将跨行政区划的地方政府之间的协作活动及其制度安排称为"关联性区域法治建设",认为它们是因共同的目标或利益而把相关的地方或行政区连接了起来进行协作,在全面深化改革的形势下,这类区域性协作和法治建设的内涵和外延亦在不断更新和拓展。文正邦:《试论区域法治建设和研究的场域》,载公丕祥主编:《区域治理与法治发展》,法律出版社 2017 年版,第 61 页。

〔2〕 [意]罗伯塔·卡佩罗:《区域经济学》,赵文等译,经济管理出版社 2014 年版,第 227~228 页。

〔3〕 有的学者认为,在当代中国,在研究建立有效的跨行政区域协调机制问题时,有必要引入区域治理概念,通过政府、社团机构、企业和居民的共同参与,采取区域规划、区域协作组织、行政区划调整、区域自治和立法等手段,处理多方面的地区冲突和摩擦,力求实现产业分工合作、基础设施互联互通、生态环境协防共治、要素流动市场配置等治理目标,借以实现区域公共利益最大化,完善区域局域与国家整体间利益协调统一的制度安排。梁昊光主编:《中国区域经济发展报告(2014~2015)》,社会科学文献出版社 2015 年版,第 56 页。

应当看到,区域间政府订立的合作协定,在很大程度上体现了地位平等的不同地方政府之间的协商民主精神。由此,有的学者认为这类合作协议具有某种合同的性质,扩大合同的调整范围是法律规制的现代趋势,合同正在成为区域管理的重要手段,在这种特殊类型的合同关系中,形式上平等的法律主体有目的地在特殊法律文件(个性化或格式化的合同)中设立或变更彼此的权利和义务,从而成为法律调整的区域层面的新制度形式。[1] 这一见解是很深刻的。当然,跨行政区划的地方政府间的行政合作协议,就其性质而言,是一种区域间的非正规化的制度安排或规范协调。有的学者主张以美国州际协调方案为参照系来研究我国区域经济一体化进程中的法治问题,以不谋求宪制改革为出发点,认为美国的州际行政协议是非正式协定,州法统一或州际示范法则主要是民间的建议。[2] 显然,非正规化的规范体系在跨行政区域的法治发展中起到了独特的调整功用。这亦表明,对于涵盖特定行政区划和跨行政区划两大区域层面的区域法治来说,它所强调的是正规化法律制度安排与非正规化的规范体系之有机结合。因此,区域法治架构下的制度安排无疑具有综合性的特点。党的十八届四中全会《关于全面推进依法治国若干重大问题的决定》在部署"推进法治社会"的战略任务时强调,要"发挥市民公约、乡规民约、行业规章、团体章程等社会规范在社会治理中的积极作用"。[3] 因此,非正规化的规范体系在法治社会建设中具有重要的基础性作用。在区域法治社会建设的历史进程中,必须坚持正规化的制度安排与非正规化的规范体系的内在统一。

还应看到,跨行政区域的法治发展蕴含着多样化的表现形式,大致有三种主要形态。一是基于跨行政区划的特定经济区域的法治发展。比如,在当代中国,有西部经济区域、中部经济区域和东部经济区域,西部大开发战略、中部崛起战略和东部率先发展战略,正是党和国家基于这样的地域空间单元所提出的国家区域协同发展重大问题。党的十八大以来,国家区域发展总体

---

〔1〕［俄］巴库莉娜·莉莉娅·塔尔加托夫娜:《合同作为区域管理的手段》,阿依科丽姆·玛簕玛科夫译,载公丕祥主编:《区域治理与法治发展》,法律出版社 2017 年版,第 195～197 页。

〔2〕叶必丰:《区域经济一体化法制研究的参照系》,载《法学论坛》2012 年第 4 期。

〔3〕《中共中央关于全面推进依法治国若干重大问题的决定》,人民出版社 2014 年版,第 28 页。

战略又有了新的升华。党和国家相继推出了京津冀地区协同发展战略、长江经济带发展战略,而新丝绸之路经济带和新海上丝绸之路的"一带一路"倡议,则把国家层面的区域发展战略与全球范围的区域合作格局有机地联结在一起。因此,运用法治方式推进区域协调发展战略,把区域协同协调发展纳入法治化轨道,无疑是我们面临的重大法治议程。二是基于跨行政区划的一定社会区域的法治发展,其典型形态是一定地域空间范围内的乡村社会区域和城市社会区域。乡村与城市这两大社会区域,蕴含着殊为深厚的法治意义,期待着有志的人们去努力开拓。三是基于跨行政区划的一定文化区域的法治发展。文化现象的显著特征之一便是地域性或区域性。不同的地域空间状况,往往会形成各具特质的不同的地域或区域文化。一定的地域或区域文化,反映了文化的区域空间分布状态。有的学者认为研究地域文化,实际上就是研究文化的空间分布及其特征。在中国,地域文化是按地域划分的中国文化的若干分支。地域性是中国这个幅员辽阔的大国的特点,是中国文化丰富多彩的重要表现。〔1〕不同文化区域的法治状态及其差异性,显然是区域法治发展研究的重要对象。

六、进一步的讨论:区域法治与区域法制

时下,有的学者主张使用"区域法制"的概念,而这一概念的逻辑基点是跨行政区域的"区域",认为"所谓区域法制是指为推进地方政府之间的分工与合作,促进良性竞争,共同应对跨区域公共事务,以地方政府职能的界定和权力的规范为核心,以区域关系为调整对象的法律制度安排"。〔2〕显然,这里的"区域法制"概念涉及区域范围、调整对象、功能指向、制度安排等若干基本层面。这无疑是一个需要深入讨论的重要课题,进而进一步认识"区域法治"概念与"区域法制"概念之间的差异性。

第一,关于区域范围。如上所述,"区域法制"概念中的"区域",是指跨行

〔1〕袁行霈:《〈中国地域文化通览〉总绪论》,载王志民、徐振宏主编:《中国地域文化通览·山东卷》,中华书局2013年版,第12页。

〔2〕张彪、周叶中:《区域法治还是区域法制?——兼与公丕祥教授讨论》,载《南京师范大学报》(社会科学版)2015年第4期。

政区划的地域空间单元,并不包括以一定行政区划为基础的地域空间单元。由此出发,“区域法制”概念的一个重要特性就是“跨域性”,也就是“跨完整的行政区划单元”,“区域法制”所针对的行为是地方政府的跨行政区行为。然而,“区域法治”概念中的“区域”不仅是指基于一定行政区划的空间地域,而且涉及基于跨行政区划的空间地域,所以“区域法治”概念是与“国家法治”概念相对而言的。区域法治发展是主权国家的法治发展在特定空间范围内的具体展开和实现,从而成为国家法治发展进程的有机组成部分。

第二,关于调整对象。由于“区域法制”建立在跨行政辖区的空间地域基础之上,因此,“区域法制”以区域间政府的跨行政区域行为为其调整对象。这种跨行政区域行为主要是指区域间政府的横向关系行为,并不包括以特定行政区域为基础的地方政府行为。可见,“区域法制”的调整对象相对比较专门且有限定。不过,由于“区域法治”以特定的行政区域和跨行政区域这双重区域关系为其存在的基础,所以,“区域法治”所涉范围较之“区域法制”来说,则要广泛得多。在当代中国,区域法治是实施依法治国基本方略、推进法治中国建设的有机组成部分,是在国家法治发展的总体方向和基本要求的基础上,根据区域经济社会发展的法治需求,运用法治思维和法治方式推进区域社会治理现代化的法治实践活动,因而是治国理政的区域性依法治理模式。[1] 因此,区域法治的调整对象不仅是指特定行政辖区范围内的依法治理活动与行为,而且包括跨行政辖区范围的区域间政府基于一定的制度安排实施的协同治理活动与行为。

第三,关于功能指向。基于对“区域法制”概念内涵的限缩理解和“区域法制”调整对象的专门限定,相应地,“区域法制”的功能目标被设置为规范地方政府在跨行政区域的公共事务活动中的权力运行,借以解决地方政府之间围绕区域利益展开的横向冲突,推进地方政府间的分工与合作。但是,区域法治的功能指向显然要丰厚得多。在推进国家治理体系和治理能力现代化的现时代,区域社会治理体系是国家治理体系的不可或缺的组成部分。作为区域社会治理体系的基本依托,区域法治建设与发展的基本目标就在于为创

---

[1] 公丕祥:《法治建设先导区域的概念与功能》,载《江海学刊》2014 年第 5 期。

新和完善区域社会治理体系打下坚实的法治基础,提高区域社会治理法治化水平。因此,运用法治方式与机制,创新区域社会治理体系,提升区域社会治理能力,激发区域社会创造活力,深化区域法治实践,优化区域法治环境,从而为全面推进依法治国、加快建设法治中国夯实区域基础——这是当下中国区域法治发展的基本功能特征。

第四,关于制度安排。主张用“区域法制”概念替代“区域法治”概念,这就不可避免地提出这样一个重要问题:在当代中国,在涉及区域问题是究竟是使用“法制”的概念,还是运用“法治”概念?换言之,在区域问题上,如何认识和处理好法制与法治之间的关系?众所周知,法治概念乃是域外的舶来品,但在中国语境下却有着特定的内涵,是制度、行为与文化的有机统一体,体现着良法善治状态,表示一种独特的生活方式。而法制一般是指国家法律规范和制度的集合体。在现代社会,法制通常构成国家法治体系的重要组成部分。因此,比之“法制”的概念,“法治”概念价值蕴含更为深厚。在区域问题上,“区域法治”与“区域法制”所体现的制度安排同样显示出明显的不同。“区域法制”概念之重心,在于突出以跨行政区域行为及其关系为调整对象的法律安排的基础地位。其实,在现实生活中,调整跨行政区域的地方政府行为及其关系,并非单纯凭借正规的法律制度——无论这样的法律制度安排能否来自中央立法供给,而是有赖于一个包括法律制度安排在内的体现协同治理精神的规则调节体系的建构。在这里,所彰显的恰恰是法治的精神或法治的力量!

第五,我们有必要对运用“区域法治”概念的必要性做进一步的阐述,进而确证“区域”与“法治”之间是完全可以形成“自洽”或耦合关系的。通过以上的论述,我们可以看到,考察主权国家内的区域法治现象,无论是基于特定行政区域的法治现象,还是基于跨行政区域的法治现象,仅仅使用“区域法制”概念工具是远远不够的。诚然,运用这种“区域法制”概念,可以使我们充分认识正规化的法律制度安排在区域法治现象领域中的重要作用,进而把握区域立法、区域行政和区域司法对于推动区域法治发展的作用机理。但是,如果单纯依赖正规化的法律制度安排,不仅无法准确透彻地揭示区域法治现象运动发展的本质性特征,而且直接影响我们研究区域问题的视野和切入点。

其实,在现实的法律生活中(包括区域法治生活领域),非正规化的规范惯例在某种程度上越发具有现实有效性。这显然是一个文化的问题。按照美国文化人类学家吉尔兹的观点,法律在本质上是一种地方性知识。"法学和民族志,一如航行术、园艺、政治和诗歌,都是具有地方性意义的技艺,因为它们的运作凭靠的是地方性知识"。这里重要的是要讨论事实和法律之间的关系,而问题的关键在于"事物的'法律'面相并不是一系列限定的规范、规则、原则、价值或者法官可以用作判案根据的任何东西,而是想象真实的独特方式的一部分"。这势必涉及法律的文化基础问题,不是把规则作为关注点,也不是把事件作为关注中心,而是把"世界观念""生活的样式""认知""认知系统"作为研究中心。这里所表达出来的是要关注个人与群体生活的意义与意义结构及其符号。因此,"任何地方的'法律'都是对真实进行想象的特定方式的一部分",这种地方性"不只是指空间、时间、阶段和各种问题,而且也指特色,即把对所发生的事件的本地认识与对可能发生的事件的本地想象联系在一起"。正因如此,作为一种地方性知识的法律,必然呈现出趋异而非趋同的态势。通过这些丰富各异的地方性知识的法律,将人类社会导向一个"有规则可循的生活"。[1] 显然,吉尔兹的文化人类学的法律阐释观,为我们认识区域法治现象的文化属性提供了一种有益的分析工具。既然法律本身是一种地方性知识,那么,法律不仅因时因地因民族而有所不同,而且凭借赋予特定地方的特定事务以特定意义的方式,对社会生活产生特定的影响。作为地方性知识的表现形态之一,那些非正规化的规范惯例反映了一定地域空间中的"世界观念",表示独特的"生活样式",构成了一种个别化的"法律认识"或"法律认知系统"。因此,研究区域法治发展问题,无疑要关注区域社会生活中的非正规化的规范性因素,进而在广阔的社会背景下认识区域法治现象的内在奥秘,深刻理解建设区域法治社会对于推动区域法治发展的价值意义所在。倘若使用"区域法制"观念,疏于关注区域法治现象的文化意义,那么,作为地方性知识的法律不可避免地成为脱离文化根基的空洞的规则外

---

〔1〕［美］克利福德·吉尔兹:《地方性知识:事实与法律的比较透视》,邓正来译,载梁治平编:《法律的文化解释》(增订本),三联书店1998年版,第73、81、89~91、94、126~127、149页。

壳,从而影响我们对于区域法治现象的解释力量。

不仅如此,使用“区域法制”概念,还在很大程度上限缩了我们观察与认识区域法治生活领域的范围,只关注跨行政区域的地方政府行为,而忽略了以特定行政区域为基础的地方政府行为。殊不知这种类型的地方政府行为在当代中国法治发展进程中有着至为关键的基础性作用,是推进区域法治发展的重要主体力量之一。“区域法治”的概念范围,涉及特定行政区域和跨行政区域的广阔的法治生活领域,并且以特定行政区域中的法治生活现象作为主导性的研究对象。在当代中国,在推进法治中国建设的时代进程中,省域、市域、县域不同行政辖区层级的法治发展主体、客体、样态、功能、推进方式与路径选择等,既有共通的要求,又有不同的特点,需要运用“区域法治”的概念工具加以深入分析,从而揭示和把握不同政区层级的区域法治发展的运动规律。尤其是县域法治发展不仅在区域法治而且在国家法治发展进程中具有独特的战略地位。正如本书下文将要深入分析的,在当代中国国家政权体系中,县级政权构成了国家政权结构的基本单元和基础,县级政治是整个国家政治运作的基层枢纽。作为一个完整形态的县域社会治理,涉及中央与地方、国家与社会、城市与乡村等一系列重大的国家治理关系。在实现国家治理现代化的进程中,推进县域治理改革,完善县域治理功能,已经成为摆在我们面前的一项重大议程。因此,推进法治中国建设,推动区域法治发展,必须紧紧抓住县域法治发展这个重心不放,把县域法治建设作为区域法治建设的主战场,积极推动全面依法治国在基层的具体实践,为法治中国进程中的区域法治发展注入源头活水。[1] 此外,还应当看到,在中国经济改革与社会转型过程中,特定行政区域中的法治发展与跨行政区域的法治发展是相互关联、相互作用的,二者之间构成一幅彼此互动、内在统一的区域法治发展之整体画面。这就必然要求我们应用一个完整的“区域法治”的概念来加以阐释。[2]

---

〔1〕 李树忠:《依法治国语境下的县域法治》,载《中国政法大学学报》2013 年第 6 期;尹洪阳、杨玉圣:《县域法治论纲》,载《中国政法大学学报》2013 年第 6 期。

〔2〕 文正邦:《法治中国视阈下的区域法治研究论要》,载《东方法学》2014 年第 5 期。

七、小结

由上可见,研究区域法治发展的构成要素,要更加关注以一定行政区划为基础的特定地域空间中的法治发展现象,因为当下中国的区域法治发展在很大程度上正是在这一地域空间条件下展开的法治实践活动,与此同时,亦要重视基于跨行政区划的地域空间范围内的法治发展问题,而这一层面的法治发展现象的表现形态丰富多样。

在当代中国,区域法治发展是在国家法治发展的总体方向和基本要求的基础上,根据区域经济社会发展的法治需求,推进区域社会治理现代化的法治实践活动,是治国理政的区域性依法治理模式。它不仅是指一定行政区划范围中的社会主体推进法治建设与发展的依法治理活动,而且是指跨行政区划的区域间政府基于一定的制度安排(区域合作协议等)实施的协同治理活动。可见,"区域法治"概念内涵较之"区域法制"概念内涵要丰富得多。其实,"区域法制"概念包含于"区域法治"概念之中。

在当代中国社会转型变革的历史进程中,运用"区域法治"概念,可以使我们在广阔的社会背景下悉心把握这一变革进程在区域社会中的实现程度,揭示区域社会治理法治化的内在逻辑与运行机理,为法治中国进程中的法治区域建设与发展探寻可行便利的概念工具系统。我们不仅要关注跨行政区划的具有法律意义的区域性的制度安排、实践活动与行为模式选择,更要重视以特定行政区划为基础的区域法治创新实践活动;不仅要研究区域法治发展进程中正规化的制度安排及其实际效果,更要加强对非正规化的规范体系及其对于区域法治的功能作用的深入研究;不仅要注重探讨特定行政区域的和跨行政区域的法治现象,更要注重研究区域法治生活领域中的文化问题,深入揭示区域法治现象的文化意义与价值,因为作为治理机制的法治在本质上是一种"地方性知识"。正是在这里,我们可以深切体会到"法治的力量"。倘若按照"区域法制"概念,势必会限缩我们对于区域法治现象的全面而透彻地观察与认知。

区域法治与国家主权的关系,无疑是我们研究区域法治问题必须着力解决的一个重要论题,笔者始终注意把区域法治发展放置在国家法治发展的总体进程中加以观照与思考,强调区域法治发展是国家法治发展在主权国家的特定区域范围内的具体实践。因此,根本不存在所谓国家主权的二元论问题。在当代中国,单一制的国家结构体制从根本上决定任何形式的法治发展的国家主权一元论的主导地位。基于中国的特殊国情条件,我国现行《宪法》建构了调整中央与地方之间权力关系的基本准则和制度机制。在坚持和维护国家主权统一性、国家法制统一性的前提下,各级地方政府履行宪法和法律赋予的治理社会权力或治权,可以使国家主权在主权国家的疆域内的全面实现,进而释放区域社会发展的巨大活力。所以在这个意义上,当代中国的区域法治发展,恰恰是国家宪法与法律赋予的区域治权的有机载体,也是国家与社会治理现代化的题中应有之义。

一般来说,区域法治与地方法治这两个概念的基本含义是相通的,是与国家法治概念相联系的层级性的法治类型学概念。学界研究地方法治问题,取得了丰硕成果。较之地方法治概念,区域法治概念力图引入地域空间的概念要素,揭示区域法治现象的空间属性。无论是历史进程中的国家法治发展,还是主权国家范围内的基于特定行政辖区的区域法治发展,抑或主权国家范围内的基于跨行政辖区的区域法治发展,都离不开一定的地理空间条件——这是法治发展现象的不可或缺的物质基础。在人类政治法律思想史上,从亚里士多德到孟德斯鸠,都注意研究法律发展与地理环境的关系问题。对于区域法治现象来说,应注意分析区域法治发展进程中的空间结构关系。在这方面,许多学者进行了颇为有益的理论探索,既有关于近代中国社会与法律发展进程中的沿海区域与内陆区域的跨空间行政区域的比较分析,也有对于特定行政区域的近代中国城市空间法制类型的深入探讨,还有对于区域法治先行化现象的"法律地理学"的法治空间概念框架之构造。这些学术成果,在一定程度上开启了区域法治发展进程中的空间关系研究的先河。严格地讲,空间概念尚未引起当代中国法学界的足够关注,还没有成功地嵌入法学理论之中。探讨中国区域法治发展现象,确有必要使用"空间"这一概念工具,增强区域法治概念的理论逻辑,深化和发展区域法治概念,借以构造具有鲜明中国风格的区域法治发展空间变量分析框架。倘若这样,我们定会从中愈益感受到"空间的力量"。

第五章　区域法治发展的历史进程

从广泛的意义上讲,区域法治发展是一种历史性现象。在不同的时空条件下,区域法治发展必然呈现出不同的存在样态,体现了不同社会历史类型中的逻辑特性。因此,我们有必要对中国区域法治发展现象进行历史性考察,着力分析区域法治发展现象的演进过程,深入揭示这一历史进程的内在规律。我们知道,在中国的社会历史条件下,县域法治在区域法治体系中居于基础性的地位,在很大程度上决定着区域法治体系的整体面貌,影响着区域法治发展的总体性后果。本章以县域法治为分析单元,努力探讨中国县域法治的历史演进轨迹及其阶段性特征,从而揭示中国县域法治的历史运动样式和运动方向。

一、引言:国家法治体系中的县域法治

在现代社会,法律规范必须外化为逻辑形式上严格明确的具体规则。在大多数情况下,这种规范需要借助于逻辑分析的手段加以展开,通过具体的解释技术,以适用于个别案件。在法律发展进程中,个别法律规范都不可避免地组合为一个完整有机的法律规范总体结构,从而表明构成法律规范体系的各个要素之间的相互联系及其内部的和谐一致性。法律规范体系绝不是杂乱无章的东西,而是一个结构严谨、层次分明、内在联系紧密的有机整体。在这个有机整体中,各个要素不仅互相联系着,而且都具有各自不同的法律属性和职能,发挥着各不相同但又都相互影响的作用。按照马克斯·韦伯的

看法,法律规范的体系化或系统,“就是把所有从分析中得出的法律命题加以整合,使之构成一个逻辑清晰、具有内在一致性,至少从理论上无漏洞的规则体系”。[1] 能否达到这样的要求,往往成为评价法治发展水平的重要尺度。

与上述法律体系的内涵特征有所不同,法治体系是一个内涵丰富、外延广泛的法学概念,主要是指在传统社会向现代社会的转型过程中,由法律规范体系、法治实施体系、法治监督体系、法治保障体系所组成的,反映一个国家法治运行状态的法治共同体系统。在这里,第一,社会转型及其现代化是法治体系赖以存在与发展的基础,而法治社会的历史性生成则是建设法治体系的现代社会条件。离开了这样的基础和条件,法治体系就如同无源之水、无本之木。第二,法律规范体系、法治实施体系、法治监督体系和法治保障体系是法治体系的主体构成要素,它们之间有机联结,形成一个法律制度与价值内在统一的和谐整体。第三,作为一个法治共同体的法治体系的基本状况,是一个国家法治运行状态与机理的“指示器”,往往成为衡量该国度法治发展水准的基本评价标准。

在当代中国,推进国家法治体系现代化是一场极其深刻的法治转型与发展的伟大变革运动,集中反映了国家法治现代化进程中的多样性统一的时代走向。从横向关系上看,国家法治体系是一个由若干个关键性的制度要素联结而成的有机系统,因而是一个由诸如法律规范体系、法治实施体系、法治监督体系和法治保障体系等组成的法治制度关系结构的集合体。再从纵向关系上看,国家法治体系是在主权国家的统一疆域范围内,不同行政辖区层级或者跨行政区域的治理主体推进区域法治发展形成的一整套制度安排及其机制。在当代中国,这一纵向关系结构主要表现为省(自治区、直辖市)、设区的市(自治州)、县(区、市、自治县)、乡(镇、民族乡)等不同行政区划层级的区域法治活动及其具体法治治理制度结构,[2] 以及跨行政区划之间的治理主

---

[1] [德]马克斯·韦伯:《经济与社会》(第2卷上册),阎克文译,上海人民出版社2010年版,第798页。

[2] 有的学者敏锐地发现了中国省域治理在国家治理格局中的特殊地位与功能作用,认为省域治理是国家治理由中央到地方下移的非常重要的层次,也是地方治理的高端层面;以中央为主体的国家治理,要通过省(市、区)的行政区划与自然地理空间来加以组织、协调、统计和实施。中央的国家治理在很大程度上要通过省域治理来实现。欧阳康主编:《省域治理现代化》,中国社会科学出版社2016年版,第1~5页。

体为了实现特定的经济社会事务的发展与治理目标而协调一致制定与实施的区域间协同治理规则构架。这些功能各异、各具特色的纵向型区域法治结构,是国家法治体系的有机组成部分,共同服务于国家法治现代化的总体目标,形成了富有生机和活力的多样性统一的具有鲜明中国风格的国家与区域法治模式,有力推动了国家法治现代化的历史进程。

县域法治不仅在区域法治而且在国家法治发展进程中具有独特的战略地位,构成了国家法治体系的基础性环节。县域法治状况在很大程度上决定着整个国家法治体系的效能,深刻地影响着国家法治现代化进程的总体格局。在当代中国国家政权体系中,县级政权构成了国家政权结构的基本单元和基础,县级政治或县政是整个国家政治运作的基层枢纽。完整形态的县域社会治理,涉及中央与地方、国家与社会、城市与乡村等一系列重大的国家治理关系。在实现国家法治现代化的进程中,推进县域治理改革,完善县域自治功能,已经成为摆在我们面前的一项重大议程。因此,推进法治中国建设,推动区域法治发展,必须紧紧抓住县域法治这个重心不放,把县域法治建设作为区域法治发展的主战场,积极推动全面依法治国在县域基层的具体实践,为法治中国进程中的区域法治发展注入源头活水。[1]

由此,本章旨在深入探讨国家法治现代化进程中的县域治理及其法治化的重要论题,着力考察传统中国的县域治理及其近代嬗变与现代转型变革的历史轨迹,充分展示全面深化改革、全面依法治国的新时代县域法治发展的崭新局面,进而努力揭示县域法治对于推进国家与区域治理现代化的价值意义。显然,这一研究无疑有助于我们深刻把握国家法治体系建设的重心所在,悉心探寻中国法治现代化的推进方略。

二、县域治理的传统体制

如同任何事物的变化发展一样,县域治理的历史运动具有自身内在的固有法则。在中国这样一个超大型国家的社会政治条件下,县域治理的历史转

[1] 李树忠:《依法治国语境下的县域法治》,载《中国政法大学学报》2013 年第 6 期;尹洪阳、杨玉圣:《县域法治论纲》,载《中国政法大学学报》2013 年第 6 期。

型与国家发展进程处在同一个历史过程之中，国家转型发展为县域治理转型提供基本遵循，而县域治理转型则有力地夯实国家转型发展的基础。

传统中国的国家体制与政治架构的一个明显特点，是帝国中央集权体制的绵延久远，以及作为这一大一统政制有机组成部分的地方政制的严整坚韧。因此，在国家制度安排上形成了中央与地方相辅相成、内在一体的治理体系格局，而地方政制及其治理体系在很大程度上成为实现帝国政制目标的关键所在。英国政治史学家塞缪尔·E. 芬纳在《统治史》一书中，对由秦始皇帝建立的大一统的传统中国体制给予了充分肯定，指出中国从一个部落结构的国家发展成为一个封建贵族国家并最终在秦朝形成了集权化的政府，而在管理新疆域问题上，“秦始皇把全国分为36郡，郡下设县，每一个郡县的三名统治者都由皇帝直接任命，并对皇帝负责。在一系列影响深远的改革过程中，他统一了货币和文字。商鞅此前已经统一了的度量衡体系，此时开始在整个帝国范围内推广”。不仅如此，“秦始皇所建立的帝国模式——独一无二的、统一的、中央集权化的国家，即‘中央王国’——直至今天还激励着每一代具有爱国心的中国人”。其后的西汉王朝，依照秦制进行统治，“秦始皇对于统治制度的变革在整个汉帝国时期被制度化，并被保留下来”。其中，与罗马帝国的地方管理制度不同，“汉代地方行政体系具有统一性和对称性，中央政府任命的地方官员无处不在，不仅数量庞大，而且缺乏任何形式的自治政府”。〔1〕 因此，秦汉时期建构的统一的中央集权政府体制以及隶属于中央的郡县制度，成为两千余年帝国体制的主干，一脉相承，延续经久。作为帝国地方政制的基本形态，形成于战国时代的郡县制度这一“全新的地方官僚行政体系”，〔2〕经过秦王朝的全面推行，而日益臻于完善。据说，作为郡县之县制大致萌芽于春秋后期晋顷公十二年（公元前514年）晋国设置十县的事件；而战国中期秦献公建立户籍相任制度，秦孝公十二年（公元前350年）推行商鞅变法，实行集乡聚为县，这就标志着郡县制意义上的县制的形成。〔3〕 公元前

〔1〕 ［英］塞缪尔·E. 芬纳：《统治史（卷一）：古代的王权和帝国——从苏美尔到罗马》（修订本），王震等译，华东师范大学出版社2014年版，第485～486、502～503、506～509页。

〔2〕 严耕望：《中国政治制度史纲》，上海古籍出版社2013年版，第41页。

〔3〕 周振鹤：《中国地方行政制度史》，上海人民出版社2014年版，第26～34页。

221年,完成统一天下大业的秦始皇采纳廷尉李斯的建议,在全国范围内推行郡县制,“分天下以为三十六郡”,而秦县数目经推测约是一千之谱,每郡约辖20个县左右。[1] “汉承秦制”,汉代地方政府制度及其县政制度因其郡县数较为适中、地方行政区域较小、官级升转灵活等,而每每被后世所称道。[2] 无论后来的地方行政组织层级有何变化,县制始终是政区的基础性的地域层级单元,因而县域治理便成为国家治理的“枢纽”。

从总体上看,传统中国的县域治理具有以下若干明显特点:其一,中央集权体制架构的支配性作用。在中国,完整形态的县制乃是建构中央集权体制的历史产物。县制的存在与演进,是与中央集权制国家形态的形成与发展密切联系在一起的。作为中央集权制国家辖区范围内的基层政区,县政及其治理无疑要从属于并服务于中央集权国家统治的需要,成为实现国家集权统治目标的重要手段。传统中国的政治史表明,在中央集权制国家权力向下延伸的过程中,县政通常是国家政权与基层社会相联结的枢纽,中央集权国家的总体意志通过县域治理活动得以在基层社会落实。换言之,县域治理是作为中央集权国家总意志集中体现的皇权在县域基层社会中的实现过程。因此,中央集权制的国家治理准则及其取向始终规制着县域治理的基本态势。

其二,县域治理结构的一体多层格局。在传统中国集权专制的国家体制下,县域治理活动把国家意志与基层社会有机联结起来,由此形成了一体多层的县域治理结构。一方面,在县制政区一级,县政官吏通常作为国家最高统治者的代理人担负着县域治理职责。按照瞿同祖先生的看法,在清代中国,州和县乃是一省之内的最小行政单元,知县官则是中央政府在基层政权中的代表。知县官的职责殊为广泛,对其治理辖区内的一切事务均负有责任,涉及治安、征税、司法、邮驿、盐政、公共工程、仓储、社会福利、教育、宗教

---

〔1〕《史记卷六·秦始皇本纪》,中华书局1982年版,第235~239页;周振鹤:《中国行政区域通史·总论》,复旦大学出版社2009年版,第48页;至于对秦始皇三十六郡的名称,则众说纷纭,新见迭出,辛德勇:《秦汉政区及边界地理研究》,中华书局2009年版,第3~92页。

〔2〕钱穆:《中国历代政治得失》,三联书店2001年版,第10~11页。张荫麟先生认为,西汉初叶,“纯郡县制”得以重建,其时的藩国虽名封区,实则为中央直辖的郡县。“景、武之际是汉代传统治权集中到极的时期”。张荫麟:《中国史纲》,中华书局2012年版,第175~178页。

和礼仪事务等众多领域，其中维护治安、征税和司法三项最为重要。因此，“州县官（知州、知县）在地方官系列中虽然品秩较低，但在地方行政中扮演着极其重要的角色”，“是真正的‘治事之官’”。[1] 可以说，有效维护基层社会秩序，是知县官实施县域治理的基本职责所在，也是传统中国县域治理关系的本质要求。另一方面，在县制以下政区层级，虽然这一基层治理层级并不像县以上政区层级治理体系那样具有严整规范的制度化安排，但却是传统中国县域以下基层社会治理格局中不可或缺的重要环节，并且是体现不同区域基层治理模式差异性的空间政治载体。长期以来的通说认为，传统中国皇权不下县，官府治理，至县而止。作为皇权体系中最低一级的行政单元，县级官府是基层治理的基本单位。至于那些税赋和徭役单元（里甲）、治安单元（保甲）等，不过是由州县官设立的一些非自然的行政单元，“在由官府设立的各类乡村单元（位）中执行特定行政职能的首领，仅仅是官府的代理人，由州县官任命，受州县官控制”。[2] 然而，近年来一些新的研究成果对这一传统命题提出了质疑，认为在传统中国基层治理体系的演进过程中，确乎存在县以下政区及其治理的基本构造问题，这些缺乏统一的、明确的、规范化的县以下政区与地域划分体系，在相当程度上是不同历史时期国家管控与社会自发生长的混合状态下的产物。比如，清代县以下政区的表现形态、区域划分及其功能权限，纷繁杂乱，因地制宜，因时而设，缺乏统一的制度安排。诸如，由于州县僚属官的分辖而形成的县以下政区，县丞、主簿、巡检司等分防于乡村；地方上广泛存在的堡、图、社、乡保等各类形式多样的县以下政区沟通机制。[3] 由此，人们愈益认识到县以下政区治理或次县级政区治理格局的客观必然性及其重要性。诚然，保、甲、乡、都之类的县以下政区形态，行政职能较为单一，职官系统亦不存在，行政层级色彩薄弱，并不能构成严格意义上的基层政权层级，但却大都附着在一定的地域单元的自然基础之上，担负着特定的征

---

〔1〕 瞿同祖：《清代地方政府》（修订译本），范忠信等译，法律出版社2011年版，第5、26、28页。《清史稿》（卷一百一十六）有言：“知县掌一县治理，决讼断辟，劝农赈贫，讨猾除奸，兴养立教。凡贡士、读法、养老、祀神，靡所不综。”

〔2〕 瞿同祖：《清代地方政府》（修订译本），范忠信等译，法律出版社2011年版，第7～9页。

〔3〕 胡恒：《皇权不下县？——清代县辖政区与基层社会治理》，北京师范大学出版社2015年版，第5～16页。

收赋税或维持治安的基层社会治理功能，构成了具有特定地域管辖范围的多样性的准基层政区的治理组织体系，对于巩固与落实中央集权制的皇权体系起到了基础性的作用。[1]

其三，士绅阶层的独特治理功用。在传统中国的基层社会治理体系中，士绅阶层的功能角色特殊且又重要。按照费孝通先生的看法，绅士，亦称作士大夫，这是"封建解体、大一统的专制皇权确立之后，中国传统社会中所特具的一种人物"。在传统政治结构中，自从大一统的集权政治确立以后，绅士或士大夫并没有掌握过政权，但是在社会上都保持着他们传统的威望。绅士充任着"地方的管事"的社会治理角色，形成一个自下而上的政治轨道，可以从一切社会关系（亲戚、同乡、同年）中把压力透到上层，进而一直达至皇帝本人。绅士有社会地位，可以出入衙门，直接和有权修改命令的官员协商基层治理事务，从而形成基层地方自治的局面。因此，"中国传统政治结构是有着中央集权和地方自治的两层"。[2] 在吴晗先生看来，绅士是传统中国的地方官治理基层社会的重要依托，"官僚是和绅士共治地方的。绅权由官权的合作而相得益彰"。进一步地来看，"往上更推一层，绅士也和皇权共治天下"。在中国传统政治结构的演进过程中，绅权与皇权之关系经历了一个从共存到共治再降为奴役或依附的变化轨迹。不过，绅士还是享受法律赋予的特权以及大量的法外权力，把持官府，嘱托词讼，武断乡曲，绅权俨然成为皇权在基

---

〔1〕 黄宗智先生尽管没有明确提出"县以下政区治理"的概念表述，但是他注意到，晚清宝坻县司法档案向人们展示了该县县以下的实际的行政运行过程，作为县以下不带薪的准官员，乡保担负着税务征收和司法事务的管理职责，来自地方社会，由地方提名，经国家批准确认，从而进行县级以下的治理。乡保一般都在没有官方监督和正式文书要求的情况下，依随自己的意愿行事，而县级行政机关只在发生控诉或纠纷的时候才会介入。因此，他强调，这种县以下的行政治理实践，是一种"半正式基层行政"，诞生于一个高度集权却又尽可能保持简约的中央政府，在伴随人口增长而维持统治的需要下所作出的适应。这是来自传统中国的简约治理遗产。［美］黄宗智：《集权的简约治理：中国以准官员和纠纷解决为主的半正式基层行政》，载黄宗智：《中国乡村研究》（第 5 辑），福建教育出版社 2007 年版，第 1～20 页。

〔2〕 费孝通：《论绅士》《论师儒》，载费孝通、吴晗等：《皇权与绅权》，华东师范大学出版社 2015 年版，第 1、6～7、18 页；《基层行政的僵化》，载费孝通：《乡土中国》（修订本），上海人民出版社 2013 年版，第 277～281 页。

层社会的统治工具。[1] 不过,从总体上看,作为有身份地位、民意声望的所谓“地方精英”,绅士的基本功能角色在于“治其乡之事”,担负兴办公益事业、赈灾救济、纷争调解、立学导善、操办团练等乡里自治事务,已然成为基层乡村自治秩序的主导者,对于建构基层治理秩序起到了不可或缺的作用。绅士阶层的基层治理角色,凝结着特定的礼治制度取向与观念蕴含,具有协调和平衡国家与社会之间关系的历史功用,从而表达了传统中国社会治理结构的独特属性,强化了传统中国县域治理模式的内在韧性。这种所谓的“绅士政治”或“士大夫政治”,借助于礼治的价值规范系统,在相当程度上实现了国法与乡俗的有效连结,体现了基层社会自我调节与功能整合的“有机关联”(而不是迪尔凯姆心目中的“机械关联”),构成了传统中国政治与法权关系运行机理的“非常富于特征性的现象”。[2]

三、县域治理的近代嬗变

进入近代社会以来,传统中国的国家治理格局遭遇到严峻挑战,县域治理领域亦处于深刻的转型嬗变过程之中,以县域治理为基础的近代中国国家与区域治理系统开始获得历史性的重塑。总体来看,近代中国县域治理的转型发展呈现出以下三个方面的明显特征。

其一,中央国家权力向基层社会的渗透,催生了本土特色的县乡行政体制之逐步确立。如果说传统中国基层政权治理体系的总体格局,是皇权与绅权并行运作的“双轨政治”(费孝通语)和种类庞杂且行政层级不甚清晰的县辖政区之间的相辅相成,那么伴随着近代以来的民族国家建构进程,国家权力日益制度化地延伸到基层社会生活领域,晚清新政改革则在清初乡村政权

〔1〕 吴晗:《论绅权》《再论绅权》,载费孝通、吴晗等:《皇权与绅权》,华东师范大学出版社2015年版,第37~38、40~41、47~48页。

〔2〕 阎步克:《士大夫政治演生史稿》,北京大学出版社2015年版,第414~416页。瞿同祖先生认为,作为拥有非正式权力的士绅,“是与地方政府共同管理当地事务的地方精英”。“中国的士绅的一个重要特点是:他们是唯一能合法地代表当地社群与官吏共商地方事务参与政治过程的集团。这一特权从未扩展到其他任何社群和组织”。瞿同祖:《清代地方政府》(修订译本),范忠信等译,法律出版社2011年版,第265~266页。

建设经验的基础上初步构建了组织化、制度化的县(区)乡政权系统。[1] 光绪三十四年(1908年)十二月二十七日,清廷颁行《城镇乡地方自治章程》,第一次以国家法律的形式确立了镇乡的法律地位,即"凡府厅州县治城厢地方为城,其余市镇村庄屯集等各地方人口满五万以上者为镇,人口不满五万者为乡";还规定了镇乡的自治范围,涉及学务、卫生、道路工程、农工商务、善举、公共营业等事务;并且规定了介于县与镇乡之间的区制层级,即"城镇有区域过广,其人口满十万以上者,得就境内划分为若干区,各设区董办理区内自治事宜,其细则以规约定之"。[2] 按照清廷的宪政九年筹备事宜清单的安排,拟于第六年达至"城镇乡地方自治一律成立"之目标。尽管晚清统治集团曾在宣统二年(1910年)十二月十七日的《修正逐年筹备事宜清单》中,考虑到地方自治宜应"循序渐进,计非旦夕所能观成,兹酌改为按年续办",不再设置包括城镇乡在内的地方自治具体明确的实现期限,[3] 但是县(镇)乡两级县域行政治理体制的雏形已在晚清政制改革的进程中大体上确立起来。及至民国初叶,除了设定县制外,县级政区以下设有区级政区,后又建立市与乡之行政辖区建制。按照北洋政府的《地方自治试行条例》(1914年12月29日)、《市自治法》(1921年7月3日)和《乡自治法》(1921年7月3日)之政制构想,"一县之自治区域,得设四区至六区,其二县以上合并之县,得增至八区";"市",以固有之城镇区域为其区域;"乡",则以人口不满一万人者的固有之区域为其区域。[4] 南京国民政府时期,根据《县组织法》(1929年6月5日公布,1930年7月7日修正)之规定,县级政区以下"按户口及地方情形分划为若干区,除因地方习惯或地势限制及有其他特殊情形者外,每区以十乡镇至五十乡镇组成之"。"凡县内百户以上之村庄地方为乡,其不满百户者,得

〔1〕 胡恒:《皇权不下县?——清代县辖政区与基层社会治理》,北京师范大学出版社2015年版,第317~323页;魏光奇:《官制与自治——20世纪上半期的中国县制》,商务印书馆2004年版,第77~83页。

〔2〕《城镇乡地方自治章程》(光绪三十四年十二月二十七日),载怀效锋主编:《清末法制变革史料》(上卷),中国政法大学出版社2010年版,第130~131页。

〔3〕《宪政编查馆大臣奕劻等拟呈修正宪政逐年筹备事宜折(附清单)》(宣统二年十二月十七日),载怀效锋主编:《清末法制变革史料》(上卷),中国政法大学出版社2010年版,第103页。

〔4〕 王建学编:《近代中国地方自治法重述》,法律出版社2011年版,第115、121页;魏光奇:《官制与自治——20世纪上半期的中国县制》,商务印书馆2004年版,第121~139页。

联合各村庄编为一乡,百户以上之街市地方为镇,其不满百户者,编入乡。但因地方习惯或受地势限制及有其他特殊情形之地方,虽不满百户,亦得成为乡镇”。“乡镇均不得超过千户”。[1] 由此,国家权力以制度化的方式向基层社会广泛延展,县级政府以下的区及其乡镇政府便成为中央政府在基层政区的代理人,对基层社会实施治理之权,县与区乡(镇)两级基层行政体制进而正式建立起来。

其二,随着近代中国地方自治的逐渐兴起,县域治理的官治与自治之双重角色冲突愈益明显。近代以来,域外政治文明思潮传入中国,传统中国的集权体制逐渐式微,民主政治思想渐渐广泛传播开来。作为近代中国国家发展的重要载体之一,地方自治运动愈益兴盛起来。晚清政制改革仿效近代日本维新变法的治理变革经验,试图在开掘传统中国乡绅自治文化的基础上推行地方自治改革。光绪三十二年(1906 年)六月,直隶总督兼北洋大臣袁世凯率先在天津试办地方自治,设立天津府自治局,展开一系列筹措工作。光绪三十三年(1907 年)七月二十二日,袁世凯在奏折中述道:“计设自治局以迄议事会成立之日,适已经年,盖事关兴革,发端务报周详,理可贯通,循序自能普遍,既有天津为之模范,其余推行各属,当有事半功倍之望。”应当说,天津县试办地方自治的举措是扎实的,袁世凯对天津先行试办地方自治取得的初步成效还是颇为自信的,甚至计划在直隶全省全面推开地方自治,“期以三年一律告成”。[2] 在《试办天津县地方自治公决草案一百一十一条》[《试办天津县地方自治章程》,光绪三十三年(1907 年)七月二十九日]的批复中,袁世凯称:“此次试办地方自治为从前未有之事,凡在官绅务必和衷共济,一秉大公,以为全省模范。”[3] 尽管作为封疆大吏的袁世凯对推行地方自治踌躇满志,但晚清统治集团却对地方自治事宜持谨慎的态度。在清廷宪政九年筹备事项清单中,有预备自上者与预备自下者之分,其中,自上与自下者又有“最要”与“次要”之别,而“练习自治事宜”,则处于预备自下者范围内的“次之”的位

---

〔1〕 王建学编:《近代中国地方自治法重述》,法律出版社 2011 年版,第 136~137 页。

〔2〕《北洋大臣袁世凯奏天津试办地方自治情形折》(光绪三十三年七月二十二日),载怀效锋主编:《清末法制变革史料》(上卷),中国政法大学出版社 2010 年版,第 58~59 页。

〔3〕(清)甘厚慈辑:《北洋公牍类纂正续编》(一),天津古籍出版社 2013 年版,第 48 页。

置。就县域自治而言，按照逐年筹备清单计划，预备宪政第一年颁布城镇乡地方自治章程；第二年筹办城镇乡地方自治，设立自治研究所，并颁布厅州县地方自治章程；第三年续办城镇乡地方自治，筹办厅州县地方自治；第四年续办城镇乡地方自治和厅州县地方自治；第五年年内限定城镇乡地方自治粗具规模，并且续办厅州县地方自治；第六年城镇乡地方自治一律成立，厅州县地方自治则限年内粗具规模；第七年厅州县地方自治一律成立。[1] 由此可见，晚清县域地方自治改革的总体安排，展示了既积极推进又稳步有序的路线图式，比之袁世凯在天津试办地方自治"期以三年一律告成"显然更为稳健。从宣统二年（1910 年）十月二十九日宪政编查馆对各省办理县域地方自治情形的一次考核结果来看，全国范围内地方自治改革的推进是不尽平衡的。就筹办城镇乡地方自治而言，"现查各省办理成绩，则以四川为最"，"次惟江西、湖北、陕西三省，广西又次之"，其余各省办理进度参差不一。再就筹办厅州县地方自治而言，各地进展亦也有差异，有的按照新近颁行的《府州县地方自治章程》在试办基础上另行组织、以期完备（如天津）；有的饬令一体举行（如统归直隶筹办之大兴、宛平等地，以及河南、四川、陕西等地的一些县级政区）；有的或称仍用分年分级办法、或称难以同时并举，或称俟各属查报完竣后再行饬办、或称饬将划分区域及宣讲章程规则各事宜切实办理以备基础（如吉林、黑龙江、安徽、新疆等省）；有的则称本省无直辖地方之府，因而该省只有厅州县自治而无府厅州县自治（如浙江）；等等[2]。因此，在中国这样一个幅员辽阔、各地经济社会差异明显的东方大国，推进地方自治改革，确实是一件殊为不易的举措。尤其是社会政治危机日益深重之际，地方自治不得不让位于其他应对危机的更为急迫的政治措施。宣统二年（1910 年）十二月十七日，为应对国内危急的政治形势，清廷决计加快宪政进程，于宣统五年（1913 年）提前开设议院，因而拟订修正筹备清单。其中，除了提前筹备事项和增入筹

[1] 故宫博物院明清档案部编：《清末筹备立宪档案史料》（上册），中华书局 1979 年版，第 56、61～66 页。

[2] 《宪政编查馆大臣奕劻等奏考核京外各衙门第三年第一次筹备宪政情形折》（宣统二年十月二十九日），载故宫博物院明清档案部编：《清末筹备立宪档案史料》（上册），中华书局 1979 年版，第 82～84 页。

备事项外，把续办地方自治纳入变通事项，强调“续办地方自治各条，循序渐进，计非旦夕所能观成，兹酌改为按年续办，以求实际而免阻碍”。[1] 这样，就将原计划在6～7年内一体完成的地方自治改革，改设为不再有确定期限的逐年续办地方自治方案。晚清政府先后制定的《城镇乡地方自治章程》（1909年1月18日）和《府厅州县地方自治章程》（1910年2月6日），在实际生活中的落实效果亦很不理想，以至于在1914年2月，袁世凯下令暂缓推行地方自治。[2]

自晚清预备立宪运动开启的地方自治，旨在形成官治与自治相辅相成，自治乃“助官治之不足”的地方治理格局。[3] 从形式上看，无论是城镇乡地方自治，还是府厅州县地方自治，通过选举产生的城镇乡议事会和参事会，可以对其自治范围内的各项事务拥有议决之权限。但是，实际上，这些县乡地方自治机构的自治权力是很有限的，通常都要受到地方行政官的监督制约。《城镇乡地方自治章程》规定：“城镇乡自治职，各以该管地方官监督之”，“地方官有申请督抚解散城镇乡议事会、城镇董事会及撤销自治职员之权”，等等。《府厅州县地方自治章程》亦申言，“府厅州县自治由本省督抚监督之，仍受成于民政部，其关系各部所管事务，并受成于各部”。“督抚遇有不得已情节，得咨请民政部解散府厅州县议事会”。[4] 按照这样的制度安排，晚清的地方自治运动尽管表面上轰轰烈烈，热闹一时，其实尽在清廷政府的掌控之中，不可能获得正常生长与发展的制度化条件。诚如有的学者分析的，“政府官僚政治对这种自治制度施加了强大的压力。知府、州官和知县有权解散地方自治会。董事会的决议没有这些地方政府官员的批准不能实施。知县能够免除镇乡的董事的职务，而且可以不同意有关自治会选出的自治会办事人

---

〔1〕《宪政编查馆大臣奕劻等拟呈修正宪政逐年筹备事宜折》（附清单）（宣统二年十二月十七日），载故宫博物院明清档案部编：《清末筹备立宪档案史料》（上册），中华书局1979年版，第89～92页。

〔2〕赵兴胜等：《中华民国专题史》（第8卷）（地方政治与乡村变迁），南京大学出版社2015年版，第100页。

〔3〕《宪政编查馆奏核议城乡地方自治章程并另拟选举章程折（附清单）》（光绪三十四年十二月二十七日），载故宫博物院明清档案馆编：《清末筹备立宪档案史料》（下册），中华书局1979年版，第725页。

〔4〕王建学编：《近代中国地方自治法重述》，法律出版社2011年版，第39、76～77页。

员”。结果,这种自治会实质上就是政府的一个辅助机构或咨询团体。[1] 由此,地方自治成了政府官治的附庸,这一状况即便在民国时期也不曾改变。以县为地方自治单元和以城镇乡为地方自治单元这一地方自治制度设计,造成了固有自治事务与国家委任事务之间的内在冲突。按照梁启超的说法,“城镇乡为地方自治团体,固也,然同时又为国家行政区域,故其所办之事可分为两种。一曰本团体固有之事务,二曰国家所委办之事务。国家委办事务者何?为代收国税、执行征兵令、执行国会及谘议局乃至厅州县议事会之选举、执行各种民事商事之注册,乃至以乡董而兼为刑事上之起诉人等类。凡此皆与本国体之利害无关,而以国家行政区域之资格,受委任而行之者也”。[2] 这种双重治理角色的冲突,必然为政府制度化地介入地方自治事务提供了现实的可能性。进入民国时期以来,地方自治又有了新的发展。1914年12月,袁世凯又试行地方自治,其后的北洋政府亦颁行《县自治法》(1919年9月7日)。南京国民政府更是推出以县(市)为自治单位的地方自治改革,制定《县组织法》(1929年6月5日)和《市组织法》(1930年5月20日),后又颁布《县各级组织纲要》(1939年9月26日),推行所谓的“新县制”。但是,政府官治主导、地方自治辅之的二元治理格局并未发生实质性的变化,甚至地方自治发展成为政府官治的附庸,纯粹只是一种地方政治生活中的摆设。那些所谓的地方自治机关倚仗地方官府赋予的征收赋税、募集公债、办理乡团等地方公共事务职责,把持地方事务、基层政治生活,甚至形成割据一方的地方政治势力,地方自治丧失了其本来的价值意义,形同虚设。南京国民政府时期,按照县政府监督指导地方自治事务的制度设计,县以下之乡、镇、村等各自治团体,“直接受县政府之指挥监督”;“确定县市为自治单位,在训政时期,县市政府所有设施应注意由上而下实行训政,县市行政与自治须打成一片,不可勉强分开”;“在训政时期之区公所,应认为县市以下之佐治机

---

〔1〕［美］费正清、刘广京编:《剑桥中国晚清史(1800～1911)》(下卷),中国社会科学院历史研究所编译室译,中国社会科学出版社1985年版,第392页。梁启超在《城镇乡自治章程质疑》一文中,对该章程大率取日本之市制及町村制、综而迻译的做法进行了批评,认为此章程与中国国情不合,“缺漏百出”。王建学编:《近代中国地方自治法重述》,法律出版社2011年版,第40～43页。

〔2〕王建学编:《近代中国地方自治法重述》,法律出版社2011年版,第41页。

关，其一切进行事业均须受县市长之指挥监督”；县（市）政府监督指导地方自治事务的范围殊为广泛，诸如办理社会调查及统计、严密保卫组织、实施民众教育、发展社会经济、指导并协助民众组织各种社会团体，等等。[1] 显然，政府官治广泛渗透到地方自治事务之中，政府官治与地方自治融为一体，实难分开。县（市）政府无限制地行使对于地方自治事务的监督权，依据县市自治法产生的民选地方自治团体，失却了法律上所具有的独立人格，地方自治“不免徒具自治的虚名了”，“使自治权的行使变成一种空洞不实的东西”。[2] 20世纪30年代初兴起的“县政建设实验区”计划，企望把县政改革与乡村建设结合起来，进一步加强对乡村社会的控制，以期为推进县域自治积累经验，提供示范，但仍以失败而告终。[3] 而这一时期南京国民政府极力推行的旨在强化对基层社会控制的保甲制度，“把自上而下的政治轨道筑到每家的门前，实际上是把国家的警察制度这条轨道延长到各家门内”，[4] 试图成为地方自治的替代品，却扰乱了基层社会自治体系，20世纪初以来的地方自治改革遂寿终正寝。

其三，绅士制度的近代转型。在近代中国的国家发展进程中，伴随着国家与社会之间关系的深刻变动，传统中国的士绅制度经历了历史性的转型过程，士绅阶层的政治与社会地位日益显著，绅权渐渐成为与官权并驾齐驱的一种极为重要的社会政治力量载体，给近代中国县域治理格局带来了重大影响。我们可以看到的是，地方绅士在维持基层社会秩序中的角色作用更加突出。在基层社会治理过程中，几乎到处可以看到绅士阶层活跃的身影，地方绅士更加广泛地参与基层公共事务管理活动。近代中国的地方自治改革，与绅士阶层的重要作用密不可分。依据《城镇乡地方自治章程》（1908年）和

---

〔1〕 王建学编：《近代中国地方自治法重述》，法律出版社2011年版，第253～255页。

〔2〕 陈心柏：《自治法草案评议》，载王建学编：《近代中国地方自治法重述》，法律出版社2011年版，第280～281页。

〔3〕《各省设立县政建设实验区办法》（1933年8月16日内政部公布），载王建学编：《近代中国地方自治法重述》，法律出版社2011年版，第246～248页；李伟中：《20世纪30年代县政建设实验研究》，人民出版社2009年版，第21～23页。

〔4〕 费孝通：《中国士绅——城乡关系论集》，赵旭东等译，外语教学与研究出版社2011年版，第101页。

《府州县地方自治章程》成立的地方自治会,大体上成为地方绅士活动的舞台。晚清地方自治会的成员中,“相当数量的人是有低级功名的绅士,大部分被选为自治会会长和镇乡董事的人是绅士”。因此,晚清地方自治实际上可以称为“绅士之治”。[1] 绅士阶层对基层政治生活的参与抑或控制,不再仅仅是理论上的或惯例上的,而是得到国家法律的明确认可的,绅士阶层在基层社会治理中的枢纽性地位获得了法律意义上的表达。因此,近代中国的绅士一词所反映的,不再仅仅是传统乡村社会中拥有较高社会地位和富有的家族,而是一个具有多种政治意愿与抱负的政治性阶层,是一支正在影响中国政治发展进程的重要的社会政治力量。地方绅士与基层政府相互利用,职能互补,支配着地方自治的进程与走向。晚清政制改革的基层推动力量,在很大程度上来自地方绅士阶层的积极作用。这一政治变动格局的形成,与有的学者所说的“绅商联合”的社会政治形态之确立与发展是息息相关的。因此,原本作用于基层民间社会的“乡曲之士”的绅士阶层,开始日益广泛地参与到国家事务之中,在晚清立宪运动、保路运动等政治行动中都起到了不可忽视的作用,[2]成为影响国家发展进程的积极行动者。由此,乡村生活与国家生活之间的联系纽带获得了明显增强,形成自下而上的社会政治参与景观。这是一个与国家权力向基层社会延展过程相辅相成的社会政治互动格局,县域社会治理关系呈现出国家与社会之间双向渗透的运动图式。晚清以来的绅士阶层在县域治理系统中的官方色彩愈益浓厚,地方绅士的基层社会权威地位获得了国家官制系统的授予或支持,传统社会的“皇权”与“绅权”之间的分离开始走向交汇混合乃至一体化。由此,近代中国的绅士制度发生了历史性的转型,地方绅士俨然成为国家体制的基层代理者,国家与地方之间的联系纽带得以强化,官治与绅治合二为一,形成“官绅合治”的地方治理体系。不过,随着地方乡绅逐渐融入国家官制系统之中,绅士阶层的责任取向发生了迁移,由原先的乡村社会利益的权威表达者转而成为国家官僚体制的附庸,对国家体制负责遂成为地方绅士行为与活动的基本准则,因而地方权威与地

〔1〕［美］费孝通、刘广京编:《剑桥中国晚清史》(1800～1911年)(下卷),中国社会科学院历史研究所编译室译,中国社会科学出版社1985年版,第392页。

〔2〕［美］魏裴德:《中华帝制的衰落》,邓军译,黄山书社2010年版,第223～226、234～235页。

方社会的分殊化便是不可避免的了。[1] 随着南京国民政府试图把地方统治权重新集中到县长之手,以及将保甲制度在农村基层社会恢复与广泛推行,绅士阶层的基层统治地位就受到了严重侵蚀,他们担负的基层治理责任亦就形同虚设。“当地方绅士既不用再承担政府的责任,也不再受当地社会环境制约的时候,农业社会的特征便发生了深刻的变化”,[2]绅士阶层发生了急剧的分化,进而逐渐消失。

四、县域治理的现代转型

1949 年中华人民共和国成立,开辟了创设新型的社会主义国家治理体系和法治发展类型的历史新纪元,中国县域治理由此展开了现代转型发展进程。

新生的人民共和国经历了在废除国民党政权“六法全书”体系的基础上,从新民主主义性质的国家政权结构向社会主义类型的国家政权结构的转变过程。1949 年 2 月,中共中央发出的《关于废除国民党的六法全书与确定解放区的司法原则的指示》(以下简称《二月指示》),作出了打碎以“六法全书”为基础的南京国民政府所谓的“法统”的重大抉择。《二月指示》确立了废除“六法全书”之后人民司法工作的依据,指出:“人民的司法工作不能再以国民党的六法全书为依据,而应该以人民的新的法律为依据。在人民新的法律还没有系统地发布以前,应该以共产党政策以及人民政府与人民解放军所已发布的各种纲领、法律、命令、条例、决议作依据。目前在人民的法律还不完备的情况下,司法机关的办事原则应该是:有纲领、法律、命令、条例、决议规定者,从纲领、法律、命令、条例、决议之规定;无纲领、法律、命令、条例、决议规定者,从新民主主义的政策。”[3]各级人民司法机关审理案件活动的依据大体上分为一个前提、两个原则。所谓一个前提,即人民的司法工作不能再以“六法全书”为依据,而应以人民的新的法律为根据。所谓两个原则,一是有中国

---

〔1〕 张静:《基层政权:乡村制度诸问题》,浙江人民出版社 2000 年版,第 26 ~ 33 页;赵兴胜等:《地方政治与乡村变迁》(《中华民国专题史》第 8 卷),南京大学出版社 2015 年版,第 124 ~ 125 页。

〔2〕 [美]吉尔伯特·罗兹曼:《中国的现代化》,陶骅等译,上海人民出版社 1989 年版,第 383 页。

〔3〕 韩延龙、常兆儒编:《中国新民主主义革命时期根据地法制文献选编》(第 1 卷),中国社会科学出版社 1981 年版,第 87 页。

人民解放军和各级人民政府颁布的纲领、法律、命令、条例、决议规定者，从纲领、法律、命令、条例、决议之规定；二是尚没有纲领、法律、命令、条例、决议规定者，从新民主主义政策。上述原则的确立，指引着包括县域治理在内的新中国成立之初法制建设与司法工作的发展走向，对县域法治发展生产了深远的影响。与此同时，摧毁旧的司法组织机构的工作，亦伴随着人民大革命胜利的进程相继展开，基层司法组织体制正在发生历史性的变革。1948 年 3 月 23 日，东北行政委员会对建立健全地方各级司法机关提出了明确要求："查我基本解放区土地改革业已基本完成，司法工作急需建立与加强，以便进一步地建立新民主主义的民主社会秩序，保障解放区人民的各种应得权利。因此，各省尚未成立高等法院者应尽速成立；各县应普遍成立司法科，并宜根据城市人口多寡、事务繁简酌设地方法院。"[1] 1948 年 9 月 6 日，东北行政委员会发出《关于各级司法机构改为人民法院的通令》，决定"将过去之各级司法机关均改称为人民法院，推事改称为审判员，其系统为：(一)最高法院东北法院改称为东北高级人民法院；(二)各省高等法院称为省(特别市)人民法院；(三)各地方法院及县司法科改称为市(县)人民法院"。[2] 显然，司法机构改称为人民法院，法官由推事改称为审判员，这无疑彰显了司法工作的人民性(或许这是第一次以法律文件的形式把"人民法院"和"审判员"的现代称谓正式固定下来)。新中国的地方人民法院体系已经初具轮廓，县级人民法院制度在东北地区"先行一步"地得以创设，由此在新中国统一的国家政权体系诞生前夕，在局部的革命根据地区域范围内，创造性地建构了崭新的地方司法机构体制，进而充分反映了建立新中国的新型国家制度及地方国家政权与司法机构的基本法权要求。在一些后解放的地区，人民民主政权迅速贯彻落实《二月指示》，加快打碎旧的司法机构的步伐。比如，1949 年的《江西省府法院关于司法工作几个问题的指示》强调"凡属伪司法系统的伪高等分院、地方法

[1] 韩延龙、常兆儒编：《中国新民主主义革命时期根据地法制文献选编》(第 3 卷)，中国社会科学出版社 1981 年版，第 610 页。

[2] 同上书，第 612 页。在这一时期，东北地区的县级司法机构建设明显加快。比如，辽北省政府制定了《辽北省各市县旗人民法院的组织职权、义务及办事原则》(1948 年)；哈尔滨市特别市政府制定了《人民法庭规则》(1948 年)、《哈尔滨市特别市政府对公安局与人民法院关于处理民刑案件的分工与联系决定》(1948 年 10 月 24 日)；等等。

院、县司法处以及监狱看守等机关,着一律取消”;“各级伪法院中的伪职人员不论高级或低级,着一律停职,听候处理”;“旧的司法机构打碎以后,须代之以新的司法机构,这种新的司法机构其所以不同于旧的司法机构,就是前者是为少数特权阶级利益服务,后者为广大人民利益服务,因此不仅其基本性质是两样,而组织形式也应有显著的不同”。[1] 因此,新中国成立之初起到“临时宪法”作用的《共同纲领》,把在《二月指示》中提出的废除国民党“六法全书”及其“法统”的革命法权要求上升到国家根本法的地位,明确规定:“废除国民党反动政府一切压迫人民的法律、法令和司法制度,制定保护人民的法律、法令,建立人民司法制度。”[2]

应当看到,《共同纲领》建构的新民主主义的国家制度,既与旧民主主义的国家制度不同,又同苏俄式的无产阶级专政的国家制度相区别,是一个在工人阶级领导下的以工农联盟为基础的国家制度。毛泽东说道:“我们把这样的国家制度称之为新民主主义的国家制度。”[3]与新民主主义的国家制度之基本性质相适应,新民主主义国家政权的基本构成形式是人民代表大会制度。“可以采取全国人民代表大会、省人民代表大会、县人民代表大会、区人民代表大会直到乡人民代表大会的系统,并由各级代表大会选举政府”。[4]“中华人民共和国的权力机关是各级人民代表大会及其选出的各级政府”。[5] 这就为创设具有鲜明中国特色的社会主义国家治理体系确定了基本准则。按照《共同纲领》和《中央人民政府组织法》(1949 年 9 月,以下简称《组织法》)的总体构架,“中华人民共和国为新民主主义即人民民主主义的国家”,“是工人阶级领导的,以工农联盟为基础的,团结各民主阶级和国内各民族的人民民主专政的国家”。这些规定明确了新民主主义国家的性质。从政权构成形式上看,“新民主主义的政权制度是民主集中制的人民代表大会的

[1] 韩延龙、常兆儒编:《中国新民主主义革命时期根据地法制文献选编》(第 3 卷),中国社会科学出版社 1981 年版,第 590~592 页。

[2] 中央人民政府法制委员会:《中央人民政府法令汇编》(1949~1950),法律出版社 1982 年版,第 21 页。

[3] 《毛泽东选集》(第 3 卷),人民出版社 1991 年版,第 1056 页。

[4] 《毛泽东选集》(第 2 卷),人民出版社 1991 年版,第 677 页。

[5] 《毛泽东选集》(第 4 卷),人民出版社 1991 年版,第 1272 页。

制度”。[1] 人民行使国家权力的机关为各级人民代表大会和各级人民政府。与旧民主主义的三权分立原则相对立,“各级政权机关一律实行民主集中制”,具有议行合一的特性。“我们的制度是议行合一的,行使国家权力的机关是各级人民代表大会和它产生的各级人民政府。”[2] 在新民主主义国家制度的性质和政权组织形式的统摄下,人民共和国的缔造者们对政府组织系统和国家结构形式进行了深入筹划。在全国人民代表大会没有成立之前,由中国人民政治协商会议全体会议选举产生的中央人民政府委员会行使国家的最高权力,“对外代表中华人民共和国,对内领导国家政权”。这个最高国家权力机关下辖政务院、人民革命军事委员会、最高人民法院和最高人民检察院。其中,政务院是国家政务的最高执行机关,对中央人民政府委员会负责并报告工作;人民革命军事委员会是国家军事最高统辖机关,统一管辖并指挥中国人民解放军和其他人民武装力量;最高人民法院是全国最高审判机关,并负责领导和监督全国各级审判机关审判活动;最高人民检察院则是国家最高检察机关,对政府机关、公务人员和全国公民之严格遵守法律,负最高检察责任。国家政权组织体系实行民主集中制的原则,各下级人民政府均由上级人民政府加以委任,并服从上级人民政府,全国各地方人民政府均服从中央人民政府;而无论是政务院、人民革命军事委员会,还是最高人民法院和最高人民检察院,均受中央人民政府委员会的领导。再从国家结构形式来看,新中国成立前夕,曾经就是否要实行多民族的联邦制问题进行慎重地斟酌与抉择。中国共产党人从坚持中国的国情特点、民族状况和历史条件出发,坚定地实行单一制前提下的民族区域自治制度,而不搞多民族的联邦制,联邦制不符合中国的国情条件和民族状况的特点。[3] 因此,《共同纲领》第51条强调,“各少数民族聚居的地区,应实行民族的区域自治,按照民族聚居的人口多少和区域大小,分别建立各种民族自治机关”。可以看出,由《共同

---

〔1〕《周恩来选集》(上卷),人民出版社1980年版,第369页。

〔2〕《董必武法学文集》,法律出版社2001年版,第19~20页。

〔3〕周恩来:《关于中华人民共和国中央人民政府组织法草案》(1949年9月7日),载《共和国走过的路——建国以来重要文献专题选集》(1949~1952年),中央文献出版社1991年版,第66~67页。

纲领》和《中央人民政府组织法》建构的新民主主义国家政权系统，为新中国成立之初的国家治理体系与县域治理制度之重构提供了国家制度基础。

1954年9月，一届全国人大一次会议通过的《五四宪法》，在《共同纲领》的基础上，深入分析从新民主主义性质的国家制度向社会主义类型的国家制度之转型发展的诸方面因素和条件，确立了我国社会主义政治、经济、社会制度的基本原则，构造了一个全新的中国特色社会主义国家制度体系，实现了对20世纪初叶晚清以来各种国家制度与国家治理体系方案的历史性超越，有力推动了国家发展及其现代化的进程。按照《五四宪法》的国家制度设计蓝图，"中华人民共和国是工人阶级领导的，以工农联盟为基础的人民民主国家"，工人阶级对于国家生活的领导是人民民主国家的核心，工农联盟则是人民民主国家的基础。如果说《共同纲领》对新中国国家制度的规定还较为原则，并且把"议行合一"原则贯彻到国家政权体系之中，那么，《五四宪法》则在深入总结新中国成立以来国家发展与国家治理的实际经验和主要进展的基础上，对中国特色社会主义国家制度作出了更为详尽完备的规定，建立了一个以人民代表大会制度为核心的国家政权系统。有的学者在论及《五四宪法》关于新中国国家制度的设定之特点时认为，"除了继续保留了《共同纲领》中统一战线的立场外，新宪法同1949年《中央人民政府组织法》的制度性条例在基本结构上有一些相似点。但那些条例相对来说还不太健全，而新宪法则确立了更为明确的国家机构。这一重大变化反映了1949年的动乱环境与计划发展的新阶段之间的差异。1949年允诺的人民代表大会(理论上最高的国家权力机关)制度至此正式形成"。[1] 在这一全新的国家政权体系中，"中华人民共和国的一切权力属于人民。人民行使权力的机关是全国人民代表大会和地方各级人民代表大会"。因此，人民代表大会制度是国家的根本政治制度，从全国到地方的各级人民代表大会处于国家机构体系的核心地位。"人民代表大会制度既规定为国家的根本政治制度，一切重大问题都应当经过人民代表大会讨论，并作出决定。全国性的重大问题，经过全国人民代表

---

〔1〕［美］费正清、罗德里克·麦克法夸尔主编：《剑桥中华人民共和国史》(1949～1965)，王建朗等译，上海人民出版社1990年版，第110页。

大会讨论和决定,在它闭会期间,经过它的常务委员会讨论和决定”。“我国的人民代表大会制度就是这样能够对重大问题作出决定并能够监督其实施的国家权力机关”。[1] 国家行政机关从国务院到地方各级人民委员会,国家审判机关从最高人民法院到地方各级人民法院,都由全国人大和地方各级人大产生,受它们的监督,并可以由它们罢免;最高人民检察院由全国人大产生,对全国人大负责并接受其监督,可由其罢免。在《共同纲领》的基础上,《五四宪法》还进一步规定了民族自治地方的自治机关之构成、职权以及财政、公安与地方立法诸方面的自治权,丰富了民族区域自治制度。很显然,《五四宪法》创设的国家制度体系,与中国的国情条件相适应,确立了崭新的社会主义国家治理体系与县域治理系统的基本制度准则,对县域治理的现代转型发展产生了深远的影响。

纵观这一时期国家发展与法治体系的历史性变革进程,我们可以清晰地看到,新中国成立之初县域治理的现代转型发展具有以下若干明显特征:

其一,确立了当代中国县级国家政权体系的基本框架。适应新的人民共和国的国家建构与国家治理的需要,在1949年到1956年的七年间,县级国家政权体系建设取得了重要进展。新中国成立前后,作为人民代表大会的雏形和准备,召开各界人民代表会议,对于推进民主建政工作,组织和动员人民群众参与政权建设和社会治理,有着重要的意义。《共同纲领》清晰表达了新民主主义国家的政体形式,第一次用“大宪章”的形式确认了人民代表大会制度为新生的人民共和国的基本政治制度。考虑到新中国成立之初的特殊社会状况,《共同纲领》提出了经由各界人民代表会议的民主建政方案,规定:“在普选的地方人民代表大会召开以前,由地方各界人民代表会议逐步地代行人民代表大会的职权。”“凡军事行动已经完全结束,土地改革已经彻底实现,各界人民已有充分组织的地方,即应实行普选,召开地方的人民代表大会。”毛泽东把召开各界人民代表会议当作一件大事来抓,尤其对基层各界人民代表会议更加重视,强调三万以上人口的城市和各县均应召开各界人民代表会议,“各县要开全县各界人民代表会议”,进而“一改过去长期不开各界人民代

[1] 《刘少奇选集》(下集),人民出版社1985年版,第157页。

表会议的不良作风。此项全县各界人民代表会议,无论新区老区一律举行。新区在占领两三星期后即可举行,无须待乡村农会建立然后举行。举行此项会议的一个重要目的,即是经过此种会议去发动农民群众”。[1] 此外,“二万以上、不足三万人的城镇,亦可召开各界代表会”;“尚未彻底完成土改的省、县、区三级均开各级代表会议,乡村开农民代表会议,而以县的各界代表会为中心”;“已完成土改的省、县、区、乡四级,均开人民代表大会,但在开始若干次,亦可开各界代表会议,以为过渡”。[2] 毛泽东深刻论述了开好县级各界代表会议的必要性,指出:“事实上,县的许多大政方针,例如剿匪、反霸、借粮、征粮、救济灾荒、修理堤坝、推动农民组织起来建立农协、减租减息问题、恢复和发展县范围内的工商业及文化教育问题、推行人民币及县的财政金融问题等,均以召开各界代表会议,经过讨论,取得代表们同意,然后传达推行,比较不开这种会,长期限于党内干部的讨论、传达和推行,要有利得多。”“这是全县性的会议,县城及各区、各乡及县一级机构,均应有代表,在县委领导下,由县政府召开”。[3] 不仅如此,毛泽东还注意发现和总结推广召开基层各界人民代表会议的典型经验。比如,他对松江县召开各界人民代表会议的成功经验“极为欣慰”,要求进行总结推广。因为“这是一件大事,如果全国一千几百个县都能开起全县代表会来,并能开得好,那就会对于我党联系数万万人民群众的工作,对于使党内外广大干部获得教育,都是极重要的”。[4] 为了促进和规范各界人民代表会议制度建设,中央人民政府发布了《县人民代表会议组织通则》和《区乡(村)人民代表会议组织通则》,对县、区、乡(村)的各界人民代表会议制度建设事宜,作出了详细规定,这对于推动国家基本制度在县域层面的有效落实至关重要。诚如董必武所分析的,“目前在各级人民代表会议中应以开好县级各界人民代表会议为关键。因为县以上的省级人民代表会议,一

---

〔1〕《毛泽东文集》(第5卷),人民出版社1996年版,第333~334页。

〔2〕毛泽东:《召开各界代表会议必须反对形式主义》(1949年9月4日),载《共和国走过的路——建国以来重要文献专题选集》(1949~1952),中央文献出版社1991年版,第101页。

〔3〕《毛泽东文集》(第5卷),人民出版社1996年版,第340~341页。

〔4〕毛泽东:《在各地推广松江县召开各界人民代表会议的经验》(1949年10月13日),载《共和国走过的路——建国以来重要文献专题选集》(1949~1952),中央文献出版社1991年版,第105页。

般都开得好；县以下的区、乡级人民代表会议数目太多，上级领导不易照顾得周到。如能开好县级人民代表会议，那对开好区、乡人民代表会议就能起模范和领导的作用”。[1] 因此，1951年12月3日，董必武就县乡政权建设问题专门致信毛泽东主席，指出：“县乡两级建政工作，从上级领导方面看，目前县级建政是关键。”“县乡建设是一件大事，在组织上和思想上都要有充分的准备”。[2]

随着《五四宪法》的颁行，新中国的国家发展实现了由新民主主义性质的国家制度向社会主义类型的国家制度的新的飞跃，从而为县域国家政权体系在中国的确立奠定了根本法基础。《五四宪法》总结了新中国成立以来国家治理制度实施的经验和民主政治建设的实践，对新中国的国家制度作出了更为详尽、完备的规定，不仅明确全国人大是最高国家权力机关，是行使国家立法权的唯一机关，而且对包括县乡人大在内的地方各级人大的性质、组成、任期和职权作出了具体规定，实现了县乡各界人民代表会议向县乡人民代表大会的历史性转变。在当时的条件下，宪法起草委员会没有采纳关于设立包括县级人大在内的地方各级人大常委会的意见，所以在《五四宪法》中，没有规定县级人大设立常务机关。因此，按照《五四宪法》所设定的县域国家政权体系架构，县域范围内的重大问题须经过县级人大讨论和决定；县级人民委员会（县级政府）是县级人大的执行机关，是国务院和上级人民委员会领导下的县级国家行政机关，也行使县级人大的常务机关的职权，而县级以上的人民委员会有权停止下一级人大的不适当的决议的执行；县级人民法院是依法独立行使审判权的基层国家审判机关，实行陪审制度、辩护制度、审级监督制度和报告工作制度；[3] 县

---

〔1〕 董必武：《论加强人民代表会议的工作》（1951年9月23日），载《董必武选集》，人民出版社1985年版，第299页。

〔2〕 董必武：《关于县乡政权建设问题给中共中央毛泽东主席的信》（1951年12月3日），载《董必武选集》，人民出版社1985年版，第311页。

〔3〕 1954年9月15日，刘少奇在一届全国人大一次会议上作《中华人民共和国宪法草案的报告》时，曾经对增加“上级人民法院监督下级人民法院的审判工作”之规定作了专门的说明，指出之所以要增加这样的规定，主要是“由于我国的地区大、人口多，许多地区交通还很不方便，如果规定只有最高人民法院有权监督地方各级人民法院和专门人民法院的审判工作，是不符合实际状况的。为了便于纠正审判工作中可能发生的错误，实行上级法院监督下级人民法院的审判工作制度，根据我国建国以来法院工作的经验和从我国现时的条件来看，这是比较适当的”。《中华人民共和国法规汇编》（1954年9月~1955年6月），法律出版社1956年版，第68页。

级人民检察院是依照法律规定的范围行使检察权的基层法律监督机关,独立行使职权,不受地方国家机关的干涉,实行上级检察院领导下级检察院的垂直领导体制。此外,《五四宪法》还对包括自治县乡在内的民族自治地方的自治机关之构成、职权及其运行,作了较为翔实的规定,进一步丰富了民族区域自治制度。由此,具有鲜明中国特质的县域国家政权体系及其国家治理基本制度在宪制的轨道上得以确立。

需要指出的是,在新中国成立之初的县域治理体制中,有一个重要的制度安排,就是用法律的形式确认了县乡两级政府的组织体系、职权范围与运行机制。1950 年 1 月 7 日公布的《县人民政府组织通则》明确规定县人民政府委员会在省人民政府委员会领导下,"拟定与县政有关的单行法规并送省人民政府批准或备案"。尽管县人民政府委员会行使制定与县政有关的单行法规的权力,并非当代意义上的地方立法权,但无疑具有地方立法权的雏形样式。政务院的法令赋予县政府单行法规的制定权(诚然,尚需送请省政府批准或备案),这给推进新中国成立之初的县域治理创设了有力的法治化机制。不仅如此,《县人民政府组织通则》还规定县人民政府委员会有权"废除或修改所辖区、乡(行政村)人民代表大会的与上级人民政府决议命令相抵触的决议和命令,这对维护新中国成立之初的国家法制统一起到了重要的保障作用"。[1] 此外,这一时期,政务院还先后制颁了《大城市区人民政府组织通则》(1950 年 11 月 13 日公布)、《区人民政府及区公所组织通则》(1950 年 12 月 30 日公布)、《乡(行政村)人民政府组织通则》(1950 年 12 月 30 日公布)等法令,[2] 旨在把县域治理纳入规范化、制度化的轨道之中,推动新中国成立之初县域治理的转型发展。

其二,基层司法体制实现了从司法与行政合一向司法与行政分立的革命性转变。在国家治理体系中,司法制度居于定分止争、维护社会公平正义的

---

〔1〕《县人民政府组织通则》(1950 年 1 月 6 日政务院第十四次政务会议通过,1950 年 1 月 7 日公布),载张培田主编:《新中国法制研究史料通鉴》(第 3 卷),中国政法大学出版社 2003 年版,第 2679 页。

〔2〕张培田主编:《新中国法制研究史料通鉴》(第 3 卷),中国政法大学出版社 2003 年版,第 2683 ~ 2684、2689 ~ 2691 页。

重要地位。在新中国成立之初剧烈的社会变革进程中，如同整个国家司法制度与司法发展进程一样，基层司法体制经历了由司法与行政之结合向司法与行政之分立的转变过程，从而获得历史性的重构。1950 年 7 月 14 日颁行的《人民法庭组织通则》，基于保障土地改革顺利进行的政治考量，确立了县级国家政权体系中司法与行政相统一的基层司法体制，规定县（市）人民法院直接受县（市）人民政府的领导；人民法庭及其分庭的正副审判长及审判员均由县（市）人民法院报请直属上级人民法院审核加以委任；县人民法庭及其分庭所判决的死刑、没收财产及 5 年以上的徒刑的批准权，属于省人民政府（或者省人民政府特令指定之专员）公署，死刑由省人民政府主席（或省人民政府特令指定之专员）以命令执行，不足 5 年的徒刑及宣告之罪之判决的批准权，属于县人民政府；市人民法庭及其分庭之判决的批准权，属大行政区直辖市者，上述规定属于县人民政府的批准权，由大行政区人民政府（军政委员会）行使，死刑由大行政区人民政府（军政委员会）主席以命令执行，属于省辖市者，适用县之规定；县（市）人民法庭的正副审判长及半数审判员由县（市）人民政府遴选，分庭的正副审判长及半数审判员由县（市）人民政府遴选；县（市）人民法庭及其分庭的人员，如有违法渎职情事，人民得举出证据检举之，经查明属实后，由县（市）人民政府报请上级人民政府依法严惩，等等。〔1〕 1951 年 9 月 4 日，中央人民政府委员会第十二次会议通过的《人民法院暂行组织条例》，继续强化基层审判组织对基层行政系统的从属关系，规定县级人民法院为同级人民政府的组成部分，受同级人民政府委员会的领导和监督。〔2〕 这次会议通过的《各级人民检察署组织通则》，亦规定县人民检察署为同级人民政府的组成部分，同时受同级人民政府委员会的领导；各民族自治区，依其具体情况，设立相当于各该级人民政府的人民检察署。〔3〕 应当看到，新中国成立之初的一段时期内，之所以实行司法与行政相结合的基层司法体制，是有其

---

〔1〕 熊先觉等编：《中国司法制度资料选编》，人民出版社 1987 年版，第 170 ~ 173 页。

〔2〕 《中央人民政府法令汇编》（1951 年），法律出版社 1982 年版，第 105 页。

〔3〕 同上书，第 112 ~ 113、116 页。

复杂的社会原因的。[1] 这主要是因为中国的经济、政治与社会发展的不平衡现象,决定了新中国成立之初各地基层国家政权机关工作的环境与条件的历史差异性。加之新生的人民共和国的巩固与发展面临着许多复杂的困难和矛盾,各地基层司法机关的建立及其进展亦不平衡,或尚未建立,或虽建立但并不健全。因此,新中国成立之初的这一特殊国情条件与基层司法机构状况,势必要求把基层司法机关纳入同级人民政府的统一领导之中,使之有助于发挥基层国家政权的整体聚合功能,建立起基层司法组织系统,有效解决基层司法中的复杂问题,进而促进基层司法建设。随着由新民主主义向社会主义过渡的深入展开,实现司法与行政之分立、创设新型基层司法体制的社会与法律条件日益成熟。《五四宪法》以及《地方各级人民代表大会和地方各级人民委员会组织法》(1954 年 9 月 20 日)、《人民法院组织法》(1954 年 9 月 21 日)和《人民检察院组织法》(1954 年 9 月 21 日)在深入总结中华人民共和国成立以来基层司法工作实践经验的基础上,强调在人民代表大会制度业已确立的条件下,实行司法与行政的分立的司法体制,规定县级人民法院对本级人大负责并报告工作,县级人大选举本级人民法院院长并有权罢免;改变以往上级法院领导下级法院的体制,建立法院审级监督制度。需要指出的是,《五四宪法》改变了新中国成立之初在社会改革运动和经济恢复时期实行的检察机关双重领导体制,强调作为国家法律监督机关的人民检察院必须实行高度集中统一的领导,规定检察机关实行垂直领导体制,县级人民检察院在上级检察院的领导并一律在最高人民检察院的统一领导下进行工作,县、市、自治县、市辖区的人民检察院检察长、副检察长、检察员和检察委员会委员,则由省、自治区、直辖市的人民检察院提请最高人民检察院批准任免,由此形成独特的基层检察组织系统。

其三,形成了县域治理与群众运动内在结合的历史特质。经过新中国成立之初的艰辛努力,一个具有强大社会组织动员力量的中国特色社会主义国家制度系统与国家治理体系出现在中国大地上,与之相适应的县域治理制度

[1] 李光灿:《法理念的求索》,人民法院出版社 1999 年版,第 3 页;载《新华月报》1951 年第 5 期。

架构逐步形成，现代国家建构取得了历史性的进步。这一进程的鲜明特点之一在于国家发展、县域治理制度转型与大规模的群众运动相互交织在一起。土地改革运动、镇压反革命运动、抗美援朝运动、贯彻婚姻法运动、“三反”和“五反”运动、司法改革运动，以及“一化三改造”运动、合作社运动、肃反运动、人民公社化运动等重大的社会改革运动，成为推动国家建构与法治发展的强大动力，也为创设与施行县域治理新体制提供了重要的载体。在中国，县域治理或县政发展在很大程度上可以视为乡村社会治理。[1] 而新中国成立之初的农村土地改革运动，则为中国县域治理的现代转型发展提供了重大契机。土地问题是影响中国社会演进与发展的一个重大问题，也是近代以来中国民主主义革命的主要内容。中国共产党领导下的新民主主义土地纲领和土地政策的基本点，是通过土地改革彻底摧毁农村封建土地制度，把广大农民从封建地主的压迫下解放出来，使之成为推动中国社会变革的一支重要的基本力量。1947 年 7 月至 9 月，中国共产党全国土地会议讨论通过的《中国土地法大纲》，系统地提出进行土地改革的伟大任务，决定实行彻底平分土地的政策，彻底解决中国农民的土地问题，从而满足了中国农民对土地的法权要求，把亿万农民团结在中国共产党周围，从而奠定了夺取全国政权斗争全面胜利的坚实基础。[2] 新中国成立之后，完成全国性的土地改革任务，彻底摧毁封建土地所有制，建立农民的土地所有制，解放和发展乡村社会生产力，便成为一项重大的历史性任务摆在党和国家面前。从 1950 年冬季开始，经过 3 年左右艰巨而扎实的工作，除少数民族地区外，在全国范围内基本上完成了土地改革，这无疑是“中国人民一个极为伟大的历史性的胜利”。[3] 1950 年

---

〔1〕 史卫民：《“政策主导型”的县政发展》，中国社会科学出版社 2013 年版，第 2～3 页。

〔2〕 美国学者 B. 摩尔分析说，以共产党的胜利为高峰的 1927～1949 年革命的大众基础，是那些缺少土地的农民。农民为最终摧毁旧秩序提供了炸药。在这里，农民再次作为主要动力推动一个政党取得了胜利。而达到了这一目标的基本手段是共产党的土地政策。共产党对土地的再分配不是以整个家庭为单位，而是按人口来进行的，并不考虑长幼和性别。因此，共产党从基础上把农村体制打破了，使地产与领导之间的联系荡然无存。由于摧毁了或者至少是极大地削弱了亲属关系的经济基础，共产党使阶级之间的对抗情绪有力地释放出来。农民反抗地主、佃户反抗收租人、受害者反抗土豪劣绅的斗争才日趋激烈和公开化，以至摧毁了旧秩序，创立了新秩序。[美]B. 摩尔：《民主和专制的社会起源》，拓夫等译，华夏出版社 1987 年版，第 175～181 页。

〔3〕 《刘少奇选集》（下卷），人民出版社 1985 年版，第 30～31 页。

6 月 28 日颁行的《土地改革法》，为这场历史性的重大社会变革提供了有力的法制保障，也为新中国成立之初县域治理制度机制的现代转型发展拓展了广阔的空间。面对着大约 2.8 亿农业人口（总人口约 3.4 亿）的新解放区和即将解放的地区的繁重土地改革任务，新生的基层人民政权做了大量深入细致的土改准备工作，诸如建立土改委员会，召开县、区、乡各界人民代表会议和农民代表会议，改造乡村基层政权，整顿农协组织，建立人民法庭，等等。[1]政务院专门发出有关新解放区土地改革问题的指示，对建立和维护有利于土地改革顺利推进的社会与法律秩序及其基层政府的职责提出了明确要求，强调"不许荒废土地，各级人民政府应保障一切耕种土地者收获的权利。如有荒废土地者，人民政府得给予处分，并得指定人去耕种无人耕种的土地，保障其收获所得"。此外，"在实行分配土地以前，各地人民政府应禁止一切破坏行为，例如：宰杀耕畜、破坏农具、砍伐树木等。对于确有这些破坏行为的分子，得依法严惩之"。尤为重要的是，"如有罪大恶极的恶霸分子及反对农民运动、破坏土地改革的分子，省县人民政府应主动地适时地加以逮捕，送交人民法院或组织人民法庭依法审判，并处以应得之罪刑，不得怠慢。对于这些犯罪分子，应允许农民控告，但必须严格禁止乱打、乱杀、乱逮捕、乱处罚及戴高帽游行等行为。如果省县人民政府和司法机关不能主动地适时地去逮捕、审判和处分这些犯罪分子，则在群众运动起来以后，就很难避免这些混乱现象的发生"。[2] 显然，在中国社会的特殊历史条件下，面对着土地改革这一极其深刻复杂的社会变革运动，如何防止和纠正群众运动起来之后的乱打、乱捕、乱杀现象，是中国共产党人时刻注意并且努力加以解决的一个突出问题，亦是新中国成立之初县域治理面临的一个重要任务。建立健全与土地改革运动相适应的人民法庭制度，便是一个成功的探索和实践。早在解放战争时期，一些革命根据地就创设了人民法庭制度，以此作为土地改革运动的司法

---

〔1〕 诸班师：《建国初期土地改革的概况、特点及其意义》，载《共和国走过的路——建国以来重要文献专题选集》（1949～1952），中央文献出版社 1991 年版，第 226 页。

〔2〕《中央人民政府政务院关于新解放区土地改革和征收公粮的指示》（1950 年 2 月 28 日），载《共和国走过的路——建国以来重要文献专题选集》（1949～1952），中央文献出版社 1991 年版，第 207、210 页。

机构。诸如晋察冀边区行政委员会颁布的《关于人民法庭工作的指示》(1948年1月6日)、《东北解放区人民法庭条例》(1948年1月1日)等。在新中国成立之初的土地改革运动中,作为法律治理的一项重要机制,人民法庭制度的功能价值得到了充分的展示,并且构成了县域治理的司法载体,保障了土地改革各项政策和法令的有效实施,推动了县域治理的现代转型。《土地改革法》第32条规定,在"土改"期间,各县应组织人民法庭,用巡回审判方法,对于罪大恶极为广大人民群众所痛恨并要求惩办的恶霸分子及一切违抗或破坏土地改革法令的罪犯,依法予以审判及处分。《人民法庭通则》(1950年7月20日)进一步明确了人民法庭的组成、性质、审判人员产生和权限等,构架了土地改革时期县域治理的司法秩序体系。一是规定省及省以上政府视情况的需要,必要时得以区为单位或联合两个区以上设立分庭,它们都直接受县(市)人民法院的领导,同时又是县(市)人民法院的组成部分之一。二是规定人民法庭及其分庭的性质是县(市)人民法院的民事庭、刑事庭以外的特别法庭,普通民事、刑事案件仍由民事庭、刑事庭管理。三是规定人民法庭的正副审判长及其半数审判员由县(市)人民政府遴选,其余半数审判员由县(市)各界人民代表会议或人民团体选举;分庭的正副审判长及半数审判员由县(市)人民政府遴选,其余半数审判员由设立地区的人民代表会议或人民团体(在农村中主要是农民代表会议或农民协会)选举;正副审判长和审判员均由县(市)人民政府报请直属上级人民政府审核加以委任。四是规定人民法院及其分庭有权逮捕、拘禁并判决被告死刑、徒刑、没收财产、劳役、当众悔过或宣告无罪;县人民法庭及其分庭所判决之死刑、没收财产及5年以上徒刑的批准权,属于省人民政府(或省人民政府特令指定之专员公署);不足5年的徒刑及宣告无罪之判决的批准权,属于县人民政府。由此可见,在新中国成立之初的土地改革运动中,人民法庭制度以其特有的法律机制,推动着乡村社会生产关系领域中的深刻变革,并且成为构建新型县域治理体系的有力工具,给县域社会生活带来了极其深刻的变化。

美国中国问题专家费正清和罗德里克·麦克法夸尔在论及新中国成立之初的社会变革进程时认为,"要想建立一个完整的国家政治体系,政府就必须以一种前所未有的方式渗入社会的各个角落。这种渗入反过来会引起组织方式上的细致演变,极大地调动广大群众,使其从各种狭隘的社会束缚中解放出来”。[1]实际上,任何一场剧烈的社会变革运动,要实现其预定的变革社会的目标,不仅要从根本上改变旧的国家治理体系及其制度安排,进而创设新的国家治理体系,形成新的制度机制,而且要在新的国家治理体系及其制度依托的基础上,致力于建构有机的社会治理秩序,释放广大社会民众建设新国家与新生活的巨大社会能量。新中国成立以来,国家生活的重心就是要在逐步实现国家制度重构的基础上恢复秩序与建构秩序。其间,几次大的通过法律和群众运动方式推行的社会变革运动,对于县域社会治理新秩序的形成产生了重要的影响。县域治理作为国家治理新体系的基础,不仅有力地促进了社会变革运动,而且在这一过程中自身亦得到了更新与重构。因此,分析具有社会变革意义的群众运动与县域治理制度重构之间的关系,无疑有助于我们把握新中国成立之初县域治理现代转型的社会意义与基本特点。从总体上看,县域治理转型与群众运动内在关联,形成有机的互动关系。县域治理的现代转型成为推进群众运动的重要机制,而群众运动的发展又有力促进了县域治理的现代转型过程。新中国成立之初的头几年内先后发生的群众运动,就其实质而言,是重大的社会改革运动,基层社会生活一直处于接连不断的变革进程之中,县域治理面貌发生了根本性的变化。新中国成立初期的土地改革运动,是乡村社会生活领域中的一场伟大的革命。这一革命用农民的土地所有权制度代替了传统的封建地主土地所有权制度,从而实现了亿万农民“耕者有其田”的千年夙愿,建立了新民主主义的土地制度,为县域治理的现代转型创造了根本性的社会经济条件。与摧毁封建制度经济基础的土地改革运动相适应,新中国成立之初还展开了一场轰轰烈烈的贯彻《婚姻法》运动,以便确保1950年5月1日颁行的新中国第一部《婚姻法》的有效执行,推动社会关系领域的革命性变化。这场中国婚姻关系领域的深刻变革运动,以县域社会为重点,着力解决一些基层司法机关和区乡、村干部干涉婚姻自由、支持落后思想和封建恶习的突出问题,建立诸如调解、巡回审判、定期访问已处理之婚

[1] [美]费正清、罗德里克·麦克法夸尔主编:《剑桥中华人民共和国史》(1949~1965),王建朗等译,上海人民出版社1990年版,第72页。

姻案件当事人、公开审判、示范审判等审理婚姻案件的基层司法机制,[1]进行群众性司法斗争,从而彻底废除了传统的封建家庭伦常秩序体系,建构了新型的婚姻家庭制度,并且为推动县域治理的现代转型打下了坚实的社会基础。从1952年6月到1953年2月开展的新中国成立之初司法改革运动,是一场旨在建立全新的司法秩序的司法改造运动。这场司法改革运动不仅从思想上、政治上、组织上整顿和纯洁了人民法院工作,而且着手建立便于人民的司法审判制度,“在司法改革运动中证实了过去我们主张的陪审制、巡回审判制以及在法院设问事处、接待室”等,“都是人民所欢迎的”。[2] 这些便民的审判制度,贴近基层司法工作的特点和需要,使县域治理的现代转型增添了丰富的内容。农业合作化运动是新中国成立之初县域治理现代转型进程中的一个重大事件,《农业生产合作社示范章程》(1956年3月17日)和《高级农业生产合作社示范章程》(1956年6月10日)这两份法律文件为这一重大社会改革运动创设了法律基础。在农业合作化运动中,国家权力大幅度、广泛介入乡村社会生活的各个领域,造成了“强国家—弱社会”的格局。农业合作化运动的基本法权标志,是农村主要生产资料的公有化,即农村主要生产资料的完全集体所有权的确立。“入社的农民必须把私有的土地和耕畜、大型农具等主要生产资料转为合作社集体所有”。[3] 其后不久的1958年人民公社化运动,则构建了政社合一的人民公社体制。这一基层社会治理体制,加快了国家与社会的同一化进程,集中表达了“强国家—弱社会”的法权要求。

应当看到,在新生的人民共和国政权刚刚建立的社会历史条件下,发动群众运动,推进社会改革,是中国共产党人组织社会动员、巩固新生政权的基本方式,也是县域治理的现代转型进程的强劲动力。“因为大规模的革命运动是群众运动,没有这些群众运动是不行的。比如,土地改革,仅仅靠中央人

---

〔1〕 时任最高人民法院院长沈钧儒指出:“关于处理婚姻案件,结合开展群众性的宣传工作,各地已经有了不少好的经验和方法。如像集体审判或调解,典型事件的公开审判,结合区村调解,教育群众。”《沈钧儒文集》,人民出版社1994年版,第624页。

〔2〕《董必武法学文集》,法律出版社2001年版,第157页。

〔3〕《中华人民共和国法规汇编(1956—1957)》(第3卷),中国法制出版社2005年版,第105页。

民政府发布一个法律而不动员人民群众是不行的,必须发动群众,让群众来参加,问题才能解决得比较彻底”。[1] 然而,同样应当看到,群众运动与法制建设之间往往有其矛盾的一面。在中国的特殊社会历史条件下,新中国成立之初的群众运动固然建立相应的法律机制,形成必要的法律基础,但法律并不是推进群众运动的主导的或支配性的力量,而更多地依赖于发动和动员群众。董必武分析说,“群众运动不是依靠法律,而是依靠广大群众搞起来的。运动有一个特点,就是突破旧的法律”。[2] 这是群众运动必然产生的副作用,集中表现为助长不重视、不信任和不遵守法制的现象的滋生蔓延,损害法律权威的树立。“全国解放初期,我们接连发动了几次全国范围的群众运动,都获得了超过预期的成绩。革命的群众运动是不完全依靠法律的,这可能带来一种副产物,助长人们轻视一切法制的心理,这也就增加了党和国家克服这种心理的困难”。[3] 因此,县域治理的法治原则就不可能得以确立,法治化的县域治理的现代转型进程亦就难以展开。随着国家和社会生活转向以经济建设为中心,那种依靠群众运动来组织社会动员、推进社会治理的模式显然已经不合时宜了。善于运用法律机制来开展县域治理,坚持依法办事、建构法治型的治理秩序,必然成为经济建设是国家的中心任务的新的历史条件下的县域治理的方略选择。1956 年 9 月召开的党的八大深刻分析了新中国成立以来的国内政治形势,对国内的主要矛盾作出了精辟的概括,即“我们国内的主要矛盾,已经是人民对于建立先进的工业国的要求同落后的农业国的现实之间的矛盾,已经是人民对于经济文化迅速发展的需要同当前经济文化不能满足人民需要的状况之间的矛盾”。我们党关于国内主要矛盾的重大判断,对国家发展全局产生了重大影响,决定着国家治理与社会治理的大政方针的基本取向,也决定着转型中的县域治理的历史进程,从而对国家与社会生活的法治化提出了明确要求。“党和全国人民的当前的主要任务,就是要集中力量来解决这个矛盾,把我国尽快从落后的农业国变为先进的工业国。这个伟大任务的完成,对于法律方面的要求就是必须进一步加强人民民主的

[1] 《董必武法学文集》,法律出版社 2001 年版,第 196 页。
[2] 同上书,第 311 页。
[3] 同上书,第 350 页。

法制,巩固社会主义建设的秩序”。[1] 所以在新的历史条件下,国家发展面临的迫切任务之一,就是系统地制定比较完备的法律,健全国家的法制。由此,基于对国内主要矛盾的科学分析,党的八大鲜明提出了加强社会主义法制建设的基本方针,指出:“由于社会主义革命已经基本上完成,国家的主要任务已经由解放生产力变为保护和发展生产力,我们必须进一步加强人民民主的法制,巩固社会主义建设的秩序。国家必须根据需要,逐步地系统地制定完备的法律。一切国家机关和国家工作人员必须严格遵守国家的法律,使人民的民主权利充分地受到国家的保护。”[2] 倘若此后的国家发展沿着党的八大确立的国家法治化的方向不断前进,那么中国法治现代化的进程注定要重新加以表达,中国县域治理的现代转型及其法治化取向将会愈益鲜明地展现出来。但是,从 1957 年开始,法律虚无主义思潮在国家与社会生活中蔓延,直至酿成“文化大革命”全面摧残法制的历史悲剧,中国法治现代化的进程以及县域治理的现代转型遭遇严重挫折。

五、县域治理的法治变革

1978 年 12 月召开的党的十一届三中全会,是中国国家发展及其法治现代化进程中具有里程碑意义的一件大事,不仅标志着当代中国进入了改革开放的历史新时期,而且开启了创新中国国家制度与国家治理体系的时代进程。[3] 正是在这一过程中,中国县域治理的法治化进程呈现出崭新的局面,当代中国的县域法治发展发生了革命性的变革。这一县域治理的法治变革之本质性意义,在于实现从计划经济体制下的人治型县域治理秩序向社会主义市场经济体制下的法治型县域治理秩序的深刻转变。经过 40 年的广泛而深刻的社会与法治变革,县域治理法治化进程显示出旺盛的活力与强大的生命力,有力推动了当代中国县域治理现代化的历史进程。从 1978 年 12 月党

〔1〕《中华人民共和国法规汇编》(1956 年 7 ~ 12 月),法律出版社 1957 年版,第 5 ~ 6、14 页。

〔2〕同上书,第 14 页。

〔3〕美国学者傅高义在描述 1978 年以来中国改革开放时这样说道:“中国自 1978 年实行改革开放政策以来,终于走上了一条具有中国特色的现代化发展道路,这场改革被邓小平称为‘中国的第二次革命’。”张敏杰主编:《中国的第二次革命——西方学者看中国》,商务印书馆 2001 年版,第 1 页。

的十一届三中全会到2012年11月党的十八大之前的三十多年间，县域治理的法治变革展示出若干鲜明的时代特点。

县域治理的法治变革，意味着县域发展基本法治准则的历史性生成。中国是一个封建主义传统源远流长、根深蒂固的国度。“旧中国留给我们的封建专制传统比较多，民主法制传统很少。解放以后，我们也没有自觉地系统地建立保障人民民主权利的各项制度，法律很不完备，也很不受重视”。[1] 党的十一届三中全会认真讨论了民主和法制问题，提出社会主义民主制度化、法律化的重大法治原则，强调“为了保障民主，必须加强社会主义法制，使民主制度化、法律化，使这种制度和法律具有稳定性、连续性和极大的权威，做到有法可依，有法必依，执法必严，违法必究”。[2] 这是一个“人心思法”的时代。[3] 1981年6月党的十一届六中全会通过的《关于建国以来党的若干历史问题的决议》提出，要“完善国家的宪法和法律并使之成为任何人都必须严格遵守的不可侵犯的力量”。[4] 1982年12月4日，五届全国人大五次会议通过的《八二宪法》，把三中全会以来中国共产党推进法治建设的成功经验上升为宪法规范，规定：“一切国家机关和武装力量、各政党和各社会团体、各企业事业组织都必须遵守宪法和法律。一切违反宪法和法律的行为，都必须予以追究。”“国家维护社会主义法制的统一和尊严”。[5] 1997年9月召开的党的十五大在我们党的历史上第一次提出依法治国、建设社会主义法治国家，把依法治国确定为中国共产党领导人民治理国家的基本方略。[6] 进入21世纪以来，中国共产党深刻揭示了共产党的执政规律，鲜明地提出了依法执政的重大命题。2004年9月党的十六届四中全会通过的《关于加强党的执政能力建设的决定》，系统阐述了中国共产党依法执政的基本内容和要求，把依法执政确定为中国共产党治国理政的基本方式。[7] 依法治国基本方略和依法执

〔1〕《邓小平文选》(第2卷)，人民出版社1994年版，第332页。
〔2〕《改革开放以来历届三中全会文件汇编》，人民出版社2013年版，第12页。
〔3〕彭真：《论新时期的社会主义民主与法制建设》，中央文献出版社1989年版，第1页。
〔4〕《三中全会以来重要文献选编》(下)，人民出版社1982年版，第788页。
〔5〕《中华人民共和国法规汇编》(1982年1～12月)，法律出版社1986年版，第6页。
〔6〕《十五大以来重要文献选编》(上)，人民出版社2000年版，第30～31页。
〔7〕《十六大以来重要文献选编》(中)，中央文献出版社2006年版，第281页。

政基本方式的提出与贯彻,表明当代中国国家发展实际上是一个从人治型国家治理体系向法治型国家治理体系的历史性的变革过程,为当代中国国家发展及其现代化确立了基本运行准则,进而指明了当代中国县域治理法治化进程的运动方向。这无疑是中国县域治理体系的一场深刻变革。

适应全党工作的着重点转移到国家现代化建设上来的法权要求,进入1978年改革开放的历史新时期以来,中国县域治理法治化进程逐渐加快,一个具有鲜明中国特质的法治型县域治理体制正在形成。

第一,县级国家权力机关建设得到加强。在《五四宪法》的构架下,县级以上地方人大组织体系中并没有设置人大常委会的制度安排。1979年7月1日,五届全国人大二次会议审议通过的《地方各级人民代表大会和地方各级人民政府组织法》(以下简称《地方组织法》),则充实了县级以上地方人大组织体系,规定县级以上各级人大设立常务委员会。彭真在作《中华人民共和国地方各级人民代表大会和地方各级人民政府组织法修正案(草案)》的说明时指出,“为了发展社会主义民主,加强和健全社会主义法制,保证和便于九亿人民管理国家大事,同时进一步发挥地方的积极性,适应全国工作着重点的转移和经济体制改革的需要”,《地方组织法(草案)》对地方政权作了一些重要改革。其中规定“县以上地方各级人民代表大会设立常务委员会,由主任和副主任、委员若干人组成”,“地方人民代表大会及其常务委员会是地方的国家权力机关,地方人民政府是地方的行政机关。地方人民政府的组成人员由地方人民代表大会及其常务委员会分别选举、罢免或者任免。地方人民政府对地方人民代表大会及其常务委员会负责并报告工作。由于这个改革,在全国县以上各级地方范围内,人民经过自己的代表、代表大会和它的常务委员会,将大大加强对县级以上地方各级人民政府的管理和监督,大大加强自己行使管理国家的权利”。[1] 与新时期基层民主法治建设的任务相适应,《八二宪法》继续规定县级以上的地方人大设立常委会,在乡、民族乡、镇设立人民代表大会;规定县级以上地方各级人大在本行政区域内,保证宪法、法律、行政法规的遵守和执行,依法通过和发布决议,审查和决定地方的经济、

---

〔1〕 彭真:《论新时期的社会主义民主与法制建设》,中央文献出版社1989年版,第3~4页。

文化和公共事务建设的计划，审查和批准本行政区域内的国民经济和社会发展计划、预算以及它们的执行情况的报告，有权改变或撤销本级人大常委会不适当的决定；还规定民族乡的人大可以依照法律规定的权限采取适合民族特点的具体措施；并且规定县级以上的地方各级人大常委会讨论决定本行政区域内各方面工作的重大事项，监督本级人民政府、人民法院和人民检察院的工作，依照法律规定的权限决定国家机关工作人员的任免；等等。这些规定旨在“加强各级地方政权（包括基层政权）的民主基础，同时适当扩大他们的职权，以便各地能够在中央统一领导下因地制宜地发展本地的建设事业”。[1] 因此，《八二宪法》关于包括基层政权在内的各级地方政权建设的规定，对于完善县级治理体制意义重大。[2] 特别是在中国这样一个经济社会发展不平衡的国度，按照充分发挥中央与地方两个积极性的宪制原则，有必要健全县级以上国家权力机关制度，适当扩大地方人大及其常委会的权力。诚如彭真所指出的，“县级以上地方各级人大和它的常委会，要适应社会主义现代化建设新形势的需要，依照宪法规定，积极主动地进行工作。在我们这样一个地广人多、经济文化发展很不平衡的多民族国家建设社会主义，必须十分注意在中央统一领导下，适当扩大地方的权力，发挥中央和地方两个方面的积极性，使地方能够按照宪法、法律规定的原则，因地制宜地发挥他们的主动性、创造性，机动灵活地办理各项事情”。[3]

第二，县域依法行政稳步推进。经过新中国成立初期的不懈努力，特别是农业、手工业和资本主义工商业的社会主义改造任务的基本完成，在“苏联模式”的影响下，逐步建立起一个高度集中的计划经济体制，并且建构了一个高度集权的行政管理制度。《五四宪法》对国家行政机关的组织系统作了详尽的规定，不仅明确作为中央人民政府的国务院的性质、地位、组成和职权范围，也确立了地方各级人民委员会（地方各级政府）的法律地位、人员组成、管

---

〔1〕 彭真：《论新时期的社会主义民主与法制建设》，中央文献出版社1989年版，第163页。

〔2〕 1981年6月27日，党的十一届六中全会通过的《关于建国以来党的若干历史问题的决议》，对党的十一届三中全会以来地方人大组织体系建设取得的进展给予充分肯定，指出各级人大的工作得到加强，省、县两级人代会增设了常设机构，地方和基层组织的权力正在逐步扩大。《三中全会以来重要文献选编》（下），人民出版社1982年版，第771页。

〔3〕 彭真：《论新时期的社会主义民主与法制建设》，中央文献出版社1989年版，第190页。

理权限，还建立了自上而下的统一的国家行政机关的运作体制，强调全国各级政府都是国家统一领导下的国家行政机关，甚至规定县级以上的人民政府有权停止下一级人大的不适当的决议的执行。各级政府对经济社会生活的管理实行严格的计划指令的方式，通过刚性严格的国家统一计划加以实施。“所有私营粮商一律不许私自经营粮食……各种小杂粮……原则上亦应由国家统一经营”；〔1〕“农民向国家缴纳公粮和计划收购粮以外的余粮，可以自由存储，自由使用，可以售给国家粮食部门和合作社，或至国家粮食市场进行交易，并可在农村间进行少量的互通有无的交易，但严禁投机倒把、扰乱市场”；〔2〕“凡生产棉花的农民，应按照国家规定的收购价格，将所产棉花，除缴纳农业税和必要的自用部分外，全部卖给国家”；〔3〕取消了国营企业之间的商业信用机制，代之以高度计划性的银行结算制度；〔4〕全面清理和取消国营商业系统存在的商业信用关系，即便是私营企业与个人的商业信用，除规定允许保留者外，其余也都一律取消；〔5〕“在新粮收获后至粮食统购工作结束前，统购的粮食品种只能卖给国家，不准卖给私人”；〔6〕对于有关主管部门下达的产品计划，工业部门应当保证生产任务的完成，商业部门应当按照计划收购，并负责保管提运，超产或由于不可克服的原因而完不成生产计划的产品，由工、商双方协商解决；〔7〕等等。因此，在新中国成立之后的一个相当长的时期里，政府权力无限扩张，政策调整成为政府治理经济社会生活的优先选择，纵向的直接命令式的行政管控机制支配着经济社会生活的各个领域，政府对经济社会生活的干预常常具有超经济的垄断性质。这一情形在县乡基层政府治理的过程中表现得尤为突出，县域政府的施政行为难以实现规范化、合理化和法治化。所以，1978 年 12 月党的十一届三中全会提出“多方面地改变同

〔1〕《中央人民政府法令汇编》(1953 年)，法律出版社 1982 年版，第 179 页。

〔2〕同上书，第 181 页。

〔3〕《中央人民政府法令汇编》(1954 年)，法律出版社 1982 年版，第 79 页。

〔4〕《中华人民共和国法规汇编》(1954 年 9 月 ~ 1955 年 6 月)，法律出版社 1956 年版，第 269 ~ 273 页。

〔5〕同上书，第 278 ~ 286 页。

〔6〕《中华人民共和国法规汇编》(1955 年 7 ~ 12 月)，法律出版社 1956 年版，第 577 页。

〔7〕《中华人民共和国法规汇编》(1956 年 7 ~ 12 月)，法律出版社 1957 年版，第 318 页。

生产力发展不适应的生产关系和上层建筑，改变一切不适应的管理方式、活动方式和思想方式”的改革经济管理体制的重大任务，指出“现在我国经济管理体制的一个严重缺点是权力过于集中，应该有领导地大胆下放，让地方和工农业企业在国家统一计划的指导下有更多的经营管理自主权；应该着手大力精简各级经济行政机构，把它们的大部分职权转交给企业性的专业公司或联合公司”；与此同时，还强调“有法可依，有法必依，执法必严，违法必究”的十六字法制建设方针。[1] 这就为改革县域政府治理体制，推进县域政府依法行政确立了方向性的重要准则。1980 年 8 月 18 日，邓小平在中央政治局扩大会议上的讲话中深刻阐述了党和国家领导制度改革的重大论题，强调要“改善政府领导制度”，切实解决官僚主义现象、权力过分集中的现象、家长制现象、干部领导职务终身制现象和形形色色的特权现象。在分析官僚主义现象产生的原因时，邓小平指出，“我们现在的官僚主义现象”，“同我们长期认为社会主义制度和计划管理制度必须对经济、政治、文化、社会都实行中央高度集权的管理体制有密切关系”，“这可以说是我们目前所特有的官僚主义的一个总病根”。而“官僚主义的另一病根是，我们的党政机构以及各种企业、事业领导机构中，长期缺少严格的从上而下的行政法规和个人负责制，缺少对于每个机关乃至每个人的职责权限的严格明确的规定，以至事无大小，往往无章可循，绝大多数人往往不能独立负责地处理他所应当处理的问题”。由此，邓小平主张要“真正建立从国务院到地方各级政府从上到下的强有力的工作系统”。[2] 这些论述揭示了县域依法行政进程必须着力解决的突出问题，把建立严格有序的自上而下的体现行政首长负责制要求的行政机关体系与行政法规视为党和国家领导制度改革的重要内容。从 1982 年开始，在中央的部署和推动下，展开了历时三年的全国范围内行政体制改革与政府机构改革，其中市县政府工作人员大约减少 20%。[3] 《八二宪法》按照实行社会主义法治的方针，确立了县级以上地方各级政府的法定权限和职责，规定县

---

〔1〕《三中全会以来重要文献选编》(上)，人民出版社 1982 年版，第 6、10 页。

〔2〕《邓小平文选》(第 2 卷)，人民出版社 1994 年版，第 322、327 ~ 328、339 页。

〔3〕李正华、张金才主编：《中华人民共和国政治史(1949 ~ 2012)》，当代中国出版社 2016 年版，第 181 ~ 183 页。

级以上地方各级政府依照法律规定的权限，管理本行政区域内的经济、教育、科学、文化、卫生、体育、城乡建设事业和财政、民政、公安、民族事务、司法行政、监察、计划生育等行政工作，发布决定和命令，任免、培训、考核和奖惩行政工作人员；还规定乡、民族乡、镇的政府执行本级人大的决议和上级国家行政机关的决定和命令，管理本行政区域的行政工作。1984 年 10 月召开的党的十二届三中全会进一步提出了实行政企职责分工、简政放权进而转变政府职能改革的任务。[1] 1987 年 10 月至 11 月召开的党的十三大对推进中国政治体制改革作了全面部署，将"法制完备"作为社会主义政治体制的基本要素之一，并且提出了包括县乡政府在内的地方机构改革思路，强调"转变政府职能是机构改革的关键"。1989 年 4 月召开的七届全国人大二次会议审议通过了新中国成立以来第一部《行政诉讼法》，对于推动包括县乡政府在内的各级政府依法行政意识的形成起到了重要作用。20 世纪 90 年代以来，县域依法行政步伐进一步加快。1992 年年初，邓小平视察南方发表重要谈话，作出了关于计划与市场关系的精辟论断，并且再一次强调"还是要靠法制，搞法制靠得住些"。[2] 在邓小平南方谈话的指引下，1992 年 10 月召开的党的十四大确立了建立社会主义市场经济体制的经济体制改革目标，并且提出要"按照政企分开和精简、统一、效能的原则，下决心对现行行政管理体制和党政机构进行改革"。[3] 1993 年 11 月召开的党的十四届三中全会在《关于建立社会主义市场经济体制若干问题的决定》中，强调要围绕建立社会主义市场经济的主要环节，"建立相应的法律体系，采取切实措施，积极而有步骤地全面推进改革"；提出"要按照政企分开，精简、统一、效能的原则，继续并尽早完成政府机构改革"；指出要"改革、完善司法制度和行政执法机制，提高司法和行政执法水平"；还特别提出"各级政府都要依法行政，依法办事"。[4] 由此，"依

---

[1] 1984 年 10 月 20 日，陈云同志在党的十二届三中全会上的书面发言中指出："政企职责分开很必要。这样做，一方面可以给企业比过去大得多的自主权，另一方面可以使各级政府部门从许多日常工作中摆脱出来，议大事、看全局，把宏观方面管住管好。"《坚持改革、开放、搞活——十一届三中全会以来有关重要文献摘编》，人民出版社 1987 年版，第 256 页。

[2] 《邓小平文选》（第 3 卷），人民出版社 1993 年版，第 379 页。

[3] 《十四大以来重要文献选编》（上），中央文献出版社 2011 年版，第 26 页。

[4] 《改革开放以来历届三中全会文件汇编》，人民出版社 2013 年版，第 57、67、83 ~ 84 页。

法行政”概念第一次得以鲜明地表达出来,成为县域政府治理活动的基本准则。1997 年 9 月召开的党的十五大把依法治国确立为党领导人民治理国家的基本方略,鲜明提出要建设社会主义法治国家。因此,县域治理法治化进程的方向更加明确。1998 年 10 月召开的党的十五届三中全会作出了《关于农业和农村工作若干重大问题的决定》,提出到 2010 年建设中国特色社会主义新农村的目标,强调“乡镇机构精干”,“乡镇政府要切实转变职能,精简机构,裁减冗员”,“做到依法行政,规范管理”;“乡镇政权都要实行政务公开,方便群众办事,接受群众监督”;要“加强法治,保持农村良好的社会秩序和治安环境”。[1] 这就为中国农村现阶段基层政府法治建设明确了工作重点。在 20 世纪 90 年代,依法行政的制度化建设取得显著进展,《国家赔偿法》(1994 年 5 月)、《行政处罚法》(1996 年 3 月)、《行政复议法》(1999 年 4 月)等一系列法律的颁行,把政府行政权力的行使逐步纳入法治化轨道,从而对法治型县域政府建设提出了全新的要求。与此同时,地方政府机构改革进一步加快。1999 年 1 月,中共中央、国务院制定了《关于地方政府机构改革的意见》,把 1978 年改革开放以来地方政府机构改革推进到了一个新的阶段,市县一级政府机构按照 20% 的比例进行精简,基层政府职能进一步转变。[2] 随着 21 世纪的到来,县域政府法治化进程深入展开。2002 年 11 月召开的党的十六大进一步强调要“加强对执法活动的监督,推进依法行政”。[3] 2003 年 10 月召开的党的十六届三中全会对政府依法行政提出了新的要求,“改革行政执法体制,相对集中行政处罚权,推进综合执法试点”,提高行政执法能力和水平。[4] 2004 年 3 月,国务院发布了《全面推进依法行政实施纲要》,标志着当代中国依法行政正在全面深入展开,县域依法行政的要求更加明确具体。2007 年 10 月,党的十七大提出要全面落实依法治国基本方略,并且把法治政府建设取得新成效作为全面建设小康社会新要求的重要内容之一。鉴于市

---

〔1〕《改革开放以来历届三中全会文件汇编》,人民出版社 2013 年版,第 94、111 页。

〔2〕李正华、张金才主编:《中华人民共和国政治史(1949 ~ 2012)》,当代中国出版社 2016 年版,第 243 页。

〔3〕《十六大以来重要文献选编》(上),中央文献出版社 2005 年版,第 26 页。

〔4〕《改革开放以来历届三中全会文件汇编》,人民出版社 2013 年版,第 139 页。

县政府在依法行政过程中的特殊地位,2008年6月,国务院专门作出了《关于加强市县政府依法行政的决定》,充分体现了依法行政的重心在基层的时代要求。2010年10月,国务院又发布了《关于加强法治政府建设的意见》,有针对性地提出了基层政府治理活动法治化的基本要求,昭示着法治型县域政府治理的崭新方向。

第三,县域司法治理体制逐步完善。在现代社会,司法不仅是国家治理体系的有机组成部分,而且是基层社会治理的重要机制,是推进县域治理法治化的有力工具。1978年中国改革开放的历史新时期之初,国家法治建设的一项迫切任务就是尽快恢复被十年"文化大革命"摧毁了的国家司法制度,并且根据新的历史条件的法治与司法需求,重建国家司法体系。正是在这一过程中,中国县域司法治理体制得以恢复与发展,司法在法治型县域治理体系中的功能作用得到了较为充分的发挥。1978年12月,党的十一届三中全会对新时期司法机关依法行使司法职权提出了明确要求,强调"检察机关和司法机关要保持应有的独立性;要忠实于法律和制度,忠实于人民利益,忠实于事实真相;要保证人民在自己的法律面前人人平等,不允许任何人有超于法律之上的特权"。[1] 因此,重建与完善司法组织体系,必须切实贯彻十一届三中全会对司法工作的基本要求。早在1959年召开的二届全国人大一次会议,就正式撤销了司法部和监察部,司法行政工作由法院兼管。尽管1959年1月最高人民检察院曾经提出《关于人民公社化以后检察机关的组织形式问题向中央的请示报告》,论证检察机关在国家司法体制中存在的必要性,但是全国检察机关仍于1960年被撤销;后来虽一度恢复,最终仍在1969年,最高人民检察院、军事检察院和地方各级检察院相继被撤销。[2] 1975年1月,四届全国人大一次会议修改并通过了1975年《宪法》(以下简称《七五宪法》),对新中国的司法组织体制作了重新设置,规定"最高人民法院、地方各级人民法院和专门人民法院行使审判权。各级人民法院对各级人民代表大会和它的常设机关负责并报告工作。各级人民法院院长由本级人民代表大会的常设机

---

〔1〕《改革开放以来历届三中全会文件汇编》,人民出版社2013年版,第12页。

〔2〕杨一凡、陈寒枫主编:《中华人民共和国法制史》,黑龙江人民出版社1997年版,第785页。

关任免”。“检察机关的职权由各级公安机关行使”。[1] 因此，恢复与重建司法机关，成为十一届三中全会之后的一个紧迫议程。1978 年 3 月召开的五届全国人大一次会议审议通过了 1978 年《宪法》(以下简称《七八宪法》)，决定重新设置人民检察院，恢复检察机关在国家政权体系中的地位。[2] 同年 5 月，中共中央发出了《关于建立各级人民检察院的通知》，着重对组建包括县级检察院在内的地方各级检察院工作提出了具体明确的要求。1979 年 7 月五届全国人大二次会议通过的《人民法院组织法》和《人民检察院组织法》，重构了当代中国的司法制度与体系，建立了比较完整的基层人民法院和基层人民检察院组织体系，为推动县域司法治理的法治化提供了新动能。一是架构了由县(市、区)人民法院和自治县人民法院构成的基层人民法院系统，以及由县(市、区)人民检察院和自治县人民检察院构成的基层人民检察院系统，从而使基层司法机关设置建立在坚实的法治基础之上。二是规定基层人民法院可以设立刑事、民事和经济审判庭，并且根据地区、人口和案件情况可以设立若干人民法庭，而人民法庭则是基层人民法院的组成部分，它的判决和裁定就是基层人民法院的裁判和裁定；县级人民检察院根据工作需要，提请本级人大常委会批准，可以在工矿区、农垦区、林区等区域设置人民检察院，作为派出机构。尽管这些规定在其后的县域司法发展进程中发生了若干变动(比如，基层法院一般不再设置经济审判庭的审判机构，关于基层检察院可以设置具有派出机构性质的工矿区、农垦区、林区等检察院的条款在 1983 年 9 月修订后的《人民检察院组织法》中已经删去)，但基层司法机关的组织框架总体上相对稳定，一直延续到现在，在县域治理法治化进程中发挥了重要作用。三是规定基层人民法院负责审理除法律、法令另有规定之外的大量的刑事和民事一审案件，同时承担处理不需要开庭审判的民事纠纷、轻微的刑事案件和指导人民调解委员会的工作等司法事务；基层人民检察院则通过行使检察权，担负着几乎和上级检察院相似的繁复的检察业务，并且对本级法

---

〔1〕 熊先觉等编:《中国司法制度资料选编》，人民法院出版社 1987 年版，第 157～158 页。

〔2〕 粉碎“四人帮”以后，中央在征求宪法修改意见的过程中，有 19 个省、自治区、直辖市和人民解放军八大军区、35 个中央直属机关、国家机关和军事机关提出了重新设立检察院的建议。孙琬钟主编:《中华人民共和国法律大事典》，中国政法大学出版社 1993 年版，第 283～284 页。

院一审案件的判决和裁定认为有错误时，应当按照上诉程序提出抗诉。可见，基层司法机关参与基层社会治理过程确乎是广泛且多样的。四是建立包括基层司法机关在内的各级司法机关的运行制度机制，诸如法院的审判委员会制度和检察院的检察委员会制度，人民法院的两审终审制、公开审判制度、辩护制度、独任审判制度、合议制度、回避制度等，人民检察院的法律监督制度与机制，等等。这些司法制度和机制的建立，有利于严格规范基层司法机关职权的行使，提高基层司法的社会公信力。

从20世纪80年代中期开始，当代中国的司法改革开始酝酿，大都集中在推行公开开庭、注重审判工作监督等基层司法的层面上。随着党的十四大明确建立社会主义市场体制的改革目标和党的十五大提出依法治国、建设社会主义法治国家的基本方略，司法在治理中的地位和作用更加重要，基层司法改革愈益深入展开。在这一时期，中国基层司法改革的主要领域集中在审判方式改革、审判组织改革、审判监督制度改革、法官人事制度改革等方面，以期提升基层司法机关的依法公正解纷能力，整合基层司法治理的资源配置，增强基层司法的社会功能，从而建立起一个权责明确、相互配合、相互制约、高效运行的基层司法体制。然而，从计划经济体制向市场经济体制的转变，以及由人治型社会向法理型社会的转型，给中国基层司法生活带来了剧烈的冲击，传统型司法模式与期望通过改革而重塑的现代型司法模式之间的内在冲突，不可避免地反映在基层司法领域的各个方面，消弭或制约着基层司法改革的实际成效。如何从当下中国基层社会鲜活的司法实践中，感悟基层司法人的认知与体验，进而挖掘出有着独特而鲜明的本土性的基层司法理念与经验，寻求正式制度与非正式制度的有机融汇，[1]借以重构当代中国县域治理法治化进程中的基层司法体制，准确地表达出基层司法的中国范式或中国道路，这无疑是我们应认真对待的深具意义的时代议题。

---

〔1〕 有的学者认为，寻求本土资源，注重本国传统，并非简单地从历史中寻找，从历史典籍规章中去找寻，而是更重要的要从社会生活中的各种非正式制度中去寻找，要关注当代人的社会实践中已经形成或正在萌芽发展的各种非正式制度，因为这是活生生流动着的、在亿万中国人的生活中实际影响他们的行为的一些观念，亦即他们的行为中体现出来的模式。苏力：《法治及其本土资源》（第3版），北京大学出版社2015年版，第15页。

第四,县域治理法治化进程中国家与社会之间关系的深刻变动。如前所述,在新中国成立之后相当长的一段时间内,由于“苏联模式”的影响,加之根深蒂固的传统基础以及国际国内的实际情况,建构了一个高度集权化的政治、经济与社会体制,国家对社会经济生活实行一元化的全面控制,整个社会生活缺乏应有的活力。毛泽东曾经意识到这个问题应予认真解决,在《论十大关系》(1956 年 4 月 25 日)的讲话中提出鉴于苏联建设社会主义过程中的经验教训,要“围绕一个基本方针,就是要把国内外一切积极因素调动起来,为社会主义事业服务”;“我们不能像苏联那样,把什么都集中到中央,把地方卡得死死的,一点机动权也没有”;“应当在巩固中央统一领导的前提下,扩大一点地方的权力,给地方更多的独立性,让地方办更多的事情”。[1] 显然,这里所涉及的是对国家治理结构的清醒反思,并且从中央与地方的关系格局中触及国家与社会之间的深层次关系。[2] 尽管在当时的历史背景下毛泽东的这一国家制度建构的调整思路并未得到很好的贯彻,但是强调调动中央和地方“两个积极性”乃至调动一切积极因素的基本方针,则在 1978 年改革开放蓬勃兴起的时代大潮中成为生动的现实。这亦是中国经济增长“奇迹”的重要成因之一。而撤销政社合一的人民公社体制,建构乡政村治体制,则成为改革开放初期创新县域治理体制、重塑国家与社会之间关系格局的一个重大举措。

人民公社体制是 20 世纪 50 年代中国农业合作化运动的历史产物。农业的社会主义改造,是中国农村社会制度的一场深刻的变革。1955 年 7 月 31 日,毛泽东在省委、市委和区党委书记会议上作了题为《关于农业合作化问题》的报告,指出:“目前农村中合作化的社会改革的高潮,有些地方已经到来,全国也即将到来。这是五亿多农村人口的大规模的社会主义的革命运动,带有极其伟大的世界意义。我们应当积极地热情地有计划地去领导这个运动,而不是用各种办法去拉它向后退。”他认为,在农业合作社的发

---

〔1〕《毛泽东著作选读》(下册),人民出版社 1986 年版,第 720、729 页。

〔2〕苏力认为,《论十大关系》第一次从政治制度结构上讨论了中央和地方的分权问题,反映出中国高层力图寻求在中国建立某种中央与地方分权的基本方针和制度格局。苏力:《道路通向城市:转型中国的法治》,法律出版社 2004 年版,第 62 页。

展问题上,“目前不是批评冒进的问题”,而是“要有全面的规划,还要加强领导”。[1] 同年10月11日,党的七届六中全会通过了《关于农业合作化问题的决议》,对农业合作化这一社会改革的形势作了全面估计,分析了这场社会改革运动的必要性、可能性及其基本方针和必须采取的进一步措施,对农业合作社的法权关系之性质以及股份基金和公积金这两种农业合作社的主要形式之特点与运作加以明确的界定,强调“面临着农业合作社运动日益高涨的形势,党的任务就是要大胆地和有计划地领导运动前进,而不应该缩手缩脚”。[2] 按照当初的设想,在农业社会主义改造方面,将采取分三步走的逐步前进的办法,第一步按照自愿和互利的原则,组织仅带有某些社会主义萌芽的农业生产互助组;第二步仍然按照自愿和互利的原则,组织小型的带有半社会主义性质的农业生产合作社;第三步按照同样的自愿和互利的原则,组织大型的完全社会主义性质的农业生产合作社。而要完成这三步走,大约需要三个五年计划的时间。[3] 但是,事实上后来的进程大大加快了,到1956年即已基本完成农业的社会主义改造,到1958年全国农村普遍实行了人民公社化。1958年8月29日,中共中央作出《关于在农村建立人民公社问题的决议》,强调人民公社实行政社合一体制,“乡党委就是社党委,乡人民委员会就是社务委员会”。[4] 同年12月10日,党的八届六中全会通过的《关于人民公社若干问题的决议》进一步规定“人民公社应当实行统一领导、分级管理的制度”。[5] 此后,1961年6月15日,中央工作会议修订通过的《农村人民公社工作条例(修正草案)》明确规定“农村人民公社是政社合一的组织,是我国社会主义社会在农村中的基层单位,又是我国社会主义政权在农村中的基层单位”;并且确立了人民公社组织体系,即一般实行公社、生产大队和生产队三

---

〔1〕《建国以来重要文献选编》(第7册),中央文献出版社2011年版,第49、59、68页。

〔2〕《中华人民共和国法规汇编》(1955年7～12月),法律出版社1956年版,第25页。

〔3〕同上书,第16、19～20页。

〔4〕《中国共产党中央委员会关于在农村建立人民公社问题的决议》(1958年8月29日),载张培田主编:《新中国法制研究史料通鉴》(第5卷),中国政法大学出版社2003年版,第5657页。

〔5〕《关于人民公社若干问题的决议》(1958年12月10日中国共产党第八届中央委员会第六次全体会议通过),载张培田主编:《新中国法制研究史料通鉴》(第5卷),中国政法大学出版社2003年版,第5674页。

级组织体系，强调“以生产大队的集体所有制为基础的三级集体所有制，是现阶段人民公社的根本制度”。[1] 后来的《七五宪法》和《七八宪法》都规定人民公社、镇设立人民代表大会和革命委员会。因此，三级所有、队为基础的政社合一的人民公社体制，构成了我国基层政权组织系统，对新中国的县域治理进程产生了深远的影响。

进入改革开放的历史新时期以后，随着农村家庭联产承包责任制的逐步推行，人民公社体制日益成为农村社会生产力发展的制度性束缚，推进农村基层政权体制的历史性变革已经不可避免地提上了党和国家的重大议事日程。诚然，1978 年 12 月，党的十一届三中全会出于政治运行策略的考虑，依然强调“人民公社要坚决实行三级所有、队为基础的制度，稳定不变”，“人民公社、生产大队和生产队的所有权和自主权必须受到国家法律的切实保护”。但是，面对着全党工作的重点转移到经济建设上来的新的历史条件和“必须集中主要精力把农业尽快搞上去”的政治与经济要求，党的十一届三中全会明确提出“必须首先调动我国几亿农民的社会主义积极性，必须在经济上充分关心他们的物质利益，在政治上切实保障他们的民主权利”；“不允许无偿调用和占有生产队的劳力、资金、产品和物资”；“社员自留地、家庭副业和集市贸易是社会主义经济的必要补充部分，任何人不得乱加干涉”；“人民公社各级组织都要坚决实行民主管理、干部选举、账目公开”。[2] 在党的十一届三中全会精神指引下，农村社会经济政策逐步放宽，有效调动了农民的积极性，在实践中解放思想、大胆探索，建立了体现按劳分配精神、因地制宜发展农业生产的多种形式的生产责任制。[3] 1980 年 9 月 27 日，中共中央印发《〈关于进一步加强和完善农业生产责任制的几个问题〉的通知》，分析了 20 世纪 50 年代农业集体化过程的曲折和失误，认为“人民公社的体制、结构方面也存在

---

〔1〕《农村人民公社工作条例（修正草案）》（1961 年 6 月 15 日），载张培田主编：《新中国法制研究史料通鉴》（第 5 卷），中国政法大学出版社 2003 年版，第 5863 页。

〔2〕《三中全会以来重要文献选编》（上），人民出版社 1982 年版，第 7 页。

〔3〕1980 年 5 月 31 日。邓小平在《关于农村政策问题》的谈话中指出，一些地方实行包产到户，“这种转变不是自上而下的，也不是行政命令的，而是生产发展本身必然提出的要求”。“从当地具体条件和群众意愿出发，这一点很重要”。《坚持改革、开放、搞活——十一届三中全会以来有关重要文献摘编》，人民出版社 1987 年版，第 45 ~ 46 页。

需要改革和完善的问题”，强调各地应根据群众意愿，加以引导，因地制宜逐步推广专业承包联产计酬责任制等多种形式的农业生产责任制，并且“把扩大社队自主权同加强社员民主管理结合起来，充分发挥社员代表会议和各级管理委员会的职能”。[1] 1982年1月1日，中共中央批转的《全国农村工作会议纪要》，深入分析党的十一届三中全会以来建立农业生产责任制的进展情况，指出“这是一场牵动亿万群众的深刻而复杂的变革”，作出了“大规模的变动已经过去”“从现在起，除少部分地区和社队外，从全局来讲，应当稳定下来”的重大判断和政策治理选择，提出要坚持因地制宜分类指导的原则，通过一定的合同机制，健全与完善农业生产责任制；并且强调要切实解决好农村一部分社队基层组织涣散、不良现象滋长蔓延的问题。[2] 很显然，在实行联产承包责任制等多种形式的农业生产责任制这一我国农村社会经济制度历史性变革的形势下，人民公社体制已经严重不适应农村社会生产力发展的要求，必须加以调整或改革。因此，《八二宪法》历史性地终结了政社合一的人民公社体制，建构了乡镇基层政权体制，而保留了人民公社的农村集体经济组织的职能形式。对此，彭真在作宪法修改草案的说明时指出：“基层政权是人民民主专政政权的基础组织，是国家各项工作的一个重要落脚点。基层政权真正掌握在人民手里，由人民直接选举、监督和罢免，同时接受上级政权的领导或者监督。这样，社会主义高度民主就有了坚实的基础。”“为了加强农村基层政权，健全农村集体经济组织，草案按照政社分开的原则，规定设立乡政权，保留人民公社作为集体经济组织。这既有利于改进和加强政权工作，密切政权同群众的联系，也有利于集体经济组织的发展”。用政社分开的乡镇政权体制取代政社合一的人民公社体制，是一场关系全局的深刻而复杂的农村社会政治与经济制度的重大变革，需稳妥有序推进。因此，“政社分开，只是把政权那一部分职权分出去，公社、大队、生产队的企业和其他一切财产的所有权，仍然不变。这一点，要向广大农民群众和社队干部讲清楚，以免引起不必要的思想混乱，造成经济、生产上的损失”。至于政社分开的具体实

---

[1] 《三中全会以来重要文献选编》(上)，人民出版社1982年版，第504～509页。

[2] 《坚持改革、开放、搞活——十一届三中全会以来有关重要文献摘编》，人民出版社1987年版，第129～132页。

施,这是一件细致的工作。“各地要从自己的实际情况出发,有领导、有计划、有秩序地进行,不要草率行事和‘一刀切’”。[1] 为了切实推动农业生产责任制的发展,积极稳步地贯彻中央关于政社分开的重大决策部署和《八二宪法》关于建立乡镇政权的有关规定精神,1983 年 1 月 2 日,中共中央发出了《关于印发〈当前农村经济政策的若干问题〉的通知》,明确提出要以联产承包责任制为主要形式推行多种形式的农业生产责任制,这是党的十一届三中全会以来我国农村影响最深刻的变化。“联产承包制采取了统一经营与分散经营相结合的原则,使集体优越性和个人积极性同时得到发挥。这一制度的进一步完善和发展,必将使农业社会主义合作化的具体道路更加符合我国的实际。这是在党的领导下我国农民的伟大创造,是马克思主义农业合作化理论在我国实践中的新发展”。“联产承包责任制和各项农村政策的推行,打破了我国农业生产长期停滞不前的局面,促进农业从自给半自给经济向着较大规模的商品生产转化,从传统农业向着现代农业转化。这种趋势,预示着我国农村经济的振兴将更快到来”。要善于利用合同的法律机制,建立和健全承包合同制,“这是完善农业生产责任制的重要环节”。上层建筑的改革必须适应经济基础变化的需要。为此,必须改革政社合一的人民公社体制。“人民公社的体制,要从两方面进行改革。这就是,实行生产责任制,特别是联产承包制;实行政社分设”。“政社合一的体制要有准备、有步骤地改为政社分设,准

〔1〕 彭真:《论新时期的社会主义民主与法制建设》,中央文献出版社 1989 年版,第 113~114、162 页。1983 年 2 月 26 日,彭真在中央政法委员会扩大会议上的讲话中深刻分析了政社分开的必要性与具体实施问题,指出:“政社分开的问题,十一届三中全会以后中央就定了。分起来是有不少问题要解决,但非分不行。政社合一,现在看来,有三个削弱:因为实际上党、政、经济组织是一揽子,党的民主集中制削弱了,政权的民主集中制削弱了,群众集体经济组织的民主集中制也削弱了,特别是作为集中基础的民主削弱了。”“政社分开,把三方面的社会主义民主健全起来。试点的实践已经证明,政社分开,有利于加强基层党组织、政权和劳动集体经济组织的民主集中制,有利于密切党、政府和群众的关系,更好地调动人民群众和优秀基层干部的积极性,有利于社会主义现代化建设事业的发展”。关于乡政权建设,“群众很怕乡政权‘衙门化’。一定要使乡政权真正成为密切联系群众的,领导人民、为人民服务的基层政权。各地要经过试点,调查研究,从实际出发,总结实践经验,按照实际情况去办,不能千篇一律、一刀切。各地可以根据当地实际情况进行典型试验。我们不要勉强生硬作统一规定,不要基本意见还未一致,就把一种典型一下推开。规模应该多大,意见不一致,需要继续研究各地典型经验和各种实际情况,实事求是地一步步推广”。彭真:《论新时期的社会主义民主与法制建设》,中央文献出版社 1989 年版,第 178~179 页。

备好一批改变一批。在政社尚未分设以前,社队要认真地担负起应负的行政职能,保证政权工作的正常进行。在政社分设后,基层政权组织,依照宪法建立”。[1] 1983年10月,中共中央、国务院下发《关于实行政社分开,建立乡政府的通知》,有力推动了撤社建乡工作。1984年10月,党的十二届三中全会在深入总结农村改革成功经验的基础上,对以城市为重点的经济体制改革进行了全面部署,提出了发展有计划的商品经济、建立起具有中国特色的充满生机和活力的社会主义经济体制的重大历史任务。因此,当代中国农村面临着加速发展商品生产的重大机遇。1985年1月1日,中共中央、国务院出台了《关于进一步活跃农村经济的十项政策》,明确“按照自愿互利原则和商品经济要求,积极发展和完善农村合作制”,强调“联产承包责任制和农户家庭经营长期不变”,提出了支持乡镇企业发展的政策措施,[2]并且对增强县级政府管理和协调经济的能力,逐步开展小城镇建设作出具体部署,借以加强城乡之间相互促进、协调发展,从而巩固和发展政社分开的中国农村经济社会制度改革的成果。[3] 显而易见,1978年以来逐步展开的当代中国农村改革,催生了以联产承包责任制和农户家庭经营为主导形式的农业生产责任制这

---

〔1〕《坚持改革、开放、搞活——十一届三中全会以来有关重要文献摘编》,人民出版社1987年版,第170、173、175页。

〔2〕20世纪80年代在中国兴起的乡镇企业在很大程度上乃是调整人民公社体制、推行政社分开的历史产物,一般包括社(乡)队(村)举办的企业、部分社员联营的合作企业和其他形式的合作工业和个体企业等诸种类型。乡镇企业的蓬勃发展,不仅拓展了当代中国农村社会变革的广阔空间,而且成为推动县域治理的当代发展的深厚动力,在很大程度上形成了国家与社会关系新变动的经济社会条件。中央在推进农村改革的过程中,高度重视发展乡镇企业,用政社分开的乡镇政权体制取代政社合一的人民公社体制,却保留了人民公社的集体经济组织功能形式,在体制改革中认真保护社队企业这一合作经济;在转发农牧渔业部和部党组《关于开创社队企业新局面的报告》的通知中,强调乡镇企业是国营企业的重要补充,不仅提出要对乡镇企业在发展方向上加以积极引导,对乡镇企业和国营企业一样一视同仁、给予必要的扶持,而且要求县以上党委和政府在规划和指导乡镇企业发展的同时,应对集镇建设作出全面规划,加快农村的经济文化中心建设,并且考虑设置与乡镇企业发展相关的行政管理机构。《关于进一步活跃农村经济的十项政策》(1985年1月1日)提出对乡镇企业实行信贷、税收优惠,严禁平调乡镇企业的财产。在部署1986年农村工作时,中央进一步肯定了乡镇企业发展的重要的经济和政治意义,强调“应当积极扶持,合理规划,正确引导,加强管理,使之保持健康发展”。《坚持改革、开放、搞活——十一届三中全会以来有关重要文献摘编》,人民出版社1987年版,第175~176、194~196、272~273、357页。

〔3〕《坚持改革、开放、搞活——十一届三中全会以来有关重要文献摘编》,人民出版社1987年版,第269、274、275页。

一当代中国农民的伟大的制度创新与创造,打破了长期以来施行的政社合一的人民公社体制,重构了中国乡镇基层政权体系,进而极其深刻地改造了县域治理的社会政治与经济环境,有力地推动了当代中国国家与社会关系格局的历史转型。

与乡镇政权的重建进程相辅相成,1978 年以来中国基层社会自治逐步兴起,基层社会政治生活面貌发生了广泛变化,构成了法治型县域治理进程的社会基础,从而成为重塑国家与社会关系新格局的内生动力。随着人民公社体制的解体,广大农民获得了土地承包经营的权利,国家权力在农村基层社会中的贯彻与运行固然通过乡镇政权体系的重建获得延展,但是在原先构成人民公社体制赖以存在的载体的大队和生产队,却遭遇到了新的现实挑战。〔1〕 拥有土地承包经营自主权的广大农户家庭,不再像以往那样受到国家权力的无限支配,而是具有相当程度的表达自由意愿和自主经营活动的基层社会主体,从而在很大程度上决定着附着在土地承包经营责任制之上的各类经济与社会资源的具体运用。〔2〕 因此,村民自治与乡镇政权重建之间相互联系、相互作用,成为当代中国改革开放新时代的基层社会治理革命的两大制度基石。《八二宪法》在认真总结新中国成立以来基层民主政治建设经验教训的基础上,运用国家根本大法的形式,正式建立了中国特色的基层社会自治制度,规定"城市和农村按居民居住地区设立的居民委员会或者村民委员会是基层群众性自治组织"。在广大的农村地区,村民自治是现代县域治理的基础性制度载体形式。作为我国基层群众性自治组织形式,村民委员会的法律地位与主要作用得到了宪法的确认。村民委员会的主任、副主任和委员由居民选举产生。村民委员会设有人民调解、治安保卫、公共卫生等委员会,

---

〔1〕 有的学者认为,"在人民公社解体和土地承包给农民后,国家在农村原有的那种强有力的总体性权力处于衰减之中。但这个过程要比人们推断的更为复杂"。孙立平、郭于华:《"软硬兼施":正式权力非正式运行的过程分析——华北 B 镇定购粮收购的个案研究》,载应星等编:《中国社会学文选》(下册),中国人民大学出版社 2011 年版,第 657 页。

〔2〕 有的学者注意到,"村庄对自己事务的支配权,即村庄对多大程度上能够控制自己的资源为自己的目标所用,是反映村庄'自治'程度的重要方面"。这些重要事务涉及对村庄土地、人事、财务和资源的控制权。张静:《村庄自治与国家政权建设——华北西村案例分析》,载应星等编:《中国社会学文选》(下册),中国人民大学出版社 2011 年版,第 657 页。

办理本居住地区的公共事务和公益事业，调解民间纠纷，协助维护社会治安，并且向政府反映群众的意见、要求和提出建议。对此，彭真在作宪法修改草案说明中说道，村民委员会是我国长期行之有效的重要组织形式。“实践证明，搞得好的地方，它在调解民间纠纷、维护社会秩序、办好公共事务和公益事业、搞好卫生等方面都起到了很大作用。这次将它列入宪法修改草案，规定它是群众自治性组织”。[1] 在中国这样一个超大规模的东方大国里，建立起稳定的有机社会秩序，诚然需要国家公权力的强制性介入，通过国家机器达到秩序建构的目的。但是，在基层社会治理过程中，面对大量的社会矛盾纠纷，“如果都要由派出所去管，靠法院、检察院去办，越搞负担会越重。一个乡派出所，管那么大地方，也不过两三个顶多五六个民警，哪里能管得了？要增加多少人？这个问题应提到议事日程上来解决”。这就应该进一步依靠村民委员会在宪法和法律范围内解决，制定乡规民约，“人民群众自己管理自己的事情，处理不了的，再送到公安机关、司法机关”。所以，要按照《宪法》第111条的规定，充分发挥村民委员会的作用。“这样，问题比较好解决，好处很多，司法机关、特别是派出所负担减轻了，政府与群众的关系、干部与群众的关系、执法机关干部与群众的关系也会比较好处理，群众内部也比较容易加强团结，社会风尚也可能好得快一些”。[2] 在《八二宪法》的指引下，各地在加强村民委员会组织建设方面进行了积极探索，到20世纪80年代后期，全国已经建立了90多万个村民委员会。[3] 1987年11月24日，第六届全国人大常委会第二十三次会议审议通过了《村民委员会组织法（试行）》，用法律的形式规定了村民委员会与基层政权之间的关系以及村民委员会的具体运行机制。1994年11月，中共中央发出《关于加强农村基层组织建设的通知》，对健全村民委员会和村民小组，完善村民选举、村民议事、村务公开、村规民约等村民自治制度提出了具体要求。1998年6月，中共中央办公厅、国务院办公厅发出《关于在农村普遍实行村务公开和民主管理制度的通知》，有力促进了

---

〔1〕 彭真：《论新时期的社会主义民主与法制建设》，中央文献出版社1989年版，第114页。

〔2〕 同上书，第176～177页。

〔3〕 李正华、张金才主编：《中华人民共和国政治史（1949～2012）》，当代中国出版社2016年版，第185页。

农村基层民主建设。1998 年 10 月，党的十五届三中全会通过《关于农业和农村工作若干重大问题的决定》，把“必须承认并充分保障农民的自主权、把调动广大农民的积极性作为制定农村政策的首要出发点”作为农村改革二十年基本经验的第一条，强调“调动农民的积极性，核心是保障农民的物质利益，尊重农民的民主权利。在任何时候，任何事情上，都必须遵循这个基本准则”，并且把“全面推进村民自治”确立为建设中国特色社会主义新农村的目标之一，把“推进农村基层民主建设”“加强乡镇政权和村民自治组织建设，依法保障农民当家作主的权利”作为实现我国农业和农村跨世纪发展目标而必须坚持的十条方针之一，对加强农村基层民主法制建设作出了具体部署。[1] 1998 年 11 月，第九届全国人大常委会第五次会议审议通过了新修订的《村民委员会组织法》，改变了原先村民委员会一般设立在自然村的规定，而是设置在建制村，并且明确“村民委员会可以按照村民居住状况分设若干村民小组”；强调要发挥农村基层自治组织的“自我管理、自我教育、自我服务”的作用，“实行民主选举、民主决策、民主管理、民主监督”。由此，以建制村为基础的村民自治渐次展开。[2] 2002 年 7 月，中共中央办公厅、国务院办公厅发出《关于进一步做好村民委员会换届选举工作的通知》，全面规范村民委员会直接选举工作，有力推动了民主选举村民委员会工作的深入开展。2004 年 6 月，中共中央办公厅、国务院办公厅印发了《关于健全和完善村务公开和民主管理制度的意见》，要求各地进一步健全村务公开制度，努力推进农村基层民主的制度化、规范化、程序化。2008 年 10 月，党的十七届三中全会通过的《关于推进农村改革发展若干重大问题的决定》，深入总结了当代中国农村改革 30 年的宝贵经验，明确提出推进农村依法治理，推动村民自治制度更加完善，

---

〔1〕《改革开放以来历届三中全会文件汇编》，人民出版社 2013 年版，第 91、94、96～97、109～112 页。

〔2〕徐勇主编：《中国农村村民自治有效实现形式研究》，中国社会科学出版社 2015 年版，第 14 页。有的学者认为，在 1988 年到 1998 年《村民委员会组织法（试行）》的十年间，广东、广西和云南三省区在自然村一级进行村民自治，这固然与这三省区行政村规模比较大且自然村一直有自治传统有关，但更重要的是在广东、广西，绝大多数村庄都是宗族村庄，聚族而居形成的自然村往往有着相当数量的宗族公产，宗族在村庄公共品供给方面起着相当重要的作用，所以在自然村一级实行村民自治顺理成章；云南省村庄则多为少数民族村庄，自然村一级的自治能力也相当强。贺雪峰：《治村》，北京大学出版社 2017 年版，第 278 页。

进而完善与农民政治参与积极性不断提高相适应的乡镇治理机制的历史性任务，强调要“以扩大有序参与、推进信息公开、健全议事协调、强化权力监督为重点，加强基层政权建设，扩大村民自治范围，保障农民享有更多更切实的民主权利”，提出要“健全村党组织领导的充满活力的村民自治机制，深入开展以直接选举、公正有序为基本要求的民主选举实践，以村民会议、村民代表会议、村民议事为主要形式的民主决策实践，以自我教育、自我管理、自我服务为主要目的的民主管理实践，以村务公开、财务监督、群众评议为主要内容的民主监督实践，推进村民自治制度化、规范化、程序化”，进而“依法保障农民知情权、参与权、表达权、监督权”。[1] 这无疑是新的历史条件下推动村民自治制度改革发展的纲领性文献。2010 年 10 月，第十一届全国人大常委会第十七次会议审议通过了修订后的《村民委员会组织法》，适应农村基层民主政治建设的新形势新任务，确立党的基层组织在村民自治中的领导地位，健全村民自治组织体系，规范村民委员会成员的选举和罢免程序，完善村民会议、村民代表会议和村民小组会议的议事规则与程序，加强村民自治的民主监督功能，建立了乡镇政府委托村民委员会实施事项的付费制度，从而明显提高了村民自治的法治化水平，为建构法治型县域治理系统奠定了坚实的基层法治基础。

六、变革时代的县域法治发展

党的十八大以来，中国国家发展及其现代化进程进入了一个新时代。推进国家治理体系和治理能力现代化这一含义丰富而深刻的重大命题，集中表达了当代中国国家发展的前进方向。从广泛的意义上讲，国家治理现代化构成了当代中国县域法治发展的基本目标。这就是说，国家治理现代化是一个从传统型国家治理系统向现代化国家治理系统的历史转变过程，是一个从国家治理理念、国家治理体系到国家治理机制、国家治理方式乃至国家治理能力、国家治理行为的全方位的革命性变革的进程。作为建构国家治理体系的重要法治机制的县域法治，必须与国家治理现代化的时代进程相适应，实现

[1] 《改革开放以来历届三中全会文件汇编》，人民出版社 2013 年版，第 149、157～158 页。

自身的创造性转换,建构一个以推进国家治理现代化为基本取向的县域法治发展模式。我们应把县域治理的法治化对于实现国家治理现代化的功能作用的发挥程度或实际效果,作为评价当代中国县域法治发展的基本尺度。由此出发,紧紧围绕中国国家发展及其现代化的内在要求,合理平衡国家与社会之间的有机联系,着力把握中国县域法治变革进程的运动方向,深入推动从传统的人治型的国家治理体系向现代法治型的国家治理体系的创造性的转变,借以反映大变革时代中国县域法治发展的生动场景。

其一,走向善治的县域法治理念的确立。善治思想的渊源可以追溯到亚里士多德的法治概念。他把法律至上作为好的国家的标志,认为法律是普遍的规范,它的主体是公民,而要保证公民拥有自由,就要诉诸法治。"法治应包含两重意义:已成立的法律获得普遍的服从,而大家所服从的法律又应该本身是制订得良好的法律"。[1] 可见,在亚里士多德看来,法治是为了公民的利益而实行的统治,以区别于为某种偏私利益或个人利益的宗法统治或专横统治。公民自愿服从和遵从普遍的法律,而绝非在暴力的威胁下被迫服从;而这样的法律必须是良法,绝非"恶法"。因此,法治是一种合法的统治,而不是专横的统治;是一种凭据良法的统治,而不是恶法的统治;是一种公民自愿服从的统治,而不是被迫服从的消极统治。因而法治是一种良好的统治,这是法治的基本标志,由此而达至善治的状态。亚里士多德之所以强调法治,是由于他不是把法治看作一种权宜之计,而是视为一种不受主观愿望、个人感情影响的理性,并且是有道德的和文明生活的一个不可缺少的条件。因此,尽管亚里士多德没有明确提出善治的概念,但是他的法治观念蕴含着善治的深刻意义,对后世影响很大。善治作为一个正式的概念表达,是现代的事情。第二次世界大战以后,随着全球化进程的展开,全球治理问题突出地提上了国际议程。而政治国家与市民社会关系的新变化,一种致力于探究政府与公民对公共生活的合作管理的善治学说风靡国际学术界。人们通常把合法性、法治看作善治的基本构成要素之一,强调没有得到公民发自内心的体认与服从的权威和秩序,没有公民对法律的充分尊重和自愿服从,就没有

---

〔1〕［古希腊］亚里士多德:《政治学》,吴寿彭译,商务印书馆1965年版,第119页。

善治可言。我们可以看到，善治内在地蕴含着法治的要求，国家与社会生活的法治化构成了善治的基础。公民对权威和秩序的信任与自觉体验，这是实现善治的前提性条件。

当代中国县域法治发展的深厚底蕴，就在于确证善治的价值意义，把实现县域善治与推动国家发展、推进国家治理现代化内在地联结在一起，遂使实现县域善治成为重构国家与社会之间关系的价值尺度，并且构成县域法治发展的价值取向。县域善治的概念内涵丰富，意义深刻，是以人为本、依法治理与公共治理的有机统一体。[1] 体现善治要求的中国县域法治发展，不仅强调依法而治，注重县域治理过程中的形式合法性，而且更加突出实质法治的优先地位，追求县域法治的目的性价值，主张法治应成为保障社会主体自由、维护社会公平正义、促进权利发展的重要机制与手段，从而把县域善治作为县域施政活动与县域法治发展的基本准则。

一是保障社会主体自由。毫无疑问，法治建构于非人格的关系之上，法律是无感情的，更是以形式上的正确合理的程序制定出来的，因而成为每个人行为的一般模式，使人的行为及其后果具有可预测性。但是，法治不仅具有形式的理性化的特征，而且具有实体的理性化的特征，内含着深厚的价值底蕴。现代法治是同社会主体的自由内在地联系在一起的，从而构成善治的基础与价值尺度。完全可以说，不与自由价值要素相联系的法治，就谈不上善治。一般来说，自由作为一种价值取向，集中体现了社会主体对自身价值、尊严、地位及责任和使命感的执着期待和追求，反映了社会主体的一种特定的目标、目的或方向。法治是实现社会主体自由的基本机制。不与自由相联系的法治，就丧失了其应有的价值意义，就无法确证和实现善治。马克思说："法律不是压制自由的措施，正如重力定律不是阻止运动的措施一样。""恰恰相反，法律是肯定的、明确的、普遍的规范，在这些规范中自由获得了一种与个人无关的、理论的、不取决于个别人的任性的存在。法典就是人民自由的圣经"。[2] 真正的法治是以自由为基础并且是自由的确认与实现。大变革时

---

〔1〕 杨玉圣：《法治、礼治与善治——立足于县域法治与县域善治的讨论》，载《政法论坛》2017年第4期。

〔2〕《马克思恩格斯全集》（第2版·第1卷），人民出版社1995年版，第176页。

代的中国县域法治发展,蕴含着深厚的价值要素。首先,把县域国家公权力的运行构筑在坚实的法治基础之上,运用一整套的制度和机制,有效制约县域国家公权力的行使,切实提升县域国家机关依法施政的能力和水平。因此,推进县域法治、实现县域善治的基本要求之一,就是把县域国家机关的施政活动纳入法治化轨道之中,运用法治方式规制县域国家公权力的行使。只有在县域国家公权力按照一定的法律范围行使而不是相反的情况下,才有可能谈得上现代意义上的县域法治发展问题,也才能提出并实现县域善治。其次,把以人为本的法权要求贯彻落实到县域法治建设的全过程和各个方面,善于运用法治机制保障社会主体的自由,进而彰显县域善治的时代价值。由此,发展县域法治、实现县域善治的又一个基本要义,就是要聚合起县域法治资源,切实保障社会主体的广泛社会自由,为社会主体依法自由选择行动方案提供可能,使社会主体能够自由、安全、安康、有序地生活,享有生活的幸福感,有尊严地生活着,进而发挥社会主体的积极性、能动性和首创精神,推动社会的进步。这表明,法治是一种理性化的生活方式,县域法治为县域社会成员拥有这样的理性的生活方式提供了基础和保障,从而使实现县域善治成为可能。

二是维护社会公平正义,在现代社会,善治更加关注国家所确立的个人合法愿望与尊严可能得以实现的经济的、政治的、社会的与文化的条件,因而能够更加维护法治的核心价值,更加突出实质法治对于法治发展的基础性的价值意义,进而体现现代法治对于维护与实现社会公平正义的核心价值要求。社会公平正义作为一种价值理念和生活形态,反映了人类社会文明进步的艰难曲折的历程,构成了衡量和评价社会文明进步程度的基本的价值尺度。处于转型期的当代中国,必须始终高度关注和重视解决社会公平正义问题,这亦成为县域法治发展面临的一项重大议题。党的十八大"必须坚持维护社会公平正义"作为发展中国特色社会主义的"八个基本要求"之一,强调"公平正义是中国特色社会主义的内在要求",要"加紧建设对保障社会公平正义具有重大作用的制度,逐步建立以权利公平、机会公平、规则公平为主要内容的社会公平保障体系,努力营造公平的社会环境,保证人民平等参与、平等发展权利”。[1] 党的十八届三中全会《关于全面深化改革若干重大问题的决定》提出，全面深化改革要“以促进社会公平正义，增进人民福祉为出发点和落脚点”。[2] 党的十八届四中全会《关于全面推进依法治国若干重大问题的决定》强调，“必须坚持法治建设为了人民、依靠人民、造福人民、保护人民，以保障人民根本权益为出发点和落脚点，保证人民依法享有广泛的权利和自由、承担应尽的义务，维护社会公平正义，促进共同富裕”。[3] 党的十九届四中全会进一步提出要“健全社会公平正义法治保障制度”。[4] 显然，将促进和实现社会公平正义贯彻在县域法治建设的进程之中，这是实现县域善治的重大战略任务。在这里，重要的是要健全维护社会公平正义的制度机制，确立有利于实现社会公平正义的政策取向，着力营造更加公平正义的县域社会环境，努力解决各种有违社会公平正义的问题，使县域改革发展的成果更多更公平的惠及县域社会成员，给县域社会主体带来实实在在的利益，使之拥有“获得感”。只有这样，才能为建设县域法治、实现县域善治构筑起稳固的价值基石。

三是促进权利发展，在价值取向上，传统人治主义与现代法治主义的一个重大差异，就在于对社会主体权利的不同态度。实际上，权利发展体现了当代社会发展的本质性趋势，构成了现代法治进程的价值目标。权利现象就是社会生活的产物。权利发展与社会发展处于同一个历史过程之中。从法权现象的发生学意义上讲，法律规范中的授权性因素的出现和增长，是人类社会由野蛮向文明的飞跃，由低级文明向高级文明阶段转变的强大动力。法权现象的产生和发展，就是社会主体的权利要求获得日益发展的过程，也是一个从禁令到义务性规范再到授权性规范的产生过程。在法权关系的历史进程中，法和法律的这一重要特征表现得日益明显。特别是在现代市场经济活跃的国度和地区，法律始终与社会主体具有一定的社会权利密切联系在一

[1] 《中国共产党第十八次全国代表大会文件汇编》，人民出版社2012年版，第13～14页。

[2] 《改革开放以来历届三中全会文件汇编》，人民出版社2013年版，第176页。

[3] 《中共中央关于全面推进依法治国若干重大问题的决定》，人民出版社2014年版，第6页。

[4] 《中共中央关于坚持和完善中国特色社会主义制度　推进国家治理体系和治理能力现代化若干问题的决定》，人民出版社2019年版，第14页。

起。这种联系往往借助于所谓“私法”来实现。这种私法反映了已经产生的私有财产的不可侵犯性，反映了所有者按照自己意志支配所占有的财产的权利，也反映了任何违背所有者的意志而转让这些财产的非法性。这种私法调节着所有者对其财产的支配权，确认各个所有者和一切为保证私人占有所必需的机关之间的相互权利，解决各种财产纠纷，改变财产所有权的形式，禁止以任何方式破坏所有权，从而保障市场经济的正常秩序。法治发展的历史进程自古迄今，社会主体的权利在法律现实中的比重不断增长，这已成为一个必然的法权趋势，即着重运用授权性规范来调动社会主体的积极性，促进社会的进步和发展。在当代中国，县域法治发展的实践充分表明，只有法治型的县域治理体制，才是保障和扩大县域社会主体权利的基本组织形态。在县域治理法治化的进程中，它意味着县域社会主体的自主性及其法权要求，是县域善治的真正价值所在；它意味着必须运用法治方式系统地、明确地确认县域社会主体的权利；它也意味着必须运用法治机制，切实促进县域社会主体的权利发展；它还意味着一个有效的权利运行机制，有赖于体现现代法治精神和善治理念的县域治理制度架构。在县域社会发展过程中，如果县域社会主体不具有作出决定和行为的自由选择权利，并以此来实现一定的需要和利益，那么就说不上县域善治的增进与实现。因此，当代中国县域法治发展的一个重要方向，就是在推进县域法治、实现县域善治的历史进程中，积极推动权利发展。而权利发展在很大程度上取决于县域社会进步与发展所不断增进的县域法治发展，县域法治必然同时是一个有机协调的合理的现代权利体系。正是在这里，充分展示了县域善治的精髓。

其二，县域国家权力机关制度建设的创新发展。在当代中国的国家政权体系中，县域政权构成了国家政权结构的基本单元。而在县域国家政权结构中，县域国家权力机关（县级人大及其常委会和乡镇人民代表大会）是基层国家权力机关，在国家政权体系中处于基础性的重要地位。党的十八大以来，伴随着县域治理现代化的时代进程，县域国家权力机关制度建设迈出坚实的步伐，对于加快建构法治型的县域治理体制发挥了重要作用。党的十八届三中全会《关于全面深化改革若干重大问题的决定》从完善和发展中国特色社会主义制度、推进国家治理体系和治理能力现代化的战略高度，提出要“推动人民代表大会制度与时俱进”,“发挥人民代表大会制度的根本政治制度作用”。基于县乡人大在加强基层国家政权建设、坚持和完善人民代表大会制度的全局中重要性的深刻把握,2015 年 6 月 22 日,中共中央转发了《中共全国人大常委会党组关于加强县乡人大工作和建设的若干意见》(以下简称《若干意见》),提出要“坚持党的领导、人民当家作主;依法治国有机统一,按照总结、继承、完善、提高的原则,保证县乡人大依法行使职权,健全县乡人大组织制度和工作机制,提高县乡人大工作水平,推动人民代表大会制度和人大工作与时俱进、完善发展”。《若干意见》在深入总结县乡人大制度建设经验的基础上,提出了县乡人大工作和建设必须遵循的五项原则,即坚持党的领导、坚持人民主体地位、坚持依法治国、坚持民主集中制、坚持从国情和实际出发;对依法做好县乡人大代表选举工作、认真开好县乡人大会议、依法行使重大事项决定权、加强和改进监督工作、认真做好人事选举任免工作、加强同人大代表和人民群众的联系、加强县乡人大自身建设、加强党对县乡人大工作的领导等一系列县乡人大工作和建设的重要问题,进行了全面系统地部署安排。[1] 这是在全面深化改革、全面依法治国的新时代加强和改进县乡人大工作与建设的纲领性文献,对于构造现代县域治理体制、推进法治型县域治理体系建设意义重大,影响深远。按照为推动县乡人大制度建设完善发展提供法治保障的要求,2015 年 8 月 29 日,第十二届全国人大常委会第十六次会议根据加强县乡人大工作和建设的实践需要,作出了关于修改《地方组织法》《选举法》《代表法》的决定,“重点对县乡人大组织制度和工作制度,代表选举和代表工作等方面的相关规定进行修改完善,确保党中央提出的加强县乡人大工作和建设的重要举措,于法有据,顺利实施”,从而在法治基础上有力推进县乡人大制度建设的创新发展。2015 年 9 月 15 日和 2017 年 6 月 19 日,全国人大常委会办公厅先后两次召开加强县乡人大工作和建设座谈会,进一步推动党中央相关重要决策的贯彻落实。不仅如此,党的十八大以来,中共中央还发出了《关于加强和改进人大代表、政协委员有关工作的通知》(2016 年 1 月 11 日);中共中央办公厅印发了《关于健全人大讨论决定重大事项制度、

---

〔1〕《十八大以来重要文献选编》(中),中央文献出版社 2016 年版,第 578、580~588 页。

各级政府重大决策出台前向本级人大报告的实施意见》的通知(2017 年 1 月 31 日),这些文件对加强县乡人大制度建设亦是有力的促进。党的十九大从新时代健全人民当家做主制度体系、发展社会主义民主政治的战略高度,强调要"巩固基层政权,完善基层民主制度",提出"使各级人大及其常委会成为全面担负起宪法法律赋予的各项职责的工作机关,成为同人民群众保持密切联系的代表机关"。[1] 总体来看,新时代的中国县乡人大制度建设取得了重大进展,对于加强基层国家权力机关自身建设,"使人大成为有效担负起各项法定职责的工作机关",[2]进而对县域治理现代化产生了重要的推动作用。

一是关于县乡人大组织制度建设。长期以来,基层人大组织体系较为薄弱,影响了县乡国家权力机关依法履职。2015 年修订的《地方各级人民代表大会和地方各级人民政府组织法》(以下简称《地方组织法》),通过法律形式确认了《若干意见》提出的加强县乡人大组织制度建设的相关重大举措,使基层国家权力机关组织体系更加完备。为了更好地保障县乡人大常委会依法履职,修改后的《地方组织法》作出规定,将县级人大常委会组成人员名额,从 15 ~ 27 人调整为 15 ~ 35 人;人口超过 100 万的县(市、区),从不超过 35 人调整为不超过 45 人。为了健全基层治理结构,加强县级人大工作力量,《地方组织法》规定县级人大根据需要,可以设立法制、财政经济等专门委员会,在本级人大及其常委会领导下,研究、审议和拟订有关议案;对属于本级人大及其常委会职权范围内同本委员会有关的问题,进行调查研究,提出建议。《若干意见》还第一次明确提出,县级人大常委会实行专职配备,列席党委常委会会议;健全县级人大常委会办事机构和工作机构,设立 3 个左右工作委员会。为了明确街道人大工作机构的法律地位,充分发挥街道人大工作机构的作用,修改后的《地方组织法》规定,市辖区、不设区的市的人大常委会可以在街道设立人大工作机构,负责联系街道辖区的人大代表,组织代表开展活动,反映代表和群众的建议、批评和意见,办理常委会交办的监督、选举以及其他工

[1] 习近平:《决战全面建成小康社会　夺取新时代中国特色社会主义伟大胜利——在中国共产党第十九次全国代表大会上的报告》(2017 年 10 月 18 日),人民出版社 2017 年版,第 37 页。

[2] 张德江:《在新的历史条件下,推动人大制度和人大工作与时俱进、完善发展——在推进县乡人大工作和建设经验交流会上的讲话》(2017 年 6 月 19 日),载《中国人大》2017 年第 12 期。

作,并向常委会报告工作。为了切实加强乡镇人大建设,做好乡镇人大闭会期间工作,《地方组织法》积极推动乡镇人大主席专职化,规定乡、民族乡、镇的人大设主席,并可以设副主席1~2人,主席、副主席不得担任国家行政机关的职务;乡镇人大主席、副主席在本级人大闭会期间负责联系本级人大代表,根据主席团的安排组织代表开展活动,并负责处理主席团的日常工作;进一步充实了乡镇人大主席团的工作职责,规定在本级人大闭会期间,主席团每年选择若干关系本地区群众切身利益和社会普遍关注的问题,有计划地安排代表听取和讨论本级人民政府的专项工作报告,对法律、法规实施情况进行检查,开展视察、调研等活动,听取和反映代表和群众对本级人民政府工作的建议、批评和意见,主席团在闭会期间的工作,向本级人大报告。上述加强县乡人大组织制度建设的新的重要举措,对于健全国家权力机关组织制度,加快构建法治型县域治理体制,必然产生深远的影响。

二是关于促进县乡人大依法履职。长期以来,由于多方面的原因,基层国家权力机关依法行使职权不到位,甚至存在"虚化"的现象,不同程度地阻滞了基层国家政权建设。鉴于此,《若干意见》强调要认真开好县乡人大会议,依法合理安排会议次数和会期,县乡人大每年至少举行一次大会,县级人大常委会每两个月至少举行一次会议,乡镇人大一般每年举行两次大会;要着力提高会议质量,健全会议规则,创新议事形式,完善审议程序,充实会议内容,以期切实防止会议"走过场"现象。依法实施监督,这是基层国家权力机关最主要的经常性的工作。《若干意见》对加强和改进县乡人大监督工作提出了明确要求,强调要围绕中心,每年选择若干事关改革发展稳定全局的重大问题和人民群众普遍关注的热点难点问题,依法行使监督权,有重点有计划地加强监督;尤其要依照《预算法》的规定,加强预算决案审查和监督,推进预算公开,健全预决算审查监督工作机制;要健全执法检查、听取审议工作意见的工作机制,进一步完善监督工作方式方法。《监督法》、《预算法》和《地方组织法》等法律,亦对开展监督工作的方式方法作出了规定。这对增强基层人大监督工作活力,提高监督工作实效,产生了积极的作用。

三是关于县乡人大讨论决定重大事项。讨论决定重大事项,是宪法和法律赋予包括县乡人大在内的各级人大的一项重要法定职权。党的十八届三中全会《关于全面深化改革重大问题的决定》提出,要“健全人大讨论、决定重大事项制度,各级政府重大决策出台前向本级人大报告”。[1] 2017年1月30日,中共中央办公厅印发的《关于健全人大讨论决定重大事项制度、各级政府重大决策出台前向本级人大报告的实施意见》,从中国的法治国情条件出发,提出地方各级人大常委会根据法律法规,从实际出发,讨论决定属于本行政区域内的加强民主法治建设的重大措施以及城镇建设、重大改革举措、重大民生工程、重大建设项目等重大事项,并且对完善讨论决定重大事项工作机制、提高讨论决定重大事项的科学化、民主化、法治化水平等作出了具体安排。《若干意见》根据基层人大工作实践的需要,明确提出县乡党委要增强依法执政观念,善于把重大决策部署通过人大法定程序转化为国家意志;县乡人民政府重大决策出台前要向本级人大报告;县乡人大讨论的事项,根据实际情况,可以依法作出决议、决定,也可以将人大讨论中的意见建议转送“一府两院”研究处理;人大要把听取审议“一府两院”报告、审查批准计划和预算作为行使重大事项决定权的重点。显然,这是推进县域治理体制现代化的一个重大举措。作为基层国家权力机关,县乡人大依法行使重大事项决定权,从各地实际出发,因时因地确定讨论决定重大事项范围,坚持问题导向,突出关乎本行政区域的根本性、全局性、长远性的重大改革举措、重大民生工程、重大建设项目以及基层民主法治建设的重大措施,依法作出决议或决定。这一制度安排为推进县域治理现代化与法治化提供了新的动力,有力促进了新的历史条件下治国理政基本制度建设。

其三,县域政府治理革命的历史性展开。革新县域政府治理体制,推进县域政府治理现代化,[2] 是重塑政府与社会的关系架构、实现县域治理现代化的题中应有之义,也是构造法治型县域治理体制的必然要求。在当代中国,发展市场经济、建设法治国家的时代进程,有力推动着县域政府治理体制的历史性转变。进入21世纪新阶段以来,面对着全面深化改革、全面依法治国的新形势,加快县域政府治理体制转型改革的要求更高、任务更重。党的

---

〔1〕《改革开放以来历届三中全会文件汇编》,人民出版社2013年版,第196页。

〔2〕何增科:《政府治理现代化与政府治理改革》,载《行政科学论坛》2014年第2期。

十八大报告强调要“更加注重发挥法治在国家治理和社会管理中的重要作用”，把“法治政府基本建成”确立为2020年全面建成小康社会的重要目标之一，提出要“推进依法行政，切实做到严格规范公正文明执法”。[1] 这些重要论述为重构县域政府治理体制、推进县域政府治理革命指明了方向。党的十八大以来，当代中国县域政府治理革命不断向纵深推进，已经或正在深刻地改变着县域政府治理方式与结构，县域政府治理领域愈益呈现出革命性的变化。

一是还权力于市场，还权力于社会。党的十八大以来县域政府治理革命的基本特点，是重构政府与市场、政府与社会之间的关系体系，大力推进还权力于市场、还权力于社会的历史进程。党的十八届三中全会《关于全面深化改革若干重大问题的决定》把政府治理革命纳入推进国家治理体系和治理能力现代化的进程之中，基于“使市场在资源配置中起决定性作用和更好发挥政府作用”的战略考量，提出“进一步简政放权，深化行政审批制度改革”。而行政审批制度改革的基本要求是“两个一律”，即“市场机制能有效调节的经济活动，一律取消审批”；“直接面向基层、面广量大、由地方管理更方便有效的经济社会事项，一律下放地方和基层管理”。[2] 因此，市场准入负面清单制度、[3] 主要由市场决定价格机制、工商注册便利化制度等，体现了政府向市场放权的改革取向的新的制度架构。与此同时，党的十八届三中全会《关于全面深化改革若干重大问题的决定》还把正确处理政府与社会的关系，激发社会组织活力，视为创新社会治理体制的重要内容。因此，政府向社会放权的进程正在逐步展开。党的十八届四中全会《关于全面推进依法治国若干重大问题的决定》设计了加快建设法治政府的制度方案，提出“行政机关要坚持法定职责必须为、法无授权不可为”；“行政机关不得法外设定权力，没有法律法

---

[1] 《十八大以来重要文献选编》(上)，中央文献出版社2014年版，第14、20、22页。

[2] 《中共中央关于全面深化改革若干重大问题的决定》，人民出版社2013年版，第5、17～18页。

[3] 2015年10月2日，国务院发布了《关于实行市场准入负面清单制度的意见》，确立了制定市场准入负面清单的法治、安全、渐进、必要、公开的原则，并且选择部分地区先行试点，强调“试点应当遵循简政放权、依法监管、公正透明、权责一致、社会共治的原则，处理好政府和市场的关系”。《人民日报》2015年10月20日，第3版。

规依据不得作出减损公民、法人和其他组织合法权益或者增加其义务的规定”;“推行政府权力清单制度,坚决消除权力设租寻租空间”。[1] 这些举措旨在确保把行政权力的运作纳入法治化的轨道,为推进县域政府治理革命,构建法治型县域治理体制打下制度性基础。党的十八大以来,县域政府努力处理好政府与市场、政府与社会的关系,切实转变政府职能,积极推进以简政放权、放管结合、优化服务为主要内容的行政审批制度改革,大力推行权力清单、责任清单和负面清单制度,着力消除权力设租寻租的空间,当代中国的县域政府治理革命正在向纵深发展。

二是深化县域行政执法体制改革。在现代社会,执法活动是把法律规范的基本要求转化为人们的实际行为,转化为社会成员享受权利履行义务的事实上的关系。否则,法律就会成为一纸空文。因此,严格执法就成为全面推进依法治国的关键环节。在执法体制中,县域行政机关担负着重要职责,是法律实施和执法的重要主体。县域行政执法的核心在于规范县域行政执法权的行使,重要的是要严格规范行政责任,着力解决县域行政执法体制中存在的权责脱节、多头执法、选择性执法等突出问题,坚决纠正部门本位主义和地方保护主义,努力建立一个权责统一、权威高效的县域行政执法体制。党的十八届三中全会《关于全面深化改革若干重大问题的决定》把法治政府建设纳入推进法治中国建设的总体战略中加以谋划,提出要整合执法主体,相对集中执法权,推进综合执法;减少行政执法层级,加强食品药品、安全生产、环境保护、劳动保障、海域海岛等重点领域基层执法力量;理顺城管执法体制,提高执法和服务水平。[2] 党的十八届四中全会《关于全面推进依法治国若干重大问题的决定》着眼于加快建设职能科学、权责法定、执法严明、公开公正、廉洁高效、守法诚信的法治政府,强调要推进各级政府事权规范化、法律化,完善不同层级政府特别是中央和地方政府事权法律制度,强化省级政府统筹推进区域内基本公共服务均等化职责,强化市县政府执行职责。由此,要根据不同层级政府的事权和职能,按照减少层次、整合队伍、提高效率

[1] 《中共中央关于全面推进依法治国若干重大问题的决定》,人民出版社2014年版,第15~16页。

[2] 《改革开放以来历届三中全会议文件汇编》,人民出版社2013年版,第199页。

的原则,合理配置执法力量;推进综合执法,大幅减少市县两级政府执法队伍种类,重点在食品药品安全、工商质检、公共卫生、安全生产、文化旅游、资源环境、农林水利、交通运输、城乡建设、海洋渔业等领域内推行综合执法,有条件的领域可以推行跨部门综合执法;完善市县两级政府行政执法管理,理顺行政强制执行体制和城管执法体制。2015 年 12 月 27 日,中共中央、国务院颁发《法治政府建设实施纲要(2015 ~ 2020 年)》,强调要围绕全面依法治国的总目标,坚持从中国的实际出发,依宪施政,依法行政,简政放权,把政府工作全面纳入法治轨道,并且提出要改革行政执法体制,合理配置执法力量,推进执法重心向市县两级政府下移,把机构改革、政府职能转变调整出来的人员编制重点用于充实基层执法力量,全面落实行政执法责任制,对行政执法的社会满意度显著提高。党的十九大进一步提出"建设法治政府,推进依法行政,严格规范公正文明执法"。[1] 由此可见,一场旨在推进县域政府治理革命的新时代行政执法体制改革正在深入展开。时下,基层综合行政执法改革试点有序推进,在县级层面推行工商、质监、食药监"三合一",整合执法职能相近、对象相同、方式相似的基层执法职能和执法机构,因地制宜推进部门内整合、跨部门整合和区域内整合,一个县域范围内最终形成 5 ~7 支综合行政执法队伍;按照属地管理、权责一致的原则,合理确定设区市和市辖区执法职责分工,在设区市推行市或区一级执法,努力不重复设置职责相同的行政执法队伍;县(市、区)以下的乡镇街道,有条件的区域探索只有一支行政执法队伍,统一集中行使执法职能。[2] 镇域综合行政执法改革亦在积极探索,充分激发了区域经济社会发展活力。

三是乡镇行政治理体制改革步伐明显加快。在当代中国,乡镇政府是整个政府治理体制的基础,在推进县域政府治理革命的进程中处于重要的地位。随着新型城镇化进程的深入展开,乡镇行政治理体制改革日益提上了党和国家的重要议事日程。从 2004 年起,乡镇机构改革试点开始启动,2009 年全面推开,至 2012 年年底基本完成,推动乡镇政权由管理为主向服务为主转

---

〔1〕 习近平:《决战全面建成小康社会　夺取新时代中国特色社会主义伟大胜利——在中国共产党第十九次全国代表大会上的报告》(2017 年 10 月 18 日),人民出版社 2017 年版,第 39 页。

〔2〕 《新华日报》2017 年 8 月 13 日,第 8 版。

变,基层国家政权建设得到了加强。党的十八大明确提出要“深化乡镇行政体制改革”。[1] 鉴于我国乡镇发展的区域差异较为明显,为了有效解决人口集聚多、经济规模大的经济发达镇行政管理体制不适应的问题,2010 年以来一些地区开展的经济发达镇行政管理体制改革试点工作的基础上,党的十八届三中全会《关于全面深化改革若干重大问题的决定》提出“对吸纳人口多、经济实力强的镇,可赋予同人口和经济规模相适应的管理权”。[2] 2016 年 12 月 19 日,中共中央办公厅、国务院办公厅发布了《关于深入推进经济发达镇行政管理体制改革的指导意见》,强调要“以加强基层政权建设、巩固党的执政基础为核心,以扩大经济社会管理权限、完善基层政府功能为重点,以探索建立简约精干的组织架构、务实高效的用编用人制度和适应经济发达镇实际的财政管理模式为保障,构建符合基层政权定位、适应城镇化发展需求的新型行政管理体制,进一步激发经济发达镇发展内生动力,充分发挥其对周边辐射带动作用”;并且就因地制宜,分东、中、西部区域合理确立经济发达镇认定标准等事项提出了具体指导意见。[3] 这一以强镇扩权为取向的经济发达镇行政管理体制改革,将在很大程度上改变现行的基层政府治理格局,昭示当代中国县域治理体制现代化的未来愿景。2017 年 2 月 20 日,中共中央办公厅、国务院办公厅印发了《关于加强乡镇政府服务能力建设的意见》,对加快乡镇政府职能转变,进一步推进乡镇治理体系和治理能力现代化作出了部署,提出到 2020 年基本形成职能科学、运转有序、保障有力、服务高效、人民满意的乡镇政府服务管理体制机制,并且强调要“扩大乡镇政府服务管理权限”,“推进乡镇行政执法改革”,“完善乡镇财政管理体制改革”。[4] 显然,党的十八大以来乡镇行政体制改革力度明显加大,一个以经济发达镇行政管理体制改革为突破口的乡镇政府治理体制改革正在向纵深拓展,这无疑给当代中国县域治理体制现代化进程注入了强劲动能。

其四,县域法治社会建设加快推进。在当代中国社会的大变革进程中,

---

[1] 《中国共产党第十八次全国代表大会文件汇编》,人民出版社 2012 年版,第 26 页。

[2] 《改革开放以来历届三中全会文件汇编》,人民出版社 2013 年版,第 193 页。

[3] 《中华人民共和国国务院公报》2017 年第 1 期。

[4] 《中华人民共和国国务院公报》2017 年第 7 期。

国家与社会之间关系变动的新趋向,是法治因素的日益增长,法治国家、法治政府与法治社会之间构成一个法治发展的共同体。实际上,这一现象的出现从一个侧面表明国家治理模式的深刻转换。从本质意义上看,国家与政府是同一个硬币的两面,二者内在关联,不可分割。法治国家与法治政府彼此有机联系,法治政府构成法治国家的组成部分(甚至是至为关键的部分),而法治国家则内在地蕴含着法治政府。因此,研究法治国家、法治政府与法治社会之间的关系,在很大程度上是研究法治国家与法治社会的关系。正是在这里,我们可以清晰地发现当代中国县域治理革命的基本取向。一方面,法治国家是法治社会的必要条件。一般来说,法治国家的基本表征是国家生活的法治化。国家权力的设立与运作必须遵从法律设定的轨道,法律制定与实施的每一个环节均需遵循严格的法定程序,政党、社会组织和公民亦应当在宪法和法律的范围内活动。而正是在这样一个有序化的法治体系中,社会主体享有相应的自由与权力。因此,法治国家体现了国家发展及其现代化的基本方向,从总体上创设了法治社会赖以形成与发展的制度性条件。同样地,只有确立建设法治国家的基本目标,才有可能把建设县域法治社会的任务提上重要议程。当代中国县域法治发展的历程就证明了这一点。然而,另一方面,法治社会是法治国家的基础。国家和法律从来都是以社会为基础的。离开了一定的社会生活条件,国家和法律就如同无源之水,无本之木,失去了其生存与发展的基地。法治社会是一个信仰法治、依法治理的社会。它表明在全社会形成崇尚宪法和法律、维护法治尊严和权威的良好氛围,法治已经成为社会生活健康运行的基本条件,并且坚持运用法治思维和法治方式治理社会、开展工作,社会成员逐渐养成自觉遵从法律的法治习惯,整个社会有机体自我调节、规范有序。同样地,县域法治社会是法治国家须臾不可或缺的最为深厚的基础。只有在这样的社会的基础上,法治国家建设才有可能达至预期的目标。党的十八届四中全会《关于全面推进依法治国若干重大问题的决定》在对加强宪法实施、完善法律体系、推进依法行政、保证公正司法等与建设法治国家密切相关的法治事业作出部署的同时,还在中国共产党的历史上第一次全面阐述了推进法治社会建设的重大议题,明确提出要通过推动全社会树立法治意识、推进多层次多领域依法治理、建设完备的法律服务体系、健全依法维权和化解纠纷机制等多方面的措施，加强法治社会建设，“向着建设法治中国不断前进”。[1] 因此，在当代中国，法治国家、法治政府与法治社会一体建设、有机互动，形成了以法治为基础和条件的国家与社会之间交互运动的崭新方向，从而有力推动了县域治理体系领域的深刻变革，为当代中国县域法治社会建设开拓了广阔的发展前景。

县域法治社会概念内涵丰富，意义深刻，这意味着法治是县域社会生活健康运行的重要条件，县域社会有机体建立在坚实的法治基础之上；意味着要严格依法办事，把县域公共管理活动纳入一个规范有序的法治化轨道，在法治的框架下推进县域社会治理活动；意味着引导县域社会组织健康有序发展，加快形成政社分开、权责明确、依法自治的现代社会组织体制；意味着基层社会自治得到更加充分的发展，努力实现政府治理和社会自我调节、居民自治良性互动；还意味着各级党组织和广大党员领导干部要带头遵守宪法和法律，同时要教育和培养全社会成员对宪法和法律的信仰，大力弘扬现代法治精神，在全社会形成崇尚宪法和法律、维护法治尊严和权威的良好氛围。我们应当看到，在加快建设县域法治社会的过程中，乡村社会治理体系居于基础性的关键地位，在很大程度上决定着县域法治社会建设的实际成效。党的十八届四中全会《关于全面推进依法治国若干重大问题的决定》提出，要“推进多层次多领域依法治理”。[2] 对于县域法治社会建设来说，就要牢牢把握乡村社会依法治理这个基础性的层面，下大气力扎实构建体现自治、法治、德治有机结合的新型乡村治理体系，以期为县域法治社会建设打下坚实的乡村社会基础。因此，党的十九大把“加强农村基层基础工作，健全自治、法治、德治相结合的乡村治理体系”作为“实施乡村振兴战略”的重要内容，[3] 确乎有着深远的意义。

我们知道，中国的乡村生活是一个交织着经济的、政治的、社会的、伦理

---

〔1〕《中共中央关于全面推进依法治国若干重大问题的决定》，人民出版社 2014 年版，第 8、26～29 页。

〔2〕同上书，第 27 页。

〔3〕习近平：《决战全面建成小康社会　夺取新时代中国特色社会主义伟大胜利——在中国共产党第十九次全国代表大会上的报告》(2017 年 10 月 18 日)，人民出版社 2017 年版，第 32 页。

的、法权的、文化的、民族的、历史的乃至地理的诸方面因素的错综复杂社会关系的有机体，从而展现出丰富多样的区域社会的独特性，并且不可避免地凝结为多样性统一的共同体意识或民族精神。我们试图进一步运用国家与社会关系的概念分析工具，认识在中国的社会历史条件下政治国家与乡村社会之间关系的变动过程，借以把握在广阔的社会变革进程中从乡村控制体系向乡村治理体系的转型发展的社会机理。在传统中国，国家与社会之间存在一种内在同一性的关系。强大的专制国家的力量，湮没了社会自身独立存在的地位。虽然乡村社会自成一体，具有内在的封闭性，脱离国家政治生活，但是，作为社会结构的基本单元，乡村社会却始终成为专制国家体制赖以存在的社会基础。因此，帝国对于乡村社会的控制，便成为以皇权为中心的国家治理结构的必然要求。萧公权先生的《中国乡村》一书，深入分析了19世纪清王朝在中国乡村的控制体系。按照他的看法，“自古代起，中国乡村就存在地方性的分组和分级，并且有政府的代理人。秦朝所确立的县以下基层行政层级，被后来各朝所运用。清朝皇帝接收了明朝所用的体制，在某些细节上作了必要的调整，并且对所有辅助的地方组织，只要看起来有助于基层社会统治，都加以运用”。保甲（治安）和里甲（税收）组织的头人和乡村谷仓的管理者，是协助官府对乡村进行控制的代理人。而“为了阻止乡村团体或机构不当权力和影响力的发展，清朝采取了一系列抵制性组织。每一个地方的代理人或组织，不论是政府促成的或是地方原生的，都纳入知县的控制或监督之下”。由此，原有的乡村团体和机构无法发展成为地方权力的中心。不过，“清朝的乡村控制体系显然不是没有一些严重缺陷的。事实上，那些促使清朝统治者采行乡村控制体系的优点，从长远看来，正是这个体系弱点的根源所在”。〔1〕在内外的诸因素的合力推动下，近代中国的国家与社会的关系呈现出新的特点。晚清统治集团被迫推行立宪与法制改革，制定了“预备立宪”九年应行筹备清单，推进地方自治也成为这份改革清单的组成部分，认为地方自治乃是“立宪之根本，城、镇、乡又为自治之基础，诚非首先开办不可”，强

〔1〕萧公权：《中国乡村——论19世纪的帝国控制》，张皓、张升译，台北，联经出版事业股份有限公司2016年版，第6～7页。

调官治与地方自治之间的关系是"地方自治乃辅官治之所不及,仍统于官治之内,并非离官治而独立"。[1] 进而清廷颁布了《地方自治章程》,这一现象反映了晚清国家对于社会的一定程度的扶植。由此,在传统的帝国乡村控制体系的转型变革进程中,新的国家与社会之图式日渐形成。进入民国时代以来,地方自治进一步活跃起来,《县自治法》(1919 年 9 月 7 日)、《市自治法》(1921 年 7 月 3 日)、《乡自治法》(1921 年 7 月 3 日)等地方自治法律相继颁行;而《中华民国训政时期约法》将地方自治摆在重要位置,其实地方自治受制于"党治政府"的体制,缺乏独立存在的地位,政府始终主导着乡村控制体制的重建,保甲乡约制度构成政府实现乡村控制的制度资源。[2] 这预示了乡村控制体系的变动。随着 1949 年中华人民共和国的成立,近代以来的中国国家与乡村之间的关系表现出新的特征。适应新的人民共和国的国家建构与国家治理的需要,新中国成立初期的"一化三改造"运动以及随后的人民公社化运动,为创设与施行新的国家治理体系提供了重要的载体,加快了国家与社会的同一化进程,国家权力大幅度地广泛介入从城市到农村的社会生活的各个领域,从而造成"强国家—弱社会"的格局,政社合一的人民公社体制集中表达了"强国家—弱社会"的法权要求。1978 年的改革开放,催生了国家与社会之间关系新格局的历史性生成。家庭联产承包责任制的推行,人民公社体制的废除,代之而起的乡政村治体制,无疑给乡村社会生活带来了巨大的变化,村民自治逐渐兴起并且成为国家宪制的有机组成部分。特别是在 1992 年春著名的"南方谈话"中,邓小平明确作出社会主义社会完全可以实行市场经济的重大结论。[3] 社会主义市场经济在当代中国的迅猛发展,不仅重塑了国家与政府行为的发展走向,而且把社会从国家有机体中逐渐解放出来,社会自身愈益获得相对独立的存在与发展的地位,进而深刻地改变了国家与社会之间的关系。在这一新的国家与社会关系构架中,国家与乡村之间日益展

---

〔1〕 上海商务印书馆编译所编纂:《大清新法令》(1901 ~ 1911)(点校本第 1 卷),商务印书馆 2010 年版,第 71 页。

〔2〕 王先明:《走近乡村——20 世纪以来中国乡村发展论争的历史追索》,山西人民出版社 2012 年版,第 163、168 页。

〔3〕《邓小平文选》(第 3 卷),人民出版社 1993 年版,第 373 页。

示出良性互动的局面,“村民自治制度实现了历史性的跨越,迎来了发展的大好时机”。[1] 在这一情势下,“乡村治理”概念应运而生,因其有着独特的理论蕴含,而成为分析乡村社会的具有历史与逻辑力量的解释工具。[2] 因此,在新的历史条件下,实现从传统的人治型的乡村控制体系向现代的法治型的乡村治理体系的历史性变革,这已经成为加强和创新基层社会治理、推进乡村治理体系现代化的时代走向。

一般而言,在新的时代条件下,建构中国特质的新型乡村治理体制,既是中国乡村治理逻辑的理论表达,又是中国乡村治理革命的实践探索,涉及多元共治、政社互动、社会动员等众多层面的问题。在这里,我们需把握三个关键性的变项,即自治、法治与德治。

一是自治。应当看到,在当代中国,村民自治的有效实现与推进乡村基层民主建设密切联系在一起。如果说实行家庭联产承包责任制是当代中国农民投身新经济体制建立的伟大创造,那么,实行村民自治同样是当代中国农民参与基层民主制度构建的伟大创造。因此,实行村民自治,必须悉心把握保障农民的物质利益、尊重农民的民主权利这个核心要义,[3] 以进一步扩大农村基层民主为出发点和落脚点,以贯彻执行《村民委员会组织法》为准绳,全面推进村级民主选举、全面推进村级民主决策、全面推进村级民主管理、全面推进村级民主监督,从而保证亿万农民依法直接行使民主权利,全面推行村民自治,扩大村民自治范围,扎实推进村民自治制度化、规范化、程序化建设,健全村民自治制度。只有把村民自治落实到农村基层民主建设的全过程和各个方面,才能更加有效地维护和实现农民的合法权益,才能更加凸显自治对于乡村治理体系的核心价值意义,也才能把现代的法治型乡村治理体系构筑在坚实的基层民主基础之上。当然,影响村民自治实现形式的因素

---

〔1〕 应星:《农户、集体与国家——国家与农民关系的六十年变迁》,中国社会科学出版社 2014 年版,第 67～70 页。

〔2〕 有的学者认为,“正是通过村民自治,越来越多的学者进入乡村社会;正是村民自治研究的深化,乡村治理才作为一个沉寂多年的问题重新为学者所提及并关注;正是由于村民自治的发展,才激发起学者们对整个乡村社会特性、结构以及更宏大问题的思考”。徐勇:《乡村治理与中国政治》,中国社会科学出版社 2003 年版,第 223 页。

〔3〕 徐勇等:《基层民主发展的途径与机制》,北京师范大学出版社 2015 年版,第 52～54 页。

是多方面的，除了政治方面的因素之外，还涉及村民自治赖以存在与发展的经济的、社会的、文化的、传统的乃至地域空间的条件。[1] 有的地区将村民自治从行政村一级下移到自然村，有的地区则在开展以村民小组为基本自治单元的试点工作，如此等等，村民自治实现形式各异。[2] 因此，有必要积极稳妥地探索不同情况下村民自治的有效实现形式。

二是法治。在全面依法治国的新时代，新型乡村治理体系的构建，离不开法治的保障。而法治是规则之治，是一个规则规范体系。在文明社会中，没有一般的法律规则，就不可能实现社会关系的统一调整，排除主观任意性，也就无法保障一个巩固、稳定的法律秩序。传统的乡村治理体系，从总体上缺乏体现国家意志要求的法律规则调整，诸如风俗、习惯、惯例、村规民约、民间调解等所谓非正式制度机理往往起到主导性的调整功用，国家制定法难以整体性地介入乡村治理活动之中，由此形成所谓乡土社会秩序。伴随着从传统型乡村治理体系向现代型乡村治理体系的历史转型，国家制定法愈益大规模地渗透到基层社会生活领域，剧烈地侵蚀着传统型乡村治理体系的规则机理，与乡村社会的非正式制度发生碰撞。[3] 国家组织实施的持续性的普法规划或"送法下乡"活动，从长远看有利于正式的制度化的国家法律的建立，并且有助于强化正式法律对乡村社会的控制，进而形成法治秩序。但是，不可否认，正式的制度化的法律在实际运作的过程中，确乎存在与乡村社会运行的现实逻辑的背离，并且难以完全替代本土性的规则、习惯、风俗对于乡村社会生活的实际调整作用。[4] 这里就不可避免地存在法治秩序与乡土秩序的现代耦合问题。实际上，在重构中国乡村治理体系的历史进程中，不仅要重视法治的规则之治功能，善于运用法律手段为村民自治与乡村治理活动提供一定的模式，保障农民依法直接行使民主权利，把村民自治纳入法治化轨道，

〔1〕 徐勇主编：《中国农民村民自治有效实现形式研究》，中国社会科学出版社 2015 年版，第 15～17 页。

〔2〕 应星：《农户、集体与国家——国家与农民关系的六十年变迁》，中国社会科学出版社 2014 年版，第 121 页。

〔3〕 贺雪峰：《治村》，北京大学出版社 2017 年版，第 282～285 页；徐勇主编：《中国农民村民自治有效实现形式研究》，中国社会科学出版社 2015 年版，第 19 页。

〔4〕 苏力：《法治及其本土资源》（第 3 版），北京大学出版社 2015 年版，第 29～36 页。

还要加强法治宣传教育，增强农村干部的法治观念和依法办事能力，引导广大农民知法守法，用法律维护自身的合法权益，也要注重发挥非正式规则与制度的调整功用，尊重村民生活实践中自发形成的乡土秩序的固有价值，尤其是要发掘村规民约的乡村治理价值，〔1〕使之成为与正式的国家法律内在结合的乡村治理规则共同体。可以预期，建立在现代法治基础上的当代中国法理型乡村治理体系一定会展现出蓬勃的生机与活力。

三是德治。在现代乡村治理体系中，作为一种治理方式的德治，具有自身独特的价值属性，往往会对村民的行为取向产生明确的指引、规制与评价功用，因而与乡村社会生活的调节与治理密切相关。从历史的角度来看，传统中国的儒家“德治”思想体现了儒家伦理的精神，对古代乡村生活世界产生了深刻的影响。在传统中国的乡村控制体系中，儒家“德治”学说及其意识形态构成了乡村控制活动的基本价值准则，成为乡村社会成员行为与思想的价值基础，对乡村社会关系起到了联结与凝聚的作用。由儒家“德治”思想衍生开来的传统中国的纲常名教体系、乡约制度〔2〕及其宗法制度构架，更是成为帝国统治者统驭乡村社会、控制乡村生活的有力工具。随着社会的进化与转型发展，作为一种观念与治理的传统，儒家的“德治”及其伦理理性精神，逐渐成为一种历史文化力量，积淀在乡村社会民众的社会意识、心理、习惯、行为方式及生活过程之中，因而与当下的乡村社会有机体密不可分。在某种程度上，传统儒家的“德治”思想及其伦理理性精神，作为一种行为评价尺度，深深地嵌入乡村社会主流价值观念体系之中，成为指导和规范乡村社会成员行为的一种范式。这种评价尺度带有道德经验性的色彩。也就是说，它是乡村社会成员在长期交往过程中积累起来的生活经验与交往惯例的聚合体，因而它

〔1〕 党的十八届四中全会决定强调，要“发挥市民公约、乡规民约、行业规章、团体章程等社会规范在社会治理中的积极作用”。《中共中央关于全面推进依法治国若干重大问题的决定》，人民出版社2014年版，第28页。并参见杨菊平：《非正式制度与乡村治理研究》，上海交通大学出版社2016年版，第56页。

〔2〕 有的学者认为，传统中国的乡约制度“是由士人阶级的提倡，乡村人民的合作，在道德方面、教化方面去裁制社会的行为，谋求大众的利益”。而“道德裁制，教化政策自然是中国的传统方案”。因此，乡约制度在传统中国的乡治中发挥着重要作用。杨开道：《中国乡约制度》，商务印书馆2015年版，第27页。

通常具有伦理规范的性质。它借助某些流传下来的共同道德准则,对乡村社会成员行为的合理性进行道德判断,进而与当下的乡村社会自治生活交融在一起,发挥乡村治理的重要价值作用,有力地影响着当代乡村社会共同体的各个领域,有形或无形地左右着当代乡村治理进程的未来走向。因此,对于当代中国的乡村治理来说,德治的价值意义是不可或缺的。[1]

总之,在构建当代中国的新型乡村治理体系的新时代,自治、法治、德治这三种治理方式相辅相成、相互促进,三者缺一不可,亦不可偏废。在新型乡村治理体系中,自治是核心,法治是保障,德治是灵魂。因此,将自治、法治、德治有机结合起来,无疑是当代中国乡村治理方式的内在整合和时代选择。它构成了当代中国乡村治理革命的一个基本要求,对于重构县域治理体制、推进县域社会治理现代化进而实现中国国家治理现代化影响深远。

七、余论:县域治理与法治发展的基本逻辑

如上所述,县域法治是国家法治纵向结构体系的基本构成要素。在多样性统一的概念工具框架下理解县域治理与法治发展的内在要义及其基本逻辑,我们就会看到,作为一种以特定行政区划为基础的地域空间,县域是一定经济的、政治的、社会的、文化的、历史的、民俗的、人口的乃至地理环境等诸方面社会与自然要素的特定行政层级的基层政制载体,包含着极为丰富的社会、政治与法权意蕴,有着多样化的表现形式。一般来说,无论在单一制国家,还是在联邦制国家,作为基层治理机构的县级(或类似行政层级)政权,通常成为国家治理与法治发展总目标的基层法治的重要力量,深刻地影响着基层社会生活的各个领域。在中国,源远流长的大一统体制,赋予县制及其治理活动以特有的价值取向,县域治理构成了国家治理机器运转的基础。因此,在中国的具体国情条件下,县域治理与法治发展历史性地生成着自身的独特意义。那么,如何理解中国语境下县域治理与法治发展的基本要义?有的学者在讨论当今县域政治运行机理时,提出了“理性化政治与乡土化政治

---

〔1〕 党的十八届四中全会决定提出要“加强公民道德建设,弘扬中华优秀传统文化”,“弘扬公序良俗”。《中共中央关于全面推进依法治国若干重大问题的决定》,人民出版社2014年版,第27页。

的碰撞与冲突”的问题，认为在县域政治生活中交织着体现一般规则的统一的国家理性与体现特殊乡情的地方性的乡土文明之间的矛盾关系，县域的主政者正是在国家理性与乡土人情之间运作其政治机器，并力图保持政治均衡，进而达至县域之治。[1] 这一分析确乎揭示了县域政治运作的统一性与多样性相结合的基本特点，实际上亦提出了县域治理与法治发展过程中的普遍规则之治与特殊乡土之治之间的衡平协调的重大课题。深入考察县域治理与法治发展的普遍与特殊、一般与个别的辩证关系，认识县域治理的多样性统一的运作机理，无疑有助于我们把握县域治理与法治发展的内在奥秘。

一方面，县域治理与法治发展是治国理政的基本方略在基层社会生活中的展开与落实。在中国，绵延久远的大一统的政治架构及其运行机理要求国家统治者基于国家治理的客观需要，制定与实施有利于维护与实现国家政制统一的总体性的治国理政基本方略，构建一个层级分明、有机关联、取向鲜明的大国治理体系。县域治理是国家治理体系的基石。在国家政权结构中，县级政权处于承上启下的枢纽性环节。“古人讲，郡县治，天下安。我国县的建制始于春秋时期，因秦代推进郡县制而得到巩固和发展。两千多年来，县一直是我国国家结构的基本单元，稳定存在至今”。[2] 因此，县域构成了国家治理的基本实践场域，县域治理遂成为国家治理方略在县级政权架构下的基层治理活动，县域法治由此成为国家法治在县域空间范围内的具体实践。作为国家政权结构的基本单元，县域治理与法治发展的核心目标是贯彻国家治理规则，执行国家法律规范，借以保证国家总体意志在县域基层社会的有效落实。从这个意义上讲，县域治理具有鲜明的国家性的特质。国家意志、国家规则、国家制度、国家方案构成了县域治理与法治发展赖以存在和发展的不可逾越的基本条件。也就是说，县域治理与法治发展必须体现国家治理与法治发展的根本要求和基本走向，遵循国家治理与法治发展的普遍性准则，维护国家治理与法治规则的统一和权威。实际上，在县域治理与法治发展实践中，作为国家意志的载体和表现形式的国家治理与法治规则制度体系以及总

---

[1] 徐勇：《县域政治》序二，载樊红敏：《县域政治：权力实践与日常秩序——河南省南河市的体验观察与阐释》，中国社会科学出版社2008年版，第8页。

[2] 习近平：《做焦裕禄式的县委书记》，中央文献出版社2015年版，第2页。

体行动方案，是县域治理与法治发展的基本规则与制度基础，规制着县域治理与法治发展的全过程和各个领域，塑造着县域治理与法治发展的整体格局，引导着县域治理与法治发展的运动方向，因而制约着县域治理与法治发展的实际效果。中央政府依据国家规则和国家制度实施的统一的国家治理与国家法治发展，有助于建构一个统一完整的现代国家体制，借以为县域治理与法治发展的有效推进创设具有高度权威性和一体化的国家政治空间。这是单一制的国家结构体制所蕴含着的国家主权一元观的必然要求。因此，考察中国语境下的县域治理与法治发展，必须牢牢把握国家政制统一性对于县域治理与法治发展的支配作用这一普遍性的一般法则，始终关注国家发展进程对于县域治理与法治发展进程的深刻影响，把中央政府治国理政的基本方略贯彻落实到县域社会生活之中。

另一方面，县域治理与法治发展亦是一个反映多样性的乡土社会秩序要求的区域性或地方性社会治理与法治实践活动。在主权国家的范围内，区域治理既表现为以特定行政区域为基础的治理形态，也表现为跨行政区域的治理活动。县域治理是区域治理的有机构成要素，一般是指在县级行政区划的地理空间范围内所展开的社会治理过程。如同区域治理具有明显的地方性品格一样，县域治理则更加具体而生动地展示出多样化的乡土社会治理的固有特性。在中国的社会条件下，乡土社会与城镇社会构成一种彼此依存的共生关系。按照费孝通先生的看法，在传统中国，"从基层上看去，中国社会是乡土性的"。而中国乡土社会的基本单位是村落，村落之间大体上形成一种相对孤立和隔膜的状态。所以，"乡土社会的生活是富于地方性的。地方性是指他们活动范围有地域上的限制，在区域间接触少，生活隔离，各自保持着孤立的社会圈子"。这是一个"熟人社会"，而不是"陌生人的社会"。在这里，调节人们之间关系的规矩是习俗或礼俗，而不是法律。"在乡土社会中法律是无从发生的"。[1] 显然，传统中国的县域治理所面临的基本社会环境就是这样的乡土社会生活类型。诚然，在现代社会，快速推进的新型城镇化与城乡一体化进程，打破了传统的乡土社会体系，社会成员的流动性明显增强，基

〔1〕 费孝通：《乡土中国》（修订本），上海人民出版社2013年版，第6~11页。

层社会的孤立与隔绝状态业已不复存在，国家权力日益广泛地渗透到县域社会生活领域之中，表现为法律的国家规则逐渐成为基层社会关系的主要调节机制。但是，应当看到，传统的乡土社会诸方面条件和因素依然顽强地影响着当代县域治理活动乃至整个国家与社会的治理实践。与来自国家规则与制度的正式的或正规化机制的影响不同，源自乡土社会法则或法理的非正规化机制对县域治理进程的影响，具有明显的地方性特点。县域治理的地方化在很大程度上与广泛存在于乡村社会之中的村落家族组织密切相关。在剧烈的社会大变革时代，以地缘与血缘纽带相连结的村落家族共同体虽然遭受到接连不断的冲击，但是，1978 年改革开放以来家庭联产承包责任制在广大乡村社会的推行，在消解传统的村落家族体系的同时，重又深刻地改变着乡村社会体制的结构，血缘关系对农业生产活动的调节功能在逐步强化。在这一新的条件下，村落家族共同体开始获得新的生命力，渐渐复苏起来，乡村社会生活中逐步形成国家—社会体制与村落家族秩序彼此分立的新格局。这种状况对处于幅员广阔的乡村地域空间范围内的县域治理产生了重要影响。[1] 因此，县域治理与法治发展过程交织着正规化与非正规化的双重治理机理，而在有的情况下，那种非正规化的体现乡土社会日常生活法理逻辑治理机制所起到的作用，往往要大于国家化正规化机制的治理效果。由此形成的多元化的基层社会治理秩序，必然产生多样化的县域治理与法治发展形态。当然，县域治理的地方性与多样性格局，则是以国家治理的整体性与统一性为依归的。

由上可见，在中国的国情条件下，县域治理与法治发展所呈现出来的多样性统一的运动样式，反映了我们这个超大型国家的社会发展不平衡的规律，也充分表明大国治理与法治进程的复杂程度。

---

〔1〕 王沪宁：《当代中国村落家族文化——对中国社会现代化的一项探索》，上海人民出版社 1991 年版，第 58 ~ 59、63 ~ 66、111 ~ 112、208 ~ 214、251 ~ 288 页。

第六章　区域法治发展的文化机理

推进区域法治发展,是法治中国建设应予施行的一个重要的战略选择。认识和把握文化传统对于区域法治发展的基础性作用,无疑是我们打开区域法治发展现象奥秘的一把“钥匙”。文化传统作为一种历史性的惯性力量,深深地嵌入广大民众的意识、心理、习惯、行为方式及其日常生活过程之中,与社会共同体内在关联、无法分割。

一、引言:法治发展的文化意义与本章论题的重要性

马克思提出分析法的现象运动的多样性统一的重要方法论原则,认为一定社会独特的政治结构或法权现象,都是建立在相应的经济形式上的。在任何时候,都要从一定的经济形式当中为整个社会结构、国家形式以及法的现象,找出最深的秘密和隐蔽基础。“不过,这并不妨碍相同的经济基础——按主要条件来说相同——可以由无数不同的经验的情况,自然条件,种族关系,各种从外部发生作用的历史影响等等,而在现象上显示出无穷无尽的变异和彩色差异,这些变异和差异只有通过对这些经验上已存在的情况进行分析才可以理解”。[1] 很显然,作为一个唯物辩证论者,尽管马克思十分重视经济关系对法的现象的决定作用,但是他并不忽略经济以外的因素或条件对法的现象的影响。由此,我们可以看到,正因为法的现象与社会生活条件具有多样

---

〔1〕《马克思恩格斯全集》(第2版·第46卷),人民出版社2003年版,第894~895页。

性的复杂的渊源关系，法的现象不仅具有社会政治的含义、社会经济的含义，而且有着社会文化的意义。也就是说，法的现象是一种特殊的文化现象，因此可以用法律文化的概念来统摄和表达一切法的文化现象。[1]

"文化"这个术语产生于拉丁语。在拉丁语中，文化一词是动词"*colere*"的派生词，其本意是指人类在改造外部自然界使之适合于满足食住等需要的过程中，对土壤、土地的耕耘、加工和改良。词源学意义上的文化概念与人类的劳动过程息息相关这一语言学的事实，充分表明文化是人借助于劳动的中介和自然界、社会相统一的特殊表现，借以确证和衡量社会主体创造力和才能的表现程度。它不仅体现了社会主体与自然界、社会之间历史关系的发展水平，也反映了处于一定社会条件之中的社会主体的行为方式与模式。作为一种文化现象的法的现象，是人类社会活动的对象性成果，与社会主体有意识、有目的的活动内在地联系在一起，从而凝结着社会主体在活动过程中所体现出来的主观力量和才能。应当看到，一定的法律文化现象是在一定的社会生活条件下形成和发展起来的。不同民族或不同国度的法律文化现象，集中反映了该民族或该国度的独特的社会生活条件的基本状况，深刻影响着这个民族或国度的具体社会生活过程，甚至成为该民族或国度观照与反思自身的民族精神的历史之镜。[2] 正是在这个意义上，黑格尔说道："民族的宗教、民族的政体、民族的伦理、民族的立法、民族的风俗，甚至民族的科学、艺术和机械的技术，都具有民族精神的标记。这些特殊的特质要从那个共同的特质，即一个民族特殊的原则来了解，就像反过来要从历史上记载的事实细节来找出那种特殊性共同的东西一样。"[3]

实际上，法的现象的社会历史运动过程具有特定的时间性和空间性，从而显示出"无穷无尽的变异和程度差别"，凝结为独特的法的现象的"历史个性"。而在一个主权国家的疆域范围内，这种独特的"历史个性"在不同地理

---

〔1〕 关于法律文化的概念意义，我国法学界曾经展开过热烈的讨论，提出了许多颇有见地的观点，时至今日依然有着重要的学术价值意义。刘作翔：《法律文化论》，陕西人民出版社 1992 年版。

〔2〕 有的学者主张从多元的角度来给法律文化下定义，认为不同国家的历史条件，必然对法律文化有着不同的理解，因此每个学者都可以有自己理想中的法律文化的定义。何勤华等：《法律文化三人谈》，北京大学出版社 2010 年版，第 12～13 页。

〔3〕 [德]黑格尔：《历史哲学》，王造时译，上海书店出版社 1999 年版，第 67 页。

区域的映现和表达，则不可避免地造成该国度法治发展进程的丰富多彩，形成法治发展统一性基础上的区域法治差异化的生动格局，进而构成不可遏制的区域法治发展的历史进程。影响和制约这个历史进程的固然有区域社会经济发展水平的因素（这无疑是至关重要的），但更为根本的是特定区域的文化生活状况或文化传统。换言之，法治发展具有自身独特而鲜明的文化意义。决定区域法治发展进程的历史差异性的条件或因素，在很大程度上要从不同区域的文化传统及其文化生活状况中去找寻。[1] 诚如马克斯·韦伯在评析狭隘"经济决定论"时所指出的，"仅仅根据经济原因来解释任何事物，在文化现象的任何领域中，无论如何都是不详尽、不全面的，甚至在'经济'领域自身之中也是这样"。[2] 因此，高度关注并深入探讨区域法治发展与文化传统之间的内在关联，进而揭示区域法治发展的文化机理，就构成了本章论述的主题。[3]

我们试图运用个别化的方法论原则，着力探求构成区域法治发展进程的独特历史个性基础的文化传统的内在奥秘。[4] 本章拟采撷其中的思维类型或理想类型的概念结构作为分析工具，展开对于相关主题的研究，以期获得新的认识。

---

〔1〕 胡兆量等：《中国文化地理概述》，北京大学出版社 2009 年版，第 33～34 页。

〔2〕 [德]马克斯·韦伯：《社会科学方法论》，朱红文等译，中国人民大学出版社 1992 年版，第 67 页。韦伯所反对的是那种盛行于外行或门外汉的圈子中的偏颇观点，即认为"只有经济的原因被说明（或者显现出）在什么地方或者以什么方式发挥作用时，他们对一个历史事件作出因果解释的要求才会得到满足"。不过，韦伯亦在一定程度上肯定了唯物史观的理论价值，指出："尽管我们力图从所有文化现象都能推断为'物质'利益集合的一种产物或机能这样一种陈旧过时的观念中解脱出来，但我们仍然相信，在其经济上的制约和结果这一特殊参照系中分析社会和文化现象，是一门具有创造性成果的科学学科，只要我们细心应用，摆脱教条主义的限制，在非常久远的将来它们仍然会是这样一门科学。"当然，韦伯声称，要"断然拒斥"作为一种世界观或者作为一个对历史实在作因果解释的公式的"唯物主义历史观"。这则是我们不能苟同的。[德]马克斯·韦伯：《社会科学方法论》，朱红文等译，中国人民大学出版社 1992 年版，第 64～65 页。

〔3〕 有的学者提出了区域法治发展的理论研究框架，其中的本体论研究部分把区域法治发展的文化基础问题统摄其中，认为涵盖价值理念、风俗习惯、人文历史传统的区域文化，有力地提升区域法治发展的文化内涵。这是很有见地的。夏锦文：《区域法治发展的法理学思考——一个初步的研究构架》，载《南京师范大学学报》（社会科学版）2014 年第 1 期。

〔4〕 有学者认为，"文化的本质是存异，而不是趋同"。陈先达：《文明必然趋同　文化一定求异》，载《新华日报》2017 年 7 月 21 日，第 12 版。

二、文化传统的思维类型

从广泛的意义上讲，文化与传统这两种现象密不可分地联系在一起，它们是一体两面的有机统一体。“文化的观念意即传统的观念，是代代相承的有关某类知识和技能的观念”。[1] 离开了传统的观念来讨论文化的观念，恰如“皮之不存，毛将焉附”；同样地，不关注文化的意义而探寻传统的价值，亦如“无源之水，无本之木”。因此，我们必须将文化与传统这两者作为一个整体来认识和把握，由此确定我们的分析基点。

如何看待传统的价值意义，这确乎是一个复杂的问题。古典现代化理论的一个重要分析工具，就是所谓传统与现代的二分观念。在这一理论中，传统是与现代截然对立的事物，是要在社会进步的过程中被现代超越的东西。不过，德国社会学家斐迪南·滕尼斯的看法似乎有所不同。他较早地提出了关于传统与现代的二分理论架构，注意运用理想类型的分析原则，把社会的复杂变迁过程通过“共同体”与“社会”的相互作用及其两极转换来加以逻辑的表达。然而，按照滕尼斯的看法，“共同体和社会是标准类型（我宁愿说是理想类型，因为理想会导致另一种意义上的误解），真正的社会的生活运动于这两种类型之间”。[2] “共同体”与“社会”之间的关系在很大程度上是一种相互肯定的关系，“任何这种关系都是多数中的统一，或者统一中的多数”。“关系本身即结合，或者被理解为现实的和有机的生命——这就是共同体的本质，或者被理解为思想的和机械的形态——这就是社会的概念”。[3] 因此，在滕尼斯看来，作为传统象征的“共同体”被理解为一种生机勃勃的有机体；而作为现代的体现的“社会”，则被视为一种机械的聚合和人工制品，只不过是一种暂时的表面的共同生活。如果说滕尼斯给予传统以某种认同的理解，那么马克斯·韦伯对于传统似乎并未抱有好感。韦伯对社会行动作了类型化的分析，把社会行动区分为四种样式，即目的理性式、价值理性式、情感式和传统式。所谓传统式行动，是指通过根深蒂固的习惯所决定的行动，因而

---

〔1〕［英］彼得·伯克：《什么是文化史》，蔡玉辉译，北京大学出版社2009年版，第28页。

〔2〕［德］斐迪南·滕尼斯：《共同体与社会》，林荣远译，商务印书馆1999年版，第42页。

〔3〕同上书，第52页。

它与目的理性行动(通过对周围环境和他人客体行动的期待所决定的行动)是迥然不同的,因而是非理性的行动。[1] 由此,在韦伯看来,传统的意义变得黯淡了。

实际上,在社会演进与变迁过程中,传统作为一种历史文化力量,存在于普通民众的意识、心理、习惯、行为方式及其日常生活过程之中,因而具有深厚的社会基础,与一个社会的有机体内在联结,不可分割。美国社会学家爱德华·希尔斯试图给传统这一社会现象作出概念界定,认为那种把传统仅仅视为任何从过去延续至今或相传至今的世代相传的东西的观点,并没有说明传统的真实性是否具备了可被接受的证据,也没有说明人们是否在传统还未成立的条件下就接受了它。因此,传统之所以成为人们热烈依恋过去的对象,成为人们在过去创造、践行或信仰的某种事物,成为得到人们普遍认同的具有持续性和同一性的相传事物,至为重要的在于传统中蕴含着某种实质性的内容。[2] 在这里,希尔斯提出了他的著名的实质性传统的概念。在他看来,"实质性传统是人类的主要思想范型之一,它意味着赞赏过去的成就和智慧以及深深渗透着传统的制度,并且希望把世传的范型看作有效指导"。[3] 范型或规范指导性成为实质性传统的基本构成要件。尽管近代启蒙运动的理性主义和科学主义对实质性传统构成了严峻挑战,以至于出现所谓"理性的传统性",但是传统的规范性因素却显示着蓬勃的历史生机与活力。"传授给人们的任何信仰传统,总有其固有的规范因素;发扬传统的意图,就是人们去肯定它、接受它"。"因此,传统远不是相继的几代人之间的相似的信仰、惯例、制度和作品在统计学上的频繁的重现。重要的是规范性效果——有时则是规范性意图——的后果,是人们表现和接受规范性传统的后果。正是这种

---

〔1〕《韦伯作品集Ⅶ:社会学的基本概念》,顾忠华译,广西师范大学出版社 2005 年版,第 31～35 页。有的学者认为,韦伯隐含地指出传统将在无形的理性化进程中被消灭,因而韦伯在论述现代化时显然没有给传统多少位置。[美]E. 希尔斯:《论传统》,傅铿等译,上海人民出版社 1991 年版,第 12～13 页。

〔2〕有的学者认为,传统的意义即在于传承。它涉及从过去到现在的延续,似乎更少地受到特定的思考时间的方式的羁束;它存在于那些在特定社会背景下持续传播的传统的必要性当中,目的是维护该传统与现在的关联。[加拿大]帕特里克·格伦:《世界法律传统》(第 3 版),李立红等译,北京大学出版社 2009 年版,第 13 页。

〔3〕[美]E. 希尔斯:《论传统》,傅铿等译,上海人民出版社 1991 年版,第 27 页。

规范性的延续,将逝去的一代与活着的一代联结在社会的根本结构之中”。[1]显然,希尔斯的实质性传统的概念阐释,精辟地揭示了传统的强大生命力之脉系所在,为我们认识和发现传统这一社会现象的内在逻辑提供了颇为便利有效的理想类型概念分析工具。

循着希尔斯的分析理路,我们会进一步看到,文化的实质性传统的思维类型蕴藏着极为广阔的思想天地。大体来说,它可以区分为文化的实质性大传统(以下简称文化大传统或大传统)与文化的实质性小传统(以下简称文化小传统或小传统)。这确乎显示了理想类型的方法论原则的魅力。“的确,专门方法论的最重要成就,就是使用‘理想类型’建构起来的关于具体学科的对象与方法概念。因此,它们高居于特殊科学之上,以致特殊科学在这些讨论中单纯依据自身很难达到自我认识”。[2] 对于文化的实质性传统的方法论研究来说,理想类型的概念分析工具的价值意义并不在于对客观事物作单纯的事实堆积的描述,而在于探讨无穷无尽的文化历史事实或现象背后所蕴含的某种文化历史规则或规律性的东西,进而解释这些文化历史规则或规律性的东西的内在逻辑问题,并且通过相关的类型化的概念加以表达或再现出来。因此,文化大传统与小传统的理想类型或纯粹类型,试图最大限度地对文化的历史现实作出抽象概括,以便在文化意义的层面上建构起高度的文化历史现象的逻辑整合,从而将这些概念工具与文化历史现实的实际进程加以比较观照,对特定的文化历史现象作出某种因果性的理解与阐释(说明)。

一般来说,文化大传统是指一定社会历史时期中处于支配或主导地位的并以规则、制度和秩序安排观念形态所表现出来的文化传统。它具有两个鲜明的特质:一是在既往的社会生活过程中,这种文化的实质性大传统集中体现了当时社会文化的主流形态取向,对社会成员的行为起到有力的规制功用,人们往往借助于这种支配性的主流文化范型来评价社会成员行为的合理性,社会成员自觉或不自觉地接受着这种主流文化范型的指导。二是文化的

---

[1] [美]E. 希尔斯:《论传统》,傅铿等译,上海人民出版社 1991 年版,第 31 ~ 32 页。

[2] [德]马克斯·韦伯:《社会科学方法论》,杨富斌译,华夏出版社 1999 年版,第 209 页。

实质性大传统通常表现为一定的规则、制度和秩序安排观念的形式，不论这种规则、制度和秩序安排观念的具体内容与背景如何，也不论这种规则、制度和秩序安排观念对现实生活的影响效果如何，它们在很大程度上都是经历着历史传承而不断积淀、持久存在并且反复出现的东西（当然，其显现出来的现象特征或许会有所不同），以致成为日常社会文化生活的有机构成要素，成为真正的文化传统。所以，文化的实质性大传统之意义是毋庸置疑的。至于文化小传统，一般是指民间社会中普遍存在的以民俗习惯形态展示出来的文化传统。与文化大传统不同的是，文化小传统是在基层的民间社会中孕育生成且经久存在的文化形态，是社会成员在社会交往过程中逐渐形成的关于个人与公共生活的稳定的行为准则，往往超越历史时间，给人们提供了从过去到现在的赖以遵循的某种恒定的价值范型。这种文化的实质性的小传统通常表现为一定的民俗习惯及其历史延续，把社会成员内在地凝聚在一起。与文化大传统相类似，文化小传统亦有着显明的规范性功用。不过，这种规范性功用并不是像表现为规则、制度和秩序性安排观念的文化大传统的规范功能那样以显性的方式表现出来，而是更多地表现为隐性的方式，通过一代又一代沿袭下来的民俗习惯，潜移默化地影响着一定社会时代中的社会成员的行为取向，它作为一种历史惯性力量，长久地支配着社会成员的行为方式，甚至历史性地维持着社会生活过程的特定形式与结构。因此，文化的实质性的小传统之价值意义，亦是需要认真对待的文化传统形态。

在对文化传统的思维类型的初步分析基础上，我们有必要进一步研究这两种实质性的文化传统对于区域法治发展的基础关系及其意义。

三、区域法治发展与文化大传统

应当看到，在不同的经济发展水平、社会结构、历史进程、文化传统和地理环境条件等诸因素的影响和作用下，当代中国不同区域间的法治发展形成了历史的差异性，因而中国法治发展具有统一性与多样性相结合的内在品格。区域法治发展多样性统一的运动样式，反映了中国法制现代化进程的丰富多彩，也深刻体现了中国这样一个东方大国经济社会发展的不平衡规律。[1] 很显然,在这种多样性统一的区域法治发展的运动格局中,文化的实质性大传统的功能性作用具有一种特殊的意义,它在很大程度上制约着区域法治发展的运动方向,也成为区域法治发展赖以存在和变化的本源性因素。[2]

区域法治发展是国家法治发展的有机组成部分,而国家法治发展则是区域法治发展的前提性条件和基础。如果说以规则、制度和秩序安排理念的形式表现出来的文化大传统深刻地影响着该国度的法治发展进程,那么这种影响力的所及范围无疑覆盖于国家法治发展过程和各个方面,当然也支配着作为国家法治发展的有机组成部分的区域法治发展进程。从这个意义上讲,文化的大传统对一个国家法治发展的影响具有全局性的意义和全方位的特征。区域法治发展亦概莫能外。作为文化大传统的核心构成要素的规则、制度和秩序安排观念,有着一种殊为广泛的含义,即“法文化”(而不是“法律文化”)的意义。美国学者格雷·多西自谦地谈及自己曾经杜撰了“法文化”(Juries culture)一词,认为这一语词旨在表明“社会和法律的哲学将不被看作是纯粹的观念体系,而是组织和维护人类合作诸事例中安排秩序的方面”。[3] 作为一种世界观的“法文化”,是建立在社会进化论基础之上的,它所要探寻的重大问题之一是人类应当采用什么样的制度、标准和程序,以期建立和维护那个超越个别有机体而走向有机体之间合作关系的社会组织以及相应的法律制度安排。基于上述认识,这位学者试图运用这种法文化的世界观,考察从公元前600年到公元400年这一千年的历史长河中希腊/罗马、印度和中国三大文明系统的社会与法律形成过程,借以揭示西方、印度和中国的“法文化”或“安排秩序观念”的历史发展轨迹。对于格雷·多西的这种“法文化”的世界观念,有的学者持有认同的态度,强调作为“法文化”的安排秩序观念,既是一个文化概念,又是一个哲学和法律概念,因为它在逻辑上不仅通向世界本

---

〔1〕 公丕祥:《区域法治发展的概念意义——一种法哲学方法论上的初步分析》,载《南京师范大学学报》(社会科学版)2014年第1期。

〔2〕 胡兆量等:《中国文化地概述》,北京大学出版社2009年版,第203~208页。

〔3〕 [美]格雷·多西:《法律哲学和社会哲学的世界立场》,梁治平译,载梁治平编:《法律的文化解释》(修订本),三联书店1998年版,第240页。

质、生活终极目的一类形而上问题，而且通向政治安排、法律制度一类形而下问题，进而将上述问题统一于“法文化”的世界观之中。由此，文化便被赋予了一种独特而重要的功用，即被确定为个人与其社会以及社会与其法律之间的有效性联结。〔1〕

由此看来，作为规则、制度和秩序安排观念之集合体的文化大传统，与“法文化”概念便具有某种相通的意义。当我们述及国家和区域法治发展与文化大传统论域的时候，需要考虑的是应当如何理解构成国家和区域法治发展基础的文化的、哲学的和法律之概念有机体的“法文化”问题。既然“法文化”与一定的规则、制度和秩序安排观念密切相关，那么，我们便有充足的理由说，不同的“法文化”，便会有不同的规则、制度和秩序安排观念——当然这并不决然排斥不同的“法文化”系统之间的某些共通性因素的存在。因此，对于本文的论题来说，我们的任务就是要探寻构成中国国家与区域法治发展之脉系的“法文化”或文化大传统的内在奥秘，这就不能不涉及作为中华精神传统主流的儒家法文化问题。

如何理解儒家法文化的本质性特征？韦伯关于以信念伦理及秩序追求为本体的儒家伦理的分析，给予我们深刻的启迪。按照韦伯的看法，理性的可计算的资本主义与理性的形式主义法律之所以首先在欧洲出现，完全可以从新教伦理的性质和特征中得到透彻地说明。因此，他主张必须澄清儒教的理性主义与基督新教的理性主义之间的关系，进而揭示儒教伦理的基本精神，认为儒教伦理的本质性意义在于它是一种信念伦理。在韦伯看来，信念伦理与责任伦理是彼此区别的，而从社会行动的意义上讲，信念伦理与价值合理性行动相联系，注重行动者的心情、意向、信念和价值，注重对事物的主观价值判断；而责任伦理则与工具合理性相联系，强调一个行为的伦理价值只能在于行为的后果。韦伯把作为信念伦理的儒教看作一种宗教伦理，但他又指出儒教的宗教伦理与出世主义的宗教价值迥然不同，而具有明显的入世

〔1〕 梁治平：《法律的文化解释》（修订本），三联书店1998年版，第2～3页。梁治平教授并没有因赞同格雷·多西的“法文化”概念而贬低当下广泛流行的“法律文化”概念，认为后者不仅扩展了固有的研究领域，也提出了一种提出新问题的方法，只不过使用“法律文化”概念有必要进行自我反省，自觉地思考和修正这一概念，重新确定其有效性。这一见解是相当重要的。

的理性主义因素。这种理性主义源于通过孔子言行所体现的伦理思想、礼仪和实践化,要求人们在实践中永远保持“克己”的觉醒,在生活中做到“中庸”的适度,以便追求现世的道德自我完善和人格完满的终极价值。韦伯进一步强调,儒教伦理不仅是一种信念伦理,而且是一种特别注重“秩序”的理性主义。儒教的理性在本质上具有和平主义的性质,是一种秩序的理性主义。“儒教所要求的是对俗世及其秩序与习俗的适应,归根结底,它只不过是为受过教育的世人确立政治准则与社会礼仪的一部大法典”。[1] 这一世俗的社会秩序是神圣的世界宇宙秩序的有机组成部分之一。社会秩序只有融入内在和谐的宇宙天道秩序之中,才能达到内在的平衡。实际上,天道秩序是人性道德的化身。反身修德,成德为行,进而崇德广业,超凡入圣,以适应永恒超神的天道秩序,这是君子理想的最高境界。应当说,韦伯对于儒家法文化的终极意义的形而上探求,提示我们要认真关注以信念伦理和秩序追求为本体的儒家法文化的本质内涵,进而由此出发深切地把握以规则、制度和秩序安排观念为表达方式的中国文化的实质性大传统之根本。这样的儒家法文化的价值系统,长久以来深深地影响着生活在这一历史条件和地域空间范围的广大中国人的法律心理与行为,制约着他们的法律态度及其对法律的认同感,从而锻造着具有特殊意味的民族的法律精神品格,形成具有独特价值取向的法律调整准则系统。

现在的问题是,与这种大一统的天道秩序相伴而生的儒家法文化,在普天之下的不同区域中是否会有各具特质的表达方式?换言之,抑或存在一个儒家法文化的区域性问题。这确乎是一个颇具挑战性的论题。有的学者试图从广泛的意义上,讨论中国文化的区域分布格局,提出了近代中国文化的区域结构的分析框架。按照这一观点,大约从东晋开始,随着中国经济重心的南移,作为上层建筑的文化中心也随之南迁。至近代,中国文化系统大体形成了三个区域,这就是:(1)“受少数民族文化影响”而产生变异的北方地区,其中心在北京;(2)“受西方资本主义文化影响”而产生变异的南方沿海地区,有广州和上海两个中心;(3)继承了中国“正统的”文化传统的南方内陆地

---

〔1〕［德］马克斯·韦伯:《儒教与道教》,洪天富译,江苏人民出版社1993年版,第178页。

区,湖南是其不太明显的中心。[1] 而有的学者则对作为文化大传统的儒家式秩序进行了一种文化地理学上的划分,认为儒家文化包括被人们普遍信奉的儒家价值以及由这些价值塑造并维持这些价值的种种制度,而这些价值和制度创造与维持着特定的社会秩序,即所谓的儒家式秩序。由此,根据晚近以来儒家文化保存并且发挥治理作用的程度,对儒家文化在当代中国的地理空间的分布作了如下的描述,即钱塘江以南中国,包括:宁波以南之沿海地区,也可包括皖南、江西等地;江南地区,即长江下游地区;除上述两个地区以外的地区,则为广义上的北方。撇开个别大城市,在这三个地区中,儒家文化在钱塘江以南地区保存得最为完整,长江下游地区次之,北方又次之。[2] 还有的学者试图从湘人政治思维的形成,进而分析儒学区域化对于沟通大小传统的基本意义。[3] 姑且不论上述关于近代中国文化或者儒家文化的区域分布结构的表达结果如何,我们可以发现一个有趣且重要的文化现象:在中国,作为文化大传统的儒家文化或儒家法文化在其发展演进的历史进程中确乎存在一个区域性的结构分布问题。这种儒家法文化的区域结构,对国家法治发展体系中的区域法治发展进程无疑具有不可否认的功能性影响。总体上看,这种功能性影响主要表现在以下若干方面。

首先,需要注意的是,一定的区域法治发展总是有其深厚的社会基础,而这种社会基础在很大程度上是由特定的社会组织结构维系的。离开了社会基础及其相应的社会结构,区域法治发展就失去了赖以存在的社会土壤,也就丧失了变动转换的内生活力。社会基础的韧性程度及其特定社会结构的协调性程度对于一定的区域法治发展状况的影响尤为显著。所谓社会基础的韧性程度,是整合和维系社会生活过程的坚韧性或凝聚力程度。而特定社会结构的协调性程度,则是指构成该社会结构的诸要素之间的组织化或有机性程度。在不同的区域中,社会基础的韧性程度和特定社会结构的协调性程度是迥然不同的,呈现出区域之间的差异特性,从而制约着不同区域的社会

---

〔1〕 茅海建:《也谈近代湖湘文化》,载《湖南师范大学社会科学学报》1989 年第 1 期。

〔2〕 姚中秋:《钱塘江以南中国:儒家式现代秩序——广东模式之文化解读》,载《开放时代》2012 年第 4 期;程民生:《宋代地域文化史》,安徽文艺出版社 2017 年版,第 64 ~ 93 页。

〔3〕 杨念群:《儒学地域化的近代形态》(增订本),三联书店 2011 年版,第 203 ~ 216 页。

治理进程。造成这一状况的原因是多方面的,其中最为关键的因素是文化大传统或儒家法文化的区域结构分布。[1] 具体地讲,文化大传统或儒家法文化的影响程度直接影响着一定社会基础的韧性程度。在不同的区域里,文化大传统或儒家法文化的影响程度高低,必然导致社会基础的韧性程度的不同,进而产生特定社会结构的协调性程度的差异性。有的学者认为,贯穿中国历史和社会治理进程的一个核心问题就是人的组织问题。“汉代以后,中国社会的组织者是儒家君子、绅士。因而,不同区域、不同时代、不同血缘、地缘群体的社会组织化程度,直接由其儒家化程度所决定”。[2] 这一观点从一个侧面揭示了文化大传统或儒家法文化的影响程度与一定区域的社会组织化程度乃至社会治理秩序之间的某种关联性,是有一定道理的。实际上,在文化大传统或儒家法文化的观念体系中,“群”的概念占据很重要的地位。人的“群”的关系,实质上是一种秩序分别、等级有序的金字塔式社会关系,而礼治则是维护这一关系的基本制度。在礼治主义的深重影响下,传统的规则、制度和秩序安排架构以确认社会成员的职责和义务为明确目标,以维护人们的确定的社会地位和社会身份为依归,强调个人的存在和发展以宗族社会的存在和发展为转移,个体只有在宗族社会中才能得到全面发展,个体人格的发展必须同宗族社会的伦理要求协调一致起来。这样的社会政治伦理秩序关系,在传统社会生活中处于支配性地位,锻造了社会基础的坚韧性和社会结构的协调性,把整个社会生活过程纳入一个高度组织化的社会网络体系之中,俾于社会治理的有效进行。[3] 应当看到,随着社会的历史变迁,儒家法文

〔1〕 家族制度是中国文化大传统或儒家法文化的一个基础性的制度安排。然而,这样的基础性制度安排并不是整齐划一地存在的。在不同的区域性的地理环境的影响下,家族制度结构的现实存在状况是有着明显差异的。苏力:《制度是如何形成的》(增订版),北京大学出版社2007年版,第82~90页。

〔2〕 姚中秋:《钱塘江以南中国:儒家式现代秩序——广东模式之文化解读》,载《开放时代》2012年第4期。

〔3〕 传统中国的宗法家族体制顽固而坚韧,具有极强的生命力。即便进入现代社会,家族制度的功能依然顽强地表现出来。有的学者在丰富翔实的实证性的乡村调查的基础上,对当代中国的村落家族文化作了区域性的比较分析,涉及沿海地区与边远地区、经济发达地区与不发达地区、南方地区与北方地区的若干典型的村落家族共同体,资料与理论分析殊为珍贵。王沪宁:《当代中国村落家族文化——对中国社会现代化的一项探索》,上海人民出版社1991年版,第135~138页。

化在不同区域的影响程度是不一样的。特别是明清以后,中国经济中心南移,加剧了儒家法文化影响程度的大分流,推动了儒家法文化的区域性结构的形成与发展。[1] 所以,今天当我们考察区域法治发展现象的运动变化时,就必须充分关注儒家法文化或文化大传统的历史性影响及其在不同区域空间范围的影响程度上的差异性,探讨儒家法文化或文化大传统的历史影响程度与特定区域社会基础的韧性程度和社会结构的协调性程度之间的关联机理,进而为推进区域社会治理现代化、推动区域法治发展的时代进程奠定坚实的文化基础。

其次,应当注意把握的是,区域法治发展的基本功能在于按照一定的方向和目标,把区域社会主体的行为纳入一定的轨道和秩序之中,建构适应区域经济社会发展要求的规则和秩序。"这种规则和秩序,正好是一种生产方式的社会固定的形式,因而是它相对地摆脱了单纯偶然性和单纯任意性的形式"。[2] 这种区域社会规则调整具有双重属性,其一,国家性,即它是国家法律与规则调整系统中的一个子系统,它要满足和实现国家法律与规则调整的一般性要求,以便建构一个统一的国家法律与规则调整体系。其二,区域性,这就是说,区域社会规则调整系统一方面要体现国家法律与规则调整体系的整体要求,另一方面又要从区域经济社会生活的实际出发,把握区域经济社会发展进程的特殊的法权要求,通过地方性法规、地方政府规章等形式,上升为具有直接针对性和具体性的区域社会规则调整系统,形成具有鲜明区域特色的规则调整体系,从而实施有效的区域社会治理。因此,建立特定的区域社会规则调整制度和机制,对于实现区域法治发展的历史使命无疑意义重大,影响深远。而特定的区域社会规则调整体系的形成与发展,同样离不开文化大传统或儒家法文化的功能性影响。文化大传统或儒家法文化之所以有其历史存在的合理性,重要原因就在于它是社会诸条件和因素的法权要求

[1] 近代以来,随着西方法律文化在中国的广泛侵入与传播,儒家法文化遭到严峻的挑战,中西法律文化之间的冲突加剧。但是,这一进程在沿海地区与内陆地区有着程度不同的表现。有的学者分析了近代中国上海地区出现的一城两制、一城三制甚至一城四制的区域法制形态,确乎有着独特的文化意义。王立民:《中国近代的城市区域法制探研——以上海近代区域法制为例》,载公丕祥主编:《变革时代的区域法治发展》,法律出版社2014年版,第55~67页。

[2] 《马克思恩格斯全集》(第2版·第46卷),人民出版社2003年版,第896~897页。

之体现。在这种传统中,凝结了该社会人们调整行为以及制度安排的丰富历史经验,因而具有历史确定性。因此,它本身为后来的人们提供了各种历史选择的可能性,成为改进国家与区域社会治理的有效资源。[1] 文化大传统或儒家法文化作为历史上世代相传的法律与规则调整经验之积累,经受了历史时间的长久考验,其中有些部分继续存留下来并且用社会时间证明了其存在的合理性与优越性。例如,儒家法文化注意到国家干预社会生活的有限性问题,强调君主治理国家及社会事务要合理恰当。孔子说:“君子之于天下也,无适也,无莫也,义之与比。”[2]他认为,一个人能否治理政事,重要的一点是看他是否通情达理。所以,当季康子问孔子可否启用端木赐治理政事时,孔子的回答是:“赐也达,于从政乎何有?”[3]那么,判定君主治理国家是否合理恰当的基本标准是什么?在这里,孔子提出了著名的“民信”说,主张统治者在从政时必须高度重视“民、食、丧、祭”这类涉及社稷最高利益的大事,强调治理政事应当以“民信”为出发点和归宿,认为“宽则得众,信则民任焉,敏则有功,公则说”。[4] 儒家法文化关于国家合理干预的思想及其“民信”说,固然体现了儒家法哲学的民本主义精神,同时也在一定程度上反映了传统中国社会生活结构的特殊机制。这就是说,在农业自然经济条件下,村社共同体自成一体,在它们内部有相对独立的自组织系统——家族体系。村社会家族共同体通常由一个家族的首领或尊长来代表,由他来沟通协调家族共同体内部的种种人事关系。在一定条件下,这种家族共同体还行使着一定的行政的或司法的职能。传统社会基层生活的高度自治性,决定了专制国家对社会生活的干预程度是有限的。孔子强调君主治理国家要合理恰当,这确乎是传统中国社会生活的一种观念表现。时至今日,儒家法文化关于国家干预社会生活的有限性之理念依然在影响当下社会政治与法治发展进程,只不过在不同的区域,这一理念的表达方式以及实现程度还是有差别的。通过对这一法权

---

〔1〕 有的学者考察了唐宋之际国家治理方略的重大变动;探讨了体现儒家法文化价值取向的宋代“司法职业化”在这一历史进程中的特殊功用。陈景良:《唐宋州县治理的本土经验:从宋代司法职业化的趋向说起》,载《法制与社会发展》2014 年第 1 期。

〔2〕《论语·里仁篇》。

〔3〕《论语·雍也篇》。

〔4〕《论语·尧曰篇》。

现象的深入分析,我们可以看到一定的区域性的规则体系和制度安排,同区域性政府对自身公共职能的认知和对政府与社会之间关系的把握是有机地联结在一起的。通过对“苏南模式”“温州模式”等各具特色的区域发展规则体系的历史的与现实的关系考量,[1]文化大传统的深刻影响及其程度差异对于区域社会与法治发展的独特意义越发显现出来。

最后,还应考虑到的是,文化大传统促进了区域法治发展的价值基础的塑造与确立。从广泛的意义上讲,区域法治发展的进程是伴随从传统法制向现代法治的历史性跃进而导致的区域法治文化及其价值体系的创新过程,是一个包含了区域社会主体的法律观念和法律行为变化的多方面进程,进而展示了一种新型的区域法治文化精神。诚然,在这一历史进程中交织着传统性与现代性的内在冲突。现代社会的急剧变化,造成了文化大传统或儒家法文化的种种压力。特别是域外法律文化的不断冲击,深刻地改变着文化大传统或儒家法文化的运动轨迹与发展路向,造成了儒家传统的危机状态。但是,“传统之中包含着某种东西,它会唤起人们改进传统的愿望”。[2] 文化大传统或儒家法文化的基本因子存在于普通民众的法律意识、心理、习惯、行为方式及生活过程之中,因而在很大程度上成为社会成员信仰的载体,并且强化了社会成员彼此之间的价值认同感。不仅如此,由于文化大传统或儒家法文化通常表现为世代相传的指导和规范人们的行为的价值准则,因而对于人们的行为往往具有价值评价的功能。这种作为价值评价准则的文化大传统或儒家法文化,是社会成员在长期交往过程中逐渐积累起来的伦常生活经验的有机体,因而有着坚韧的社会历史惯性力量,与当下社会成员的行为过程乃至社会法律生活交融在一起,影响着社会成员行为方式以及该社会法律生活发展的价值取向。所以,当我们探讨区域法治发展进程的动力机制问题的时候,一个不可回避的问题摆在面前:认真对待文化大传统或儒家法文化的价

---

[1] 有的学者揭示了“温州模式”所蕴含着的文化精神特质,认为作为温州地区传统文化最杰出的代表,注重经世致用、崇实重商的南宋永嘉学派乃是宋室南迁之后兴起的地域特征鲜明的儒学道统的新的学术旨趣表达,“温州模式”的文化渊源可以在永嘉之学中得以寻觅。陈安金:《崇实重商的永嘉学派》,载《光明日报》2014年3月31日,第16版。

[2] [美]E.希尔斯:《论传统》,傅铿等译,上海人民出版社1991年版,第286页。

值塑造功能。一些学者在比较中西方法律思维的历史差异时,每每引证马克斯·韦伯关于传统中国法律的"实质主义"取向的论述。的确,韦伯在讨论工商业资本主义为什么首先在西欧(而不是在中国等东方国家)兴起和发展的问题时,坚定地认为"其原因几乎完全在于国家的结构"。[1] 这就是说,在中世纪中后期的西欧,城市制度的兴起以及专制主义国家的推动,催生了近代理性法律的产生和发展,进而创造出适应于工商业资本主义发展的形式主义法律。相反,在传统中国家产制的国家形式下,工商业资本主义发展所必需的那种理性的、可预计的管理与法律机能并不存在,家产制官僚国家对形式法持有排拒的态度。"十分重要的是立法的内在性质:以伦理为取向的家产制,无论在中国还是在其他各地,所寻求的总是实际的公道,而不是形式法律"。[2] 按照韦伯的看法,在反形式主义的家产制的条件下,法律的形式主义处处受到排拒,传统中国的法官以彻底家产制的方式来判案,注重案件的具体事实,缺乏所谓演绎类型的法律逻辑和抽象概念原则,即不是根据形式的法律和一视同仁地来进行审判,而是按照神圣传统所能允许的原则和范围审理案件。实际上,源远流长的实质正义取向的中国法律传统是殊为珍贵的历史文化资源。这种不同于西方形式理性法律的实质理性法律传统,浸润着儒家法文化的"仁政""和谐""无讼"的法律价值理想,在从传统走向现代的社会转型过程中显示出独特的价值意义,而调解制度正是这种实质理性法律传统的典型表征。调解制度的发达,体现了儒家法文化的中庸精神,反映了民众的厌讼心态,这种心态通常又与儒家的"无讼"观念的长期熏陶密切相关。[3] 不仅如此,在调解制度的运行中,社会成员通过缓解对抗的方式来化解纠纷,以期确定和谐的社会关系与秩序。所以,现代调解制度通常被视为

---

〔1〕 [德]马克斯·韦伯:《儒教与道教》,洪天富译,江苏人民出版社1993年版,第120页。

〔2〕 同上书,第122页。

〔3〕 黄宗智教授认为,韦伯所谓的实体主义法律的最好例子可能是中国的调解制度。在调解之中,无所谓普适的法律原理和逻辑,也无所谓抽象原则之适用于所有具体情况。它的重点不在抽象法律原则,而在解决具体纠纷。它的方法不在依据法律逻辑从抽象原则得出关于对象的判断,而在探寻实际可行的妥协方案。它的目的不在维护抽象普适的法律原则,而在维护社区长期共同相处人们间的和谐关系以及"己所不欲,勿施于人"的道德理念。杨逸淇:《美籍华裔学者、中国人民大学讲座教授黄宗智:挖掘中国法律传统与思维方式的现代价值》,载《文汇报》2014年3月24日,第9版。

"和谐法治"的化身。[1]从更为广泛的社会意义上讲，在当下中国，调解制度的存在与发达，反映了广大民众力图通过自身努力来排解纷争进而公平交往的心理要求，反映了社会各阶层期望通过法律自治维系和谐关系、追求实质正义的内在需要。因此，在构造区域社会治理体系、推动区域法治发展的时代进程中，无疑要求我们善于运用调解制度之类的注重实质正义的传统文化资源，对文化大传统及其历史经验给予足够的认同与接受。

四、区域法治发展与文化小传统

以上我们考察了文化大传统的现代价值及其对区域法治发展的历史功用，接下来要进一步分析文化小传统的功能特征，探讨区域法治发展进程中的文化小传统的深刻影响。作为文化小传统，民俗习惯反映了社会成员安排生活、调适关系的思想观念与行为方式。这些观念与行为的形成，是一个自然的历史过程，是人们在长期的交往过程中自愿选择的结果，因而是人们生活方式的有机组成部分，对社会生活秩序的形成与发展起到相当重要的作用。今天的人们之所以在很大程度上总是处于过去的"掌心"之中，一个重要的原因就在于文化小传统的既定性与稳定性。这就是说，社会成员自觉或不自觉地承继着往昔岁月积累传承下来的风俗惯例，而这样的风俗惯例对于社会成员来说，似乎是不可选择、不可改变的"硬事实"，因而作为文化小传统的民俗习惯具有无可回避的必须每天面对的既定性。不仅如此，一个社会的民俗习惯并不总是随着社会的变迁而变换自己存在的形态，也不会由于某种外部力量的强制性介入而导致剧烈的变动。相反，不论一个社会的结构体系发生多么大的震荡或者改变，民俗习惯通常总是表现为某种经久恒定的形态，伴随历史时间的流淌而依然保持着往昔的面貌，甚至成为一种悠久历史积淀的社会记忆和社会信仰形式。所以，作为文化小传统的民俗习惯的稳定性是

---

[1] 张文显教授提出了"和谐法治"的概念，认为并非任何一种类型的法治都是和谐社会的基础，和谐社会所需要的是和谐的民主、和谐的法治，包括和谐的司法。"和谐法治"的概念，不仅将引领我们转换法治话语体系，从而提升我们的法治理念和法治实践，而且必将丰富和创新建设社会主义法治国家的理想模式、历史任务、实践途径。张文显：《论和谐司法》，载张文显：《司法理念与司法改革》，法律出版社2011年版，第86～93页。

不言而喻的。

一些学者常常把民俗习惯理解为美国人类学家克利福德·吉尔兹话语体系中的"地方性知识"的组成部分,这是有一定道理的。我们知道,在吉尔兹看来,"地方性知识"是一个含义广泛的概念,法律是一种"地方性知识"。民俗习惯是广义的文化的法的概念的组成部分,"法学和民族志,一如航行术、园艺、政治和诗歌,都是具有地方性意义的技艺,因为它们的运作凭靠的是地方性知识。直接个案不仅为法学提供了产生反映的基础,而且还为它提供了其欲求把握的对象。而在民族志、既定惯例、庆宴或父代母育风俗,亦具有相同意义的功用"。[1] 无论是法学,还是民族志,从微观层次上看,二者都面临着事实与法律之间的关系问题,这不仅是自休谟、康德以来西方哲学关注的主题,也是包括自然法、政策科学和实证合法化论争在内的法理学领域的关键。对于法学来说,需要把事实概略化,以便把道德问题缩小到可以用确定的规则对之加以裁定;对于人类学或民族志分析来说,则要对社会行为进行系统分类,以便从文化的角度对其意义加以解释。其实,这二者之间有着"非偶然的内在相似性"。[2] 按照吉尔兹的看法,对于事实与法律之间的关系问题以及对于事实在判断或审判中的地位问题,实际上与不同文化共同体的正义观或"法律知识"存在密切关联,这就不可避免地涉及具有地方性想象意义的条件的存在结构以及具有地方性认识意义的因果的经验过程。吉尔兹模仿马林诺夫斯基的著名的"棕榈树中的风的样式",生动地描述并讨论了1958年发生在南太平洋巴厘岛上的雷格瑞事件这一富有人类学意义的事件,揭示了这一事件背后反映出来的国家独立后的新的时代的正式制度规则与古老的依然有着生命力的村庄规章惯例之间的内在冲突。他说道:"与我们直接相关的是,在这件事情中,事件、规则、政治、习俗、信仰、情感、符号、程序和形而上学都被纠结在一起,其方式又是如此陌生,如此微妙,以至于进行'实然'和'应然'的纯粹比较就显得过于粗糙了。笔者认为,人们也无法否认这里存在一种很强有力的法律认识,它有形式、有特性、有穿透力甚至不需要

---

〔1〕［美］克利福德·吉尔兹:《地方性知识:事实与法律的比较透视》,邓正来译,载梁治平编:《法律的文化解释》(修订本),三联书店1998年版,第73页。

〔2〕同上书,第77页。

法学院、法律顾问、法律重述、法学刊物、经典案例的帮助来加强这种认识，它本身几乎就是一种明确的而且成熟的自觉。”[1]吉尔兹运用语言符号理论的分析工具，选取了 haqq（在伊斯兰世界意指“真理”）、dharma（在印度文化圈里意指“职责”）、adat（在马来世界里意为“惯例”）这三个核心概念符号，来分别勾勒出伊斯兰法律认识、印度法律认识和马来亚法律认识这三种迥然不同的法律认识系统，借以更加关注具体的文化积淀，钻研这三类符号系统的地方性知识意义，界定其中蕴含着的观念结构，表示各具特质的权利概念和正义观念，进而理解不同的具体的特殊的社会制度并赋予这些制度以意义的文化程式与信仰体系，强调这些具有“地方性认识意义”的权利与正义观念，吸收了丰富多彩的地方性习俗和信仰，保留了当地的符号和制度，把许多杂乱多样的不成文的规则组合成一种综合的生活和思维模式。所以，包括民俗习惯在内的法律“是一种赋予特定地方的特定事务以特定意义的方式”，并产生特定的影响；“依据地方性知识（直觉和直接个案）认识法律，或主张法律本身就是地方性知识”。[2] 很显然，吉尔兹所主张的一种颇为关注事物之多样性与差异性的认识论原则，为我们理解和阐释作为文化小传统的民俗习惯的价值意义提供了不可或缺的思想资源。

人们通常把民俗习惯归之于民间法的范畴，以与国家法相区别。[3] 由此出发，民俗习惯被视为在长期社会生活历史中形成的、为社会公众的内心所确信的习俗与惯例。它凝结着社会大众的普遍性的价值判断准则，体现着社会成员的普遍性的社会经验。与正式的成文的国家法相比，民俗习惯是一种存在于社会生活过程之中的并且在很大程度上决定着现行国家法的调整功能实效的社会规范集合体。乡土社会孕育生成着民俗习惯，反映了熟人社会

---

〔1〕［美］克利福德·吉尔兹：《地方性知识：事实与法律的比较透视》，邓正来译，载梁治平编：《法律的文化解释》（修订本），三联书店 1998 年版，第 88 页。

〔2〕同上书，第 145～146 页。

〔3〕苏力教授提出，要“通过我们的努力来沟通国家制定法和民间法，从而打破这种文化隔阻”。苏力：《法治及其本土资源》，中国政法大学出版社 1994 年版，第 71 页；田成有：《乡土社会中的国家法与民间法》，载谢晖、陈金钊主编：《民间法》（第 1 卷），山东人民出版社 2002 年版，第 1～29 页；［日］寺田浩明：《超越民间法论》，吴博译，载谢晖、陈金钊主编：《民间法》（第 3 卷），山东人民出版社 2004 年版，第 1～13 页；等等。

中的支配性的交往规则。"在一个熟悉的社会中,我们会得到从心所欲而不逾规矩的自由。这和法律所保障的自由不同。规矩不是法律,规矩是'习'出来的礼俗。从俗即是从心。换一句话说,社会和个人在这里通了家"。〔1〕应当看到,民俗习惯普遍存在于每一个社会之中。即便在从熟人社会转变为陌生人社会之后,民俗习惯并没有失去其本来的生命意义,或者说它是一种本根式的社会存在。在传统中国,民俗习惯反映了礼治社会的客观要求,"礼是合式的路子,是经验化的过程而成为主动性服膺于传统的习惯"。〔2〕作为礼俗的重要组成部分,民俗习惯体现了人情与事理的内在统一,致力于追求秩序的和谐与安宁。在迅速走上现代化道路的当代中国社会,尽管民俗习惯的内容与形式在发生着变化,但它并没有被人们所遗忘或者废弃,反而适应变动中的社会需要而成为新的社会生活秩序的有机组成部分,保持着特有的旺盛的生机与生命力。

与其说民俗习惯具有普遍的社会价值意义,不如说它是一种区域性的社会存在物。"千里不同风,百里不同俗。空间的广大肯定是造成文化差异的一个重要因素。不过,异同均是相对的概念,这里的情形与我们在时间中遇到的大致相同。用某一个区域文化的特征去概括地说明更大地域的文化现象固然不可,但是地域间的差异并不是我们发现具有更大普遍性价值的绝对障碍"。〔3〕清末民初展开的大规模民商事习惯调查运动,整理编纂了浩大的民商事习惯调查资料,从中可以清楚地看出各个区域民情风俗习惯的诸多层面的差异,这为当时的立法与司法活动提供了重要的"活法"资源。〔4〕作为文化小传统的载体的民俗习惯,在很大程度上体现了特定区域范围内文化传统的固有特性,构成了区域文化赖以存在与发展的基本要素,也反映了不同

〔1〕费孝通:《乡土中国》(修订本),上海人民出版社2013年版,第9~10页。

〔2〕同上书,第50页。

〔3〕梁治平:《法律的文化解释》,载《中国社会科学季刊》(香港)(第4卷)(1993年)。

〔4〕前南京国民政府司法行政部编:《民事习惯调查报告录》(上下册),胡旭晟、夏新华、李交发点校,中国政法大学出版社2000年版;张家镇等编纂:《中国商事习惯与商事立法理由书》,王志华编校,中国政法大学出版社2003年版;眭鸿明:《清末民初民商事习惯调查研究》,法律出版社2005年版;等等。

区域文化现象的历史差异性。[1] 而越是特殊的、个别的，越是具有普遍的、整体的意义。通过这些丰富多彩的民俗习惯及其文化小传统，我们可以清晰地发现作为地方性知识表征的民俗习惯及其文化小传统的本根性价值意义。因此，当我们运用文化小传统的概念工具去分析区域法治发展的文化机理问题时，似乎获得了一种思想发现的认识功能。

其一，作为一种生活样式，民俗习惯构成了区域法治发展进程的重要社会渊源。在社会演进过程中，民俗习惯和社会的生存与发展条件紧密地结合在一起，表现为历史性的具体的个别化的文化积淀，成为社会成员依恋甚或崇拜的对象。这种具体的个别化的民俗习惯并不是任意积累而成的，也不是一连串偶然的任性的选择行动的产物，而是经历了历史时间的长久流传的必然性的历史后果，它与特定社会的有机体内在地融为一体。遵从民俗习惯，不仅是该社会的社会成员行为准则，而且应该成为他们的基本生活态度和生活样式。“按照习惯法所作出的决定通常并不必需对过去某个时代、行为或一代人的依恋，而必须有对这种先例的古老性的依恋。先例必须合乎规范是不言自明的，它历来就是如此。它也应该如此”。[2] 不仅如此，在一定社会历史条件下，民俗习惯甚至成为社会成员的权能表现，成为社会成员“权利感”的重要内容。在《关于林木盗窃法的辩论》中，青年马克思精辟分析了习惯与权利之间的内在关联，提出了合理的习惯权利的重要概念。在马克思看来，权利是社会主体的一种习惯。习惯权利即法权习惯，“习惯法作为与制定法同时存在的一个特殊领域，只有在法和法律并存，而习惯是制定法的预先实现的场合才是合理的”。[3] 在这里，习惯权利要成为合理的，必须具备两个条件：一是习惯权利和法定权利同时存在，习惯权利和法律同时并存，二者并行不悖；二是习惯是法定权利的前身，构成具有法权意味的直接的社会要求，即法权习惯，它构成法的直接社会渊源。所以，马克思鲜明地提出，要反对特权等级的习惯权利，为穷人要求习惯权利，因为“习惯法按其本质来说只

---

〔1〕 有的学者探讨了好讼、健讼之风气的区域分布状况，认为这一风习在明清以来的中国南方地区尤甚。龚汝富：《明清讼学研究》，商务印书馆2008年版，第5～6、24～28、211、247～261页。

〔2〕 [美]E. 希尔斯：《论传统》，傅铿等译，上海人民出版社1991年版，第275页。

〔3〕 《马克思恩格斯全集》(第2版·第1卷)，人民出版社1995年版，第250页。

能是这些最底层的、一无所有的、基本群众的法”。[1] 赋予民俗习惯以权利意义的价值内涵，使民俗习惯与权利观念或者正义观念内在地联结在一起，从而使社会成员遵行民俗习惯作为一种社会生活样式的实际过程，获得了主体性的地位。再从社会学的意义上讲，一定社会的民俗习惯与特定的社会仪式亦是密不可分的。费孝通先生在论及乡土社会的礼治秩序时说道，与现代社会秩序的维持不同，乡土社会秩序维持所使用的力量和所根据的规范的性质有其固有的属性。礼是乡土社会公认“合式”的行为规范，但它不需要有形的权力机构来维持，而是凭据传统来维持，因为文化本来就是传统，传统则是社会所累积的经验，在乡土社会中传统的效力比现代社会更大。因此，合乎礼的这套行为就成为人们普遍奉行的“仪式”，因为礼本来就是按着仪式做的意思。[2] 这样，体现礼治要求的这套社会仪式或礼仪，也就成为乡土社会民俗习惯的重要内容，并且构成生活在这一社会之中的社会成员的生活方式的有机组成部分。至当代，遵奉社会礼仪的民俗习惯依然显示出特殊的现代价值。因此，我们考察推进区域法治发展的路径选择问题，一个基本的要求就是要注意把握民俗习惯的发展样式意义及其对区域法治发展的社会渊源性影响。

其二，作为一种集体意识，民俗习惯在很大程度上构成了区域法治发展的社会精神纽结。民俗、习惯、常习与成规是社会秩序建构的基本要素，亦是社会意识的表达形式。而“培养常习的倾向是人类心理结构的一部分，没有这个倾向，生活会变得反复无常，社会也不可能产生秩序”。[3] 这表明民俗习惯有着鲜明的社会秩序意识取向，强调社会生活规则化和秩序化。它仿佛是一个社会的精神纽结，把个人与社会有机地联结到一起，进而确立社群或社会共同体的存在。因此，从这个意义上讲，我们完全可以说民俗习惯是社会的集体意识的表达方式。法国社会学家 E. 迪尔凯姆（又译为涂尔干、杜尔凯姆）十分注重集体意识在社会生活中的独特作用，他指出：“社会并不是个人相加的简单总和，而是由个人的结合而形成的体系，而这个体系则是一种具

[1] 《马克思恩格斯全集》（第 2 版 · 第 1 卷），人民出版社 1995 年版，第 248 页。
[2] 费孝通：《乡土中国》（修订本），上海人民出版社 2013 年版，第 47 ~ 49 页。
[3] [英]丹尼斯 · 罗伊德：《法律的理念》，张茂柏译，新星出版社 2005 年版，第 183 页。

有自身属性的独特的实在。毫无疑问,如果没有个人意识,任何集体生活都不可能产生,但仅有这个必要条件是不够的,还必须把个人意识集合或化合起来,而化合还要有一定的方式。社会生活就是这种化合的结果。因此,我们只能以这种化合来解释社会生活。"[1]而个人意识的结合或化合,就是集体意识。集体意识是一种与个人意识不同的特别的东西,二者有种属的不同。"它们的这种不同起因于它们不是由同样的成分组成的。实际上,个人意识产生于孤立的有机的——心理的存在的本性,而集体意识则产生于许多的这种存在的结合。既然结合的成分如此不同,结果也就不可能相同"。[2] 那么,如何认识集体意识的质的规定性?迪尔凯姆认为,"社会成员平均具有的信仰和感情的总和,构成了他们自身明确的生活体系,我们可以称为集体意识或共同意识。"[3]由此出发,迪尔凯姆提出了由团结产生的社会关系的紧密程度的三个条件,即集体意识与个人意识之间的关系;集体意识的平均强度;集体意识的确定程度。他悲观地注意到,就总体而言,随着社会的不断进化,集体意识的基础愈加薄弱,集体意识的确定性的平均程度和强度亦日益衰微,个人意识越来越摆脱了集体意识的羁绊,个人人格在社会生活中成为更加重要的因素。不过,迪尔凯姆也同时认为,集体意识或共同意识越是普遍,就越会给人的变化留出地盘。集体意识的价值意义就在于凝结为一定的抽象规则,而民俗习惯正是这类规则的表现形式之一。"实际上,如果各种常规惯习是明确无误的,它就会通过一种类似于反思的方式决定思想和行动取向……一旦反思被激发出来,它就会势不可挡地向前发展"。[4] 尤为重要的是,"反思在使人认识到社会存在比个体存在更为丰富、更为复杂、更为久远后,就能使人们清楚地知道个人为什么要处于从属地位,习惯为什么要求个人在内心永久有依恋和尊重社会的感情的理由"。[5] 在这里,迪尔凯姆清晰地描述了集体意识的社会功能与历史命运,确证了作为集体意识的表达形式

〔1〕［法］E. 迪尔凯姆:《社会学方法的准则》,狄玉明译,商务印书馆1995年版,第119页。
〔2〕同上书,第119页注①。
〔3〕［法］埃米尔·涂尔干:《社会分工论》,渠东译,三联书店2000年版,第42页。
〔4〕同上书,第247页。
〔5〕［法］E. 迪尔凯姆:《社会学方法的准则》,狄玉明译,商务印书馆1995年版,第136页。

的民俗习惯对于维系社会共同体的价值意义。因此,集体意识反映了社会成员共同情感与价值信仰,与特定社会生活条件相伴而生,世代相传,构成了社会生活的精神枢纽。而民俗习惯则通过特定社会成员的普遍认同与遵行的方式,表达了集体意识的内在力量,展示了集体情感的固有特性,为社会成员的行为提供了一定的样式,指明一定的方向。所以,研究区域法治发展的文化意义,就必须深入探讨作为集体意识表现形式的民俗习惯在维系区域社会共同体关系中的社会精神纽结意义与功能,进而阐释文化小传统对于推动区域法治发展的重要作用机理。

其三,作为一种调整机制,民俗习惯是区域法治发展进程的功能性的社会调节力量。社会调整体系是多样繁复的,其中民俗习惯是一个相对独立的社会规范调整机制。在传统社会,民俗习惯的调整功能居于相当重要的地位,早期立法活动的基础主要是民俗习惯。“这种立法,经常不是用来创制新的规则而是澄清早已存在的习惯法,并且予以法典化”。例如,古罗马《十二铜表法》,“以现有的眼光来看,这个法律当然不是一个条理分明的法典,而仅仅把若干民众必须知道的琐碎事情或是亟待澄清的古老习惯制为法律”。[1] 特别是在古代东方社会,民俗习惯在社会调整体系中的功用是相当突出的。这种民俗习惯是农村公社成员长期生产和生活经验的积累和结晶,调整公社成员的行为以及公社内部的各种关系,进而逐步固定化、规则化和制度化。在民俗习惯的自发调节下,村社共同体内部逐渐生成一种自治和自发的法律与社会秩序。这些民俗习惯得到了公社成员的普遍认同和接受,比起国家成文法具有更为直接的拘束力。[2] 在传统中国社会,以血缘关系为纽带的宗法家族制度的存在与发展,对社会调整体系的建构产生了广泛的影响。个人与社会、个人与国家之间的种种联系,往往通过家族的媒介功能来实现。家族的社会功能是广泛而具体的,民俗习惯成为家族治理的重要手段。一个家族

---

〔1〕［英］丹尼斯·罗伊德:《法律的理念》,张茂柏译,新星出版社2005年版,第193~194页。

〔2〕马克思在晚年人类学笔记中,充分注意到传统东方社会调整体系的基本特点以及风俗习惯的特殊历史功用,论述了古代东方社会习惯及习惯法与国家成文法之间的内在渊源关系,使我们看到这些风俗习惯有着广泛的调整范围并且其拘束力并不逊于国家成文法。《马克思古代公社史笔记》,人民出版社1996年版,第27~103、388~423页;等等。

往往有自己的宗祠,里面放着一块记载着家族认可的习惯法的石碑,家族有着不容置疑的权力把它强加给自己的族人。[1] 通常家族还运用民俗习惯化解基层社会生活的矛盾纠纷,力图不让家族成员的纠纷发展成为牵动政府的诉讼。"毫无疑问,习惯性的规范在中国流行的情形绝不比其他地区逊色,而且在某些方面可能还更有权威,譬如对于父母和祖先的尊敬,以及对家庭中其他分子的扶助与蓄养。但是在法律争端方面,中国人从未想到他们可以经由某种固定的司法程序用事先制定的规范加以解决,反而认为法律上的正义是由人类本于宇宙间的和谐精神去调和各方利益的结果,而人类的智慧早已蕴藏了许多关于宇宙间和谐状态的暗示。这样的社会,无论在社会关系或经济关系方面,必定会把一种以根深蒂固的法律架构或社会规范为基础的秩序,在不妨碍那个基本架构的范围内,掺和高度的弹性与变化性"。[2] 社会生活中大量存在的民俗习惯在很大程度上能够满足这样的要求。即便进入现代社会以后,民俗习惯的社会调整功用依然表现出坚韧的力量。在社会生活过程中,调整社会成员行为、造成有机的社会秩序的不仅仅是国家的成文法律,还有世代相传、约定俗成的民俗习惯。它们顽强地存在于人们的思想之中,规范着人们的行为,指导着人们的生活,而且在相当意义上,比之国家法,民俗习惯更能够为社会成员所依归。于是,我们看到民俗习惯正在进入国家制定法的视野,成为法律的重要渊源之一(尽管这一过程还很漫长)。[3] 而在司法领域,对于民俗习惯在司法中运用问题的关注与实践,亦在成为提升司法公信力、改进社会治理、建设和谐社会的一个重要司法抉择。江苏省姜堰市人民法院开启把善良风俗引入审判工作的有益探索,取得了良好效果,产生了广泛影响。[4] 因此,在推进区域法治发展的时代进程中,我们确有必要找寻民俗习惯进入区域社会治理体系建构的适当途径,充分发挥民俗习惯的区域性社会调整与规制职能,以与国家成文法在区域范围内的施行形成相

---

〔1〕《文明的历史脚步——韦伯文集》,黄宪起等译,上海三联书店1988年版,第85页。

〔2〕[英]丹尼斯·罗伊德:《法律的理念》,张茂柏译,新星出版社2005年版,第195页。

〔3〕苏力:《当代中国立法中的习惯》,载苏力:《道路通向城市——转型中国的法治》,法律出版社2004年版,第84~108页。

〔4〕公丕祥主编:《民俗习惯司法运用的理论与实践》,法律出版社2011年版,第7、94~95页。

辅相成的互动格局，切实提高区域社会治理的成效。

五、小结

现在，我们对本文的观点作如下的小结。

在当下中国，推进法治中国建设的一个重要且可行的战略与策略选择，是扎实有效地加强和改进法治区域建设，推进区域法治发展。而深入揭示区域法治发展的文化基础、研究区域法治发展与文化传统之间的内在关联，无疑有助于我们寻找打开区域法治发展进程的内在奥秘的科学钥匙。由此出发，我们试图运用理想类型的概念分析工具，对文化传统进行类型化的划分，进而分别考察文化大传统和文化小传统对区域法治发展进程的深刻影响。

文化与传统之间的关系殊为密切。“文化本来就是传统。不论哪一个社会，绝不会没有传统的”。[1] 传统的基本要义之一，就在于它的历史连续性，这是传统的强大力量之所在。正是这种历史连续性，进而使传统成为后来的人们依恋甚或崇敬的对象，从而世代相传、生生不息。据说，“传统”一词最初来自罗马的继承法，意指用于处理在移交财产之外同时把权利和义务越过死亡界限而传递下去。[2] 随着历史岁月的流淌，传统概念获得一种新的人文社会科学意义。传统在继续表达经久沿袭的历史性传承联系的同时，亦不再被简单看作与现代相悖的一种固有的价值体系，而是作为一种与现代性相沟通的生活样式或模本得到确证，成为富有时代活力的并且有拘束力或规范指导性的价值系统。这就是实质性的传统的活力源泉之所在。

对于文化的实质性传统来说，有文化的实质性的大传统与文化的实质性小传统之分。前者一般是指在一定社会历史时期中处于支配或主导地位的、以规则和制度以及秩序安排观念形式表达出来的文化传统。它构成了一定社会文化发展的主流取向，对社会生活和人们的行为起到规制、指导的作用；它所表现出来的一定的规则、制度和秩序安排观念，成为一定社会生活秩序的重要内容和基础。在当代中国，文化大传统对于国家与区域法治发展进程

---

〔1〕 费孝通：《乡土中国》（修订本），上海人民出版社2013年版，第48页。

〔2〕 [德]斯特凡·约尔丹主编：《历史科学基本概念辞典》，孟钟捷译，北京大学出版社2012年版，第255页。

的影响是根深蒂固的,它与法文化的概念有着相通的意蕴。这里重要的是要把握儒家法文化这一中国文化大传统的主流对于区域法治发展的作用和机理。马克斯·韦伯把儒家法文化的本质性特征归之为“信念伦理”,这是有道理的。而这套以信念伦理为基石的儒家法文化传统,在历史演进过程中,又有着显明的区域性结构分布特征。因此,以儒家法文化为核心的文化大传统对于区域法治发展的深刻影响,主要表现在三个方面:一是铸造了区域法治发展的社会基础;二是构成了区域法治发展的规范机理;三是凝聚了区域法治发展的价值认同。

文化的实质性的小传统的价值意义亦是不能低估的。作为文化小传统的本体,民俗习惯主要是指基层民间社会中普遍存在的以民俗习惯形式所表现出来的文化传统。在历史的进程中,民俗习惯不仅具有坚韧的既定性,也有鲜明的稳定性,人们常常用克利福德·吉尔兹的“地方性知识”概念来加以表征。其实,在吉尔兹那里,作为“地方性知识”的意义表达形式的,不仅仅是民间社会约定俗成的民俗习惯,而且包括国家制定的法律。然而,比之法律来说,民俗习惯的“地方性知识”的意味更为突出和显著,因为这是深深植根于乡土社会之中的地方性秩序构造的基础,也是推进现代法治所面临和应予解决的重要课题。[1] 作为“地方性知识”的表现形式之一,民俗习惯的区域性特征是十分明显的,所谓“千里不同风,百里不同俗”即是。深刻认识这一重要特征,可以使我们对于区域法治发展的文化机理之认识与把握更为清醒而透辟。就总体而言,作为文化小传统的民俗习惯之于区域法治进程的影响机理,主要表现在:第一,民俗习惯乃是一种生活样式,构成了区域法治发展进程的重要社会渊源;第二,民俗习惯乃是一种“集体意识”,构成了区域法治发展的社会精神纽结;第三,民俗习惯乃是一种调整机制,构成了区域法治发展进程的功能性的社会调节力量。

关注文化传统对于区域法治发展的基础性功用,重要的是要在区域社会

---

〔1〕 顾培东:《试论我国社会中的非常规性纠纷解决机制》,载《中国法学》2007年第3期;朱景文:《法治中的悖论》,载夏勇、李林、[瑞士]丽狄娅·芭斯塔·弗莱纳主编:《法治与21世纪》,社会科学文献出版社2004年版,第69~74页;苏力:《现代化视野中的中国法治》,载苏力:《道路通向城市——转型中国的法治》,法律出版社2004年版,第3~42页。

日常生活过程中重建文化传统的时代位置,彰显文化传统的实践理性精神,使文化传统成为社会大众日常生活过程的有机要素,深深地融入人们日常生活过程之中,而不是与日常生活相疏离。[1] 在这里,将会展示日常生活中的人们在文化大传统和文化小传统的影响下的有关生活的知识以及对待生活的态度,进而把握社会与个人的活动准则和前进方向。这不仅裨益于国家和区域法治发展,而且对我们这个社会的善治与健康发展,都是至关紧要的——这就是当代历史人类学运动所给予我们的重要启示之一。

〔1〕 刘阳:《传统文化"失语",我们该做什么》,载《人民日报》2014 年 3 月 27 日,第 11 版。

第七章　区域法治发展的功能取向

一般来说,法律政策是政府基于国家与社会治理的需要,按照国家法治发展的战略目标和大政方针,从全国或特定地区的具体法治情形出发提出的法治建设的决策部署与政策安排。在当代中国推进区域法治发展,是一项开创性的法治事业,是建设法治中国的历史进程的必然要求。作为一项法律发展政策,区域法治发展致力于创新区域社会治理体系的伟大实践,建构有利于区域发展的法治制度与机制,因而有其独特的政策功用。这就是说,政府主导推进、社会广泛参与的区域法治发展,与区域发展和区域社会治理现代化的进程内在地交织在一起,并且成为推动区域发展、创新区域社会治理体系的重要内容,因而构成了新的历史条件下推动国家法治发展的法律政策选择。在这里,我们有必要进一步揭示区域法治发展的功能取向。

一、问题的提出:发展与法治

发展是当今世界的主旋律之一,也带来了空间关系的新变化。传统的孤立的狭隘空间地域性的发展格局,已经或正在被现代的统一的开放空间地域性的发展体系所取代,由此而形成发展领域的革命。不同国度的发展经历与过程,形成了发展水平的差异性,由此凝结为多样性的发展经验,乃至多元化的发展模式或发展道路。因此,增长与发展既有联系,更有区别,而发展的内涵与外延远比增长的概念要更为丰富、更为广泛。实现从增长到发展的转变,绝不仅是经济领域的特有现象,而是涉及社会、政治、法律、文化等广泛的领域,以至于"人类发展"的概念应运而生。[1] 由此,分析影响人类发展的因素或条件,建构衡量人类发展的指数体系,进而探寻促进人类发展的路径选择,便成为摆在人们面前的一项重大课题。

法治与发展密切相关、内在联系。从法哲学本体论意义上讲,现实的社会发展构成了法治发展的根源和基础,制约和影响着法治发展的进程及其表现形式。离开一定的社会发展条件,法治发展就失去了赖以存在的基础和条件。正如马克思所指出的,"社会不是以法律为基础的。那是法学家们的幻想。相反地,法律应该以社会为基础"。[2] 然而,法哲学辩证法告诉我们,法治对于社会发展具有能动的反作用,甚至在一定社会条件下起到主要的决定性的作用,能够在某种限度内影响或改变着社会发展的运动方向与实际效果。在社会发展的过程中,伴随生产的物质发展和它的社会形式之间的矛盾冲突,迫切需要变革社会发展的法治类型,改变旧有的法治体系,推动从传统型法治向现代型法治的转型发展。在社会变革中产生的新的法治类型,成为表现社会发展条件的新的法治样式,并且成为反映社会发展程度和水平的法治尺度。因此,法治以其特有的形式,标志着社会发展的进程与阶段,为新的社会系统确立相应的规范与制度基础,从而成为推动社会发展的重要工具。

恩格斯曾经分析了国家权力对于经济发展的三种反作用类型,指出:"国家权力对于经济发展的反作用可以有三种:它可以沿着同一方向起作用,在这种情况下就会发展得比较快;它可以沿着相反方向起作用,在这种情况下,像现在每个大民族的情况那样,它经过一定的时期都要崩溃;或者是它可以阻止经济发展沿着某些方向走,而给它规定另外的方向——这种情况归根结底还是归结为前两种情况中的一种。但是很明显,在第二种和第三种情况下,政治权力会给经济发展带来巨大的损害,并造成大量人力和物力的浪费。"[3]在这里,恩格斯区分了国家权力对于经济发展反作用的不同功能状态,描述了国家权力反作用于经济发展过程的某种不确定现象。这实际上揭

---

〔1〕 [美]德怀特·H. 波金斯、斯蒂芬·拉德勒、戴维·L. 林道尔:《发展经济学》(第6版),彭刚等译,中国人民大学出版社2013年版,第37~41页。

〔2〕 《马克思恩格斯全集》(第1版·第6卷),人民出版社1961年版,第291~292页。

〔3〕 《马克思恩格斯文集》(第10卷),人民出版社2009年版,第597页。

示了规制国家权力、使之沿着经济发展同一方向起作用的基本要求。人类社会的发展历程表明,法治具有增进发展的内在价值,是从增长到发展转变的制度性推动力量。一般而言,法治是人治的对立物。与凭借当权者个人意志进行统治的人治不同,法治的基本含义是指“法律的统治”(rule of law),旨在强调法律高于当权者的个人意志,一切国家机关、社会组织和个人的行为都要遵行法律的规定,受到法律的约束。[1] 因此,法治的基本特点是:国家和社会生活的统治形式和统治手段是法律;国家机关不仅仅运用法律,而且其本身也受到法律的支配;法律是衡量国家、组织及个人行为的标准。法治的核心价值意义就在于:通过法律制约不确定的国家权力的行使,并且确信法律能够提供可靠的手段来保障每个公民自由地、合法地享有自己的权利。对于发展来说,法治的功能意义就在于体现规则之治,增强社会主体行为的可预期性,以期形成发展所需要的秩序的安宁与稳定。作为一种规则之治,法治通过一定的规则体系(正式规则与非正式规则之结合),实现社会关系的统一调整,借以排除主观随意性,形成巩固的、稳定的社会与法治秩序。尤为重要的是,在实行法治的社会条件下,在规则调整体系中,授权性规则因素居于主导的地位,这无疑有利于维护和实现社会主体的社会自由和权利,从而激发社会主体的能动性、创造性和积极性,形成推动发展的强大动力。

当代中国正处于一个深刻的社会转型与变革的历史过程之中。运用法治思维和法治方式推动发展,把经济社会发展纳入法治化轨道,集中体现了大变革时期社会转型与发展的法治需求,充分展示了法治在当代中国发展全局中的地位和作用。习近平强调,“现在,全面建成小康社会进入决定性阶段,改革进入攻坚期和深水区。我们党面对的改革发展稳定任务之重前所未有、矛盾风险挑战之多前所未有,依法治国在党和国家工作全局中的地位更加突出、作用更加重大”。“要推动我国经济社会持续健康发展,不断开拓中国特色社会主义事业更加广阔的发展前景,就必须全面推进社会主义法治国家建设,从法治上为解决这些问题提供制度化方案”。[2] 只有充分发挥法治

---

〔1〕 张文显主编:《法理学》,高等教育出版社 1999 年版,第 181~182 页。

〔2〕 习近平:《关于〈中共中央关于全面推进依法治国若干重大问题的决定〉的说明》,载中共中央文献研究室编辑:《十八大以来重要文献选编》(中),中央文献出版社 2016 年版,第 141~142 页。

的引领、规范和保障功能，才能为实现当代中国发展的战略目标营造公正规范有序的法治环境。因此，党的十八届五中全会作出的《建议》，提出了一个重大的命题："法治是发展的可靠保障。"[1]这一命题突出了发展与法治之间的内在关联，确证了法治对于推动和保障发展的当代价值，深化了"发展是硬道理"的时代内涵。在新的历史条件下推进中国法治现代化的宏伟大业，就必须准确把握区域法治与区域发展之间的内在关联，深入梳理区域法治在实现什么样的区域发展、如何实现区域发展的时代进程中的功能定位，充分展示区域法治发展对于保障和实现更高质量、更有效率、更加公平、更可持续的区域发展的鲜明目标指向。

二、区域发展的法治需求

法律调整的基本功能表征之一就是它的指引性或引导性。社会主体遵循法律的规则之治，可以对自己的行为取向作出合理的预期。在特定的经济社会条件的作用下，区域发展的行为准则问题日益突出地成为国家和地方政府高度关注的重要议题。诚如有的学者所指出的，20世纪80年代以来，在当代全球化进程的背景下，对区域发展问题的关注已经从量的问题转移到了质的问题，即从对经济增长和对发展的约束的关注，逐渐演变为对发展与生活质量的关注，以及对于可持续发展的关注。这一从增长到发展的转变，促使经济和社会活动者正在重构他们的生产和消费习惯，从而引起区域发展的行为准则的变化。[2]在这一新的情况下，不仅是作为经济社会活动的规则制定者的国家，而且包括地方及区域性政府，都在试图通过法律的、经济的、行政的诸种调节手段，形成相应的社会调整机制，构造起区域发展的新的行为准则系统，引导区域发展向着更加关注发展与生活质量、更加重视可持续发展的方向健康稳定的运行。因此，在区域发展的进程中，区域发展的行为规则就具有基础性的甚至是关键性的作用。

---

〔1〕《中共中央关于制定国民经济和社会发展第十三个五年规划的建议》，人民出版社2015年版，第6页。

〔2〕［英］安迪·派克、安德烈·罗德里格斯－珀斯、约翰·托梅尼：《地方和区域发展》，王学峰等译，格致出版社·上海人民出版社2011年版，第3～4页。

全面深化改革时代的当代中国发展与法治进程正在呈现革命性变化的趋势。党的十八大以来,以习近平同志为核心的党中央提出创新、协调、绿色、开放、共享的新发展理念,这是对当代中国发展理论的重大创新发展。“坚持创新发展、协调发展、绿色发展、开放发展、共享发展,是关系我国发展全局的一场深刻变革”。[1] 党的十九大把“坚持新发展理念”作为新时代中国特色社会主义基本方略的有机构成要素,强调“必须坚定不移贯彻创新、协调、绿色、开放、共享的发展理念”。[2] 树立和践行新发展理念,是新时代中国法治革命的大逻辑,确立了新时代中国区域发展与法治建设的实践逻辑和运动方向,由此对区域法治发展提出了全新的需求。

其一,创设催生区域创新发展的法治基础。如同国家发展全局一样,当下中国区域发展领域亦正在进入速度变化、结构优化、动力转换为基本表征的发展新格局。其中,区域发展动力转换是关键所在。能否顺利实现从主要依靠资源和低成本劳动力等要素投入向创新驱动的区域发展动力转换,对于把握和引领区域发展新格局至为重要。倘若区域发展动力转换问题解决不好或不到位,那么区域发展速度、区域发展质量、区域发展效能以及区域发展结构优化、区域可持续发展等就失去了基础。近代以来世界发展历程和当代中国发展实践彰显了一个基本道理:创新发展是增强发展动力的根本之策。在这里,充分显示了创新发展的价值意义。“创新是引领发展的第一动力”。[3] 约瑟夫·熊彼特在《经济发展理论》一书中提出了著名的“创新理论”,认为经济体系中的创新是一个经济史上的不可逆转的变动,是人们通过不懈的努力,运用自己的智慧改进生产方式和商业方式的产物。由于改进生产技术、占领新的市场、投入新的产品等,从而产生我们所能支配的原材料和力量的间断出现的新组合。“创新就是生产函数的变动”,即经济体系中的不曾出现过的生产关系和生产条件的新组合,或曰生产手段的新组合。创新包

〔1〕《中共中央关于制定国民经济和社会发展第十三个五年规划的建议》,人民出版社2015年版,第8~9页。

〔2〕习近平:《决胜全面建成小康社会　夺取新时代中国特色社会主义伟大胜利——在中国共产党第十九次全国代表大会上的报告》(2017年10月18日),人民出版社2017年版,第21页。

〔3〕《中共中央关于制定国民经济和社会发展第十三个五年规划的建议》,人民出版社2015年版,第8页。

括采用一种新的产品、采用一种新的生产方法、开辟一个新的市场、掠夺一个或控制一种新的供应来源、实现一种新的工业组合五种情形。从这个意义上讲,并非任何经济现象的变化或增长都可以称为发展。只有能够形成生产手段的新组合的经济变动,才能视为发展。“发展主要在于用不同的方式去使用现有的资源,利用这些资源去做新的事情,而不问这些资源的增加与否。”因此,“我们所说的发展,可以定义为执行新的组合”。[1] 以创新为基础的生产手段新组合的出现,为现实的经济生活创造了一个全新的经济环境和有利的经济条件,甚至会形成一种新的经济社会刺激,从而导致经济体系中生产手段新组合的广泛运用。显然,熊彼特把“创新”看作经济发展的本质特性,高度重视“生产手段新组合”或生产技术变革在经济发展进程中的巨大作用,这有利于我们深刻把握创新发展的内在价值意义。

毋庸置疑,创新发展构成了区域生产体系转型升级的强大动力。就总体而言,当前我国区域法治领域的现实状况还不能适应区域创新发展的客观要求,推动区域创新发展的法治机制尚未真正建立起来,科技成果转化和收益分配的法律法规体系还不完善,企业的区域创新主体地位和主导作用还缺乏有效的法治保障,企业家财产权和创新收益的法律法规保护还需要进一步强化,区域知识产权保护体系亦有待进一步改进和完善;等等。因此,创设有利于区域创新发展的法治基础,加快构建推动区域创新发展的法治制度体系,聚合区域创新发展的法治动能,就显得尤为迫切。在这里,拟应着力加强以下若干方面的法治建构。

一是加强区域创新发展体系的法治机制建设。在当代中国,区域创新发展日益呈现出多样化的运动格局,有力推动了区域创新发展进程的深入展开。近年来,区域创新发展类型繁杂多样,其中中央政府基于国家发展战略的整体考量,加强不同空间地域创新资源的整合,相继批准在不同区域设立国家自主创新示范区。诸如北京中关村国家自主创新示范区、沈阳市沈大国家自主创新示范区、河南省郑洛新国家自主创新示范区、福建省福厦泉国家

---

[1] [美]约瑟夫·熊彼特:《经济发展理论——对于利润、资本、信贷、利息和经济周期的考察》,何畏、易家祥等译,商务印书馆1990年版,第73~74、290页。

自主创新示范区、苏南国家自主创新示范区、武汉东湖国家自主创新示范区、广州国家自主创新示范区、深圳经济特区国家自主创新示范区、山东半岛国家自主创新示范区；等等。在这里，既有以跨行政区域为基本地域空间单元的自主创新示范区，又有以城市群为基本地域空间单元的自主创新示范区，还有以单个城市区域为基本地理空间单元的自主创新示范区。尽管其形态各具特质，但是，全面实施创新驱动发展战略，有效整合特定行政区域或跨行政区域的创新资源，开展区域创新政策先行先试，激发区域创新主体的生机与活力，提升区域创新体系整体效能，进而推进区域创新一体化发展，是多样化形态的国家自主创新示范区的共通性特征。因此，推动区域创新发展，实现区域发展动力转换，就必须着力打造法治化的区域创新发展体系，充分发挥法治在建构区域创新发展体系中的引领和推动作用，运用法治方式推动人才、资本、技术等要素的跨行政区域合理流动和高效组合，优化区域创新资源的空间布局，集聚区域创新资源，建设区域创新发展高地。

二是要加快完善区域创新发展的产权制度体系。在现代市场经济条件下，产权是市场交易的基本前提，也是激励区域市场主体创新发展的制度安排。道格拉斯·C.诺思说道，“投资新知识和开发新技术的盈利能力，需要有某种程度的对思想和创新的产权。在缺乏这种产权的情况下，新技术便不可能来临”。[1] 因此，产权能够为区域市场主体通过创新发展提高绩效注入行为动力，设定制度结构，从而激发区域市场主体的创造潜能，使发明和创新的源泉充分涌流。推进区域发展，必须把激励创新的产权保护法治化摆在更加突出的位置。至关重要的是深化区域知识产权领域改革，健全完善有利于区域创新发展的区域知识产权归属制度，尤其要建构区域知识产权司法组织体系，加大区域知识产权司法保护力度，强化对发展新经济具有突破性带动作用的新兴产业、优势产业等领域中知识产权的司法保护，强化对核心技术、自主知识产权和知名品牌的司法保护，强化对具有高附加值的供给产品的知识产权司法保护，强化对与重大科技项目、重大科技工程密切相关的知识产权

---

〔1〕［美］道格拉斯·C.诺思：《经济史上的结构和变革》，厉以平译，商务印书馆1992年版，第14页。

司法保护，探索建立“三审合一”审判体系，依法制裁侵犯知识产权行为，不断提高有利于推动区域创新发展的知识产权司法保护水平。

三是积极推动区域企业自主创新。在现实经济世界中，生产活动并非自动运行，而是常常需要价格机制或组织机制的调节。实际上，生产活动中存在不可缺少的交易费用，这就决定了企业存在的客观必然性。作为一种组织形态，企业构成了一种特定的资源配置机制，具有节约交易费用的作用。按照罗纳德·科斯的看法，“市场的运行是有成本的，通过形成一个组织并允许某个权威（一个‘企业家’）来支配资源，就能节约某些市场运行成本。企业家不得不在较低成本状态下行使他的职能，其鉴于如下事实：他可以低于他所替代的市场交易的价格得到生产要素”。[1] 因此，企业是与市场制度并行存在的能够节约市场交易费用的非市场制度。[2] 企业不仅是一种体现“命令—服从”原则的科层制类型的经济组织，而且是一种旨在改善资源配置、提高劳动效率的经济机制。企业的功用不仅在于节约市场交易成本，也在于能够优化分工协作体系，从而成为一种推动经济增长的组织力量。这就必然赋予企业以创新使命。近代以来的经济增长历程表明，企业组织的研发与创新活动往往成为区域经济增长的强大动力。由于技术研发工作要花费大量的资金，“因此不是个别小厂家负担得了的。所以开拓这种研究工作都是规模最大的厂家，这反转来就给了他们胜过其他中小型竞争对手非常大的竞争优势”。而那些技术发明成果的商业性应用的潜在需求，通常在作出判断并勇于作出商业决定的大企业之中。[3] 然而，在全球产业革命风起云涌的新的时代条件下，区域企业创新主体地位日益突出和重要，这往往并非绝对取决于企业规

[1] ［美］罗纳德·科斯：《企业的性质》，陈郁译，载盛洪主编：《现代制度经济学》（第2版）（上卷），中国发展出版社2009年版，第115页。

[2] 张五常认为：“科斯的中心命题是，制度运行成本（交易费用）的差别致使企业出现取代了市场。”张五常：《企业的契约性质》，朱云雁等译，载盛洪主编：《现代制度经济学》（第2版）（上卷），中国发展出版社2009年版，第151页。

[3] ［英］阿瑟·刘易斯：《经济增长理论》，周师铭等译，商务印书馆1996年版，第183～185页。约瑟夫·斯蒂格利茨认为，大企业有更强的动力从事研发活动，从而形成某种竞争优势；但是，大企业也可能带来一些管理问题，那些有才华的创新者在大企业的发展环境中可能感到压抑而离开，并开办自己的新企业。［美］斯蒂格利茨：《经济学》（第2版）（上册），吴小民等译，中国人民大学出版社2000年版，第334页。

模的大小,不同规模的企业组织都能够成为区域创新发展进程的能动参与者。这一方面取决于企业对于投身研发活动及其预期商业前景的判断与决策,另一方面也有赖于政府所作出的制度安排与政策支持,而后者是区域企业自主创新活动的制度性保障。只有这两类因素的有效结合,才能为区域企业的研发活动与自主创新带来不竭的动力。因此,区域企业是区域创新发展进程中的能动的积极的主体性力量。推动区域创新发展,推动企业成为区域自主创新的主体,就必须在不断激发区域企业自主创新的内在需求与潜能的同时,善于运用法律与政策机制,强化区域企业创新主体地位,使之成为有效供给和中高端供给的稳定提供者。要更加注重优化法治供给,依法赋予企业自主开发、自主创新的法律权能,弘扬企业家精神,努力营造有利于强化区域企业创新主体地位的法治环境,激励和保障企业作出技术创新的决策,加大研发投入力度,形成生产手段的新组合,创新商业运行模式,促进新兴产业发展,把企业真正打造成为区域自主创新体系的高地。[1] 需要注意的是,充分发挥区域企业自主创新的主导作用,要防止落入大型企业的路径依赖。诚然,企业规模的扩大,有助于为企业研发活动注入动力进而形成优势竞争地位。但是,随之可能出现的情形是大型企业垄断地位的形成,这势必会对面广量大的中小企业的区域创新活动构成威胁,从而损害自由竞争的市场环境。为此,就必须加强区域反垄断法律与政策系统的建设。在大众创业、万众创新的时代,维护自由竞争的区域法治经济环境,对于构筑平等竞争的区域自主创新平台、调动区域社会创业创新的积极性,确乎至关重要。

其二,建构推动区域协调发展的法治机制。协调发展内涵丰富,外延广泛,其中的一个基础性的层面是区域协调发展。中国是一个各个区域之间经济社会发展不平衡的东方大国,在这样一个幅员辽阔的超大规模的国度里,由于不同区域的经济的、社会的、政治的、文化的、风俗的、历史的乃至自然环境等诸方面条件的差异性,势必会影响着各个区域发展状况。因此,制定和实施国家区域协调发展战略,推进区域协调发展,是中国政府面临的艰巨任务。经过长期坚持不懈的努力,我国区域之间的发展差距呈现逐步缩小的趋

---

〔1〕 吕拉昌等:《创新地理学》,科学出版社2017年版,第220~222页。

势,但是区域发展不平衡的问题依然较为突出。表1大致反映了当代中国不同区域之间经济发展的差异性。

表1　全国四大区域GDP占全国比重对比[1]

单位:%

年份	东部地区	中部地区	西部地区	东北地区
2005	55.5	18.8	17.1	8.6
2006	55.5	18.7	17.3	8.5
2007	55.1	18.9	17.6	8.4
2008	54.0	19.2	18.1	8.5
2009	53.8	19.3	18.3	8.5
2010	53.1	19.7	18.6	8.6
2011	52.1	20.1	19.2	8.7
2012	51.3	20.2	19.7	8.7
2013	51.2	20.2	20.0	8.6
2014	51.2	20.3	20.2	8.4
2015	51.5	20.3	20.1	8.0

因此,采取有效的区域政策,切实缓解区域发展的差距问题,统筹推进区域协调发展,确乎关系国家现代化进程的重大战略全局。从20世纪90年代后半期开始,中央政府相继推出西部大开发战略、东北振兴战略、中部崛起战略和东部率先发展战略,针对不同区域经济社会发展状况,施行各具特质的区域政策,取得了一定的成效。党的十八大以来,区域协调发展的力度进一步加大,"一带一路"倡议、京津冀协同发展战略和长江经济带发展战略的逐步实施,正在历史性地重塑着当代中国区域发展总体格局。[2] 党的十八届五中全会《建议》把协调发展纳入五大新发展理念体系之中,强调"协调是持续健康发展的内在要求",要"以区域发展总体战略为基础,以'一带一路'建设、

---

〔1〕 引自赵弘主编:《中国区域经济发展报告(2016~2017)》,社会科学文献出版社2017年版,第4页。

〔2〕 赵弘主编:《中国区域经济发展报告(2015~2016)》,社会科学文献出版社2016年版,第3~4页。

京津冀协同发展、长江经济带建设为引领,形成沿海沿江沿线经济带为主的纵向横向经济轴带",进而"塑造要素有序自由流动、主体功能约束有效、基本公共服务均等、资源环境可承载的区域协调发展新格局"。[1] 党的十九大深刻分析新的历史条件下我国社会主要矛盾的新变化,作出了"中国特色社会主义进入新时代,我国社会主要矛盾已经转化为人民日益增长的美好生活需要和不平衡不充分的发展之间的矛盾"的重大政治论断。我国社会主要矛盾的新变化反映在区域发展领域,集中表现为区域之间发展不平衡问题较为突出。因此,党的十九大对实施区域协调发展战略作出进一步部署,使之成为贯彻新发展理念、实现区域之间平衡协调发展、建设现代化经济体系的有机组成部分。[2] 这就指明了推动区域协调发展的重点领域,也对推动区域法治发展、建构区域协调发展的法治体制提出了新的要求。

应当看到,目前我国区域协调发展的法治体制还较为薄弱,把区域协调发展纳入法治化轨道,是一项亟待解决的紧迫任务。法学视域下的"区域",不仅是指以行政区划为基础的地域空间单元,而且包括跨行政区划的地域空间单元。因此,把区域协调发展纳入法治化轨道,不仅要运用法治手段促进一定的行政区域内部各空间区域之间的协调发展,还要以跨行政区域的空间地理单元之间的协调发展为重点,以缓解东部区域与中西部区域之间发展差距过大问题为着力点,以深入实施西部开发、东北振兴、中部崛起和东部率先的区域发展总体战略为基础,加强国家发展总体规划与区域发展规划的法律制度设计,创新区域间政府合作的法律机制,建立健全法治化的生态保护补偿、资源开发补偿等区际利益平衡机制和区际公平促进机制。时下正在积极推动的京津冀协同发展、长江经济带发展和"一带一路"建设,实际上构成了新的历史条件下协调区域发展、优化空间格局的战略新布局,意义重大、影响深远。不仅如此,近年来,以城市群为重要载体的区域协同发展态势蓬勃兴

---

〔1〕《中共中央关于制定国民经济和社会发展第十三个五年规划的建议》,人民出版社 2015 年版,第 8、19 页。

〔2〕 习近平:《决胜全面建成小康社会 夺取新时代中国特色社会主义伟大胜利——在中国共产党第十九次全国代表大会上的报告》(2017 年 10 月 18 日),人民出版社 2017 年版,第 11、32 ~ 33 页。

起。诸如京津冀城市群、长江三角洲城市群、珠江三角洲城市群、成渝城市群、中原城市群、长江中游城市群、哈长城市群，等等。其中，“长江三角洲城市群是中国城市化程度最高、城镇分布最密集的地方，已成为国际公认的六大城市群之一；城市内部空间结构合理，形成了由特大城市、大城市、中等城市、小城镇等构成的规模结构合理的‘金字塔形’等级结构，大中小型城市比例为4∶17∶30；这种城市等级结构有利于核心城市人口、职能疏解，实现各级城市的错位分工，充分发挥城市群的整体优势”。[1] 城市群这一区域合作的崭新形态，以地缘相近、人缘相亲、文化相通的跨行政区划的地域空间单元统一体为依托，旨在探索区域协调发展的新模式，正在有力推动着以城市群为空间载体的多层次、一体化的区域合作机制的形成与拓展。显然，要推动京津冀协同发展、长江经济带和“一带一路”建设这三大区域协调发展新战略和国家级城市群规划的顺利实施，就必须着力推进制度创新，强化实施三大战略和城市群规划的基本法治建设，加快形成统一开放、竞争有序的区域市场体系，打破行政壁垒、地域分割和行业垄断，促进生产要素跨区域自由流动，为聚合区域协调发展新动力，构建连接东中西、贯通南北方的大幅度开放式空间的当代中国区域协调发展新格局打下坚实的法治基础。

着力构建加快形成统一开放、竞争有序的区域市场体系的法治机制，对于推动区域协调发展，确乎有着重要的意义。竞争是现代市场经济的本质属性之一，也是体现市场决定资源配置作用的基本机制。劳动力、土地、资本、技术、管理等生产要素流动性的市场化，对于提高区域资源配置效率，激发区域微观领域活力，具有不可或缺的重要作用。而区域生产要素领域的有效而充分的竞争，则是增强要素供给能力、降低要素成本、提高区域产业竞争力的内在动力。[2] 从现实情况来看，由于多方面的原因（尤其是制度环境），在我国，区域生产要素的空间自由流动与交易尚面临制度性的瓶颈约束，一些重要的资源领域仍处于政府的严格管制之下，区域要素市场的公平竞争的活力

---

〔1〕 赵弘主编：《中国区域经济发展报告（2015～2016）》，社会科学文献出版社2016年版，第14页。

〔2〕 范必：《要素市场改革是供给侧改革的重要领域》，载滕泰、范必等：《供给侧改革》，东方出版社2016年版，第53～57页。

还没有充分展现出来。因此,跨区域协调发展依然存在行政性分割、区域政策衔接不尽流畅以及市场要素跨区域空间自由流动等市场不统一的阻滞问题。[1] 与要素市场有关的法律法规无论在体系化程度,还是在可执行方面,都不能适应构建区域市场体系的法治需求,规范区域市场竞争秩序的法律法规亦较薄弱。因此,在当今中国,推进区域协调发展的基本取向,就是要遵循市场竞争法则,打通区域要素市场有序流通、平等交换的空间管道,使市场在资源配置中真正起到决定性作用,维护公平竞争的区域市场经济秩序,以期全面提高区域要素生产率,打造区域统一生产要素市场体系。[2] 与此相适应,必须采取有力措施,加强要素市场法律制度建设,把区域生产要素自由流动、公平交易、平等使用纳入法治化轨道,打牢加快形成统一开放、竞争有序的区域市场体系的法治基础。一是依法建立健全公平开放透明的区域市场规则体系。现代市场经济发展的实践充分表明,建构公平开放透明的区域市场规则,是区域生产要素自由有序流动的制度性条件,也是构造区域要素市场体系的规则保障。实行统一的区域市场准入制度,亦是促进区域生产要素自由有序流动、平等交换的一项基础性工作。当下,按照国务院的统一部署,市场准入负面清单试点工作正在全国范围内有序推开。因此,有必要在试点工作的基础上,制定全国统一适用的市场准入负面清单。根据这一负面清单管理模式,"各类市场主体可依法平等进入清单之外领域",[3] 最大限度地调动区域市场主体的主观能动性和创造精神,缓解区域要素市场自由有序流动的制度性约束。二是依法建立健全区域公平竞争保障机制。现代市场经济是一种注重公平竞争的价值体系。它要求把市场主体的行为纳入一定的轨

---

[1] 赵弘主编:《中国区域经济发展报告(2016～2017)》,社会科学文献出版社 2017 年版,第 37 页。

[2] 刘世锦:《供给侧改革的主战场是要素市场改革》,载林毅夫等:《供给侧结构性改革》,民主与建设出版社 2016 年版,第 186 页。

[3] 《中共中央关于全面深化改革若干重大问题的决定》,人民出版社 2013 年版,第 12 页。时下,《市场准入负面清单草案(试点版)》正在天津、上海、福建、广东四个自贸试验区所在省级行政区率先开展试点工作,为期一年,共有 328 项清单事项,其中禁止准入类 96 项,限制准入类 23 项。通过试点,检验清单涉及事项的合法性、合理性、可行性和可控性,适时按照程序予以调整,尽量缩短负面清单,以期在更大范围内推广成熟经验,为创造能够应用的制度供给、建设更高水平的市场经济体制打下坚实的基础。《法制日报》2016 年 4 月 14 日,第 8 版。

道和秩序之中,形成公平竞争的法治秩序,使市场经济生活摆脱单纯偶然性和任意性的羁绊。任何具有健全理智而清醒的市场主体,在获得自由选择和自主经营权利的同时,应当承担相应的社会与法律责任,自觉运用公平竞争的市场规则来规范自己的行为,纠正市场交易过程中有悖公平竞争原则的行为,促进正常的区域公平竞争的市场秩序的形成与发展,保障市场经济的健康发展。为此,党的十八届五中全会《建议》提出,要“建立公平竞争保障机制,打破地域分割和行业垄断”。[1]《“十三五”规划纲要》进一步提出,要“清理废除妨碍统一市场和公平竞争的各种规定和做法。健全竞争政策,完善市场竞争规则,实施公平竞争审查制度”。要“健全统一规范、权责明确、公正高效、法治保障的市场监管和反垄断执法体系”。[2] 党的十九大进一步强调,要“全面实施市场准入负面清单制度,清理废除妨碍统一市场和公平竞争的各种规定和做法,支持民营企业发展,激发各类市场主体活力”。[3] 2017 年 11 月 4 日,党的第十二届全国人大常委会第三十次会议审议通过了新修订的《反不正当竞争法》,旨在完善维护公平竞争市场秩序的法律体系,为打破地区和行政封锁、规制行政垄断和不正当竞争行为提供更加坚实的法治保障。此外,要按照减少政府对价格形成的干预、全面放开竞争性领域的商品和服务价格的改革要求,抓紧修改《价格法》,为推进价格形成机制改革构筑法治基础;要适应加快金融体制改革、促进区域资本市场健康发展的总体要求,抓紧修改《证券法》和《商业银行法》,进一步完善金融市场法律规范系统,有效防范和化解区域金融风险。

其三,健全保障区域绿色发展的法治体制。人与自然和谐共生,深刻反映了人类文明发展的基本定则。在走向生态文明新时代的历史进程中,“绿

---

〔1〕《中共中央关于制定国民经济和社会发展第十三个五年规划的建议》,人民出版社 2015 年版,第 16 页。

〔2〕《中华人民共和国国民经济和社会发展第十三个五年规划纲要》,人民出版社 2016 年版,第 31 页。

〔3〕 习近平:《决胜全面建成小康社会　夺取新时代中国特色社会主义伟大胜利——在中国共产党第十九次全国代表大会上的报告》(2017 年 10 月 18 日),人民出版社 2017 年版,第 33 ~ 34 页。

色是永续发展的必要条件和人民对美好生活追求的重要体现”。[1] 坚持绿色发展，建设美丽中国，是实现中华民族永续发展的历史责任之所在，也是推动生态文明建设迈上新台阶的内在要求。因此，在推动区域发展的进程中，健全完善保障区域绿色发展的法治体制至为重要。

长期以来，由于区域行政分割导致跨行政区域的环境问题治理不力。比如，长江经济带涉及11个省市，上中下游地区沿江产业结构差异明显，并且是我国重化工业过度集聚的区域，长江流域内的水源污染严重，流域污水排放总量已经超过全国的40%，流域范围的长期过度开发和持续污染，造成长江沿线众多生态功能区主导功能退化严重，湖泊面临不断缩小的状况，这对长江流域生态环境保护带来了巨大压力。[2] 因此，运用法治机制和方式，打破长江流域行政壁垒的束缚，加快跨区域的全流域环境联动治理，已经成为一项紧迫的任务摆在国人面前。在当下实施“长江流域大保护”的基本国策的过程中，要抓紧制定长江流域污染防治法，将流域环境跨区域联动治理机制上升为国家法律，对长江流域的环境保护实施统一的法律规制，[3] 切实改变流域范围内各地方政府各自为战、多头治理的分散化状态，加大长江流域环境问题的跨行政区划的空间协同联动治理力度，形成统一、严格、规范、有效的法治化的跨区域环境治理协作机制，从而有力推动长江经济带的绿色发展。

从功能意义上讲，区域绿色发展的 ·个基本要求，就是要建立起一个有效的区域自然生态空间治理体系，形成经济、人口、资源、环境诸方面因素或条件的区域绿色发展有机协调格局。既涉及国家空间规范体系的制定和实施，又关涉区域主体功能区规划布局，还涉及区域社会主体治理责任的制度安排，同时也与构建区域环境综合治理体制密切相关，必须充分发挥法治的

---

〔1〕《中共中央关于制定国民经济和社会发展第十三个五年规划的建议》，人民出版社2015年版，第9页。

〔2〕 赵弘主编：《中国区域经济发展报告（2015～2016）》，社会科学文献出版社2016年版，第58、61页。

〔3〕 有的学者提出借鉴欧洲莱茵河流域环境协作治理和美国田纳西河流域环境综合治理的法治经验，从法律、技术等诸方面采取措施，协同治理流域的环境问题。余猛：《长江经济带发展面临的挑战与策略建议》，载赵弘主编：《中国区域经济发展报告（2015～2016）》，社会科学文献出版社2016年版，第61～63页。

调节功能。首先,要按照法治原则制订或完善区域土地规划、区域城乡规划等区域空间性规划,切实解决各类区域空间性规划之间彼此脱节、标准不一、重叠交叉的问题,以区域主体功能区规划为基础统筹各类区域空间性规划,把区域空间规划体系构筑在坚实的法治基础之上。其次,要通过法治途径强化区域主体功能区的国土空间开发保护基础制度的作用,理顺不同层级的行政区域的区域空间治理关系,确定相应的区域空间治理机制。当下,要以推进市县级层面的空间规划改革试点为契机,加大力度,循序渐进,建立起以市县级行政区为单元,“由空间规划、用途管制、差异化绩效考核等构成的空间治理体系”。〔1〕再次,要加强建构区域空间治理体系、实施区域环境治理的基础性的法治化制度建设。这里主要有:完善区域国土空间开发许可制度;建立区域资源环境承载能力监测预警机制;健全区域环境信息公布制度;建立健全区域用能权、用水权、碳排放权初始分配制度及其相关区域交易市场体系;建构政府、企业、公众共治的区域环境治理体系;建立区域环境质量目标责任制和评价考核机制;实行省以下环保机构监测监察执法垂直管理制度;探索建立跨行政区域环保机构;推行全流域、跨区域环境治理联防联控和城乡环境协同治理模式;建立健全区域排污权有偿使用和交易制度;建立区域多元化生态补偿机制;健全区域环保执法体系;建立跨行政区域联合执法机制;建立区域企业环境信用记录和违法排污黑名单制度;建立区域领导干部环境保护责任离任审计制度;建立健全区域生态环境损害评估和赔偿制度;建立区域生态环境损害责任终身追究制度;完善区域环境公益诉讼制度;等等。最后,要积极实施《环境保护法》,依法审理涉环境污染防治和自然资源开发利用、生态环境保护的各类案件,建立健全区域环境资源司法体制、制度和机制,依法严厉打击破坏环境资源的犯罪行为,妥善化解区域生态环境保护领域的矛盾纠纷,努力维护环境正义和代际公平,为促进区域绿色发展提供有力的司法保障。〔2〕

---

〔1〕《中华人民共和国国民经济和社会发展第十三个五年规划纲要》,人民出版社2016年版,第104页。

〔2〕《最高人民法院关于充分发挥审判职能作用为推进生态文明建设与绿色发展提供司法服务和保障的意见》(2016年5月26日),载《人民法院报》2016年6月3日,第3版。

其四,塑造推动区域开放发展的法治格局。当代全球化运动正面临着全新的境况,全球空间结构亦处于深刻的变动过程之中。如果说西方国家曾经是全球化进程的主要推手,主导着全球化进程的走向,那么随着中国的和平崛起,中国正在成为当代全球化的重要推动力量,甚至"被认为是世界上推动贸易和投资自由化便利化的最大旗手",[1]在一定程度上引领着世界发展潮流的走向。1978 年 12 月的党的十一届三中全会,开启了改革开放的历史新时代。中国充分运用当代全球化运动带来的战略机遇,因势利导,能动作为,不断扩大开放,坚定走向世界,主动顺应世界发展潮流,实现了综合国力的大幅提升,成为全球第二大经济体、全球第一货物贸易大国和主要对外投资大国。正是在当代全球化的进程中,中国在世界政治、经济、军事版图中的地位举足轻重,中国与世界的空间关系已经发生了历史性的变化。

因此,"开放是国家繁荣发展的必由之路",[2]这是从中国的历史与现实中得出的必然结论。面对着应对风险挑战、坚持开放发展的客观要求,当代中国区域法治发展的一项重要议程是着力塑造推动区域开放发展的法治新格局。一是要营造法治化、国际化、便利化的区域营商环境。在全球经济格局发生深刻变化的条件下,完善区域法治化的营商环境,有利于加快形成区域对外开放的新体制。因此,要在深入总结上海等地自由贸易试验区先行先试经验的基础上,将服务业开放、金融开放和创新、投资贸易便利化、事中事后监管等方面的成功经验,在更大的空间区域范围内复制推广。要进一步完善市场准入和监督、产权保护、信用体系等方面的地方性法规制度,对外资全面实行准入前国民待遇加负面清单管理制度,努力创设内外资企业一视同仁、公平竞争的区域法治市场环境。要进一步实施涉外法律法规体系,统一内外资法律法规的适用空间,制定外资基础性法律,切实保护外资企业合法权益,创造公正透明的区域法治环境。二是要加强"一带一路"建设的区域法治保障。推进"一带一路"建设,这是党中央统筹国内国外两个大局,更好利

---

〔1〕 习近平:《在省部级主要领导干部学习贯彻党的十八届五中全会精神专题研讨班上的讲话》(2016 年 1 月 18 日),人民出版社 2016 年版,第 22 页。

〔2〕《中共中央关于制定国民经济和社会发展第十三个五年规划的建议》,人民出版社 2015 年版,第 9 页。

用两个市场、两种资源，推动互利共赢、共同发展而作出的重大战略决策，是具有鲜明中国印记的重构国际秩序体系的战略方案，涉及完善双边和多边合作机制，打造全面开放新格局，重构全球空间体系等诸多重大事项。[1] 因此，要遵循国家法治发展的基本准则，着力构建保障“一带一路”倡议顺利实施的区域法治格局。要以区域内企业为主，走市场化运行之路，遵循国际通行规则和商业惯例，开展契约化的区域项目合作，做到利益共享、风险共担。要加强企业“走出去”的社会与法律风险研判和预防，推动区域政府建立企业“走出去”法律风险防控机制，有效规避区域企业参与“一带一路”建设可能出现的社会与法律风险，保证“一带一路”倡议的顺利实施。要密切关注地缘政治与经济空间格局的变化走向，把推进“一带一路”建设与加快实施自由贸易区战略有机结合起来，坚持开放的区域主义，完善跨区域合作的法治机制，促进“一带一路”建设取得丰硕成果。三是要自主参与全球治理变革进程。当今全球治理革命正在向纵深推进，已经或正在深刻地改变着全球格局与空间体系。作为一个重新崛起的负责任的世界大国，中国无疑担负着维护和完善现有国际秩序和国际体系，推动全球治理体制改革的历史天职。要着力把中国的经济实力转化为全球治理体制变革进程中的国际制度性话语权利，积极参与国际贸易规则制定，推动形成公正、合理、透明的国际经贸规则体系。尤其要积极参与网络、深海、极地、空天等所谓“新边疆”空间领域国际规则的制定过程，在这些新领域的国际制度和国际规则建设过程中更多地提出中国方案，努力维护中国的国家利益。在这一过程中，一定区域范围的政府与企业要根据中央的总体部署，发挥区域优势，通过加强与“一带一路”沿线国家的产能合作、经贸合作、人文合作、基础设施合作等途径，深入开展构建开放型经济新体制的区域创新实践，扎实推进综合配套改革试验区建设，着力创设当代中国全球城市区域跨界治理模式，[2] 大力推动制度创新，有效对接国际

---

[1] 有的学者认为，从人类文明史和全球化的角度来看，“一带一路”倡议完全可以成为国际秩序新理念的试验场，旨在于打造文明秩序、国际秩序、公民秩序三位一体的命运共同体，让中国站在人类道义制高点。王义桅：《世界是通的——“一带一路”的逻辑》，商务印书馆2016年版，前言第Ⅴ～Ⅵ页。

[2] 陶希东：《全球城市区域跨界治理模式与经验》，东南大学出版社2014年版，第250～264页。

贸易规则,从而夯实自主参与全球治理变革进程的区域性制度与规则基础。

其五,彰显实现区域共享发展的法治价值。在当代中国,“共享是中国特色社会主义的本质要求”。[1] 共享发展是中国特色社会主义本质属性的集中体现。邓小平在论及社会主义的本质问题时精辟指出:“社会主义的本质,是解放生产力,发展生产力,消灭剥削,消除两极分化,最终达到共同富裕。”[2] 这一论断从生产力与生产关系的有机结合上,揭示了社会主义本质属性的两个基本要求:一方面,要推动社会生产力的解放和发展,不断满足人民日益增长的物质文化需要;另一方面,要实现社会正义与平等,消除两极分化,促进社会的共同富裕。因此,当代中国区域法治发展的时代使命就在于对区域性的法治制度与机制作出有效安排,坚持区域共享发展,进一步发展社会生产力,实现社会正义,努力使发展为了人民,发展依靠人民,发展成果由人民共享,进而为区域发展奠定牢固的法治价值基础。

应当看到,随着转型期中国的改革发展进入关键阶段,一定区域范围内的社会矛盾和问题也日益凸显出来,例如,城乡之间、区域之间经济发展与社会发展之间的矛盾更加突出;社会利益分层化,利益冲突形式多样,社会利益关系格局日趋复杂;收入差距拉大,劳动就业、社会保障、收入分配、教育、医疗、住房等方面的利益矛盾日益突出;人民内部矛盾错综复杂,信访问题居高不下,社会主体的利益诉求与表达方式显现出新特点,社会安全稳定也面临严峻的挑战;等等。这些社会矛盾和问题在相当程度上与区域共享发展及其社会正义的问题密切相关,这也更加表明在新的历史条件下坚持区域共享发展、实现社会公平正义的极端重要性、紧迫性和复杂性。发展不能以牺牲社会主体的自由和权利、忽略社会正义为代价。[3] 处于转型期的当代中国区域法治发展,必须始终关注和认真对待坚持区域共享发展、促进社会公平正义问题,使之成为当代中国区域法治发展的基本价值取向。要着眼于充分调动

---

〔1〕《中共中央关于制定国民经济和社会发展第十三个五年规划的建议》,人民出版社 2015 年版,第 9 页。

〔2〕《邓小平文选》(第 3 卷),人民出版社 1993 年版,第 373 页。

〔3〕有的学者区别了自由型发展与威权主义发展或反自由型发展两种发展类型。[美]威廉·伊斯特利:《威权政治——经济学家、政策专家和那些被遗忘的穷人权利》序言,冯宁、邓敏译,中信出版社 2015 年版,第 XXI ~ XXIV 页。

人民群众的积极性、主动性和创造性，加强坚持区域共享发展、促进社会公平正义的法治制度设计，创新法治制度安排，抓紧建设对保障区域共享发展、促进社会公平正义具有重大作用的法治制度，逐步建立起以权利公平、机会公平、规则公平为主要内容的坚持区域共享发展、促进社会公平正义的法治制度体系。要深入分析影响坚持区域共享发展、促进社会公平正义的突出现象和问题，尤其要清醒地认识到合理的收入分配制度是实现区域共享发展的重要体现。实现发展成果由人民共享，必须正确处理好分配制度所体现的公平与效率的关系，无论是初次分配还是再分配，都要兼顾效率和公平，再分配要更加注重公平，从而在经济发展的基础上，“增加低收入者收入，扩大中等收入者比重，努力缩小城乡、区域、行业收入分配差距，逐步形成橄榄型分配格局”。[1] 要把坚持区域共享发展、促进社会公平正义的要求，贯彻落实到区域法治建设的全过程和各个方面。坚持立法为民原则，完善科学立法、民主立法机制，创新和扩大公众有序参与地方立法过程的途径与方式，及时有效回应人民群众对地方立法工作的关切期待；以全面推进区域法治政府建设为目标，“行政机关不得法外设定权力，没有法律法规依据不得作出减损公民、法人和其他组织合法权益或者增加其义务的决定”，[2] 深入推进政务公开，推行区域政府行政权力清单制度，自觉接受人民群众的监督；围绕“努力让人民群众在每一个司法案件中都感受到公平正义”的目标要求，深入推进司法体制改革，坚持司法为民，充分发挥司法的权利救济、定分止争、制约公权的基本职能，从而“提高司法公信力，让司法真正发挥维护社会公平正义最后一道防线的作用”。[3] 只有这样，才能全面保障人民在各方面的合法权益，把区域共享发展的理念落到实处。

在这里，有必要深入分析区域发展进程中的公平与效率的关系，从而进一步确证坚持区域共享发展的法治价值。当代中国的区域发展及其现代化进程，凝结着独特而深刻的价值取向，在中国的法治国情条件下，在很大程度

---

[1] 《中共中央关于全面深化改革若干重大问题的决定》，人民出版社 2013 年版，第 46 页；并参见姚详：《确立有利于社会公正的分配正义原则》，载《人民日报》2016 年 8 月 26 日，第 7 版。

[2] 《中共中央关于全面推进依法治国若干重大问题的决定》，人民出版社 2014 年版，第 16 页。

[3] 《习近平关于全面依法治国论述摘编》，中央文献出版社 2015 年版，第 67 ~ 68 页。

上表现为公平与效率之间的关系的合理解决。是坚持效率优先兼顾公平,还是恪守公平优先兼顾效率,抑或其他?由此,社会面临着对这两者的重大抉择。合理地协调处理这一价值关系,是当代中国区域发展及其现代化进程亟须面对的一个重大时代议题。[1] 美国法哲学家约翰·罗尔斯提出所谓“作为公平的正义”的观念,并且把它视为“一种政治的正义观念”,其中蕴含着六个基本理念,指出:“在这种正义观念中,最基本的理念是社会作为一个世代相继的公平的社会合作体系的理念。”在罗尔斯看来,要理解作为公平的正义之内涵取向,就必须讨论两个正义原则,即第一个正义原则是保证平等的基本自由原则,第二个正义原则包括公平的机会平等原则和差别原则两个方面。在这里,存在一个词典式的顺序,“第一个原则优先于第二个原则;同样在第二个原则中,公平的机会平等优先于差别原则”。而第二个原则涉及调节社会与经济领域中的不平等现象,差别原则的理念在更深的层面上涉及互惠性或分配正义问题。这里需要关注的是“最不利者”。在一个平等的基本自由和公平的机会平等得以保证的社会里,“最不利者是指拥有最低期望的收入阶层”。因此,差别原则要求“应该按照有利于最不利者的最大利益来加以安排”。[2] 显然,在罗尔斯的心目中,平等对于效率具有优先性的价值地位。与罗尔斯的看法不同,美国经济学家阿瑟·奥肯试图在平等与效率之间建立起某种平衡关系。他分析了现代市场经济条件下的平等与效率之间的深刻矛盾,认为“对效率的追求不可避免地产生出各种不平等。因此在平等与效率之间,社会面临着一种抉择”。在这一抉择面前,奥肯给出的答案是:“市场需要有一定的位置,而且市场需要受到约束。”因此,在平等与效率之间存在“互相需要的道理”,即“在平等中注入一些合理性,在效率中注入一些人道”。[3] 对于平等与效率之间的两难选择,许多学者提出了具体的经济与社会政策主张,试图破解平等与效率之间的尖锐矛盾。比如,英国经济学家詹姆斯·E.

---

[1] 钟昌标:《区域协调发展中政府与市场的作用研究》,北京大学出版社2016年版,第52~53页。

[2] [美]约翰·罗尔斯:《作为公平的正义》,姚大志译,上海三联书店2002年版,第9~10、70~71、93~96页。

[3] [美]阿瑟·奥肯:《平等与效率——重大的抉择》,王奔洲译,华夏出版社1987年版,第1、105页。

米勒企望通过建立所谓“财产所有民主制”来实现财产所有权的均等化，提出了在选择经济政策时必须牢记心头的四项基本原则，其中的第三个原则是“在任何时点上都应该把收入和财富公平地分给社会全体公民”。如何实现这一基本经济原则的要求？米勒所主张的经济政策是采取财产所有权均等化和社会化措施，通过经济和财政政策来改变经济和人口因素，使财产分配更加公平，以便兼顾资源使用效率和收入分配公平。[1] 在当代中国的区域社会转型时期，公平与效率之间的张力呈现出紧张的状态，要求国家通过社会经济结构与制度化的合理安排，在提高效率的同时最大限度地实现公平，努力形成平衡健康的区域社会经济秩序。“共享发展”理念的提出，无疑为建构体现公平与效率相平衡的区域经济社会结构与制度体系提供了基本准则。运用法治方式建立起能够为区域社会主体的自由发展创造机会平等的机制与条件，进而公平合理地分配利益并且实现“矫正的正义”，殊为关键。当代中国区域法治发展的时代使命，不仅在于依法赋予区域社会主体应有的自主权利和广泛的社会自由，激发创新创造的热忱，推动生产力的发展和效率的提高，而且在于强化区域法治的利益调节功能，在“不断把‘蛋糕’做大”的同时完善社会分配制度，把“不断做大的‘蛋糕’分好”，[2] 平等地对待区域社会主体的权利义务，有效缓解社会分配不公的状况。特别是对于区域社会经济生活中的弱者给予必要的帮扶，加大实施区域扶贫攻坚工程的力度，切实维护和实现社会正义。[3] 只有这样，才能合理平衡区域社会利益关系，建立起体现善治秩序要求的区域社会结构，逐步实现区域共享发展、共同富裕的社

[1] [英]詹姆斯·E.米勒：《效率、平等和财产所有权》，沈国华译，机械工业出版社2015年版，第13、43～56页。

[2] 习近平：《在省部级主要领导干部学习贯彻党的十八届五中全会精神专题研讨班上的讲话》（2016年1月18日），人民出版社2015年版，第28页。

[3] 阿马蒂亚·森运用“权利方法”深入研究贫困现象的权利属性，认为“饥饿现象基本上是人类关于食物所有权的反映”。“对食物的所有权是最基本的权利之一，每个社会都有规范这种权利的法律。权利方法所重视的是每个人控制包括食物在内的商品组合的权利，并把饥饿看作是未被赋予取得一个包含有足够食物消费组合权利的结果。”因此，“权利方法把饥荒看作是经济灾难，而不只是粮食危机”。由此，阿马蒂亚·森提出了旨在维护每个社会成员食物所有权的反贫困政策措施。[美]阿马蒂亚·森：《贫困与饥荒——论权利与剥夺》，王宇等译，商务印书馆2001年版，第61、198页。

会价值理想,推动当代中国区域社会转型变革进程的顺利展开。

三、区域发展的法治枢纽

在主权国家的范围内,发展问题已经成为社会生活领域的本质性的趋势。不同区域之间的发展进程呈现独具个性的丰富多彩的运动样式,因而构成个别化的区域发展类型。空间、地域和范围的差异性,必然影响着不同区域的发展进程,从而存在多样化的区域发展样式或形式,形成不同的区域发展路径。有的学者区别了区域发展的"高端道路"和"低端道路",认为"不同类型的地方和区域发展的概念通过'高端道路'和'低端道路'的比喻使其更加清晰。这种相关理解上的和潜在的'发展'路径的区别主要集中在地方和区域发展的定性维度上。综合相互关联的因素,如生产力、工资、技能、附加值等,地方和区域可以或多或少地实施基于高生产力、高工资、高技能和高附加值的'高端道路'战略,或基于低生产力、低工资、低技能和低附加值的'低端道路'战略"。[1] 这是两种不同的区域发展类型,从一个侧面界定了它们之间的发展性质、质量与水平的基本维度,其发展状态会随着空间条件的变化而显示出差别。形成这些不同的区域发展类型的成因是多方面的,而能否吸引高度流动的资本、技术、劳动力、管理等生产要素,则是决定区域发展类型的性质、质量与水平的重要因素。正确认识和处理好区域发展进程中的政府与市场的关系,对于促进生产要素的正向流动,构筑区域发展的"高端道路"类型,具有殊为重要的枢纽性意义。对于区域法治发展来说,它的功能性作用就在于确定政府与市场之间的权责边界,创造吸引要素流动性的制度与机制。在这一进程中,区域法治发展以其特有的方式,生成或改变区域发展的法治生态。

从本质意义上看,区域发展是一个利益关系的产生、变化和调整的过程,其间所关涉的法权关系复杂多样。这就要求一定区域的法治发展必须迅即敏捷地反映区域发展进程中因利益关系变动而产生的特定的法权要求。在

---

〔1〕［英］安迪·派克、安德烈·罗德里格斯-珀斯、约翰·托梅尼:《地方和区域发展》,王学峰等译,上海人民出版社2011年版,第39页。

转型中国的历史条件下,区域发展面临的一个突出矛盾,就是正确处理好区域发展进程中的政府与市场的关系问题。这亦是区域发展的法权意义上的基本枢纽。在不同区域的经济社会条件的作用下,政府与市场的矛盾关系往往有其不同的表现形式和特点,因而必然形成虽有共性但却更具个性的不同区域的发展进程的法权要求。对于区域法治发展来说,如何从不同区域空间状况的实际出发,建构政府与市场之间权责关系的法权模式,借以调整不同区域的差异化显著的利益关系,显然是区域法治发展进程中的一项重大的历史性课题。区域市场的活力问题,是区域法治推动区域发展应着力解决的关键问题。而要切实激发区域市场的活力,核心之处就在于正确处理好区域发展进程中的政府与市场的关系。[1] 在中国这样一个超大规模的国度里,深入推进区域法治发展,在很大程度上是一场极其深刻的政府制度变革,意味着在区域发展的新的历史条件下政府职能的重新定位,意味着要把地方政府活动全面纳入法治轨道,也意味着新发展理念引领下的地方政府转型发展,进而在此基础上重构政府与市场的关系。因此,从法理意义上深入探讨区域法治发展进程中的政府与市场之间的关系,努力揭示划分政府与市场之间的权责边界的法治蕴含及其意义,无疑有助于把握当代中国政府革命的时代走向,从而更加卓有成效地激发区域市场活力,坚定地推动高质量的平衡且充分的区域发展。

政府与市场之间的关系,是现代市场经济关系体系中的一对基本矛盾,也是经济与政治理论乃至法律理论中争议颇大的重要议题之一。近代古典政治经济学奠基人亚当·斯密适应自由资本主义市场时代社会经济发展的要求,提出了著名的“自由放任”学说,认为“一切特惠或限制的制度,一经完全废除,最明白最单纯的自然自由制度就会树立起来。每一个人,在他不违反正义的法律时,都应听其完全自由,让他采用自己的方法,追求自己的利益,以其劳动及资本和任何其他人或其他阶级相竞争。这样,君主们就被完

---

〔1〕 郑永年指出:“尽管市场经济是1992年党的十四大所确立的经济改革目标,但至今中国还没有建立有效的市场经济。”郑永年:《未来三十年:改革新常态下的关键问题》,中信出版社2016年版,第62页。

全解除了监督私人产业、指导私人产业、使之最适合于社会利益的义务”。[1] 诚然,斯密极力确认市场机制对于经济活动的自发调节作用,强调自由市场经济对于促进经济繁荣发展的主导性功能。但是,斯密也同样注意到政府的公正规范的管理活动的必要性,强调“按照自然自由的制度”,君主或政府只有三项应尽的义务,即保护社会;设立严正的司法机关,以尽可能保护社会上每个人;建设并维持某些公共事业和公共设施。而法律是实现上述义务的基本方式,“法律的目的在于防止损害,而这是政府的基础”。“法律和政府似乎只有这个目的:它们保护那些积了巨资的人,使他们能够平安地享受劳动的果实”,一切技艺亦因此而日益蓬勃发展。[2] 这就是斯密的所谓“国家守夜人”理论。供应学派的思想先驱让巴蒂斯特·萨伊提出并阐释“生产给产品创造需求”这一著名的萨伊定律的同时,继承了斯密的古典自由主义经济学的“守夜人”理论,主张政府应该尽量减少对经济活动的干预,加强对于创造或扩大效用的生产财富活动的激励,其中尤为重要的,就是要确保财产所有权的不可侵犯性。在萨伊看来,财产所有权是激励财富积累的最有利因素。“阻碍人自由运用生产手段,就是侵犯人的财产所有权”。[3] 萨伊关于生产(供给)创造需求的思想以及减少政府干预、保护财产所有权的政策主张,为古典自由主义经济学奠定了理论基础,构成了19世纪以来西方经济学的主流趋向,一直持续到20世纪初叶西方经济危机的爆发。而对1929年蔓延全球的经济大萧条,崇尚自由放任的“萨伊市场法则”失去了其解释力而让位于倡导政府干预的凯恩斯理论。凯恩斯不赞同萨伊关于总供给等于总需求的基本结论,进一步发展了马尔萨斯的有效需求思想,强调“有效需求的不足却会妨碍生产”,国家有必要采取财政措施,刺激消费,增加投资,进而加强需求管

---

[1] [英]亚当·斯密:《国民财富的性质和原因的研究》(下卷),郭大力、王亚南译,商务印书馆1979年版,第252页。

[2] [英]亚当·斯密:《国民财富的性质和原因的研究》(下卷),郭大力、王亚南译,商务印书馆1979年版,第252~253页;[英]坎南编著:《亚当·斯密关于法律、警察、岁入及军备的演讲》,陈福生、陈振华译,商务印书馆1962年版,第31、176~177页;[美]Arthur. Goldsmith:《政府、市场及经济发展——对亚当·斯密思想的再思考》,冯利译,载胡鞍钢、王绍光编:《政府与市场》,中国计划出版社2000年版,第59~60页。

[3] [法]萨伊:《政治经济学概论——财富的生产、分配和消费》,陈福生、陈振华译,商务印书馆1963年版,第147、152页。

理,解决有效需求不足的问题。这就必须大力扩充传统的政府职能,“使消费倾向和投资诱导相互协调而引起的政府职能的扩大”。这“不但是避免现在的经济制度完全被摧毁的唯一可行之道,而且也是个人动力能成功地发生作用的前提条件”。[1] 凯恩斯理论的出现及其引发的所谓“凯恩斯革命”,终结了古典自由主义经济学的主流地位,宣告了凯恩斯主义时代的到来。不过,随着20世纪70年代西方“滞胀”时期的出现,凯恩斯主义的一统地位难以为继,新自由主义经济思潮开始以诸多新的理论形态在新的历史条件下得以传播开来。当代西方新马克思主义代表人物大卫·哈维深刻概括了新自由主义经济思潮的理论特性,认为“新自由主义首先是一种政治经济实践的理论,即认为通过在一个制度框架内——此制度框架的特点是稳固的个人财产权、自由市场、自由贸易——释放个体企业的自由和技能,能够最大限度地促进人的幸福。国家的角色是创造并维持一种适合于此类实践的制度框架”。“政府在市场(一旦建立起来)中的干预必须被控制在最小的限度”。[2] 在新自由主义经济学家那里,尽管一种完全自由放任的经济并不是非常稳定,但政府对市场经济活动的任何干涉,都更可能加剧而不是缓和经济动荡,经济领域的动荡在很大程度上是政府干预的结果。[3] 作为新自由主义经济学的领军人物之一,米尔顿·弗里德曼强调,在主要依赖市场组织经济活动的社会中,政府的职责范围是有限度的,除了“提供货币机构、从事对抗技术垄断的活动和从事广泛地被认为重要到使政府能进行干预的邻近影响的消除”,政府的主要作用在于“保护法律和秩序,保证私人契约的履行,扶植竞争市场”,这些都是市场本身所不能从事的事情。当然,自由市场的存在并不排除对政府的需要,不过“政府的必要性在于:它是‘竞争规则’的制定者,又是解释和强制这些已被决定的规则的裁判者”。[4] 而以罗纳德·科斯、道格拉

---

〔1〕［英］约翰·凯恩斯:《就业、利息和货币通论》(重译本),高鸿业译,商务印书馆1999年版,第36、397页。

〔2〕［美］大卫·哈维:《新自由主义简史》,王钦译,上海译文出版社2016年版,第2页。

〔3〕［法］亨利·勒帕日:《美国新自由主义经济学》,李燕生译,北京大学出版社1985年版,第282~283页。

〔4〕［美］米尔顿·弗里德曼:《资本主义与自由》,张瑞玉译,商务印书馆1986年版,第4、16、36页。

斯·诺思等经济学家为代表的新制度经济学派，则主张在产权明晰的条件下，市场机制可以纠正市场失灵，市场之外的政府干预于事无补。按照诺思的看法，“国家的存在对于经济增长来说是必不可少的；但国家又是人为的经济衰退的根源”。产权提供了人们在其经济活动中相互影响的制度框架，构成了市场交易活动的前提条件。由于国家是一种在行使暴力上有比较利益的组织，因而它处于规定和强制实施产权的地位，对产权的效率负责。从经济史的观察可以看出，“国家的普遍趋势是产生低效率的产权，从来不能达到持续增长”。由于国家统治者通常受到竞争约束和交易成本约束，因此低效率的产权不可避免地会广泛传播，这就必然影响着经济增长，甚至导致经济衰退。[1] 随着欧美国家经济的起伏动荡，主张更多的政府干预借以管制不受束缚的市场需要之呼声日益高涨，从20世纪90年代开始，新凯恩斯主义日益以成熟的理论形态应运而生。以“干预经济学”著称于世的2001年诺贝尔经济学奖获得者约瑟夫·斯蒂格利茨深入分析了政府在市场经济中的角色，强调“一般而言，如果没有政府干预，就不能实现有效的市场配置”。由于政府拥有全体的社会成员和强制力，这就使政府在纠正市场失灵方面具有某些明显优势，例如，拥有征税权、禁止权、处罚权，并且具有一定的交易费用优势等。[2]

通过以上关于近代以来思想界若干政府与市场关系问题论述的简要概览，我们可以看出，如何看待政府角色，已经成为关乎世界各国经济发展路径选择的重大议题，而不仅仅是一个学理争辩的论域。在中国的语境条件下，政府与市场之间的权责边界关系问题，更有其独特的含义。在新中国成立以后的相当长的时间内，在“苏联模式”的影响下，加之其他的原因，逐步形成了一个国家全面控制经济生活的集中统一的计划经济体制，政府权力无限扩张，市场生活完全依附于国家与政府行政命令，国家与政府俨然成为高居于市场领域之上的庞大的“利维坦”。政府与市场之间呈现出彼此不分、高度融

---

〔1〕［美］道格拉斯·C.诺思：《经济史上的结构和变革》，厉以平译，商务印书馆1992年版，第25～26、28、34页。

〔2〕［美］斯蒂格利茨：《政府为什么干预经济：政府在市场经济中的角色》，郑秉文译，中国物资出版社1998年版，第68、74～77页。

合的关系格局,严重束缚了社会生产力。1978 年 12 月召开的党的十一届三中全会明确提出了改革经济管理体制的历史性任务,强调要切实解决权力过于集中的问题,大力精简各级经济行政机构,把它们的大部分职权转交给企业性的专业公司或联合公司。[1] 随着城乡经济体制改革的逐步展开,建立起赋予企业自主权的充满生机的社会主义经济体制,已经成为一项更加迫切的任务摆上党和国家的重要议程。1984 年 10 月的党的十二届三中全会把确立国家与企业之间的正确关系,扩大企业自主权,视为经济体制改革的中心环节,并且按照所有权与经营权适当分离的原则,具体设定了企业经营权的范围,强调"要使企业真正成为相对独立的经济实体,成为自主经营、自负盈亏的社会主义商品生产者和经营者,具有自我改造和自我发展的能力,成为具有一定权利和义务的法人"。实际上,这里提及的国家与企业之间的关系,是政府与市场的关系问题在那个时期的集中表达。基于上述总体把握,党的十二届三中全会提出了政企职责分开、简政放权的改革思路,确立了政府机构管理经济的主要职责范围。[2] 进入 20 世纪 90 年代以来,随着建立社会主义市场经济体制这一经济改革目标的确立,政府与市场之间关系的制度安排开始获得历史性的重构。1993 年 11 月,按照党的十四大提出的经济体制改革任务,党的十四届三中全会作出《关于建立社会主义市场经济体制若干问题的决定》,重新设置了政府与市场之间的权责关系,强调"要使市场在国家宏观调控下对资源配置起基础性作用","转变政府管理经济的职能,建立以间接手段为主的完善的宏观调控体系",提出要着重发展生产要素市场,培育包括金融、劳动力、房地产、技术、信息市场等在内的市场体系。[3] 十年之后,党的十六届三中全会又作出《关于完善社会主义市场经济体制若干问题的决定》,进一步提出"更大程度地发挥市场在资源配置中的基础性作用","完善政府社会管理和公共服务职能","深化行政审批制度改革,切实把政府经济管理职能转到主要为市场主体服务和创造良好发展环境上来"。[4] 党的十八

---

[1] 《改革开放以来历届三中全会文件汇编》,人民出版社 2013 年版,第 7 页。

[2] 同上书,第 24 ~ 26、31 ~ 37 页。

[3] 同上书,第 56 ~ 57、64 ~ 67 页。

[4] 同上书,第 119、126、128 页。

大以来，当代中国进入全面深化改革的历史新时代，政府与市场的关系构架被设置于全新的基础之上。2013 年 11 月召开的党的十八届三中全会基于推进国家治理现代化的战略目标，第一次创造性地提出要“紧紧围绕使市场在资源配置中起决定性作用深化经济体制改革”，进而明确指出经济体制改革的“核心问题是处理好政府与市场的关系，使市场在资源配置中起决定性作用和更好发挥政府作用”。由此出发，形成了政府与市场之间的全新的权责关系图式，一方面，遵循市场决定资源配置的规律，从广度和深度上推进市场化改革，着力解决市场体系不完善、政府干预过多和监管不到位问题，大幅减少政府对资源的直接配置，推动资源配置依据市场规则、市场价格、市场竞争实现效益最大化和效率最优化；另一方面，在市场决定资源配置的条件下划定政府的职责边界和范围，主要表现为八项职能：(1)保持宏观经济稳定；(2)加强和优化公共服务；(3)保障公平竞争；(4)加强市场监管；(5)维护市场秩序；(6)推动可持续发展；(7)促进共同富裕；(8)弥补市场失灵。[1] 这表明，政府与市场之间资源配置的权责界限更加清晰，不仅反映了市场在配置资源中起决定性作用的法权要求，而且确立了更好发挥政府作用的制度取向，一个全新的具有鲜明中国特质的政府与市场的权责关系架构正在展示出革命性突破的前景。因此，适应现代市场经济发展需要，创设一个法理型的现代政府制度系统，既是推动当代中国经济文明变革的关键所在，也是加快转变政府职能、重构区域发展进程中政府治理秩序的必然要求。

应当看到，在中国这样一个经济社会发展不平衡的东方大国，在体制转轨没有最终完成且经济发展进入新常态的新的条件下，推进高端型区域发展，确乎是一项极其艰巨的区域发展任务。因此，区域政府的职能与责任不是有所弱化，而是更为重要与繁重。[2] 在推动区域发展的时代进程中，建立

---

〔1〕《中共中央关于全面深化改革若干重大问题的决定》，人民出版社 2013 年版，第 5～6 页。

〔2〕著名思想家卡尔·波兰尼把市场机制的作用放置到广阔的社会背景下加以反思，打破自律性市场机制神话，认为“这样一种经济生活的组织法则是完全不自然的，而且在严格经验意义上是例外的”。其实，自律性市场依赖于经济上的“自利”。“经济史显示，全国性市场的形成并不是政府逐渐放松控制经济活动的结果。相反地，市场乃是政府有意识且激烈干涉之后所产生的结果。它将市场组织加在社会之上，以达成非经济之目的”。[匈]卡尔·波兰尼：《巨变：当代政治与经济的起源》，黄树民译，社会科学文献出版社 2013 年版，第 412～413 页。

健全更好发挥区域政府作用的制度体系,加快推进区域法治经济建设,实现区域调控与治理经济的法治化,对于更好发挥政府这只"看得见的手"的作用,促进计划经济体制向现代市场经济体制的最终转变,有效应对经济发展新常态下的各种区域性风险和挑战,都是不可或缺的。在当下区域转型发展的过程中,尤其需要发挥好区域政府的依法调控与治理作用,在厘清区域政府的权力边界、推动简政放权的同时,也要切实履行好区域政府在宏观调控、改善市场环境、市场监管、公共服务、社会治理、保护环境等方面的基本职责。完全可以这样说,离开了区域政府依法能动的作为,高端型的平衡且充分的区域发展就不可能顺利推进。尤其在区域间竞争日益加剧的情势下,建立法理型的政府与市场之间权责关系的法权模式,对于增强区域生产要素的正向流动性,形成区域竞争优势,"吸引与嵌入外源性资源",〔1〕促进区域的高端发展,无疑起到关键性的枢纽作用。当然,更好地发挥地方政府在区域发展进程中的引导作用,同样需要遵循市场经济规律,把握好政府干预市场经济生活的权力限度与边界范围,把纠正市场失灵、解决市场管不了或管不好的问题作为区域政府干预市场的基本权责边界,〔2〕加大制度创新与制度供给的力度,切实为区域发展营造良好的法治氛围。

四、区域发展的法治秩序

在现代社会,发展、治理与法治这三者是一个有机统一的整体。实际上,区域发展的过程,是一个适应区域经济社会发展的客观要求,运用法治方式推进区域治理现代化,形成有机的区域法治秩序,进而推动高水平区域发展的进程。其间,蕴含着深刻的法治逻辑。

总体而言,在一个主权国家的疆域范围内,治理有国家治理与区域治理

〔1〕 有的学者认为,"以吸引流动性投资和职业的方式吸引和嵌入外源性资源对地方和区域发展来说始终是至关重要的。地方和区域发展机构的政策工具和措施,在获得、留住,以及发展具有高度流动性的经济活动方面可能会起到关键的保障作用,也可能成为问题的根源"。[英]安迪·派克、安德烈·罗德里格斯-珀斯、约翰·托梅尼:《地方和区域发展》,王学峰等译,上海人民出版社2011年版,第195页。

〔2〕 [新加坡]陈惠华:《变革:市场中的政府角色》,刘阿钢译,北京大学出版社2014年版,第44页。

之分。一般来说,国家治理是指中央政府通过法律的、行政的、经济的诸多机制和手段,实现对国家与社会生活的有效调控活动,进而把国家与社会生活纳入一个规范化、制度化的轨道之中,创设一个安全和谐的国家与社会生活秩序。[1] 在当代中国社会转型与变革的新的历史条件下,经济发展方式、城乡结构关系、社会组织形式已经或正在发生深刻的变化,推进国家治理现代化的任务日益繁重艰巨。党的十八届三中全会把完善和发展中国特色社会主义制度、推进国家治理体系和治理能力现代化作为全面深化改革的总目标,并且提出了建设法治中国的历史性任务。国家治理是一个含义丰富而深刻的重要概念。在当代中国,"国家治理体系是在党领导下管理国家的制度体系,包括经济、政治、文化、生态文明和党的建设等各领域体制机制、法律法规安排,也就是一整套紧密相连、相互协调的国家制度"。[2] 推进国家治理现代化这一重大战略任务的提出,旨在推动中国特色社会主义制度更加成熟更加定型,从而为国家长治久安提供更完备、更稳定、更管用的制度体系。这是一个极为宏大的社会系统工程,需要通过全面深化改革,在各个领域推进国家治理现代化。[3] 如同国家治理是一个有机的系统或体系一样,区域治理是国家治理体系的不可或缺的组成部分,因而亦构成一个内在相联、有机整合的区域社会治理体系。总体上看,区域治理是国家治理在特定的空间条件下展开的具体治理实践,是国家治理进程的区域表现形式和实现途径。创新国家治理体系,离不开区域社会治理体系的创新发展;推进国家治理现代化,也离不开区域治理现代化的生动实践。

治理与法治密切相关,法治化是治理现代化的题中应有之义。"法律是

---

[1] 有的学者认为,在中国的国情与政情条件下,国家治理实际上是在政权属于人民的前提下,中国共产党代表和领导人民执掌政权、运行治权的体系和过程;是指在坚持、巩固和完善我国政治经济根本制度和基本制度的前提下,科学民主依法有效地进行国家和社会管理;是指坚持中国共产党总揽全局、统筹各方的格局下的治国理政。王浦劬:《国家治理现代化:理论与策论》,人民出版社2016年版,第35页。

[2] 习近平:《切实把思想统一到党的十八届三中全会精神上来》,载《求是》2014年第1期。

[3] 有的学者认为,当代中国国家治理已从传统型治理走向现代治理,治理的科学化、民主化、制度化和法治化,是国家治理现代性的集中体现,致力于探索国家治理新路,创新治理目标理念,发挥党的领导核心作用,加强制度建设,完善法治体系,夯实治理的社会基础。许耀桐:《中国国家治理的宏图大略》,载《人民日报》2017年7月23日,第5版。

治国之重器,法治是国家治理体系和治理能力的重要依托”。[1] 在全面依法治国的新的时代条件下,把实现国家治理现代化构筑在坚实的法治基础之上,构建以法治为基本依托的国家治理体系,是深入推进国家治理现代化、加快建设法治中国的内在需要。因此,区域治理现代化与区域法治发展之间有密切的关系。一方面,区域治理现代化构成了区域法治发展的总体目标。这就是说,区域法治发展意味着区域社会治理体系的革命性变革。区域治理现代化与区域法治发展内在地结合在一起。法治型的区域社会治理体系,体现了法理型的治理方式在区域社会治理中的重要性及其内在价值。以现代法治为基本依托的区域治理现代化,是一个从人治型的区域社会治理体系向法治型的区域社会治理体系的历史性的创造性的转变过程。它所反映的是区域治理中的从治理理念到治理制度、从治理行为到治理实践的多方面进程的变革取向。另一方面,区域法治发展是区域治理现代化的基础。推进区域治理现代化,在很大程度上取决于区域法治发展的实现程度。一般来说,区域治理体系与法治之间并不具有必然的联系。传统的区域治理体系是建立在人治型统治方式基础之上的,人治型统治方式决定着区域治理体系的本质特征。而现代区域治理体系与法治之间联结为一个有机的整体。作为一种制度安排体系的创新发展的产物,区域治理体系现代化总是与法治相联系而存在。只有在法治成为区域治理体系的基础的情况下,才有可能谈得上建构现代区域治理体系、实现区域治理现代化的问题。也就是说,只有在扎实推进区域法治发展的条件下,才能提出并实现真正的现代化的区域社会治理体系。所以,创新区域社会治理体系与推进区域法治发展,处在同一个时代进程之中,二者相辅相成、内在联系、不可分割。推进区域法治发展的功能性目标,在于通过区域法治发展的深入推进,为现代区域社会治理体系的建立与发展提供坚实的法治基础,从而进一步创新区域社会治理体系,使之能够有效应对转型时期区域社会治理所面临的严峻挑战,引领和推动区域社会的健康稳定发展。不仅如此,推动和实现区域治理现代化,对提升区域社会治理

---

〔1〕 习近平:《关于〈中共中央关于全面推进依法治国若干重大问题的决定〉的说明》,载本社编:《中国共产党第十八届中央委员会第四次全体会议文件汇编》,人民出版社2014年版,第71页。

能力提出了新的更高的要求。推进区域法治发展,一个重要的任务就是要有效增强法律制度的执行力,这是提升区域社会治理能力的关键所在。要通过区域法治发展的具体实践,着力提高区域社会治理主体运用法治思维和法治方式推动改革、促进发展、化解矛盾、维护稳定的能力,把区域社会治理纳入制度化、规范化的轨道之中,进而切实提高制度的执行力和公信力,推动区域社会治理水平的不断提高。

应当看到,在当代中国,区域治理的本质意义在于为区域发展创设合理化的社会机理,借以有效促进区域经济增长,改善区域发展的质量和水准。因此,区域治理亦可表达为发展型治理。[1] 这一治理类型的主题是切实保障区域社会主体的发展权益。区域社会主体的发展权益对于发展型治理来说,始终是决定性的因素。发展型治理与区域法治建设的根本出发点,就是要致力于维护和实现区域社会主体的发展权益。利益是区域社会主体的行为目标和内在动力,也是区域社会主体权利要求的深厚根源。发展型治理与区域法治建设的基本社会功用,就在于地方性法规通过赋予区域社会主体以一定的法律地位,确认和实现区域社会主体的利益,形成一定的区域法治秩序,进而达到调整关系、促进发展的目的。因此,在当代中国,利益是决定最广大人民对法治发展是否赞成、是否拥护、是否满意的概括性因素。发展型治理与区域法治建设必须把区域社会主体的发展权益作为基本的出发点和最终归宿,通过一定的区域治理与治理机制,设定必要的法律规范,运用法治方式促进区域社会主体日益增长的物质文化需要得到有效满足,进而调动区域社会主体的积极性、主动性和首创精神。

进一步的分析表明,区域治理的内在要求是通过有效的区域性依法治理活动,形成一个能够适应高端型区域发展要求的区域法治秩序。众所周知,社会是一个具有多层次结构的、通过内在矛盾的解决而发展着的、并且在自我调节的基础上来发挥功能的有机系统。任何社会在客观上都要求具有社会调整体系,以满足社会生活的一般需要。这是因为,社会的存在和发展都

---

〔1〕 有的学者认为,在当代中国,社会主义市场经济制度的建立,激活了国家内部治理主体的竞争活力,传统的全能治理模式逐渐退出,一种新形态的发展型治理模式正在形成。陈春常:《转型中的中国国家治理研究》,上海三联书店 2014 年版,第 102 页。

离不开一定的秩序性和组织性,这种秩序性和组织性是社会自身的内在属性。社会自身的秩序性和组织性,不可避免地表现为一定的行为规则体系,社会主体权利要求的固定性,常通过统治阶级意志的中介,凝结为一定的法律规则、规范和制度,这对于确立社会的秩序性和组织性是至关重要的。法律作为一种特殊的社会调整机制,体现着一定社会经济发展的法权要求,有利于建立起一定的社会法权秩序,以便使社会成员摆脱单纯偶然性、任意性的羁绊。对此,马克思指出:“这种规则和秩序,正好是一种生产方式的社会固定的形式,因而是它相对地摆脱了单纯偶然性和单纯任意性的形式。”[1]没有权利要求的固定化,没有法律调整,没有一定的规则和秩序,社会生活就会处于混乱不安的状态之中,甚至导致社会有机体的“溃解”。这是一定社会法权要求规范化的社会价值之所在。应当看到,法权要求固定化、规范化以及法律调整的最深厚的根源,来自一定的社会经济活动以及在这一活动中所产生的经济关系的必然性要求。在社会发展的每一个阶段上,经济关系的客观要求始终是法权要求规范化与法律调整的决定性因素。马克思认为,“每种生产形式都产生出它所特有的法的关系、统治形式等等”。[2] 即使是在生产力水平十分低下的原始公社时代,也存在社会生活的社会调整体系。这一方面取决于流传下来的道德原则和人们在共同生产、分配和交换过程中形成的习惯,另一方面也取决于原始共同体及其机构的直接规定。在“共同体的尽头”,随着生产力水平的提高,出现了剩余产品,形成了商品交换关系,而商品交换则是以私人占有为前提的。私人占有意味着一定社会主体按照自己的意志支配着一定数量的生产资料的个人权利。随着私人占有的产生,也出现了根据私有者的利益和意志调节人们的相互之间的交往和交易的规则及规范体系。“交换的不断重复使交换成为有规则的社会过程”。[3] 这种有规则的秩序体系,旨在排除个别人的主观性和随意性,以便把社会生活纳入一个有机协调的运行轨道上来。这样,法权要求的固定化和规范化就成为不可避免,法律调整便应运而生。此后,随着文明的进程,社会主体的法权要求在更

---

[1] 《马克思恩格斯全集》(第2版·第46卷),人民出版社2003年版,第896~897页。

[2] 《马克思恩格斯全集》(第2版·第30卷),人民出版社1995年版,第29页。

[3] 《马克思恩格斯全集》(第2版·第44卷),人民出版社2001年版,第107页。

大的范围内通过多种途径转化为现有权利。与此相适应,法律调整体系日趋完善。诚如马克思所指出的,在文明社会发展的每一个历史阶段上,“社会上占统治地位的那部分人的利益,总是要把现状作为法律加以神圣化,并且要把现状的由习惯和传统造成的各种限制,用法律固定下来”。“只要现状的基础即作为现状的基础的关系的不断再生产,随着时间的推移,取得了有规则的和有秩序的形式,这种情况就会自然产生;并且,这种规则和秩序本身,对任何取得社会固定性和不以单纯偶然性与任意性为转移的社会独立性的生产方式来说,都是一个必不可少的要素。”[1]

如同整个社会有机体一样,区域社会是一个在自我调节的基础上充分发挥能动作用的区域性的社会系统,秩序性与组织性同样是区域社会系统的内在要求,因而在客观上表现为一定的区域社会调整机制及其区域性的行为规则体系,由此而形成以区域社会调整机制为依托的区域社会法权秩序,从而满足区域社会生活的一般需要。这种秩序性和组织性是区域社会有机体的基本属性,它不可避免地表现为一定的行为规则体系。因此,所谓区域社会秩序,是指区域社会主体按照一定的方向和目标,创设区域性的行为规则体系,以便把人们的行为纳入一定的轨道和秩序之中。这是区域社会获得存在和发展的客观要求,是区域社会摆脱单纯偶然性和任意性羁绊的基本手段。没有这种规则和秩序,区域社会生活就会处于混乱不安的状态之中。作为国家法治体系的有机组成部分的区域法治,力图通过体现秩序性和组织性的要求的区域社会规则体系来安排行为、调整关系,从而确立起有利于区域社会协调平衡发展的区域社会法治秩序,使区域社会成员摆脱单纯偶然性、任意性的羁绊,保证区域治理活动的有序进行,进而为区域发展建构坚实的治理与法治秩序基础。在这里,重要的是要处理好活力与秩序的关系。

从法哲学意义上讲,作为一种能动性的法治实践活动,区域法治发展的基本目标,就是要通过一定的规则体系来合理地调整个人与社会之间的关系。一方面,在区域社会生活中,个人在一定的社会活动和社会交往中,与他人、集体乃至整个社会结成密不可分的联系。个人的每一个行为及其后果,

[1] 《马克思恩格斯全集》(第2版·第46卷),人民出版社2003年版,第896页。

不仅对自己，而且对他人、集体以及整个社会都具有重要意义，绝不能把个人看作离开社会而孤立自求的人。另一方面，区域发展只有通过富有能动性的个人的建设性活动才能实现，个人是真正现实的主体，也是区域社会乃至国家发展的基础，绝不能把国家和社会看作凌驾于人们之上并将自己的意志强加于人们的特殊机体，而应当充分激发和调动区域社会成员的积极性和创造性，使一切创造社会财富的源泉充分涌流。因此，在当代中国，区域法治发展就是通过调整个人与社会之间的关系，赋予区域社会主体以一定权利并承担相应的义务的方式，进而达到调整区域社会生活关系的目的，建构一个既充满活力又和谐有序的区域社会法治秩序，促进区域治理的有序展开，推动区域社会蓬勃发展，不断成长。

时下，人们日益注意到社会的活力问题是当代中国国家建设与区域社会转型发展所面临的紧迫课题之一。[1] 这是很有道理的。社会的活力不仅是经济领域的议题，也不仅是社会生活领域的论题，而且是当代中国区域法治发展进程中的一项重大议程。在推进国家治理与区域治理现代化的进程中，正确认识和处理好活力与秩序的关系，有效激发社会的活力，建构有利于区域转型发展的现代法治秩序，创设一个既充满生机与活力、又安定和谐的区域社会生活共同体，是需要我们认真对待的一个重大问题。应当看到，充分发挥区域社会主体的自主性、创造性及自治功能，保持区域社会进步的生机与活力，形成区域发展与法治建设的内在力量，建设一个有机的区域法治社会，这是当代中国区域法治发展的重要功能目标之一。推动区域发展与法治建设的一项基础性工程，就是要加快建设和形成一个信仰法治、依法治理的区域社会。而这一目标任务的实现，离不开区域社会主体的能动作用的有效发挥。进入改革开放的历史新时期以来，邓小平多次强调，要把经济搞活，发挥地方、企业和职工的积极性。[2] 他把尊重人民群众的自主首创精神，调动人民群众的积极性，看作政治体制改革的重要目标之一，并且把它视为改革的一条基本经验，并且把人民相信不相信，人民答应不答应，人民满意不满

---

〔1〕 郑永年：《未来三十年：改革新常态下的关键问题》，中信出版社2016年版，第156页。
〔2〕《邓小平文选》（第2卷），人民出版社1994年版，第362页。

意，看作判断制度、路线和政策成功与否的基本尺度。党的十八届三中全会《关于全面深化改革若干重大问题的决定》把“解放和增强社会活力”作为全面深化改革指导思想的重要内容，强调要“让一切劳动、知识、技术、管理、资本的活力竞相迸发，让一切创造社会财富的源泉充分涌流，让发展成果更多更公平惠及全体人民”。[1] 党的十八届四中全会《关于全面推进依法治国若干重大问题的决定》把坚持人民主体地位确立为全面推进依法治国必须遵循的原则之一，提出“人民是依法治国的主体和力量源泉”的重大命题，强调“必须坚持法治建设为了人民、依靠人民、造福人民、保护人民”。[2] 习近平进一步指出：“我国社会主义制度保证了人民当家作主的主体地位，也保证了人民在全面推进依法治国中的主体地位。这是我们的制度优势，也是中国特色社会主义法治区别于资本主义法治的根本所在”。[3] 因此，在当代中国，建构区域发展的法治秩序，推动区域发展与法治建设的最深厚的动因基础，源于区域社会主体的积极性、能动性和首创精神。

首先，从经济法权意义上看，与传统的计划经济不同，现代市场经济在本质上与法治密切相联，是一种蕴含着市场主体的自由要求的法权关系。在这种法权关系中，“第一次出现了人格这一法的因素以及其中包含的自由的因素”。[4] 在现代市场经济条件下，市场主体拥有对自己的经济行为与活动进行选择的自由，并且能够依法自由地表达自己的经济意愿。市场主体的意志自由，充分体现了主体自身的自主性、能动性和创造性，成为现代市场经济蓬勃发展的内在动力。因此，构建区域发展的法治秩序，必须运用法治方式确认区域市场主体的意志自由和自主地位。离开了区域市场主体的意志自由和自主性，就不可能实现区域市场主体对自己的活动的自我意识、自我支配、自我控制和自我调节，因而也就谈不上区域市场主体的能动性。而区域市场主体的积极性、能动性和首创精神，是区域发展的强大推进器。构筑充分发挥区域市场机制作用、推动区域经济社会发展的法治基础，就必须依法赋予

---

〔1〕《中共中央关于全面深化改革若干重大问题的决定》，人民出版社2013年版，第3页。

〔2〕《中共中央关于全面推进依法治国若干重大问题的决定》，人民出版社2014年版，第6页。

〔3〕习近平：《加快建设社会主义法治国家》，载《求是》2015年第1期。

〔4〕《马克思恩格斯全集》（第2版·第30卷），人民出版社1995年版，第198页。

区域市场主体的广泛意志自由,允许区域市场主体在具体经济活动中拥有广泛的行动方案的选择自由,使区域市场主体享有"法律下的自由",自主实施自己的经济行为,根据市场的信号和需求,优化劳动力、资本、土地、技术、管理等区域生产要素配置,独立自由地处分自己的财产,最大限度地激发微观活力,推动区域经济社会更加平衡且充分的发展。

其次,从社会法理意义上看,在发展现代市场经济的条件下,社会生活领域蕴藏着蓬勃的生机和创造力。而要切实解决社会的活力或创造力的问题,就必须正确处理好政府与社会的关系,建构一个既能有效履行政府管理职能、又能充分发挥社会力量作用的市场社会新机制,"充分调动各方面积极性,最大限度增强社会发展活力,充分发挥人民群众首创精神,使全社会创造能量充分释放、创业活动蓬勃开展"。〔1〕因此,在推进区域发展和法治建设的进程中,要努力推动区域政府由对区域社会主体行为的规范性的社会控制转变为在国家与社会利益允许的范围内,用足用好授权性规范,赋予区域社会主体以广泛的权利和自由,保障其合法利益的充分实现,最大限度地激发区域社会主体的创造性活动,使区域创新发展得到有力的法治保障。时下,一个突出的问题就是运用法治机制,更好地激发非公有制经济活力与创造力。我国仍处于并将长期处于社会主义初级阶段,因而非公有制经济和公有制经济一样,都是社会主义市场经济的重要组成部分。应当清醒地看到,由于多种原因,在现实经济生活中,民营企业的平等市场主体地位还没有真正确立,区域市场准入的种种限制依然存在,民营经济的市场交易的制度性成本高,这些都严重影响了非公有制经济的生机与活力。建构区域发展的法治秩序,就必须花大气力依法加强各类所有制经济权益的平等保护,确立和维护民营企业的平等市场主体地位,从而有效激发非公有制经济的创造活力。

最后,从法治发展意义上看,形成一个社会成员权利与义务相平衡的国家与区域治理的规范制度体系,对于调动区域社会成员创造热情,凝聚区域社会共识与力量,引导区域社会主体有序参与,从而激发区域社会发展活力,有着特殊而重要的意义。而法律调整机制无疑也是增强区域社会生机与活

---

〔1〕《习近平关于全面深化改革论述摘编》,中央文献出版社2014年版,第93~94页。

力的基础与保障。推动区域发展,就是要善于通过法治手段,充分运用法律激励机制,最大限度地增强区域社会的和谐因素,最大限度地减少区域社会的不和谐因素,赋予区域社会主体创造社会财富、促进自身发展的法治权能,确立公民和社会组织的自主与自治地位,建立与发展政府与社会二者平衡协调的区域规范制度体系,有效提升区域社会发展治理水平,从而在规范与制度的框架下让一切创造财富的源泉充分涌流,推动区域经济社会的科学发展。应当看到,在不同的区域社会条件的影响下,区域社会生活是多种多样、纷繁复杂的,因而区域社会规则体系必然呈现出多种多样的表现形式,从而体现为相对独立的具有区域性特点的规则体系。当然,无论是何种形式的区域社会规则体系,都必须遵循国家法治所确立的全国普遍施行的国家规则体系。只不过,这种区域性的规则体系的具体指向是区域性的经济社会事务及其行为和活动,借以有效地调节区域社会主体的行为预期,引导区域社会主体向市场和社会提供能够增进区域社会根本福祉的产品,进而为区域发展确立可靠且可行的规则基础。

五、小结

实现区域法治发展的功能取向,是一个艰巨复杂的历史性的过程。在这里,重要的是要进行目标定位,深入分析这一过程中多方面的变量因素,着力考察影响这一过程的外部的与内部的条件,以期建立科学合理的发展目标,充分彰显当代中国区域法治发展的价值意义。由此,我们应正确认识和处理好以下三个方面的关系:

一是正确认识和处理好当前和长远的关系。推进区域法治发展事业,首先是要直面当下的区域法治状况,深入总结本区域法治发展的进展及其经验,悉心把握本区域法治发展进程中的突出问题,进而探寻推动本区域法治发展的动力,建构有利于本区域法治发展的体制机制。在此基础上,放眼历史前进的状态,对本区域法治发展的既有水准进行准确具体的事实的与价值的判断,综合考量各方面的因素和条件,确定本区域法治发展的近期、中期与长远的不同阶段的目标要求,从而着眼未来,立足当下,脚踏实地,循序渐进地推进本区域法治发展,使之努力走在不同区域法治发展的前列。

二是正确认识和处理好全局与重点的关系。推进区域法治发展，是一项复杂的区域法治系统工程，需要统筹兼顾、协调发展，而处理好全局与重点的关系尤为重要。“不谋全局者，不足谋一域。”要把区域法治发展放置到“法治中国”建设这样一个全局之中加以考量，悉心把握法治发展的中国道路的总体要求，深刻理解“法治中国”建设的目标任务对区域法治发展提出的重大问题，努力把建设“法治中国”的历史使命贯穿到建设法治区域、推进区域法治发展事业的全过程和各个方面；还要把区域法治发展放到区域经济社会发展的全局中加以推进，深入考察变革时代的区域经济社会发展的法治需求，着力探索服务与保障区域经济社会发展的法治机制，努力形成区域经济社会发展与区域法治发展之间的互动关系格局。在总揽全局的基础上，基于对区域法治发展的当下现状和未来走向的深刻认识，树立问题意识，深入梳理和确定建设区域法治的基本思路，紧紧围绕区域社会治理创新、区域立法发展、区域法治政府建设、区域司法发展、区域法治文化等重点领域，推出法治发展的相关具体措施，进而形成推动区域法治发展的行动方案，把区域法治发展的生动实践引向深入。

三是正确认识和处理好国际与国内的关系。我们正处在新全球化的时代。推进区域法治发展事业，要有宽广的全球视野，认真研究域外法治发展的有益经验，立足于国情与省情条件，合理移植域外的有利于促进区域性法治发展的相关法律制度、法律机制和法律规范，从而增进区域法治发展的规则体系与国际通行的规则体系的沟通接轨。我们正处在全面深化改革的新时代。改革也是一场革命。新时代的全方位的改革大潮波澜壮阔、澎湃向前，必将深刻地改变我们的国家与社会生活的基本面貌。全面深化改革的新时代，对区域法治发展提出了全新的要求。我们要深入洞察全面深化改革的历史大势，牢固确立通过改革推动区域法治发展的理性自觉，比较分析全面深化改革新时代的国内不同区域法治发展的时代走向与行动方略，统筹设定推动区域法治发展的切入点、增长点和落脚点，从而推动区域法治事业向纵深发展。

第八章　区域法治发展的动力机理

讨论区域法治发展问题,一个重要的并且是无可回避的关键是在中国的语境条件下,如何理解区域法治发展的动力机理。正确认识这个问题,无疑有助于我们深入揭示转型中国的历史条件下推进区域法治发展的可能路径及其内在动力。这亦是深化区域法治发展基本理论研究的一个重要论题。

一、引言:法治发展的一条定则

人类社会法治文明发展史表明,法治发展是一个多样性统一的进程。这就是说,法治发展是一个客观的自然的历史进程,是一个凝结着许多规定和关系的法治总体现象,总要受到一定的客观规律的支配或制约。尽管各种不同的社会条件和因素都对法治发展进程产生着这样或那样的不同程度的影响,但是,"这只是由经济的必然性决定的,而不是也由其他因素所决定的"。[1] 在这里,如同历史的创造是一种历史合力作用的结果一样,法治发展进程的"最终的结果总是从许多单个的意志的相互冲突中产生出来的,而其中每一个意志,又是由于许多特殊的生活条件,才成为它所成为的那样。这样就有无数互相交错的力量,有无数个力的平行四边形,由此就产生出一个合力,即历史结果,而这个结果又可以看作一个作为整体的、不自觉地和不自

〔1〕《马克思恩格斯文集》(第10卷),人民出版社2009年版,第592页。

主地起着作用的力量的产物”。[1] 因此,法治发展的进程隐蔽着“无数个力的平行四边形”,正是这种无数错综复杂、彼此作用的支配或影响的力量,决定着法治发展的历史性后果及其基本的特有的面貌。我们今天所看到的不同文明国度的法治发展状况,之所以呈现既具有某些共通性又有着鲜明的差异性的基本格局,就是这种“无数个力的平行四边形”作用的必然产物。就本章的论题而言,如前所述,中国是一个经济社会发展很不平衡的东方大国,全面推进法治中国建设的伟大进程,在我们这个幅员辽阔的国土空间范围内展现出既内在统一又各具特色的区域性特征,构成了变革时代的区域法治发展的具体生动的法治场景。而法治中国建设的多样性统一运动格局,是这一进程中的“无数个力的平行四边形”的历史性交互作用的客观后果,是一个不以人们的主观意志为转移的中国法治发展的固有法则的集中体现。

因此,法治发展的深厚动力,源自于社会历史进程中的“无数个力的平行四边形”的相互作用所形成的合力。这是法治发展的一条基本定则。这一定则在不同国度的社会条件下,往往有其独特的表达形式,因而反映了不同国度法治发展进程的动因逻辑。近代以来法治现代化的进程揭示了一种重要的法权现象,即不同民族或国度法治现代化的启动方式是迥然不同的,但是无论何种类型的法治现代化模式,都离不开政府与社会之间的互动。在法治现代化研究中,以政府在法治现代化进程中的功能状况为尺度,通常把法治发展类型划分为社会演进型、政府推动型和政府推动与社会演进互动型三种样式。社会演进型法治发展类型,主要是指由社会自身力量产生内部创新、经过漫长过程的法治变革道路,是因社会内部条件的成熟而从传统法制走向现代法治的转型发展过程。这种法治发展类型一般以英国、美国、法国等欧美国家为代表。一般来说,它是因社会内部条件的逐步成熟而渐进地发展起来的。在英国、美国、法国等最早走上资本主义现代化道路的国家,其创设和形成现代法治的过程中,尽管充满着许多激荡风云的重大社会变革事件,但从总体上看,都是一个自然演进的自下而上的渐进变革的社会过程。诚然政府对法治发展进程的影响不可忽视,但就总体而言,政府所起的作用相对有

[1] 《马克思恩格斯文集》(第10卷),人民出版社2009年版,第592页。

限。政府推动型法治发展类型,是指因域外法律文化的冲击而在政府的强力推动下所导致的自上而下的法治成长与进步的过程。这一类型通常以日本、俄国、新加坡等国家为代表。在这种法治发展类型的国度,政治变革往往成为法治发展运动的历史先导,政府发挥着主要的推动作用。由于这种法治发展类型的国家和社会内部,原先的商品经济因素较为薄弱,无法自发形成变革社会的主体力量,政府及现代政党作为有组织的社会力量便在法治发展进程中起到主导作用。政府推动与社会演进互动型法治发展类型,是指在各种内外因素的相互作用下,政府与社会形成自上而下和自下而上彼此互动的格局,进而推动传统法制向现代法治的转型与变革的过程。这种法治发展类型以中国为典型代表。政府推动与社会演进互动型法治发展模式既具有社会演进型法治发展模式的某些特征,又兼具政府推动型法治发展模式的相关属性,二者内在整合,形成独特的混合式的法治发展类型。一方面,从法治发展的启动机制来看,政府的能动的有效推动,往往构成启动法治改革运动的重要因素,因而成为推动法治发展的强大力量;另一方面,从法治发展的生成机理来看,国家与社会内部已经逐渐生成了法治变革的因素和基础,从而为法治变革运动的形成与发展提供了重要条件。所以,这种类型的法治发展进程,是政府推动与社会演进相互作用的历史产物。

因此,法治发展的类型学为我们研究中国社会历史条件下的区域法治发展现象提供了殊为重要而便利的概念分析工具。我们可以发现,区域法治发展在中国的兴起与演进,不仅源于社会主体的自主性、创造性及自治功能的释放,社会主体日益成为推动区域法治发展的主体性力量,而且来自适当类型的政府架构的推动,来自区域性政府在遵循国家法治发展总体方向的前提下组织和动员社会资源建设区域法治的能动作用,从而形成推动区域法治发展的波澜壮阔的社会合力。改革开放 40 年来的中国区域法治发展的实践充分证明,政府的主导推进与社会的广泛动员所形成的强大合力,确乎形成了区域法治生成、演进与发展的深厚动因。而区域性政府或地方政府推进区域法治发展的自觉行动,又在很大程度上与国家竞争中区域之间的经济性竞争有着密切的关联。换言之,建设区域法治成为区域发展与竞争的内在要求,甚或是形成区域发展竞争优势的重要标志。不仅如此,在一定的社会经济条件下,区域社会主体的自主性与首创精神得以激发,形成推动区域发展与法治建设的内在性力量,从而汇聚为区域社会的内生性制度变革进程的法治动能。由此出发,我们可对区域法治发展的动力机理作出合理的解释与恰当的描述。

二、政府推动与区域法治

以 1978 年 12 月党的十一届三中全会召开为标志,中国开启了改革开放的伟大社会变革,当代中国法治发展也由此进入了一个历史新时代。适应向现代市场经济体制下的法理型法治秩序的转型发展的需要,一方面,作为执政党的中国共产党高度重视运用法律手段治理国家与社会,调控社会生活关系,作出了一系列推动国家法治发展及其现代化的重大决策,展开了大规模的立法活动,并且致力于全社会范围内的法治意识启蒙,大力推动法治社会建设,逐步确立法治在国家与社会生活中的权威性地位;另一方面,遵循中央统一领导、充分调动中央和地方两个积极性的原则,逐步建立制度化的中央与地方的互动机制,通过持续不断的政府转型与改革,促使区域社会释放出空前的活力,从而给区域法治发展带来了广阔的空间,区域法治建设蓬勃兴起,不仅深刻地改造或改变着区域社会的法治生态,而且有力推动了国家法治发展的历史进程。

应当看到,在当代中国,区域法治发展在很大程度上是区域政府着力推动的产物,这一法权现象的出现有其内在的必然性。而创设区域发展竞争优势,是区域政府推进区域法治发展的内生动力。政府竞争或地方政府竞争理论源远流长,据说可以上溯到亚当·斯密关于要素性问题的基本思想,[1]但是,客观地来讲,这是 20 世纪后半叶以来国际政治经济学领域中逐步流行的一个重要概念,意即在一个主权国家的范围内区域性政府之间为吸引要素流动性、促进区域经济增长而展开的竞争关系及其格局。随着区域发展的广度与深度的不断拓展,政府竞争或地方政府竞争的概念亦日益进入政治学、社

---

〔1〕 王焕祥、李静:《西方学者关于地方政府竞争研究的微观视野》,载《改革与战略》2009 年第 11 期。

会学、法学等学科领域，成为区域发展的政治的、社会的、法治的等领域的分析工具。把这一概念工具运用于转型国家发展领域研究的开创性工作，应首推德国经济学家何梦笔（Carsten Hermann-Pillath）。作为一位著名的演化经济学家，何梦笔以中国和俄罗斯为例，注重从国家和空间这两个维度，致力于探讨中俄这两个转型中的大国不同地区的政府转型特点，揭示这两个国家内部的空间多样性与地方自主权对建立新的经济结构与制度的深刻影响，强调由于中俄两国存在巨大的空间或区域差异，全国统一的经济转型政策将引发各地政治经济不同的反应，而这种反馈差异将促使不同区域逐渐形成不同的转型路径，同时转型过程中各地不同的制度安排结构变迁趋异，相互趋异的结构变迁反过来又会使地方利益逐渐形成并日益显著。[1] 何梦笔的上述分析框架，对我们揭示当代中国区域法治发展的动力机制，无疑有不可或缺的参鉴意义。

一般来说，政府竞争概念的实质性意义在于一国政府或区域性政府为了形成某种竞争优势所创设的良好环境。全球竞争战略之父、美国著名管理学家迈克尔·波特不赞同一般地谈论竞争力问题，认为各界对竞争力的定义还缺乏共识，目前还没有一种普遍被接受的理论来解释竞争力；倘若一定要探寻什么是"竞争力"，那么，"在国家层面上，'竞争力'的唯一意义就是国家生产力"。所以他主张更多地关注竞争优势问题，而政府的政策对于形成竞争优势至为关键。"在企业成功的竞争上，国家环境确实扮演了关键角色。而有些所提供的环境似乎比其他国家更能够刺激产业进步和升级"，"'国家'这个因素可以凸显竞争优势是如何被创造并得以保持的。"[2] 按照波特的看法，政府是构成整个竞争力的关键因素，各个层次的政府对竞争力之影响，最容易看到的是政策的作用。"比如，反托拉斯法有助于国内竞争对手的崛起，法规可能会改变生产要素，政府的保护收购可能会刺激相关产业兴起等等。"此外，广义的竞争优势与空间地理位置亦有密切关联。"成功的企业通常集中在国家的某些城市或省份。""这些地方为相关产业提供了一个丰沃的发展环

〔1〕［德］何梦笔：《政府竞争：大国体制转型的理论分析范式》，陈凌译，载《广东商学院学报》2009年第3期。

〔2〕［美］迈克尔·波特：《国家竞争优势》（上），李明轩等译，中信出版社2012年版，第XXⅥ6页。

境。而说明这些产业集中在某些地理位置的现象,也对国家竞争优势提供了一个重要的解释。事实上,从地方政府到州政府,该地的政策本身就扮演了强化国家优势的角色”。[1] 因此,影响国家竞争优势的环境因素是显而易见的,诸如国家或地方政府的角色、历史传统、生产成本、市场需求、地理位置,人才与劳动力的训练管理等。很显然,政府的作用以及政府政策所形成的制度环境,成为构筑国家竞争优势、生成国家竞争力的关键性因素。这亦是政府竞争理论所着力阐释的基本观点。在何梦笔看来,“政府竞争理论是一种高度适用于中国的特殊情境的理论。它是一种一般理论,但又恰恰可以在中国的语境中特别得到丰富和发展”。这一理论范式试图探讨所有政府层级上所存在的政府竞争现象,“可以把它分为两个分析层面,即政府竞争层面(如城市之间和省区之间)以及对这一竞争的规制层面”。[2] 既然这种由“竞争型政府”研究范型拓展而来的地方政府竞争理论在中国语境下具有所谓“高度适用”的价值,那么如何解释中国社会条件下“单一制秩序”与“多样性制度”之间的现实状态?一些学者借助于地方政府竞争理论的概念工具加以分析进而认为,在中国,单一制秩序只是形式上的制度,而事实上的制度与之有着巨大的偏差,这一偏差现象的成因可以部分归之于政府竞争;往往“一刀切”的正式政策或者制度都在各地呈现如此丰富的制度多样性,同样地,这种实际生活中的制度多样性现象,亦可部分地归之于政府竞争。[3] 显然,这一解释框架经过适当的修正,对于理解区域法治发展现象的动力机理,同样具有部分的分析工具价值。

1978年改革开放之初,中国经济体制改革的基本任务,就是要解决经济体制上过度集中统一的问题,建立起具有中国特色的、充满生机和活力的社会主义经济体制,进而从根本上改变束缚社会生产力发展的经济体制。党的十一届三中全会公报指出:“现在我国经济管理体制的一个严重缺点是权力

---

〔1〕［美］迈克尔·波特:《国家竞争优势》(上),李明轩等译,中信出版社2012年版,第26、66~67页。

〔2〕［德］何梦笔:《〈地方政府竞争〉序》,载冯兴元:《地方政府竞争:理论范式、分析框架与实证研究》,译林出版社2010年版,第3~4页。

〔3〕冯兴元:《地方政府竞争:理论范式、分析框架与实证研究》,译林出版社2010年版,第2页。

过于集中,应该有领导地大胆下放,让地方和工农业企业在国家统一计划的指导下有更多的经济管理自主权”,“充分发挥中央部门、地方、企业和劳动者个人四个方面的主动性、积极性、创造性,使社会主义经济的各个部门各个环节普遍地蓬蓬勃勃地发展起来”。[1] 党的十二届三中全会《关于经济体制改革的决定》鲜明地提出,农村改革全面推行了联产承包责任制,改变了不适应我国农业生产力发展的体制;推进以城市为重点的整个经济体制改革,“是为了建立充满生机的社会主义经济体制”。[2] 当代中国改革开放的总设计师邓小平始终把尊重人民群众的自主首创精神,调动各方面的积极性,看作改革的一条基本经验。他精辟地指出:“这些年搞改革的一条经验,就是首先调动农民的积极性,把生产经营的自主权下放给农民。农村改革是权力下放,城市经济体制改革也要权力下放,下放给企业,下放给基层,同时广泛调动工人和知识分子的积极性,让他们参与管理,实现管理民主化。各方面都要解决这个问题。”[3]这一论述深刻揭示了在中国这样一个经济社会发展很不平衡的东方大国推进改革发展的路径选择,清晰地展示了改革开放伟大实践的活力源泉,对于我们正确认识和把握当代中国区域法治发展的运动机理极富指导意义。因此,改革权力过于集中的经济社会管制模式,通过向地方、企业和基层下放权力,激发起社会主体的首创精神和能动性,就成为改革开放以来中国区域发展的一条主线。而创造和维护有利于构筑区域竞争高地的政策与制度环境,亦就成为各地区域政府的必然的法治政策选择。正是在这一过程中,区域政府积极推进区域改革发展的制度化环境建设,着力打造形成区域竞争优势、提升区域竞争力的制度创新品牌。进入20世纪90年代以来,随着社会主义市场经济体制目标的确立以及国家区域发展总体战略的提出与实施,区域政府日益成为区域之间竞争的组织者与参与者。社会主义市场经济在中国大地上的蓬勃发展和依法治国基本方略的深入实施,推动着区域发展的动力由技术创新向制度创新的迁移。运用法治方式推动区域发

[1] 《坚持改革、开放、搞活——十一届三中全会以来有关重要文献摘编》,人民出版社1987年版,第2页。

[2] 《改革开放以来历届三中全会文件汇编》,人民出版社2013年版,第21页。

[3] 《邓小平文选》(第3卷),人民出版社1993年版,第180页。

展,亦就成为区域形成和发展区域竞争优势的重要的制度理性选择。在这样的社会背景下,21世纪初叶以来,全国范围内的法治区域建设如火如荼。区域政府能动有力地推进区域法治发展,根据中央政府赋予的权力以及区域社会治理的客观要求,充分运用区域性社会资源,制定区域性的法规、政策和规则,有效调整和引导区域经济社会活动,促进区域经济社会的健康发展。所以,区域法治发展构成了区域政府着力推进制度推新、构造区域竞争优势的法治化的载体形态。〔1〕 以省级党委政府为主导的覆盖省市县不同行政区域层级的法治区域创建活动深入推进,旨在通过制度创新,着力形成、巩固和发展区域竞争优势,从而鲜明地表达了区域政府注重制度创新发展的理性自觉。〔2〕

如何解读1978年改革开放以来中国经济快速增长的“中国奇迹”现象,已经成为当今国内外学术界高度关注的一个重大论题。有的学者在反思出现“中国奇迹”的成因时,把地方政府竞争看作改革开放40年来中国经济超常规高速增长的奇迹的重要因素之一,认为地方政府竞争理论“是所有解释中国之‘谜’的理论中最具解释力和说服力的”,“这种理论能够为发生在中国的经济和政治领域中诸多现象提供比较有说服力的解释”。〔3〕 的确,地方政府竞争通过地方政府推进制度创新,使区域社会主体的自主性、能动性和创造性得到了充分展示,区域社会主体的聪明才智和首创精神在广阔的竞争环

---

〔1〕 有的学者通过近些年来当代中国逐渐兴起的法治评估实践活动,试图揭示这一现象背后所活跃的地方政府间竞争之影响机理。王奇才:《地方政府竞争与中国大陆法治评估的兴起》,载《中国地方法制发展论坛会议材料》(2014年春·广州)。

〔2〕 有的学者用“发展型政府范式”来表达改革开放以来中国地方政府在中国经济转型中的角色和作用。[德]托马斯·海贝勒、舒耕德:《发展主义与中国地方政府的战略行为体:近期调研的初步发现》,贾亚娟译,载俞可平、[德]托马斯·海贝勒、安晓波主编:《中共的治理与适应:比较的视野》,中央编译出版社2015年版,第143~174页。

〔3〕 唐志军:《地方政府竞争与中国经济增长——对中国之“谜”中的若干谜现的解释》,中国经济出版社2011年版,第47页。有的学者指出,中国奇迹的根本原因是中国特色社会主义市场经济体制——这是一个包含了战略性中央政府、竞争性地方政府和竞争性企业系统的三维体制,一个把中央政府的战略领导力、地方政府的发展推动力和企业的创新活力有机结合起来的新型经济制度。史正富:《中国奇迹是如何出现的?》,载英国《金融时报》中文网2014年1月14日,转载于《思想理论动态参阅》2014年第6期。冯兴元:《地方政府竞争:理论范式、分析框架与实证研究》,译林出版社2010年版,第69~97页。

境中不断涌流,从而极大地释放了区域发展的潜力和能量,汇聚起一股不可遏制的区域法治发展的强劲动力。因此,区域法治发展是竞争性区域政府的"发展推动力"的有效载体形式和实现途径。

需要指出的是,政府竞争有中央政府与地方政府之间的纵向竞争关系和地方政府之间的横向竞争关系的区别。[1] 在当代中国,就前者而言,如果说在经济财税领域,更多地表现为各地区域政府在服从中央政府统一协调和政策指导的前提下争取和维护区域发展权力所展开的程度不同的利益博弈行为,[2]那么,在区域法治领域,则大体上呈现各地区域政府在坚持国家法制统一的基础上能动地创造性从事区域法治建设事业,以期不断优化区域发展的法治环境,赢得区域之间的竞争优势。就后者而言,地方政府之间的竞争关系基本上表现为创造诸如资本、技术和人才等要素流动性顺向优位条件所作出的种种竞争性的努力。[3] 因此,作为区域性公共产品的一种重要样式,区域法治建设便成为区域政府保障市场要素流动性条件有效生成与实现的法治化的制度机制。[4] 无论是纵向竞争关系还是横向竞争关系,区域政府提升制度化的公共产品的供给能力和效果,就成为在错综复杂的政府竞争关系格局中掌握主动、占据先机的关键所在——这就对区域政府自身的转型变革提出了迫切要求。和中央政府转型一样,作为区域性公共事务的承担者,区域政府转型也是一场深刻的革命,而构造区域性法治政府是这场政府革命的基础。如前所述,改革开放40年来,中国市场化取向改革的每一步进展,都伴随着从中央政府到地方政府自身革命的坚定步履。在中国这样一个区域差异

---

〔1〕 [德]何梦笔:《政府竞争:大国体制转型的现代分析范式》,陈凌译,载《广东商学院学报》2009年第3期。

〔2〕 有的学者提出"准财政联邦制"的概念,借以表达当代中国财政制度变迁的方向和地方政府竞争的秩序框架。冯兴元:《地方政府竞争:理论范式、分析框架与实证研究》,译林出版社2010年版,第336~364页。还有的学者试图从更为广泛的社会意义上探讨改革开放以来中国中央政府经济和政治权力的下放所带来的深刻变化,并且用"行为联邦制"的概念来表征这一社会的、经济的、政治的与法权的现象。郑永年:《中国的"行为联邦制":中央—地方关系的变革与动力》,邱道隆译,东方出版社2013年版,第26~63页。

〔3〕 周黎安、宋紫峰:《中国地方政府竞争30年》,载《教学与研究》2009年第11期。

〔4〕 有的学者指出:"政府间的竞争是使政府现代化并使之为更加自由的市场政策作为准备的最佳工具之一。"[德]D.德林:《政府、竞争与市场》,王宁等译,载《国外社会科学》1995年第10期。

显著的广阔空间内，不同区域的政府转型的起点、进程、条件与结果都存在不同程度的相异性。区域政府转型的空间差异化格局，不仅影响着区域经济增长的进程，而且势必对推进区域性制度创新以及提供区域制度化公共产品产生着不可忽视的影响，进而在很大程度上决定着区域法治发展的进程及其成效。正因如此，党的十八届三中全会把加快转变职能、推进有效政府的治理（这当然包括区域政府在内）作为全面深化改革的一项重要内容，强调“必须切实转变政府职能，深化行政体制改革，创新行政管理方式，增强政府公信力和执行力，建设法治政府和服务型政府”。时下，一场以行政审批制度改革为中心的政府革命正在各级政府深入扎实推进。随着中央政府对微观事务管理的大幅度减少，各地区域政府的权力清单范围亦在逐步缩小，但在公共服务、市场监管、环境保护等方面的职责却在日益强化，区域政府治理正面临新议程。在这一新的形势下，区域政府治理的空间地域差异必将日益突出，从而对区域政府转型变革乃至区域法治发展提出全新的要求。提供充分的公正而高效的法治意义上的区域制度公共产品，从而使地方政府竞争能够具有创造区域性法治秩序的内在潜力，这为区域法治发展开掘出不竭的动力，无疑有着特殊的意义。当下正在进行的以上海自由贸易区为代表的改革实验，其基本的立足点在于创设现代政府制度，形成一批可复制可推广的区域政府治理规则与制度，而其本质意义是一场深刻的法治创新运动。[1] 它带来的不仅是一套与现代市场经济基本准则相协调的现代政府运行规范体系，而且要塑造和验证着一种崭新的政府治理理念与准则，进而给不同区域间地方政府竞争确立起有序演化的规范与制度作用，引导区域政府担负着理性化区域制度产品提供者的角色，更加关注区域法治公共产品的实施效果，更加富有创造性地建构区域法治秩序的内在潜力。只有这样，我们才能为全面深化改革时代的区域政府转型或政府革命设定出基本的评价尺度。

---

〔1〕 沈国明：《法治创新：建设上海自贸区的基础要求》，载《东方法学》2013年第6期。

三、社会演进与区域法治

综观地方政府竞争理论的各类文献,我们大体上可以注意到,在对政府竞争中的制度变革之区域分析时,更多地突出区域政府的主动作用,这无疑揭示了当代中国区域法治发展的动力机制系统中的关键性因素,即区域政府的积极作为。然而,如同社会历史发展是一个“无数的平行四边形”所形成的综合性的历史合力的产物一样,区域法治发展现象的运动变化,亦存在“无数个力的平行四边形”式的动力要素系统。在这个动力系统中,除了区域政府竞争的主动作为的推动力之外,区域民营企业为代表的区域社会主体的能动性与创造精神,确乎成为引发和推动区域法治成长的强有力的动力因素。因此,在分析区域政府竞争对于区域法治发展的推动作用的基础上,有必要进一步探讨区域社会主体对于区域法治进程的潜移默化的促进作用——这是一次“静悄悄的革命”。这一分析也许构成对地方政府竞争理论的某种必要的修正。

《自下而上的变革》一书的作者从当代中国民营经济成长的历史轨迹中探寻中国市场化转型发展的制度逻辑,以期探索与解释中国新经济秩序的制度变革进程。他们强调,“关于市场经济转型的文献,试图以国家为中心的视角解释中国的改革经验。一部分文献强调中央政府财政制度安排的作用,另一部分文献聚焦于地方政府的支持作用。这些研究对于为什么地方政府没有完全取缔民营企业的问题,只提供了部分答案。然而,它们忽略了一个同等重要的问题,即在缺乏有效的法律保障时,是什么样的制度框架,允许、鼓励和指导企业家们开创出欣欣向荣的民营企业经济”。因此,该书作者提出了如图 1 所示的内生性制度变革的多层次因果模型,企望对上述问题提供一种新的解释说明。

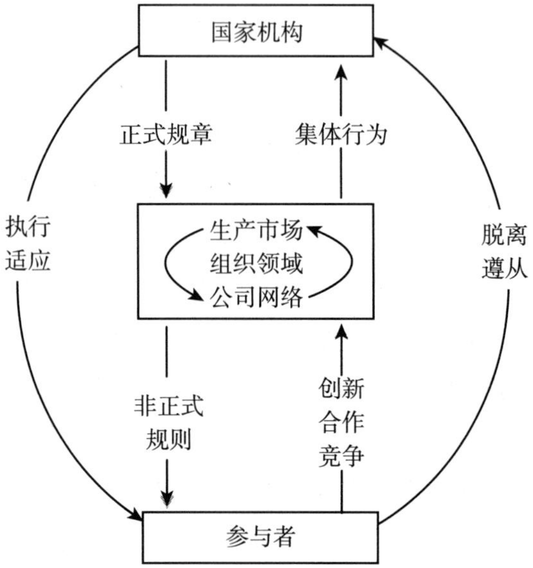

图 1　制度变革的一个多层次因果模型〔1〕

按照作者的说明,“在此模型中,因果力量在宏观结构到微观行为的制度机制,以及从微观动机和行为到宏观层面两方面均发挥作用”。“始于 1978 年的经济改革,逐步确定了市场配置资源的法律地位,从而支持了在分散的市场中创造并获取利润的行为的自我增长,鼓励了企业家们脱离现有经济秩序并创立民营企业。在微观层面,尽管还没有正式法律保护企业的私有财产权,但新商业模式的出现和扩散,允许、鼓励和指导企业家们创造了民营经济。”“根植于网络的规范可提供确保经济交易安全的有效机制。如果配以恰当的情境条件,这些规范也可被快速扩散,并由此成为内生制度变革的源泉。”“中国民营资本的出现,遵循了制度变迁的内源性经济行为者交易的规律。”〔2〕在上述新的解释框架中,当代中国市场经济的发展,固然离不开国家政策的重要推动作用,但更多的是依赖于自下而上的制度创新和创业行为,因而经济活动参与者被视为内生性制度变革的主体,对于中国市场经济的发

〔1〕［美］倪志伟、［德］欧索菲:《自下而上的变革:中国的市场化转型》,阎海峰等译,北京大学出版社 2016 年版,第 17 页。

〔2〕同上书,第 17、28、33 ~ 34 页。

展起到了关键性的作用。应当说,该书作者注意到自上而下的政府行为对于经济增长与发展的促进作用,但更多地将当代中国市场经济的兴起与演化之内在动因归之于自下而上的内生性的制度变革,归之于来自社会底层的创业者或现实经济活动参与者的能动的创造性活动(尤其是在政府政策等正式制度缺失情况下的非正式的制度创新),不仅为中国经济转型与增长的奇迹提供了一种新的阐释,而且从发展经济社会学的视角确证了社会历史发展是“无数个力的平行四边形”的产物的基本法则,为我们准确认识地方政府竞争理论的合理内核及其不足,并且在对中国法治发展类型的固有逻辑的深刻把握的基础上,深入思考区域法治发展的内在动因打开了崭新的思想空间。

地方政府竞争理论的重要价值意义,在于揭示了在转型中国的社会历史条件下地方政府间的经济竞争活动所引发的区域制度创新实践对于区域法治发展的积极推动作用,描述了一幅区域政府的制度创新与区域法治建设和发展之间有机互动的现实图景。不过,地方政府竞争理论具有“国家中心论”的浓厚倾向,并且把政府政策等正式制度视为形成区域竞争优势的决定性因素,而不同程度地忽视了现实经济活动参与者及其在社会经济生活中逐渐生长起来的非正式制度对于构造区域竞争高地、推动经济转型发展的强大力量,从而影响了这一理论工具的解释力。实际上,在地方政府竞争理论框架中,有一个重要的分析维度,由20世纪90年代开始分税制改革所带来的地方政府行为模式的变化,“驱动了地方政府对财政收入最大化的追逐”,力图扩大地方的增值税税基,必然为吸引更多投资者落户本地而展开横向竞争,由此产生了诸多社会经济后果。其中之一便是中国的市场化和工业化进程在加快。[1] 在这一过程中,劳动力、资本、土地、技术等生产要素的流动性明显增强,集中体现生产要素流动性的中国社会特有的“招商引资”一词则形象地表达了地方政府之间竞争活动的生动而艰辛的场景。应当看到,生产要素的流动性具有深厚的法权意义,不仅是现代市场经济发展的前提与结果,也是构筑区域竞争优势、形成和发展区域竞争力的基本条件。按照波特的国家竞争优势理论架构:生产要素条件,需求条件,支撑产业与相关产业,企业战略、

〔1〕 张军等:《登顶比赛:理解中国经济发展的机制》,北京大学出版社2016年版,第19~27页。

结构与竞争状态这四大特质，构成了国家竞争优势的“钻石体系”。而生产要素条件除了熟练的劳工外，还“包括有形资产（如有形的基础建设）、信息、法律体系、大学研究机构等企业赖以竞争的条件。要提高生产力，生产要素条件必然改善其效率、品质，最后还必须专业化，以适合特定产业簇群的需要”。因此，生产要素条件“是产业必备的竞争要素”。〔1〕而在区域经济学的理论体系中，区域发展是一个源于地方生产能力、竞争能力和创新能力的内生发展过程，“要素禀赋”被视为区域竞争力的来源，劳动力、资本、技术、土地等生产要素禀赋、企业家精神和能力，生产的秉性，以及激发“本土潜力”的社会文化环境和制度结构，等等，构成区域发展的内生要素；与此同时，空间地理因素并不是一个简单的地理载体，而是一种经济资源、一种独立的生产要素，并且构成地方生产系统竞争力的一种关键因素。〔2〕因此，区域竞争力在很大程度上取决于发展中的内生性要素。可见，无论是国家竞争优势理论，还是区域经济学的分析构架，在一定空间地理结构中的生产要素，体现了区域发展的内生性禀赋，进而成为区域发展竞争力的内在动力因素。在发展现代市场经济的社会历史条件下，生产要素的流动性通常会转化为创新活动的内生决定因素，由此形成区域竞争优势的必要条件。一般来说，生产要素流动性与区域竞争性优势之间并不具有必然的联系。作为一定制度结构中的区域内发展的产物，区域竞争优势一般总是与市场经济相联系而存在。只有在市场经济成为生产要素流动性的制度基础和条件的情况下，才有可能谈得上构筑区域竞争优势的问题，也才有可能生成区域发展的竞争力。因此，有必要进一步分析市场经济的法权特征，认识市场经济何以构成生产要素流动性转化为区域竞争优势的基本制度性条件，分析法治能够满足这种基本条件的独特价值，进而阐释社会主体自主能动性的内生性品质，以及在现代市场经济的构架中一定空间地理范围内的内生性制度变革及其对于区域法治发展的推动功用。

在现代社会，从本质意义上讲，市场经济是一种法治经济。这表明，现代

---

〔1〕［美］迈克尔·波特：《竞争论》，刘宁等译，中信出版社2012年版，第156～157、193页。

〔2〕［意］罗伯塔·卡佩罗：《区域经济学》，赵文等译，经济管理出版社2014年版，第164、194～195、220、227～228页。

市场经济生活的统治形式和调控手段是法律,法律具体设定了市场经济运作的规则和原则,构成了衡量市场主体行为的基本标准,市场主体的各种行为都要受到一定正式制度规范与非正式制度规范的制约,服从具有非人格特征的法理型秩序。因此,在法治经济中,市场经济关系是一种蕴含着市场主体的自由要求的契约法权关系。马克思认为,在这种法权关系中,“如果说经济形式交换,在所有方面确立了主体之间的平等,那么内容,即促使人们去进行交换的个人和物质材料,则确立了自由”。[1] 在市场经济条件下,市场主体拥有对自己的经济行为与活动进行选择的自由,并且能够依法自由地表达自己的经济意愿。市场主体的意志自由,充分体现了主体自身的自主性、能动性和创造性,成为推进现代市场经济蓬勃发展的内在动力。此外,法治经济实际上是一种平权型经济。在这种经济关系类型中,市场主体充分认识到自己的独立存在及其价值,以自然人或法人的身份进入经济生活领域;市场主体的地位平等,依法作出以取得平等权利为目的的行为;市场主体之间本着平等协商的精神从事相应的经济活动,决不允许任何一方的强迫命令、独断专横。因此,法治经济是以市场主体的平等地位及平权要求为特征的新型经济体系。再者,在市场经济状态下,市场主体从事经济活动的前提,“是每个人对自己产品的所有权和自由支配权”。[2] 市场主体之所以能够自由地表达自己的经济意愿,享有作出行为方案选择的自由,并且彼此处于平权关系,互不隶属,一个基本的原因就是市场主体拥有自己的产权,从而获取相应的利益,在经济上实现自己和增值自己。所以,法治经济是市场主体的产权及其利益切实受到依法保护的经济形态。可见,在实行现代市场经济的条件下,一定空间地理范围内的生产要素流动性得以有序化地展开,市场主体的交易活动受到一定规则规范的调节,从而使市场主体的自主性、能动性与创造活力获得充分释放,有利于形成劳动力、资本、技术、土地等生产要素正向流动的法治化制度环境,这就为生产要素流动性向区域竞争优势的转化创设了可能的制度性条件。在这样的条件下,必然要求通过一定的行为规则体系(正式规

---

〔1〕《马克思恩格斯全集》(第2版·第30卷),人民出版社1995年版,第199页。

〔2〕《马克思恩格斯全集》(第1版·第48卷),人民出版社1985年版,第161页。

范制度与非正式规范制度的结合体），把市场主体的活动纳入一定的轨道和秩序之中，使整个市场经济生活摆脱单纯偶然性、任意性的羁绊。这种有规则的秩序体系之基本目标，就是要排除生产要素流动性的无序化和任意性，进而形成生产要素流动性转化为区域竞争优势所需要的法治秩序，保证区域创新发展的健康平稳运行。在这样的条件下，社会生活领域蕴藏着蓬勃的生机和创造力，需要建构一个既能有效履行政府管理职能，又能充分发挥社会力量作用的市场社会新机制，政府的基本责任就在于最大限度地增强社会发展活力，使全社会创造能量充分释放，创业活动蓬勃开展。为此，就要努力推动政府对社会主体行为的规范性的社会控制转变为在国家与社会利益允许的范围内，用足用好授权性规范，赋予社会主体以广泛的权利和自由，保障其合法利益的充分实现，最大限度地激发社会主体的创造性活动，从而使区域创新发展得到有力的制度保障。[1] 在这样的条件下，产权保护法治化就被置于更加突出的位置，不仅要贯彻公平原则，依法保护各种所有制经济的合法利益，更加激发非公有制经济活力和创造力，而且要完善激励创新的产权制度，还要运用法律规范与机制激发企业家精神，依法保护企业家财产权和创新收益。在这样的条件下，市场决定资源配置的制度体系有着特殊的价值意义，必须建立公平竞争保障机制，打破地域分割和行政壁垒，构架公平开放透明的市场规则体系，形成统一开放、竞争有序的有机顺畅的生产要素流动性的市场秩序。在这样的条件下，定分止争的公正司法之价值意义得以彰显，司法的职责就在于按照公平公正的要求，依法妥善地解决涌入诉讼渠道的矛盾纠纷，维护市场主体的合法权益，监督公共权力运行，消除损害社会正义的消极因素，促进正常的市场秩序的形成与发展。[2] 很显然，现代市场经济本

---

〔1〕 有的学者强调，"创新活动是高度地方化的，它是各种传统、惯例、社会认同和风俗构成的所谓'制度稠密'的结果。如果不在社会文化背景下（创新发生的地方）考察，我们就很难恰当地理解创新。在'制度接近性'的区域，意味着一系列的规范、惯例和行为规则等，它们帮助经济行为者（个人、企业、公共和私人机构）获得有助于交互式学习的组织形式，这就使得创新过程发生得更快，并使经济系统更具竞争力"。[意]罗伯塔·卡佩罗：《区域经济学》，赵文等译，经济管理出版社 2014 年版，第 242 页。

〔2〕 波特认为，在某个地域上竞争的企业，其生产力水平会受到当地产业环境品质的重大影响。如果当地法令多如牛毛，事事需要与政府对话，或司法体系无法快速而公平地解决争议，企业运作就无法展现效率。[美]迈克尔·波特：《竞争论》，刘宁等译，中信出版社 2012 年版，第 192 页。

身就蕴含着内生性的制度创新取向，为社会主体的自主性创造活动提供了法治动能，构成了流动性生产要素转化为区域竞争优势的内生性制度条件，从而在区域政府的积极作为下，形成了推动区域法治发展的内在动力。

在当代中国，充分发挥社会主体的自主性、创造性及自治功能，保持社会进步的生机与活力，形成法治变革与发展的内在力量，建设一个有机的区域法治社会，是区域法治发展的重要目标之一。人类文明演进史不断地揭示着、证明着一个深刻而伟大的真理：一种新型法治文明的诞生，必然伴随着社会主体自身的革命。作为社会主体的人，是一定的法的价值系统的载体。在法治发展进程中，社会主体的自主性程度如何，往往是衡量社会人类学的指示器。自新中国成立以后的相当长一段时间内，脱离客观存在的一定社会经济发展水平，构筑了一个高度集权化的计划经济体制和一元化的社会统制模式，压抑了社会主体的积极性、主动性和创造性。这一情形反映到法治发展进程中，就是片面强调政府的主导作用，忽视社会主体的积极能动作用，阻滞了社会与法治发展的内生活力。从传统的计划经济体制向现代市场经济体制的历史性转变，是社会经济文明领域中的一场深刻革命，构成了从人治社会向法治社会转型这一法治革命的深厚的社会经济基础。表 2 大体上描述了 1978 年改革开放以来市场化的经济改革进程在法治发展领域的基本画面。

表 2　法律发展的时间线（1978～2004 年）

时期	日期	事件	评论
1979 年以前	1978 年 12 月	党的十一届三中全会	正式摒弃以阶级斗争为党的主要任务的方针政策，以经济改革与发展为目标。重新调整发展战略，减少重工业投入，把资源转移到农业和消费上来
1979～1984 年		经济改革第一阶段：对国有企业进行合理化改革	这一阶段不注重市场；很大程度上是在努力完善计划经济。个人经济实体（如雇佣工少于 8 人的个体户）被称为国有、集体经济的“必要补充”。市场行为被认为是一种特殊的暂时性行为。到 1984 年，农业改革已经获得成功，但城市国有企业的改革并不理想，国有企业模式依然没有改变

续表

时期	日期	事件	评论
1979～1984 年	1979 年 7 月 1 日	通过《中外合资经营企业法》	这次立法有着里程碑式的意义，把鼓励外商投资的政策写入全国人民代表大会法案，正式标志着鼓励外商到中国投资。这条法律非常简短，更像是一条概括的政治声明而不是详细的法律规则，还需要在接下来的二十多年里得到进一步的充实
	1981 年 12 月 13 日	通过《经济合同法》	这项法案处理的是国内经济实体间而不是个人间的合同问题，旨在调节国有企业间的关系
	1982 年 8 月 23 日	通过《商标法》	
	1982 年 12 月 4 日	通过《宪法》	这是现行《宪法》的最初版本，不是对 1978 年《宪法》的修正而是完全重新编写。该《宪法》宣布中国经济体制的基础是社会主义公有制，国有企业占主导地位。个体经济（如雇佣工人少于 8 人的小规模经济实体）是社会主义公有制经济的“补充”。社会主义财产神圣不可侵犯，对私有财产没有做同样的声明
	1984 年 3 月 12 日	通过《专利法》	
1985～1989 年		经济改革第二阶段：引入市场的概念	这一阶段把市场纳入了经济的关键组成部分。同时，私有企业也被看成是公有制经济的补充，私有企业和“红帽子”企业数量增加
	1985 年 3 月 21 日	通过《涉外经济合同法》	该法案处理中国经济实体与外资企业的关系，旨在为涉外贸易建立单独法律政策的一部分

续表

时期	日期	事件	评论
1985～1989年	1986年4月12日	通过《外资企业法》	该法案首次允许依照中国法律,建立由一个或多个外商投资的独资企业而没有中国经济实体的参与。到2006年,才允许国内投资者而不是政府实体来单独控股中国的有限责任制经济实体,在这之前,需要政府共同控股
	1986年4月12日	通过《民法通则》	因市场经济下个人都是按照自由意志决策,所以该法案旨在为市场经济的操作提供基本的法律原则。在合同、民事侵权行为和产权等重要方面,该法案没有列出详细的规则
	1986年12月2日	通过《企业破产法》	这项法案实质上应该被称为"国有企业关闭法"。它并不是为国企提供保护措施,甚至没有意图帮助国企重新分配那些没有被有效利用的资金,而是想要通过破产的威胁来改变国有企业的现状。因为政府部门在该法案提出前,已拥有关闭亏损国企的权力,并有权让亏损的国企在破产后重新运作,所以,可以想象该项法案对经济的影响就不那么大了。该法律实施后,亏损企业仍然大量存在,并且在该法律下债权人无法变卖企业资产
	1987年8月5日	通过《城乡小型企业和个体户管理暂行条例》	这些条例为小型独资企业提供了法律规范。除了对所需的证件作了一些限制规定,还提供了保护措施
	1987年10月	党的十三大承认"私有经济"是公有制经济的必要补充	
	1988年4月13日	通过《中外合作经营企业法》	该法案允许合资企业在《中外合资经营企业法》认可的条件下拥有一些更加灵活的特征

续表

时期	日期	事件	评论
1985～1989年	1988年4月13日	通过《全民所有制工业企业法》	该法案旨在为组织和管理国有企业提供制度规范。当然,国有企业在没有该法律的条件下已经组织了起来,因此,虽然希望通过人大立法来规范组织国企,但实质上该法律并未带来多少新的内容
	1988年4月12日	宪法修正案承认私有经济是社会主义公有制经济的“补充”,允许其在法律规定的范围内发展	仍然没有承认私有经济的地位。宪法修正案保证国家拥有“引导、监督、管理”私有企业的权力
	1988年4月12日	宪法修正案允许租借土地	这项修正案允许长期租借土地及土地的转让,是土地走向商品化的关键,允许各级政府从土地租借中取得收入。同时,该法案使土地更多地受市场经济支配,减少政府支配的力度
	1988年6月25日	通过《私营企业暂行条例》	该条例使独资企业、合作关系及拥有8位或8位以上雇佣工人的有限公司合法化。尽管已经过了有效期,但这些条例今天仍旧在起作用。该规定对有权创立这些企业的公民作了限制:农民、城市无业人员、退休者等。条例认为,经商是那些未能参与城市社会主义经济建设的公民的一种替代性活动,不属于正常的经济活动范畴
	1989年4月4日	通过《行政诉讼法》	规定政府部门必须为自己的行政行为找到法律和法规支持,使其合法化。但是,这里面只涉及了法规的执行而不涉及法规的制定过程

续表

时期	日期	事件	评论
1989～1992年		大裁减	重新实施中央集权，加强计划经济。不过在1990年年底又重新活跃起来
	1990年5月19日	通过《城镇国有土地使用权出让和转让暂行条例》	条例使城镇土地商品化变成可能。允许从国家长期租借土地达70年之久，而且中途可以自由转让
	1990年9月7日	通过《著作权法》	
1992～2004年		经济改革将市场完全纳入体系中	开始建立一种体制，明确地把私有经济看作整个经济的重要部分，通过产权与市场的制度化，试图建立以法律为保障的市场体系。涌现出大批私有公司、市场机构，并出台了相关法律
	1992年1月	邓小平南方谈话	坚定地推进经济改革
	1992年5月15日	通过股份公司成立的规范和标准	国家经济体制改革委员会通过了该文件。该文件是解放后中国第一部公司法的一部分，为通过重组国企建立股份制公司提供了组织上的依据，未涉及证券交易所
	1992年10月	党的十四大把建立“社会主义市场经济作为改革目标”	
	1993年3月29日	宪法修正案限制计划经济，推进市场经济	修正案第15条规定：“国家对社会主义公有制企业实行计划经济”，重申了市场的“补充地位”，声明“国家实行社会主义市场经济”。第16条和第17条规定，国有企业和集体所有制企业不再承担完成国家经济计划的责任
	1993年4月22日	通过《股票发行与交易暂行管理条例》	这是中国第一部关于证券和债券的法规

续表

时期	日期	事件	评论
1992～2004年	1993年9月2日	通过《反不正当竞争法》	
	1993年9月2日	《经济合同法修正案》	该修正案把个体户签订的合同纳入其管理范围。其他个人合同由《民法通则》管理。由于1986年后广义上的《民法通则》已经包含了个体户间的合同规定,所以《合同法》在这方面的规定没有新意
	1993年12月29日	通过《公司法》	1992年国家经济改革委员会允许成立有限公司和股份公司。全国人民代表大会通过《公司法》,于1994年生效,使有限公司和股份公司正规化
	1994年5月12日	通过《对外贸易法》	制定了缺席规则,也就是说只要法律没有明令禁止,任何商品都可以自由贸易(该规则不适用于服务贸易)。禁止自然人从事贸易活动。对进口和出口制定了各种限定,一些规定与《关税及贸易总协定》中的规定一致,有一些则不一致。制定了反倾销和反补贴税的规定,但是没有为这些问题制定进一步的细则
	1995年5月10日	通过《票据法》	这项法律使得使用支票或其他非现金方式付款变得更加容易。但是,今天支票的使用在中国仍不普遍,不存在联邦储备银行之类的机构保证票据与相关银行的联系。因此,兑现支票需要更长时间
	1995年6月30日	通过《担保法》	这项法律增加了借债的安全性,但在实际操作中还存在许多问题
	1997年3月25日	通过《反倾销和反补贴条例》	条例包括与世界贸易组织规定不相容的成分,这些成分在2001年年底,即中国加入世界贸易组织之前被废止

续表

时期	日期	事件	评论
1992～2004 年	1997 年 9 月	党的十五大承认私有经济是国民经济的重要组成部分	
	1997 年 12 月 29 日	通过《价格法》	该法律是为改革价格体系所做的努力。确定了大部分的价格应该由市场来决定即由生产者自己来决定的原则。但是，仍然保留了预防措施以防止价格过高或过低
	1998 年 12 月 29 日	通过《证券法》	中国先前存在由下级机关颁布的关于证券的条例，现在，这项法案最终由高级机关——全国人民代表大会通过
	1999 年 3 月 15 日	宪法修正案提高了法律的地位	修正案第 5 条规定："中华人民共和国实行依法治国，建设社会主义法治国家。"当然，这项规定本身并不意味着法律的作用有任何改变。它代表的是政府在政策上的声明，声明法律享有重要地位而不仅仅是一项管理手段
	1999 年 3 月 15 日	宪法修正案确定了非公有制经济和非劳动收入的地位	修正案第 6 条描述了国家的经济体制。之前只提到公有制，现在承认了"多种所有制经济"与公有制经济（仍然占统治地位）共同发展。该修正案还承认了除劳动收入之外的"多种收入方式"，这就使利息和之类的收入合法化（这类收入之前并不是非法收入，只是没有高级法律承认其合法性）。修正案第 11 条称私有企业、个体户和其他非公有制企业为社会主义市场经济的"重要组成部分"
	1999 年 3 月 15 日	通过《合同法》	这项法律替代了以前的三项法律，统一了合同法。以前三项法律为《经济合同法》（涉及国内企业间而非个人间的合同关系）、《涉外经济合同法》（处理一方为外商时的合同问题）、《技术合同法》（涉及技术问题的转让，比如执照许可等）

续表

时期	日期	事件	评论
1992～2004 年	1999 年 8 月 30 日	通过《个人独资企业法》	提供更健全的小型企业组织原则，是《合伙企业法》的补充，后者为合伙制企业提供规定。与《合伙企业法》一样，《个人独资企业法》规定投资者不能享有有限责任
	2000～2001 年	通过旨在规范立法程序的法律法规	《立法法》(2000)、《行政法规制定程序条例》(2001)、《规章制定程序条例》(2001)
	2001 年 4 月 28 日	通过《信托法》	
	2001 年 7 月 1 日	宣布民营企业家可以成为共产党成员	此举导致了具有争议的结果。到目前为止的情况都是先成为共产党的官员再进入商界，很少有成为商人再加入共产党的
	2001 年 11 月 26 日	通过反倾销、反补贴有关法规	这些法规是为了符合世贸组织的要求而制定的
	2001 年 12 月 11 日	中国加入世贸组织	
	2003 年 8 月 27 日	通过《行政许可法》	确定了这样的准则：只有在公众需要时允许以颁发行政许可的方式进行管理
	2004 年 3 月 14 日	宪法修正案规定征收土地或其他财产必须支付赔偿金；同时为非国有经济提供了进一步的保障	再次修订了第 11 项条例，包括了术语“非公有制经济”，而且声明，不仅允许非国有企业的存在，而且给予鼓励。声明私有财产应该得到保护

资料来源：[美]劳伦·勃兰特、托马斯·罗斯基：《伟大的中国经济转型》，方颖等译，上海人民出版社 2016 年版，第 324～329 页。

可见，社会主义市场经济的广泛发展，空前地激发了社会生活的蓬勃生机，有力地推动着从事这一变革的社会主体自身的飞跃，社会主体的自主性逐步得到了确立,社会成员的首创精神和聪明才智有了充分施展的广阔天地。[1] 这一时代特点反映到区域法治发展进程中来,表现为社会主体因素在区域法治发展中的比重不断增长,社会主体愈益成为推动区域法治变革与发展的重要力量,因而区域法治发展的内生动力系统得以逐步强化,区域法治社会建设日益释放出强大的潜能。以深圳经济特区为代表的特区法治发展模式,开启了当代中国区域法治发展的历史先河。傅高义先生在《先行一步:改革中的广东》一书中,用如下一段话描述了深圳开放之初的法治状态:"中央和省级官员试图制定一些法令,在不牺牲国家利益的前提下,给外国人某些保障。但是,他们几乎没有国际法方面的人才,而且他们又担心让步过多。像在其他领域一样,第一项通告只是反映了一般性政策,而究竟哪些是允许做的,则缺乏详细的指南。1980 年 8 月,全国人民代表大会通过了一项最早的法令,制定了经济特区的方针。1981 年 11 月,通过了一系列关于进出口、劳务和工资、商业注册和土地方面的法令。1983 年年末,广东通过了有关深圳财产管理的特殊立法。由于这些法令没有充分考虑对外商的保护,1984 年 1 月又通过了关于经济合同和技术进口的新法规。1984 年 12 月深圳本身又颁布了关于土地使用费法令。1986 年年末,深圳官员探索符合国家方针的灵活政策,以简化各种繁文缛节。""这些成功的改变形成了一些基本框架。"[2] 深圳开展的新的经济体制改革试验,使之成为"测定何种西方经验最适合于中国的一个大型试验室"。而深圳的内生性制度变革试验,甚至推动了当代中国宪制某些领域的深刻改变。比如,在土地使用的自主权方面,"与大多数

---

〔1〕 在《自下而上的变革》一书的作者看来,"无论是农业、工业还是金融业,自下而上的自发制度变革,在影响中国改革战略的发展过程中起到了关键作用。在安徽省,20 世纪 70 年代末期,农民自发组织了人民公社的去集体化活动。为了提高农业生产效率,他们将集体土地按户重新分配,并形成了联产承包责任制。而只有当其他地区也竞相效仿类似做法、农业生产效率大幅提高得到确认后,解散人民公社的全国性政策才正式开始。类似的过程也发生在金融市场。1990 年,当中央政府最终开放全国第一家证券交易以夺回金融市场的控制权时,那些无法获取银行贷款的公司经理人和所有者,早已通过非正式的公司股票和债券交易等独立发展的外部金融模式来获取资金"。[美]倪志伟、[德]欧索菲:《自下而上的变革:中国的市场化转型》,阎海峰等译,北京大学出版社 2016 年版,第 28 页。

〔2〕 [美]傅高义:《先行一步:改革中的广东》,凌可丰等译,广东人民出版社 2008 年版,第 119 页。

其他城市相比,深圳提供了更多的土地资产,用作长期租借,并尝试利用地产作为银行贷款抵押。1987年,为了寻找急需的资金来源,受香港经验的启发,深圳首次以50年的租期拍卖了土地。这项尝试可望继续下去"。[1] 这种先行一步的城市土地制度变革探索,后来获得了国家宪法的确认。宪法是社会变革的重大成果在根本法上的记载。宪法的变化,集中反映了国家与社会生活的深刻变革。1988年4月12日,七届全国人大一次会议通过宪法修正案,在明确私营经济的宪法地位的同时,第一次在国家根本法上确认了深圳特区先行探索的土地使用权流转与交易行为的合宪性与合法性。这无疑是当代中国区域法治的内生性制度变革的极具标志意义的时代产物。

1978年改革开放以来,在中国大地上展开了从区域或地方创新到全国范围的广泛的制度变革试验。其间的一个鲜明特点,是在特定区域或地方的先行一步的试错型制度变革探索,后来日益在更大范围内进行验证型制度变革试验,直至在整个国家范围内推行回应型制度变革实践。这就是生动具体的内生性制度变革的中国样式,凝结着殊为宝贵的区域制度创新的中国经验,亦跃动着区域法治发展的内生性制度变革的勃勃动能。改革开放以来,"中国发生的巨大变革并不是源于自上而下休克疗法式的改变,而是多层级循序渐进变革的结果。中国的改革办法较少采用大爆炸式的方法,而更多采取的是'做中学'的方法,这种渐进精神常被称为'摸着石头过河'"。这种试验主义方法的优点是显而易见的,"国家社会经济的变革需要的是灵活性,而不是'一刀切'的方法。权力下放的试验主义策略允许中央设定总体目标,但同时允许通过地方试点来检验中国的思路,使中央获得地方经验"。[2] 改革开放四十年来,在乡镇、县、市和省率先广泛展开的地方试验主义改革,涉及经济、政治、行政、法律、社会、文化等几乎社会生活的各个领域,旨在为应对转型中国面临的错综复杂的治理挑战提供区域性制度变革的探索经验,其中的一些非正式制度试验,为国家正规化的治理制度体系的完善增添了诸多有益的补

[1] [美]傅高义:《先行一步:改革中的广东》,凌可丰等译,广东人民出版社2008年版,第126~127页。

[2] [美]安·弗洛里妮、赖海榕、[新加坡]陈业灵:《中国试验:从地方创新到全国改革》,冯瑾等译,中央编译出版社2013年版,第5~6页。

充。这些形式多样的先行先试的区域制度试验改革,使区域社会主体获得了程度不同的地方自主性,[1]不仅使自主探索不同特征的区域发展模式成为可能,而且为国家发展及其现代化进程注入了鲜活的内生性区域制度变革的经验。“这些试验反映出地方治理的方式日趋多样,这挑战了人们通常对威权主义统治的理解。行政程序精简等试验旨在推动政府机构的办事效率与能力。其他一些诸如针对社会组织和非政府组织的试验则探索出一条利用非政府机构解决社会问题、弥补国家主导方式弱点的方法。此外,党内开展的试验还引入了乡镇一直到国家权力机构顶层开展的半竞争性选举。最后,政府尝试利用公开透明作为抑制腐败的治理工具,并通过主动公开信息和赋予公民知情权推动责任机制的发展。”[2]在区域法治领域,面对着中国法治治理的严峻挑战,自20世纪90年代后半期开始,区域性的不同层级的法治创建活动逐步兴起,法治区域建设在中国大地上深入开展,创造了许多生动鲜活的区域法治经验,形成了各具风格的法治发展的区域特色,进而成为法治转型变革进程的重要推动力量。一些区域将法治创建活动融入地方经济社会发展进程之中,力图使法治发展成为区域制度变迁模式的有机构成要素。[3] 有的学者对不同区域之间法治发展或法治创建活动的不平衡现象从理论上加以概括,提出了“先行法治化”的概念,即“‘先行法治化’是指中国东部地区在其经济与社会‘先发’的基础上,在国家法制统一的原则下,率先推进区域法治化”。[4] 有的学者在对当下区域法治创建新实践的深入反思的基础上,把地方政府竞争理论的分析原则引入区域法治领域,提出“地方法治竞争范式”的概念,认为“地方法治竞争作为制度竞争的一个重要表现形式,主要是指通过立法、司法、执法和社会治理活动,实现以产权切实保障、市场监管规范、司法独立公正和执法高效文明为基本特征的地方制度供给和制度环境的改善,实现地方与地方之间的比较制度优势而胜出的竞争范式”,因而“是地方竞争

[1] 王诚:《改革中的先行先试权研究》,法律出版社2009年版,第16～17页。

[2] [美]安·弗洛里妮、赖海榕、[新加坡]陈业灵:《中国试验:从地方创新到全国改革》,冯瑾等译,中央编译出版社2013年版,第7页。

[3] 方益权等:《温州模式与温州区域法治文明模式》,法律出版社2013年版,第2～4页。

[4] 孙笑侠等:《先行法治化:“法治浙江”三十年回顾与未来展望》,浙江大学出版社2009年版,第1页。

范式的高级阶段”，其中体现了“内生驱动”的地方法治竞争机理。[1] 有的学者甚至投身到丰富生动的当代中国法治实践之中，尤其是深入基层法治实践场域，形成了一系列标志性的法治实验主义产品，产生了显著的法治实践功能。[2] 这些不同的研究视角，从一个侧面反映了当代中国区域法治的丰富多彩的实践样态，显示了法治区域建设的旺盛活力与逻辑意义。

自1997年9月党的十五大提出依法治国、建设社会主义法治国家的重大战略决策以后，江苏、浙江等地率先推出法治区域建设纲要，全国各个区域法治创建活动如火如荼，广泛推进，充分展示了国家法治发展进程中的法治区域发展前景。党的十八届三中全会深入总结了法治区域建设的成功经验，在部署推进“法治中国”建设重点任务时强调，要“建立科学的法治建设指标体系和考核标准”。[3] 党的十八届四中全会《关于全面推进依法治国若干重大问题的决定》进一步提出，要“深入开展多层次多形式法治创建活动，深化基层组织和部门、行业依法治理”；强调要“健全党领导依法治国的制度和工作机制”，“加强对全面推进依法治国统一领导、统一部署、统筹协调”，“党政主要负责人要履行推进法治建设第一责任人职责”。[4] 2016年12月，中共中央办公厅、国务院办公厅出台《党政主要负责人履行推进法治建设第一责任人职责规定》，要求党政主要负责人应当切实履行依法治国重要组织者、推动者和实践者的职责，把本地区各项工作纳入法治化轨道，并且对领导干部这个“关键少数”推进法治建设实绩的考核制度作出具体规定。[5] 党的十八大以来，渐进式法治改革有序深入展开，一些关于法治发展全局的重大改革举措，采取试点探索、投石问路的方法，先行试点，逐步推进。不同区域的法治改革方案，因时因地制宜，进行区域的差别化探索与落实。比如，关于完善司

---

〔1〕 周尚君：《地方法治竞争范式及其制度约束》，载《中国法学》2017年第3期。

〔2〕 以钱弘道教授为代表的研究团队运用法治量化分析与预测技术，研发出“法治余杭评估指数”，力图构建起基层法治量化评估的理论模式，产生了重要影响。钱弘道：《先行法治化和法治评估的创新实践》，载孙笑侠等：《先行法治化：“法治浙江”三十年回顾与未来展望》，浙江大学出版社2009年版，第311～361页。

〔3〕《改革开放以来历届三中全会文件汇编》，人民出版社2013年版，第199页。

〔4〕《中共中央关于全面推进依法治国若干重大问题的决定》，人民出版社2014年版，第27～28、34页。

〔5〕《中华人民共和国国务院公报》2017年第1期。

法责任制、完善司法人员分类管理制度、健全法官检察官职业保障制度、推动省以下法院和检察院人财物统一管理制度四项重点司法体制改革任务，上海、广东、湖北、海南、吉林、青海、贵州七个具有不同区域特点的省市先行进行第一批司法体制改革试点工作，为在全国范围内全面推开积累经验、创造条件。又如，全国人大常委会先后两次作出决定，授权国务院在中国（上海）自贸试验区及扩展区域、中国（广东）自贸试验区、中国（天津）自贸试验区以及中国（福建）自贸试验区暂时调整有关法律规定的行政审批，国务院在总体区域试点经验后提出议案，全国人大常委会对《外资企业法》等四部法律作出统筹修改，将自贸试验区试点的改革措施上升为法律，同时相应终止两个授权试点的法律效力。此后，自贸试验区又扩大至辽宁、浙江、河南、湖北、重庆、四川、陕西等地。此外，全国人大常委会作出在北京市、山西省、浙江省开展国家监察体制改革试点工作的决定，并且制定《监察法》，为重大政治体制改革提供法治保障；授权在部分地区开展刑事案件速裁程序试点和刑事案件认罪认罚从宽制度试点；授权在部分地区开展人民陪审员制度改革试点工作；授权在部分地区开展检察机关公益诉讼试点，并在试点经验的基础上修改《民事诉讼法》和《行政诉讼法》；最高人民法院还在深圳、沈阳两地分别设立第一、第二巡回法庭的试点工作基础上，又在南京、郑州、西安、重庆等地分别设立第三、第四、第五、第六巡回法庭；等等。由此可见，这些从区域或地方先行先试逐步走向全国的法治改革措施，尽管是在中央的批准后加以实施，有的改革试点还得到最高国家权力机关经过法定程序的授权，显然带有政府推动的明显特点，但是由于改革试点场域都是省以下的广阔地域空间，来自区域的具体实际而生动鲜活的法治实践及其试点经验，却不仅是原先的顶层设计方案的基层验证，而且是顶层设计方案的有益补充或进一步的完善，越发显示了区域法治的内生性制度创新资源的价值意义。这些区域性的法治改革试点实践，无疑为当代中国的法治区域建设与发展注入了新的生机与动力，并且为建设法治中国提供了可贵的区域经验与样本。

四、走向区域法治发展的新时代

按照历史唯物主义法律观的基本原理，“不应忘记，法也和宗教一样是没有自己的历史的”。[1] 在社会发展的每一个阶段上,在社会交往的历史进程中,都有与其相适应的法律形式。而生产力和生产关系的矛盾是社会发展的基本矛盾,它们相互作用、相互冲突,产生了伟大的社会历史运动,历史性地生成着法治发展的内在动力。生产力作为最活跃、最革命的因素,发展到一定阶段,必然会同它们一直在其中活动的现存生产关系或作为生产关系的法律用语的财产关系发生矛盾,这种矛盾日益扩大和加深,社会危机和革命的时代就到来了。随着生产的物质发展和它的社会形式之间的急剧冲突,迫切需要变革社会现存的“官方政治形式”,改变旧的法律体系,从而促进旧法制向新法制的历史飞跃。“旧法律是从这些旧社会关系中产生出来的,它们也必然同旧社会关系一起消亡。它们不可避免地要随着生活条件的变化而变化。不顾社会发展新的需要而保存旧法律,实质上不是别的,只是用冠冕堂皇的词句作掩护,维护那些与时代不相适应的私人利益,反对成熟了的共同利益。”[2] 在社会变革过程中产生的新法制,应当表现新的社会关系。一旦新法制不能同新的社会关系相适应,它照样要被废弃。诚如马克思指出的,“现在我手里拿着的这本 Code Napoléon[拿破仑法典]并没有创立现代的资产阶级社会。相反地,产生于 18 世纪并在 19 世纪继续发展的资产阶级社会,只是在这本法典中找到了它的法律的表现。这一法典一旦不再适应社会关系,它就会变成一叠不值钱的废纸”。[3]

法治发展是社会发展的组成部分,社会的变迁必然导致法治的迁移。随着社会由传统到现代的转变,法律也同样面临着一个从传统型向现代型的历史更替。这种历史性的跃进,导致整个法律文明价值体系的巨大创新,是突破原有社会形态的固有的法律架构而在新的社会与法律领域显示出来的革命性的巨变。在现代社会,法治发展与法治现代化之间具有相通的蕴含,有着共同的价值指向。随着社会的转型发展,作为一种新的法律意识形态,法治现代化反映各国政府积极推动各自国度的法治变革以及通过这一法治变革实现国家现代化的目标、推动国家现代化进程的时代趋向。人类文明史的

---

〔1〕《马克思恩格斯文集》(第 1 卷),人民出版社 2009 年版,第 585 页。

〔2〕《马克思恩格斯全集》(第 1 版 · 第 6 卷),人民出版社 1961 年版,第 292 页。

〔3〕同上。

发展进程,使法律在客观上形成不同的历史形态。不同类型的法律系统有着迥然不同的价值目标与依托。法治现代化是文明社会中法治进程的一场深刻的革命。它不仅要摆脱人对人的依赖关系,而且要积极创造条件,力图摆脱人对物的依赖关系,确立人的主体地位和崇高的价值尊严,使社会生活"表现为自由结合、自觉活动并且控制自己的社会运动的人们的产物"。[1] 它确证现代法治的本质性意义,不仅要把国家权力的运行构筑在坚实的法治基础之上,而且要运用一整套法律制度和机制有效制约国家权力的运作,确认和保障社会主体的自由和权利,从而使国家与社会生活在法治化的轨道上健康平衡地运转。

一定社会、地区或国度的法治现代化,总有其特定的价值系统。这些特定的价值系统,随着文化的传播与相互影响,又会形成反映某些国度共同生活条件的法治现代化类型。在急剧变化的法治现代化进程中,这些不同的法治现代化类型逐渐演化成为具有不同历史特点和不同变革道路的法治现代化模式。正如本章引言部分所描述的,中国法治现代化进程的深厚动力,从根本意义上讲,源于法治发展进程中的"无数个力的平行四边形"交互作用所形成的历史合力,而政府推动与社会演进之间的内在互动,则是这个"历史合力"的逻辑表征与现实载体。实际上,在政府推动与社会演进这两类动因要素中,至为持久且深厚的动力来自于社会主体的自主性的创造活动所演进生成的推进法治现代化的强大力量。如果说政府推动是引起法治发展及其现代化的重要动因,那么这种外部性影响并不具有决定性意义,它终究要通过社会内部的经济、政治、社会、文化、历史乃至地域空间诸因素而发生作用,这里所蕴含着的是法治现代化进程中的社会内生性制度变革的力量。因此,中国法治现代化是因政府推动与社会演进之间的交互作用而推动传统法制向现代法治的转型与变革过程,并且"是在归根到底不断为自己开辟道路的经济必然性的基础上的相互作用",社会经济生活条件归根到底还是"一条贯穿始终的、唯一有助于理解的红线"。[2]

---

〔1〕《马克思恩格斯全集》(第1版·第49卷),人民出版社1982年版,第195页。

〔2〕《马克思恩格斯文集》(第10卷),人民出版社2009年版,第668页。

当代中国正处于国家治理体系的深刻变革过程之中，这一变革有力地推动着法治发展及其现代化，进而改变着区域法治生活领域的基本面貌，导引着区域法治发展的成长趋向。党的十八大以来，以习近平同志为核心的党中央高瞻远瞩，总揽全局，着眼于正在进行“具有许多新的历史特点的伟大斗争”，[1]从坚持和发展中国特色社会主义、确保党和国家长治久安的战略高度，提出了推进“四个全面”战略布局这一在新的历史条件下中国治国理政的总方略，对全面推进依法治国、加快实现社会主义法治国家作出了重大战略谋划和扎实推进，取得了重大进展。党的十九大作出了“中国特色社会主义进入新时代”的重大政治论断，对新时代加快法治中国建设作出了战略安排，从而开启了全面依法治国、实现当代中国法治现代化进程的新时代。在这一新的时代条件下，当代中国区域法治发展面临着全新的现实境况与历史机遇，也生成着强大动能。一方面，从区域法治发展的启动与推进方式来看，作为规则之治的法治的权威性地位得到强化，因而地方政府竞争正处于深刻的转型过程之中，全面依法治国时代的地方政府竞争的法治性因素明显增强，建设法治区域、优化区域法治环境已经或正在成为要素流动性转化为区域竞争优势的不可或缺的制度性条件。由此，法治化的地方政府竞争对区域发展的制度创新之需求更加迫切，加之地方党政主要负责人履行推进法治建设第一责任人的职责明显强化。因此，让法治成为区域发展核心竞争力的重要标志这一时代命题，愈加具有重大的法治现实穿透力。另一方面，从区域法治发展的生成机理上看，在加快转型的区域社会内部，正在历史性地形成建设法治区域的内生性制度因素和基础。当代中国经济发展进入新常态，经济社会发展总体环境发生了重大变化。打造质量效率型的区域发展方式，加快调整存量、优化增量并举的区域经济结构调整，促进创新驱动的区域发展动力转换，都离不开法治的引领和推动，因而对建设法治区域的需求愈益提升。尤其是“紧紧围绕使市场在资源配置中起决定性作用深化经济体制改革”这一重大改革任务的提出与实施，[2]对加快建设法治经济提出了更高的要求。

---

[1] 《中国共产党第十八次全国代表大会文件汇编》，人民出版社2012年版，第12页。

[2] 《改革开放以来历届三中全会文件汇编》，人民出版社2013年版，第177页。

把区域发展纳入法治化轨道，有利于深入推进区域市场化改革，依据市场规则、市场价格、市场资源配置区域资源，实现生产要素流动性，以期实现区域资源配置和要素流动性的效益最大化与效率最优化，减少政府对区域资源的行政性的直接配置，从而更加卓有成效地构建区域竞争优势。特别重要的是，遵循市场决定资源配置的一般规律，可以充分发挥市场这只“看不见的手”在资源配置中的决定性作用，着手破解政府对于市场活动干预太多或监管不到位的顽症，有效规制区域政府对区域企业经营决策的行政干预，妥当地运用好政府这只“看不见的手”对于区域发展的调控作用，从而最大限度地开启市场的活力，最大限度地释放区域社会主体的自主性、能动性和创造活力，从而着力营造生产要素正向流动、区域发展核心竞争力迸发的法治环境，为区域法治的内生性制度变革因素的创造性生成提供条件。总之，当代中国的区域法治发展正在获得新的动能，进入了一个新时代。推进区域法治发展的内在动因，是市场决定资源配置与更好发挥政府作用的有机耦合，由此构造法理型的政府推动与自主型的社会演进交互作用的内生性的法治动能机制。这的确是当代中国区域法治发展的革命性变化。

文明社会法治发展的历程表明，每一场法治革命的生成与演进，都凝结着特定的社会与法治发展理念，反映了社会与法治发展理念的深刻变动，体现出鲜明而独特的社会与法治发展理念取向。在当代中国，伴随着经济与社会的历史转型过程，区域发展与治理领域亦处在一个从传统向现代转换的大变革过程之中。这是一个极为深刻的发展与治理革命，承载着区域社会治理与发展理念的时代变革。以人民为中心的发展思想，彰显着历史唯物主义法哲学的理论品格，构成了当代中国区域发展与治理的基本准则，并且成为区域法治发展的价值基石。我们知道，贯穿马克思理论探索全部活动的一个共通的主题，是人的解放和人的全面发展。在《莱茵报》工作时期，马克思强调，作为人类本质体现的自由，必须通过一定的形式表现出来，真正的法律应当是人类自由理性这一自由规律的实现和保障，“因为法律上所承认的自由在一个国家中是以法律形式存在的”。[1] 马克思鲜明地提出了“法典就是人民

〔1〕《马克思恩格斯全集》(第2版·第1卷)，人民出版社1995年版，第176页。

自由的圣经”的著名命题,[1]认为法要成为真正的法律,就必须以规范的形式确认人的自由权利,哪里的法律真正实现了人的自由,哪里的法律就成了真正的法律。随着由新理性批判主义法哲学观向历史唯物主义法哲学观的转变,马克思逐渐摒弃了以理性法思想为根基的二元论法哲学观,转向唯物主义的基地,指出要深入现存的客观关系和具体的社会生活过程之中揭示人的社会本质,对人的认识“应该按照他们的社会特质,而不应该按照他们的私人特质来考察他们”,“国家只有通过各个人才能发生作用”,“国家的职能等等只不过是人的社会特质的存在方式和活动方式”。[2] 在《〈黑格尔法哲学批判〉导言》中,马克思强调,“人不是抽象的蛰居于世界之外的存在物。人就是人的世界,就是国家,社会”。“理论一经掌握群众,也会变成物质力量。理论只要说服人(ad hominem),就能掌握群众;而理论只要彻底,就能说服人(ad hominem)。所谓彻底,就是抓住事物的根本。而人的根本就是人本身。”因此,马克思指出,无产阶级的社会革命,“就是人的解放”,是一场“人的高度的革命”。[3] 在《德意志意识形态》这部马克思主义法哲学思想系统化的经典文献中,马克思、恩格斯分析了“偶然的个人”与“有个性的个人”之间的对立,认为“有个性的个人与偶然的个人之间的差别,不是概念上的差别,而是历史事实。在不同的时期,这种差别具有不同的含义”。这个历史过程交织着生产力与交往形式之间的矛盾运动。在近代社会,个人自由活动与交往形式的矛盾发展到了日益尖锐的普遍的形式。共产主义革命就是要推翻那种敌视人的资产阶级国家制度,使无产者作为个性的个人确立下来。共产主义制度的现实基础,就是“使一切不依赖于个人而存在的状况不可能发生”。[4] 只有在这个阶段上,个人的自主活动同物质生活之间才一致起来,劳动转化为自主活动,个人的全面发展才成为可能。因此,在《共产党宣言》中,马克思、恩格斯明确提出,共产主义社会“将是这样一个联合体,在那里,每个人的自

---

〔1〕《马克思恩格斯全集》(第2版·第1卷),人民出版社1995年版,第176页。
〔2〕《马克思恩格斯全集》(第2版·第3卷),人民出版社2002年版,第29~30页。
〔3〕《马克思恩格斯选集》(第1卷),人民出版社2012年版,第1、9~10、16页。
〔4〕同上书,第202~203页。

由发展是一切人的自由发展的条件”。[1] 可见,坚持以人民为中心的发展思想,与历史唯物主义法哲学关于人的解放和人的自由全面发展的思想是一脉相承的,充分体现了马克思主义法哲学的基本原理。

每个时期的法哲学研究,都应当密切关注自己的时代所提出的种种问题,使之成为时代精神的体现。以人民为中心的发展思想,突出强调人民是推动发展的根本力量,把增进人民福祉、促进人的全面发展作为发展的出发点和落脚点。[2] 这无疑蕴含着马克思主义法哲学价值论的思想要义,构成当代中国区域发展与治理的价值准则,并且成为大变革时代中国区域法治发展的深厚动因。坚持以人民为中心的法治发展准则,要求必须坚持区域社会主体的主体地位。一部法律文明史,充分展示了社会主体的主体性规律,反映了社会主体的价值日益受到重视、弘扬、确证的客观进程。在法权关系演进的历史进程中,法治现象始终与社会主体具有一定的社会自由和权利密切联系在一起。从法哲学价值论意义上讲,法治是对在生产力和交换关系发展的基础上形成的社会主体的自由和权利的确认与实现。在当代中国,伴随着社会主义民主政治和社会主义市场经济的广泛发展,社会主体在社会生活中的地位明显提高,社会主体的首创精神和聪明才智有了充分施展的广阔天地。因此,在区域法治发展进程中,“人民是依法治国的主体和力量源泉”。[3] 一方面,要充分发挥区域社会主体在区域治理与法治进程中的能动作用,保证区域社会主体有序参与区域治理与法治建设,依照法律管理国家和社会事务,成为区域治理与法治事业的积极参与者和推动者。另一方面,要“坚持法治建设为了人民、依靠人民、造福人民、保护人民”,[4]充分运用授权性规范调动区域社会主体的积极性,区域社会主体依法享有广泛的自由和权利,从而推动区域社会与法治的进步。坚持以人民为中心的法治发展准则,还要求区域法治发展必须不断满足区域社会主体的法治需求。新中国成立七十年,特

[1] 《马克思恩格斯选集》(第1卷),人民出版社2012年版,第422页。

[2] 有的学者认为,坚持以人民为中心的发展思想,将宏观的国家发展规划与促进人的全面发展的人民规划有机结合起来,这正是中国人民创造历史的动力所在,也是中国持续发展成功的创新所在。胡鞍钢等:《中国新理念:五大发展》,浙江人民出版社2016年版,第8~9页。

[3] 《中共中央关于全面推进依法治国若干重大问题的决定》,人民出版社2014年版,第6页。

[4] 同上。

别是改革开放以来四十年的改革、发展和建设,当代中国的区域法治领域发生了历史性的变化。但是,应当看到,区域治理与法治领域仍然带有社会主义初级阶段的明显特征,区域法治领域的基本矛盾集中表现为区域社会主体日益增长的法治需求与不平衡不充分的法治发展之间的矛盾。这一基本法治国情和区域法治领域的基本矛盾,在相当长的历史时期内都不会发生根本性的改变。当代中国的区域治理与法治主体必须从这个最大的法治状况实际出发,以不断满足区域社会主体的法治需求为出发点,以解决影响和制约区域治理与法治的突出问题为重点,深入推进法治改革,大力推进区域治理与法治发展理念、思路、体制和机制的创新。要坚持以区域社会主体是否满意为标准检验区域法治建设的成效,努力走出一条体现中国国情、具有中国风格的区域治理现代化之路。

新时代的中国区域法治建设与发展,是一项开创性的法治事业,是全面推进法治中国建设、实现当代中国法治现代化进程的必然要求。作为一项法治发展政策,区域法治发展要致力于催生区域发展的内生性制度变革、创新区域社会治理体系的伟大实践,因而有其独特的政策功能。这就是说,法理型政府推动与自主型社会演进有机整合的区域法治发展动力机理,必将转化为新的历史条件下打造区域竞争优势高地、提升区域发展核心竞争力的法治生态,进而彰显推动区域法治发展的法治政策选择的时代价值。在这里,我们有必要简要描述新时代区域法治发展之行动方案的若干层面。

首先,深化区域法治创建活动。建设法治中国、推进国家与区域社会治理现代化,必须高度重视区域法治创建活动,这是“深化全面依法治国实践”的必然要求。区域法治是实施依法治国基本方略、推进法治中国建设的有机组成部分,是在国家法治发展的总体方向和基本要求的基础上,根据区域发展的法治需求,运用法治思维和法治方式实现区域治理现代化的法治实践活动。区域法治发展的实践表明,开展区域法治创建活动,对于有效构建区域法治建设平台、扎实推进区域法治发展,有着重要的意义。法治区域的形成与发展,可以把区域法治创建活动提升到一个新的层面,丰富区域法治创建载体,整合相关区域法治资源,围绕涉及区域社会主体切身利益、事关区域法治建设全局的实际问题,加大组织推动力度,探索建立科学的区域法治建设指标体系和区域法治创建活动考核标准,建立健全统一协调的区域法治创建工作机制,形成区域法治创建活动的有机活力,不断提高区域法治创建活动的实际效果。不仅如此,深化区域法治创建活动,亦是提升区域社会治理能力的有效途径。实现国家治理现代化是全面深化改革的总目标之一,这对提升区域社会治理能力提出了新的更高的要求。推动法治区域建设,一个重要的任务就是要有效增强国家法律制度在区域范围内的实施效果,提高法律制度的执行力,这是提升区域社会治理能力的关键所在。因此,要通过区域法治创建活动的深入开展,着力提高区域社会治理主体运用法治思维和法治方式推动改革、促进发展、化解矛盾、维护稳定的能力,把区域社会治理纳入规范化、制度化的轨道之中,进而切实增强制度的执行力和公信力,促进区域社会治理状况的不断改善。

其次,优化区域发展法治环境。在当代中国深刻的社会变革进程中,"促进社会公平正义、增进人民福祉"已成为全面深化改革的出发点和落脚点,[1]这必将为法治中国建设与区域法治发展提供基本的价值准则。因此,建设法治区域,要把维护社会正义、增进人民福祉作为根本的出发点和落脚点,着力优化区域发展的法治环境,为区域经济社会平衡且充分的发展提供坚实的法治保障。一是要在优化区域立法发展环境方面下功夫。中外单一制国家治理的历史与现实的实践充分表明,区域法治从来都是国家法治体系的有机组成部分,而地方性法规则是区域法治体系的基础与前提,直接决定区域法治体系运行的成效,进而影响着国家法治体系的建构。推动区域法治发展,就是要善于通过地方性法规、地方政府规章等法治规则系统,赋予区域社会主体创造社会财富、促进自身发展的重要权能,从而在规范与制度的框架下让一切创造财富的源泉充分涌流,推动区域竞争优势的形成与发展。特别是在

[1] 《中共中央关于全面深化改革若干重大问题的决定》,人民出版社2013年版,第3页。

2015年《立法法》赋予设区的市地方立法权的制度条件下,[1]我国立法体制更加完善,设区的市人大及其常委会的职权更趋完整和丰满,有利于实现立法决策与改革决策协调同步,增进区域发展的内生性制度变革趋势。要进一步完善党委领导、人大主导、政府依托、各方参与的立法工作格局,恪守"不抵触、有特色、可操作"的地方立法工作原则,坚持依法行使地方立法权,健全科学民主立法的制度机制,加强地方立法能力建设,从而深刻表达区域现代化进程的法治需求,充分发挥地方立法权在建设法治区域、构筑区域竞争优势进程中的引领和推动作用。二是要在优化区域行政法治环境方面下功夫。时下,实现到2020年基本建成法治政府的目标任务日益紧迫,加快建设区域法治政府的要求亦有了新的内涵与提升。因此,在推进区域法治发展的过程中,要把握以强化依法行政推进区域法治政府建设的工作主线,以深化行政审批制度改革为突破口,抓住严格执法这个关键环节,规范区域行政行为,实行行政执法责任制和执法过错追究制,切实解决执法不规范、不严格、不透明、不文明以及不作为、乱作为等突出问题,全面提高区域依法行政水平,把区域政府治理的各项措施落到实处,使之成为提升区域发展核心竞争力的坚实行政法治基础。三是要在优化区域司法环境方面下功夫。在区域社会转型时期,司法的社会公信力建设任务艰巨。"司法公正对社会公正具有重要引领作用,司法不公对社会公正具有致命破坏作用"。[2] 因此,要以进一步深化司法体制改革为动力,把促进司法公正、维护社会公平正义作为司法工作的生命线,强化司法公开,推进司法民主,加强司法管理,严格司法监督,改进

---

〔1〕 为落实党的十八届四中全会关于"依法赋予设区的市地方立法权"的精神,2015年3月15日,十二届全国人大三次会议通过的修改后的立法法明确规定:"设区的市人民代表大会及其常务委员会根据本市的具体情况和实际需要,在不同宪法、法律、行政法规和本省、自治区的地方性法规相抵触的前提下,可以对城乡建设与管理、环境保护、历史文化保护等方面的事项制定地方性法规。"新《立法法》还授权省、自治区人大常委会具体确定设区的市开始制定地方性法规的具体步骤和时间。由此,从少数较大的市享有地方立法权,到所有设区的市都拥有地方立法权,这显然是当代中国立法体制的一次重大变革。目前,全国享有地方立法权的设区的市总数为322个,除原有的49个外,新获得地方立法权的有273个地方,包括239个新获地方立法权的设区的市,30个自治州,以及广东的东莞、中山,海南的三沙,甘肃的嘉峪关等4个不设区的市。截至2017年3月,全国已有269个地方经批准开始制定地方性法规,实际行使设区的市地方立法权。

〔2〕《中共中央关于全面推进依法治国若干重大问题的决定》,人民出版社2014年版,第20页。

司法作风,规范司法行为,努力从实体上、程序上全面实现有效率的司法公正,“努力让人民群众在每一个司法案件中都能感受到公平正义,决不能让不公正的审判伤害人民群众感情、损害人民群众权益”,[1]从而不断提升区域司法工作的社会公信力,为打造区域发展竞争优势提供有力的司法保障。四是在优化区域法治文化环境方面下功夫。法治只有成为一种全民信仰,才能转化为推动区域发展、建设法治区域的强大动力。而法治文化在培育区域社会主体法治信仰的过程中具有潜移默化的作用。如同文化具有鲜明的地域性一样,法治文化亦打下了区域性的深刻烙印。因此,区域法治文化对于建设区域法治社会、推动区域发展有着内在的促进功用。要针对区域经济社会发展的具体特点,创新区域法治教育机制,着力培育区域社会主体的法治信仰,使尊法守法用法成为区域社会主体的共同追求和自觉行动,努力打造区域法治文化软实力,不断滋润区域发展的内生性制度变革的法治土壤,从而积极营造提升区域发展核心竞争力的法治氛围。

最后,塑造区域法治生活方式。关注法治的价值功用,重要的是要认识到法治作为一种生活方式的意义所在。在日常的社会生活过程中确立法治的应有位置,彰显法治的实践理性精神,对于新时代的区域法治发展有着特殊重要的意义。建设法治区域,重要的是要使法治成为区域社会主体日常生活过程的有机要素,深深地融入区域社会主体日常生活过程之中,而不是与日常生活相疏离。在法治区域里,将会展示日常生活中的区域社会主体的有关法治的知识以及对待法治生活的态度,进而把握社会与个人的活动准则和前进方向。这不仅裨益于国家治理与法治发展,而且对区域社会的善治与健康发展,都是至关重要的。从法哲学角度来看,如何认识社会主体的意志自由与社会责任之间的关系,对于理解作为区域生活方式的法治的内在价值,就显得尤为必要。在现代社会,法律对社会生活关系的调节活动,不是直接的,而是间接的,是通过社会关系参加者的行为来实现的。法权关系的出发点是人的有意志的有意识的行为。而人的意志又是自由的,由此人的意志具

---

[1] 习近平:《在首都各界纪念现行宪法公布施行30周年大会上的讲话》(2012年12月4日),人民出版社2012年版,第10页。

有相对独立性。也就是说,在同一个具体情况下,社会主体具有选择自己行为的能力,从而作出反映自己内在的精神意愿行为。由于客观上存在若干种行动方案可供人们加以选择,这样就有可能产生人的行为选择与社会客观需要之间的矛盾或冲突。因此,这实际上揭示了一个深刻的道理,即人的意志自由为法律调整提供了可能性。这亦表明,社会主体的行为在客观上是被制约的,因而人的意志不是绝对自由的。社会主体的意志自由总是同一定的社会责任联系在一起的。社会主体的社会责任之本质性意义在于个人对社会的一定义务的认识以及所认识的义务的完成。任何具有健全理智且清醒的社会主体,当他们在一定客观条件下获得相对独立性和相对自由时,总是相应地承担社会责任,使自己的行为尽可能符合社会利益的要求。因此,在现代社会,法律调整的本质是实现一定社会自由与社会责任的内在统一。这表明,法治是一种理性化的生活方式。法治为社会主体拥有这样的理性的生活方式提供了基础和保障。在这样的理性的生活方式中,社会主体不仅享有自由,而且履行责任。所以,在新时代的区域法治发展进程中,区域法治致力于确认和保障区域社会主体的自由与权利,为区域社会主体自由选择行动方案提供了可能。在法治化的框架内,区域社会主体按照法律规范的要求作出一定的行为,行使法律赋予的自由。即使对区域社会主体的自由作出一定的限制或约束,要求主体履行必要的社会责任,这亦是把这种限制看作防止自由遭到更大损害的重要环节或条件,看作使区域社会主体的自由的运用获得更多有益性的基本方式,也看作确证区域社会主体的价值、使区域社会主体过上有尊严的理性生活的可靠途径。因此,在新的时代条件下,建设法治区域的基本价值功能,即在于增进区域社会主体的意志自由与社会责任的有机统一,塑造理性化的区域法治生活方式,使之成为生成区域发展的内生性制度变革的价值依托。只有这样,政府推动与社会演进有机结合的区域法治发展动力机理,才能展现出生生不息的持久活力,区域竞争优势的形成与拓展,以及区域发展核心竞争力的培育与打造,亦才能具有深厚而坚韧的现代法治价值基础。

五、小结

如同文明社会法与法律现象运动的轨迹与成因一样，区域法治发展是一个错综复杂的法治变革过程，并且是一系列复杂因素综合作用的历史产物。在不同的民族、国度和地区，这一进程的动因、表征及其后果是各不相同的。由此，可建构起区域法治发展的动力类型学。

在中国的社会历史条件下，促成区域法治现象变化的原因是多方面的，甚至可以将区域法治发展进程视为"无数个力的平行四边形"综合合力作用的必然产物。其中，政府推动与社会演进两大动力系统的内在融合，是这个综合动力体系的主轴。一方面，就不同区域的法治发展进程的启动机制来看，国家政权的强大组织动员能力与政府的体制性推动，无疑是构成启动区域法治发展进程的重要动力。以1978年党的十一届三中全会为标志，当代中国进入了改革开放的历史新时期。这是一个国家与社会生活剧烈变革的时代。在这一过程中，中国经济逐渐摆脱计划经济体制的束缚取得惊人的快速增长，而"涉及激励、流动、价格、竞争和开放的大型改革，虽然仍有许多不足，却促进了经济增长"。与此同时，"以权力下放赋予了各省和地方资源，并允许它们在遵守中央指示方针的前提下，积极尝试以自己的方式应对具体政策（农村工业化）和困难（怎样解决政府多余的工作人员）。行政体制内的竞争不是新事物，但这一竞争现在越来越集中在经济效益上，经济效益对各级官员的事业道路的影响越来越大"。[1] 因此，运用地方政府竞争理论的分析工具，似可将区域法治的兴起归于地方政府相互竞争的产物。为了增强生产要素正向流动性，营造区域竞争优势，加快区域发展，区域政府极力运用中央下放给地方的用于促进区域发展的权力和资源，采取包括加强法治区域建设在内的各类区域发展政策措施，借以改善其行政辖区的经济发展绩效。由此衍生出地方政府竞争理论框架中的所谓"晋升压力和绩效考核论"，[2] 以及"任

---

〔1〕［美］Loren Brandt and Thomas G. Rawski：《中国的经济大转型》，载［美］劳伦·勃兰特、托马斯·罗斯基：《伟大的中国经济转型》，方颖、赵扬等译，上海人民出版社2016年版，第13、17页。

〔2〕周黎安：《中国地方官员的晋升锦标赛模式研究》，载《经济研究》2007年第7期。

期限制与异地交流论”。[1] 实际上，改革开放以来的四十年间，中国的区域法治大踏步地前进，日益成为国家法治生活中的不可或缺的部分，并且演化成为丰富而多样化的区域法治体系类型。这与区域政府按照国家法治发展总体战略，结合本地法治状况实际所作出的持续性推动是分不开的。无论是特定行政区域的法治发展，还是跨行政区域的法治发展，都可以清晰地看到区域政府活跃的身影。政府对区域发展的制度创新和区域法治发展的促进作用，很大程度上反映了中国的法治国情特点，体现了国家权力与国家发展在区域法治进程中的能动作用。由此，我们可以发现，当代中国区域法治进程的每一个领域及其每一步进展，都具有政府推动的明显印记。中国是一个发展中的东方大国，社会经济发展很不平衡，这就需要有一个在中国共产党的领导下充分行使公共管理职能的强大国家的存在，需要依靠政府的强有力的正确有效地调控干预，需要政府自觉地担负起引导和推动经济、社会与法治发展的重任。因此，当我们进入全面依法治国的新时代、向法治现代化的目标奋力迈进，选择和建构法治现代化的中国模式时，在推进新时代的区域法治发展的历史进程中，一定要从自己国家的实际出发，充分考虑经济、政治、社会和法治发展的特点以及民族的文化背景和历史传统。只有植根于自己国家的国情基础和能够应对各种挑战的国家与法治现代化模式以及区域法治模型，才是有生命力的。所以，强有力的国家能力和现代政府系统的组织推动，是实现当代中国区域法治的平衡而充分发展的必要条件。因此，不能简单地运用所谓“干部评估体系论”的分析架构来解释地方政府在推进区域法治发展方面的不懈努力。[2]

另一方面，来自区域社会内部的因素或条件，构成了一种内生性制度变革的动能系统，孕育并催生着区域法治的兴起与拓展，甚或在很大程度上决定着区域法治发展的运动格局与历史趋向。中国的区域法治发展是在特定

---

〔1〕 张军、范子英、方红生：《登顶比赛：理解中国经济发展的机制》，北京大学出版社2016年版，第131～170页。

〔2〕 [美]Donald Clark，Peter Murrell and Susan Whiting：《法律在中国经济发展中的作用》，丁晓钦译，载[美]劳伦·勃兰特、[美]托马斯·罗斯基：《伟大的中国经济转型》，方颖、赵扬等译，上海人民出版社2016年版，第337～339页。

的时间和空间条件下所发生的法治创新运动，具有独特的历史传统和社会条件。在这一变革进程中所创设的区域发展的内生性制度架构，具有自身独特的个性。从区域法治的生成机理上看，在一定的社会经济条件的作用下，区域社会内部逐渐生长出法治发展的因素和基础。在计划经济时期，国家主导着社会经济生活的各个领域，建立起高度一体化的集中统治体制，国家所有权成为支配性的法权形态，政府行政性政策指令成为经济社会关系的基本调节手段，缺乏有效的经济社会激励机制，尽管制定了一些法律、法令和地方性的规范性文件，但是总体上规范制度建设薄弱。因此，计划经济体制严重阻滞了整个国家与社会生活的生机与活力，也给区域社会系统带来了消极的影响，从而限制了包括区域法治在内的区域发展进程。随着市场取向的改革在中国大地上的蓬勃发展，国家与社会生活发生了巨大而深刻的变化。诚然，从计划经济体制向现代市场经济体制的转型还没有最终完成，〔1〕“许多市场经济必需的制度还没有发育成熟，进一步的市场建设和制度化非常必要，转型的问题深入到今天经济的各个方面”。〔2〕 但是，社会主义市场经济发展已经成为一个不可逆的历史进程，市场经济所激发出来的社会主体的创造热忱，给区域社会成长带来了殊为强劲的动力之源。从以家庭联产承包责任制为中心的农村改革，到以国企改革为重点的城市改革，再到民营经济的崛起之路，始终贯穿着“权力下放”的改革主旋律。“以市场为基础的经济发展方式的引进，需要把经济决策地点转移到国家的较低层次。为了经济增长和提高生活水平以便提供稳定的钥匙，地方需要有开发其资源以保证经济成功的灵活”。“于是，在改革中中国出现了真正的放权”。“中央已经依靠地方的主动性和灵活性来加强了整个政权。因此，在某种程度上，多样化现在意味着适应性、活力和力量”。〔3〕 在市场经济大潮的激荡下，区域社会生活充满了开放、活力、差异与多样性，区域社会主体的自主性显著增长，授权性规范或激

〔1〕 林毅夫、蔡昉、李周：《中国的奇迹：发展战略与经济改革》（增订版），上海人民出版社2014年版，第4页。

〔2〕 ［美］巴里·诺顿：《中国经济：转型与增长》，安佳译，上海人民出版社2010年版，第75页。

〔3〕 ［美］李侃如：《治理中国：从革命到改革》，胡国成、赵梅译，中国社会科学出版社2010年版，第333～335页。

励机制在区域发展的制度创新体制中日益居于突出的位置，区域社会主体投身法治事业、促进法治发展的热忱日益焕发。在建设法治区域的进程中，区域社会主体通过多种途径、机制与方式，有序参与地方立法、执法、司法、基层社会治理与自治等多种形式的法治生活。不仅如此，区域政府亦积极鼓励和充分尊重基层群众在区域法治改革中的实践探索，区域社会主体在法治改革与发展中拥有更多的知情权、参与权、决策权和监督权。因此，区域社会主体的创造性潜能及其法权要求，已经成为建设法治区域源源不断的动力源泉，集中体现了当代中国区域法治发展进程的自下而上的基本理路。推动区域法治发展的内在动力，来自于区域社会内部存在的处于变化状态中的经济的、政治的和社会的条件。这些条件和政府推动的综合作用，奠定了构筑区域竞争优势高地的制度基础，从而形成区域法治进程的运动能力和运动方向。

因此，新时代的中国区域法治发展，要把握区域法治发展战略走向，科学估定区域法治发展的历史方位，审慎地确立区域法治发展进程的战略目标与路径选择，自觉秉持以人民为中心的法治发展准则，深刻认识建设法治区域的环境条件，准确确证区域社会主体在建设法治区域中的主体地位，通过切实解决区域法治发展不平衡、不充分的问题，有效满足区域社会主体不断增长的法治需求，维护和实现区域社会主体的发展权益，使区域社会主体有更多的法治“获得感”，努力实现平衡且充分的区域法治发展。

结　语　区域法治发展的理论需要

在文明社会法治文明的演进过程中，由于各个国家社会生活条件的差异性，必然形成各具特色的法治发展道路。中国是一个幅员辽阔的东方大国，不同区域法治发展的多样性统一，构成了中国法治发展的运动样式。作为治国理政的区域性依法治理模式，中国区域法治发展不仅反映了法治中国建设的基本轨迹，而且构成了创新区域社会治理体系、推进国家治理现代化的有机载体。在当代中国，推动区域法治发展是一项开创性的法治事业，对于激发区域社会发展活力，探索法治现代化的中国道路，有着重要的时代意义。马克思说道："理论在一个国家实现的程度，总是取决于理论满足这个国家的需要的程度。"[1]当代中国区域法治发展的生动实践，对区域法治发展研究提出了迫切的理论需要，呼唤着当代中国法理学的创新发展。因此，从理论、历史与现实的结合上，深入探讨建设法治中国对于推进区域法治发展的全新要求，深入开展区域法治发展理论研究，进而拓展和丰富中国特色的法治话语系统，是大变革时代赋予当代中国法学工作者的学术责任。

本书对区域法治发展现象的基本理论及其分析框架进行了初步的探讨，现在简要地梳理归纳为以下若干基本观点：

(1)"区域"，原本是地理学科中的基础性概念。随着 20 世纪初叶区域地理学的日益兴盛，区域概念在人文社会科学领域获得了广泛的运用，逐渐形

〔1〕《马克思恩格斯选集》(第 1 卷)，人民出版社 2012 年版，第 11 页。

成区域经济学、区域政治学、区域社会学、区域文化学、区域人类学、区域历史学等新的学科知识形态，不仅促成了区域科学的成型与发展，而且深刻影响着人文社会科学的理论工具与分析框架。法学视域下的“区域”概念，具有全球意义上的区域和民族国家层面上的区域之双重意义。民族国家意义上的区域概念主要包括两层含义：一是指主权国家范围内的以特定行政区划为基本构成单元的特定地域空间，在当代中国，有省域、市域（设区的市）、县域等不同行政辖区层级；二是指主权国家范围内那些由相邻地域所组成的跨越不同行政区划的空间地域，比如，西部地区、中部地区、东部地区、东北地区、京津冀地区、长江三角洲地区、珠江三角洲地区等。对于法学研究来说，这种涵盖以特定行政区划为基础的空间地域单元和跨行政区划的空间地域单元集合体的整体性的“区域”概念，为法学视野下的区域研究设置了统一的场域。

（2）方法论问题不仅是区域法治发展研究领域的基本理论问题，而且是确证区域法治发展现象的客观必然性的概念工具序列。区域法治发展研究方法论是一个多层次的有机系统，其中法哲学方法论居于枢纽性的核心地位。马克思关于历史唯物主义法哲学方法论原则的总体逻辑，为区域法治发展研究提供了科学的法哲学世界观与法哲学方法论。马克思提出的“多样性统一”的概念命题，旨在强调必须把每一个别的区域法治发展作为一个有机的系统来看待，揭示各个个别的区域法治发展之间的相互联系和相互影响，进而把握由若干个“局部的规定性”所表达出来的“整体的具体”或“具体总体”。因此，主权国家范围内的区域法治发展，既是一个“自然的历史进程”，与国家法治发展之间形成了内在关联的统一性，又在不同的社会条件的影响下，具有多样性的品格，进而呈现出多样性统一的运动样式。

个别化的方法论准则之意义在于，研究区域法治现象，固然要注重揭示区域法治现象变化运动的基本规律，借以探求区域法治生活的固有法则，更重要的是要致力于研究区域法治进程中历史地形成的具体的个别的关系和结构，进而把握影响和制约区域法治进程的复杂因素及其内在机理。

（3）区域法治发展的分析框架，是解释区域法治发展现象的概念工具系统，在一定意义上具有“理想类型”的性质或功能。建立这一分析框架，必须满足以下三个基本条件：有助于说明区域法治现象赖以存在和发展的基本原因；有助于描述区域法治现象的运动状态；有助于提供研究区域法治现象的可行便利的认识范式。构成这一分析框架的变量因素主要是国家发展、区域分析和空间关系这三个概念工具组件或方式变项。国家发展的概念工具表明，研究区域法治现象，必须充分考虑国家发展对于区域法治发展进程的深刻影响。离开国家发展的进程，我们就无法真正认识区域法治进程的本来的面貌，也就不可能准确表达区域法治发展的内在逻辑。运用国家发展的概念工具，需认识到区域法治发展在总体方向上与国家发展进程形成不可分割的有机整体；作为一种强大的聚合性力量，国家发展能够对不同区域法治进程产生整合与协调的功能调控作用；国家发展及其国家法治的每一步进展，都会在区域社会发展及其区域法治进程中表现出来；独具个性特征的区域法治现象，是国家发展现象之网上的有机"纽结"；国家发展以政制化的方式，决定着区域法治进程的基本走向。

区域分析的概念工具之意义，在于深刻理解作为国家法治进程"个别化"形态的法治发展的区域实践与区域经验，因而是一种区域的整体性研究。在这方面，罗伯特·默顿的"中层理论"具有独特的解释工具功能。因此，法治发展的区域分析的基本要求是：注意研究整体性的国家法治进程中的区域法治现象的变动，即"国家中的区域之分析原则"；注意探讨多样性的区域法治现象在国家法治进程中展示出来的独特个性，即"区域中的国家之分析原则"；注意通过对于不同类型的区域法治现象差异性的深入研究，寻求关于多样性统一的区域法治现象运动机理的理论阐释，即"区域的整体性结构之分析原则"；注意把一定区域法治现象置于区域社会转型变革进程中加以观察，进而探寻区域发展进程中的区域法治发展的特定场域逻辑，即"区域的功能分析原则"；注意考察生动鲜活的区域性的具体法治实践经验，即"区域的有经验根据之分析原则"。

20世纪70年代以来，西方人文社会科学领域的"空间转向"，以列斐伏尔、福柯、卡斯特、哈维、苏贾等思想家为代表的空间现象研究活动，推动了这一学术范式深刻地影响着研究者的思维方式与取向。其实，马克思主义经典作家有着丰富的空间法哲学思想，是研究区域法治进程的空间关系的理论指南。大千世界的空间现象琳琅满目，丰富多彩，一般把空间现象区分为自然空间与社会空间。前者表现为以物质实体为基础的自然地理环境条件,后者则是人类社会实践活动的产物。从本源意义上讲,以一定的地理单元为载体的自然空间,是作为人类实践活动产物的社会空间的物质基础与前提性条件。空间性是法与法律现象的本体意义上的基本属性。作为法学理论研究不可或缺的分析原则,空间关系的概念工具之价值意义在于:深刻认识区域法治现象的空间本性,考察一定空间条件下的区域法治现象运动变化的空间轨迹,由此把握区域法治进程的差异性;深刻理解区域法治现象的自然空间条件,分析不同区域的法治发展赖以存在与发展的自然条件与空间地理环境;深刻把握区域法治现象的社会空间条件,研究不同区域的法治实践活动,由此揭示区域法治进程的内生性机理;深刻探讨区域法治进程的空间类型转换,分析不同空间类型条件下区域法治进程的运动机制,进而探究区域法治进程中的社会空间类型转换及其影响,以期对大变革时代区域法治发展的实现路径作出合理性解释。

(4)在当代中国,区域法治发展是与国家法治发展密切联系在一起的。实际上,在中国法治现代化的历史进程中,国家法治发展与区域法治发展是一个内在统一、相辅相成、不可分割的法治共同体系统,反映了当代中国法治运行的基本状态。国家法治发展引导着区域法治发展的运动方向,区域法治发展则构成国家法治发展的基础。它们之间的协调发展状况,往往成为衡量中国法治现代化进程的程度与水准的基本评价尺度。因此,我们可以说,区域法治发展是实施依法治国基本方略、推进法治中国建设的有机组成部分,是国家法治发展在一定区域范围内的具体展开,是在国家法治发展的总体方向和基本要求的基础上,根据区域经济社会发展的法治需求,运用法治思维和法治方式推进区域社会治理现代化的法治实践活动,因而是治国理政的区域性依法治理模式。

(5)在这里,一个根本性的前提条件是恪守集中统一的国家主权一元观,坚持国家法制统一性原则。我国实行单一制的国家结构形式,在单一制的国家结构制度类型中,国家主权具有单一的、不可分割且不可转让的性质,国家内部的各个区域都服从并且受控于中央政府的权威。单一制的国家政制模式决定了国家法制的统一性。作为这一国家结构制度的法权要求,国家组织编撰施行全国范围之内的具有最高法律效力的宪法大典,宪法成为确立集中统一的国家体制、实现国家法制统一的最为深厚的法源依据。因此,以宪法为核心的法律体系便有一元性的基本性质。推进区域法治发展,必须以维护国家宪法的最高权威和国家法制的统一性为基本前提,遵循法治中国建设的总体战略。这是区域法治发展的不可动摇的制度基石。

应当看到,单一制的国家结构体系所决定的国家法制统一性,并不绝对排斥不同区域法治发展之间的差异化或多样性。在中国这样一个区域经济社会发展很不平衡的国度,由于不同的经济发展水平、社会结构、历史进程、文化传统和地理环境等因素的影响和作用,不同区域间的法治发展形成了历史的差异性,这是我国经济社会发展不平衡规律在法治建设领域中的集中体现。正因为如此,现行宪法与有关法律基于"在中央的统一领导下,充分发挥地方的主动性、积极性"的宪制原则,架构了统一性与分层性相衔接、中央立法与地方立法相结合的立法体制,确立了国家权力纵向配置结构关系,为区域法治发展创设了广阔的制度空间,由此,形成法制统一与区域差异有机关联的具有浓郁中国风格的区域法治发展样式。

(6)在中国的语境条件下,区域不仅指基于特定行政辖区层级的空间地域单元,而且包括跨行政区划的空间地域单元的集合体,这是两个既相区别、又有联系的具有不同属性的地域空间单位。当代中国法学研究应悉心探讨这两个层面的区域空间结构中的法治状态,并且把它作为一个整体来把握,以期建构变革时代的中国区域法治发展的理论逻辑系统。

在"区域"概念系统中,基于特定行政区划的地域空间单元具有基础性的重要地位,蕴含着丰厚的法学意义。我们知道,行政区划或政区,是以主权国家范围之内行政管辖层级为基础的特定地域单元。一定的行政区划的设置以及行政辖区层级体系的确立,凝结着国家治理的理念与原则,反映了国家统治者施行国家治理的目标选择与现实需要。作为国家治理基础的政区的建构过程,涉及特定区域社会的经济的、政治的、社会的、民族的、文化的、风俗的、人口的、历史的乃至地理的诸方面因素和条件的综合考量,在很大程度上体现了国家统治者的政治智慧与法律价值选择。因此,区域法治发展研究的一个重要的着力点,就是要深入探讨特定行政区域中的法律生活样态的性质、特征和变动轨迹，分析一定区域法律生活面貌的影响因素与条件。在当代中国社会转型进程中，不同的行政区域或不同层级的行政区域的法治发展，往往显现出不同的法治发展状况与法治发展水平。由于主体与客体、规模与空间、形态与机理等方面的差异性，省域、市域和县域的不同行政层级辖区的法治状态亦是有所不同的。在中国法治现代化的进程中，县域法治发展乃是国家法治发展的基础性环节，决定和影响着区域法治发展的总体格局，理应给予足够的关注。此外，一些行政区域还具有某种特定的经济、政治与社会功能，如经济特区、民族自治区域等。所以，研究不同层级的行政区域法治状态、同一层级的不同行政区域法治状态，以及赋予某些行政区划以特定功能的行政区域法治状态，应当成为区域法治发展问题研究的重点所在。

跨行政区域的特定地域空间单元的表现形式是丰富多样的，既有跨行政区划的特定经济区域，又有跨行政区划的一定社会区域，还有跨行政区划的一定的文化区域，等等，这些都构成了区域法治发展研究的重要对象。在当代中国，随着改革开放的深入推进，特别是进入 20 世纪 90 年代以来，党和国家基于对中国国情与区情的深刻把握，高度重视区域间经济社会协调发展问题，陆续提出并实施了涉及跨行政区划地域空间单元的国家区域协调发展重大战略，诸如西部大开发战略、振兴东北老工业基地战略、中部地区崛起战略、东部地区率先发展战略等。党的十八大以来，以京津冀地区协同发展战略、长江经济带发展战略为标志，国家区域发展总体战略又有了新的升华，而“一带一路”倡议，则把国家层面的区域发展战略与全球范围的区域合作格局有机地联结在一起。推进国家区域发展总体战略，必须充分发挥法治的引领和推动作用，加快制定和完善有利于国家区域发展战略顺利实施的法律制度，把区域协调发展纳入法治化轨道。这无疑对当代中国区域法治发展研究提出了历史性的重大理论需求。

（7）区域法治发展是一种历史性的现象，有一个历史的“蛹化”过程。不同的时间与空间条件，塑造着不同运动样式的区域法治发展进程。在中国的社会历史条件下，县级政权构成了国家政权结构的基本单元，县域政治是国家政治运作的基层枢纽，因而县域治理是治国理政的基层空间治理单元。县域法治在国家法治体系中处于基础性的地位，构成了国家法治体系的基石，极其深刻地影响着国家法治现代化进程的总体面貌。伴随着中国国家发展与社会演进历程,县域治理与法治发展亦处于深刻的变动过程之中。在传统中国,秦汉时期所建构的统一的中央集权政府体制以及隶属于中央的郡县制度,成为两千余年帝国体制的主干,构成了帝国地方政制的基本形态,赋予县制及其治理活动以特有的功能样式。中央集权制的国家治理准则规制着县域治理活动的基本态势,由此形成一体多层的县域治理结构;绅士阶层借助于礼治的价值规范系统,在相当程度上实现了国体与乡俗的有效连结。近代以来,以县域治理为基础的近代中国国家与区域治理系统经历了一个深刻的嬗变过程。中国国家权力向基层社会广泛渗透,逐步从法律意义上确立了县乡行政治理系统;近代地方自治改革运动的兴起,加剧了县域治理过程中官治与自治之间的紧张与冲突;地方绅士日益广泛地制度化地参与基层公共事务管理过程,构建了一个"官绅合治"的县域治理体系,从而为近代中国绅士阶层的分化与消失创造了条件。

随着1949年中华人民共和国的成立,中国县域治理展开了现代转型的进程。新中国成立之初,确立了当代中国县级国家政权体系的基本框架;基层司法体制实现了从司法与行政合一向司法与行政分立的历史转变;形成了县域治理与群众运动内在结合的历史特质。进入改革开放的历史新时期以来,县域治理法治化进程日益显示出旺盛的活力:县级国家权力机关建设得到加强;县域依法行政稳步推进;县域司法治理体制逐步完善;与乡镇政权的重建进程相辅相成,以村民自治为重点的基层社会自治渐次展开。党的十八大以来,与全面推进依法治国、实现中国国家治理现代化进程相适应,县域法治发展正在进入一个革命性变革的新时代:走向善治的县域治理理念开始确立;县域国家权力机关制度建设创新发展;县域政府治理革命深入展开;县域法治社会与文化建设加快推进;以自治、法治、德治三者有机结合的中国特质的新型乡村治理体系正在积极建构。当代中国县域法治进程的社会空间条件正在获得历史地重塑。

(8)法治发展的社会历史运动具有特定的空间条件,从而显示出"无穷无尽的变异和程度差别"。法治发展现象的区域差异性,固然要受到一定社会经济条件的决定性影响,但是包括文化在内的非经济的因素或条件的深刻作用亦是不能忽略的,况且区域法治现象本身就是一种特殊的文化现象,是具有“历史个性”或“个别化”的独特的法律文化现象。文化的一个鲜明特点就是地域性或区域性,通过特定的文化传统表现出来。区域法治现象的差异性,在相当程度上源自于不同区域的文化生活状况及其文化传统。一般来说,文化的实质性传统的思维类型具有概念工具的分析意义;依此,可以区分为文化的实质性大传统(以下简称文化大传统)和文化的实质性小传统(以下简称文化小传统)。前者是指一定社会历史时期中处于支配或主导地位的并以规则、制度和秩序安排观念形态所表现出来的文化传统;后者则是指在基层的民间社会中孕育生成且经久存在的文化形态,是社会成员在社会交往过程中逐渐形成的关于个人与公共生活的稳定的行为准则。在区域法治发展进程中,文化大传统与文化小传统有着相通的但却特殊的意义,制约着区域法治现象的运动方向。

作为规则、制度和秩序安排观念之集合体的文化大传统,与“法文化”概念具有某种共通性的意义。儒家法文化的价值系统,是中国法文化的实质性大传统的根本。长久以来,儒家法文化深深地影响着生活在中国地域空间和社会空间范围的广大中国人的法律心理与行为,并且在社会演进过程中,呈现出区域性的表现样式。这种儒家法文化的区域性的结构分布状态,对区域法治进程产生了功能性的影响:铸造了区域法治进程的社会基础;构成了区域法治现象的规范机理;凝聚了区域法治进程的价值认同。

以民俗习惯形式表现出来的文化小传统,对基层社会生活秩序的自发形成与发展起到了重要的功用。乡土社会孕育和生成着为村社成员内心确信的习俗与惯例。这种在长期的基层社会生活中形成的民俗习惯,往往成为乡土社会的支配性的交往规则与调整规范。在从熟人型社会空间体系向陌生人型社会空间体系转变的历史过程中,民俗习惯作为一种根本性的存在,尽管其形式和内容都发生了很大的变化,但依然保持着坚韧的生命力。实际上,“千里不同风,百里不同俗。”作为文化小传统的载体的民俗习惯,更是一种区域性的社会存在物,受到一定的自然空间与社会空间条件的制约,体现了区域社会与文化现象的历史空间的差异性。作为一种生活样式,民俗习惯构成了区域法治进程的重要社会渊源;作为一种集体意识,民俗习惯在很大程度上构成了区域法治进程的社会精神纽带;作为一种调整机制,民俗习惯是区域法治进程的功能性的社会调节力量。

(9)实际上,区域法治发展是一种法律发展政策,旨在建构有利于区域发展的法治制度与机制,有着鲜明的功能取向。发展与法治的关系,已经成为当代法治现代化进程中的一个重大议题。发展是法治的内生动能,法治则是发展的可靠保障,二者相互关联,相辅相成,相互作用,不可分割。区域发展是国家发展进程在一定地域空间条件下的实现状态。在主权国家的范围内,不同空间条件下的区域空间的发展进程,呈现出独具个性的丰富多彩的运动样式,因而构成个别化的区域发展类型。从法权意义上讲,区域发展不可避免地凝结为一定的法权关系,从而构成区域发展的法权基础。因此,区域法治发展与区域发展处于同一个过程之中,区域发展的实践有力地推动着区域法治的成长与变革。在这一过程中,区域法治发展以其特有的方式,生成或改变着区域发展的法治生态。区域法治对于区域发展的功能形式主要表现为:反映区域发展进程的法治需求、引导区域发展的进程、优化区域发展的法治环境。

在践行新发展理念的时代条件下,当代中国的区域发展面临着全新的境况和要求。树立和践行新发展理念,不仅构成了当代中国法治革命的大逻辑,而且对区域法治发展提出了历史性的任务。在这里,重要的是要创设区域创新发展的法治基础,促进区域发展的动能转换;建构区域协调发展的法治机制,把区域协调发展纳入法治化轨道;健全区域绿色发展的法治机制,努力建设法治化的区域自然空间治理体系;塑造区域开放发展的法治格局,推动区域发展在更为广阔的新全球化空间系统中延伸与拓展;彰显区域共享发展的法治价值,切实维护与促进区际公平正义。

(10)在主权国家的范围内,治理有国家治理与区域治理之分。中外国家治理的历史与现实的实践充分表明,区域治理体系从来都是国家治理体系的不可或缺的重要组成部分,区域治理的效果直接影响着国家治理的成效。特别是在中国这样一个超大规模的国家里,作为与国家治理体系既密切相关又有所差别的地区性的治理体系,区域治理对于卓有成效地实现大国治理,更具有基础性的抑或根本性的功用。无论是国家治理体系,还是区域治理体系，法治都是重要的依托。推进国家治理现代化，在很大程度上取决于法治现代化的实现程度。而中国法治现代化是在特定的时空条件下展开的，区域法治发展是这一进程的表现形式和实现途径。党的十八届四中全会《关于全面推进依法治国若干重大问题的决定》鲜明提出要“推进多层次多领域依法治理”，“提高社会治理法治化水平”。这就把推进区域法治发展、创新区域社会治理体系的重大议题提到全面依法治国时代的战略议程之中。

推动区域法治发展的功能性目标，旨在通过加快推进区域法治建设与发展，着力提高区域社会治理主体运用法治思维和法治方式提升区域社会治理能力，把区域社会发展型治理纳入制度化、规范化的轨道之中，为建立和完善区域社会发展型治理体系提供坚实的法治基础，夯实国家治理现代化与国家法治现代化的区域性基础，实现区域社会治理现代化。在这里，重要的是要处理好活力与秩序的关系。一方面，推进区域法治发展、改善区域社会治理的价值目标，在于凝聚社会共识与力量，激发区域社会的创造活力。这就要求善于通过制定地方性法规、地方政府规章以及规范性文件，充分运用法治激励机制，最大限度地调动区域社会主体创新发展的热忱，使区域社会活力竞相迸发，让一切创造财富的源泉充分涌流。另一方面，也要通过正规化的制度安排与非正规的规范体系的协同调整，整合区域法治资源，丰富区域法治创建载体，切实提升制度与规范的执行力与公信力，有效改进区域社会发展型治理状况，确立起有利于区域社会协调平衡发展的区域社会法治秩序，进而努力创造一个既充满生机与活力、又安定和谐有序的区域社会生活共同体，顺利实现国家治理现代化的整体目标。

(11)区域法治发展的动力机理，是区域法治发展领域的基本理论问题之一。如同人类社会历史发展是“无数个力的平行四边形”综合作用的产物一样，在法治发展进程中，亦隐蔽着“无数个力的平行四边形”，决定着法治发展的运动方向及其历史性后果。这是文明社会法治发展的一条定则。在区域法治发展领域，这种“无数个力的平行四边形”的综合作用，集中地体现为政府推动与社会演进之间的交互作用，这亦是中国法治发展类型的基本特征之一。从区域法治进程的启动方式来看，在中国的法治国情条件下，适当类型的政府架构的推动，是区域法治的兴起与发展的基本动力条件。地方政府竞争理论为解释1978年改革开放以来中国经济增长的"奇迹"之谜,提供了有力的分析工具,亦为理解当代中国区域发展的制度创新现象设置了较为便利的思维架构。在急剧变革的区域社会转型发展的历史条件下,区域政府自身也在经历着一场深刻的治理革命。区域政府努力推动区域发展的制度创新,对于有效提供法治意义上的区域制度公共产品,进而促进生产要素正向性流动,形成区域竞争优势、提升区域发展核心竞争力,无疑有着特别重要的意义。这就为区域法治发展提供了强大动力。

然而,在区域法治发展的动力系统中,更为重要的是区域社会内部自然生长起来的或逐步演进的内生性制度变革的因素或条件,这就要从区域社会主体的自主性活动中去找寻。从区域法治进程的内生动因来看,在区域社会的演进过程中,区域社会主体的能动性与创造热忱,确乎成为引领和推动区域法治成长与发展的坚韧持久的内生性动力源泉。这是一场"静悄悄的革命",是一个源自于区域社会创造性活力迸发所产生的强劲的变革进程。凝结着区域社会主体法权要求的区域法治发展,便成为汇聚区域发展的法治动能的革命性实践。不过,这一情形只有在发展现代市场经济的历史条件下才能成为生动的现实。蕴含着社会主体自由和权利要求的社会主义市场经济在中国大地上的蓬勃发展,极大地释放出区域社会内部巨大的创造性潜能,由此而形成一定地域空间条件下的区域社会内生性制度变革的深厚动力,从而推动着当代中国的区域法治发展大潮汹涌澎湃、奔腾向前。

(12)应当看到,高度重视区域法治发展的理论研究,是建构法治发展的中国话语体系的题中应有之义。自19世纪后半叶以来,随着域外法律文化与法学话语系统在中国的广泛传播,经过一个多世纪的变迁发展,其间数度转型,中国法学的学科结构与理论系统发生了极其深刻的变化,形成当代中国的法学学科体系与法治话语系统。党的十八届四中全会强调,要"加强法学基础理论研究,形成完善的中国特色社会主义法学理论体系、学科体系、课程体系"。[1] 面对推进当代中国法治现代化的伟大使命,以及转型中国法治发展的时代课题,建立和发展中国风格、中国气派的法治话语体系的艰巨理论

〔1〕《中共中央关于全面推进依法治国若干重大问题的决定》,人民出版社2014年版,第32页。

任务，已经历史性地摆在当代中国法学工作者的面前。从全球范围来看，作为一种国际性的现象，中国的和平崛起引起国际社会的广泛关注与认真对待。中国问题（包括法律与法治发展问题），已经和正在成为国际学术界（包括国际智库）的经久不衰的一个热门研究领域。域外的学者企望运用域外的概念分析工具来解释中国法律现象，进而构建一个具有鲜明的域外特点的关于中国法律与法治发展问题的理论模型。对于当代中国法律学人来说，关注中国法治现实、思考中国法治问题、总结中国法治经验，在中国法治实践进程中逐渐形成具有鲜明的中国印记的法治话语系统，无疑是一个不可推卸的法学学术责任。而我们所处的伟大的变革时代以及复杂、鲜活且生动的中国法治现代化的革命性的进程，亦为当代中国法学工作者担负起这样的学术责任提供了殊为难得的重大时代契机。诚如习近平所强调的，"历史表明，社会大变革的时代，一定是哲学社会科学大发展的时代。当代中国正经历着我国历史上最为广泛而深刻的社会变革，也正在进行着人类历史上最为宏大而独特的实践创新。这种前无古人的伟大实践，必将给理论创造、学术繁荣提供强大动力和广阔空间。这是一个需要理论而且一定能够产生理论的时代，这是一个需要思想而且一定能够产生思想的时代。我们不能辜负了这个时代"。[1]

面对着大变革时代的区域法治发展这一法治中国进程中的重大法治议程，我们有必要从理论与实践的结合上，深入研究当代中国区域法治发展的有益探索和崭新形态，努力探寻区域法治发展的多样性统一的运动样式。在这一过程中，关于区域法治发展的概念内涵、基本性质、客观基础、总体目标、主体内容、构成要素、理想类型、价值取向、历史进程、文化机理、发展模式、评价指数和方法论等问题的深入研究，以及对于法治中国进程中的区域法治发展的典型样本分析和不同区域法治发展的实践探索的比较考察，将会逐渐形成一个全新的理论分析工具系统，借以概括与揭示区域法治发展的一般原理和基本规律，进而拓展和丰富中国特色的法学理论体系、法学学科体系和法治话语系统，以期为推进新时代中国法治现代化的伟大事业贡献绵薄之力。

---

〔1〕 习近平：《在哲学社会科学工作座谈会上的讲话》（2016 年 5 月 17 日），人民出版社 2016 年版，第 8 页。

主要参考文献

（一）

《马克思恩格斯文集》(第1～10卷),人民出版社2009年版。

《马克思恩格斯选集》(第1～4卷),人民出版社2012年版。

《马克思恩格斯全集》(第2版·第1卷),人民出版社1995年版。

《马克思恩格斯全集》(第2版·第3卷),人民出版社2002年版。

《马克思恩格斯全集》(第2版·第12卷),人民出版社1998年版。

《马克思恩格斯全集》(第2版·第25卷),人民出版社2001年版。

《马克思恩格斯全集》(第2版·第30卷),人民出版社1995年版。

《马克思恩格斯全集》(第2版·第31卷),人民出版社1998年版。

《马克思恩格斯全集》(第2版·第44卷),人民出版社2001年版。

《马克思恩格斯全集》(第2版·第45卷),人民出版社2001年版。

《马克思恩格斯全集》(第2版·第46卷),人民出版社2003年版。

《马克思恩格斯全集》(第1版·第6卷),人民出版社1961年版。

《马克思恩格斯全集》(第1版·第19卷),人民出版社1963年版。

《马克思恩格斯全集》(第1版·第20卷),人民出版社1971年版。

《马克思恩格斯全集》(第1版·第25卷),人民出版社1975年版。

[德]卡尔·马克思:《资本论》(第1卷),中共中央马克思恩格斯列宁斯大林著作编译局译,人民出版社1975年版。

《马克思古代社会史笔记》,人民出版社1996年版。

《马克思恩格斯论中国》,人民出版社 1997 年版。

《列宁选集》(第 1 ~4 卷),人民出版社 2012 年版。

《毛泽东选集》(第 1 ~4 卷),人民出版社 1991 年版。

《毛泽东著作选读》(上、下册),人民出版社 1986 年版。

《毛泽东文集》(第 1 ~2 卷),人民出版社 1993 年版。

《毛泽东文集》(第 3 ~5 卷),人民出版社 1996 年版。

《毛泽东文集》(第 6 ~8 卷),人民出版社 1999 年版。

《周恩来选集》(上、下卷),人民出版社 1980 年版。

《刘少奇选集》(上卷),人民出版社 1981 年版。

《刘少奇选集》(下卷),人民出版社 1985 年版。

《董必武法学文集》,法律出版社 2001 年版。

《沈钧儒文集》,人民出版社 1994 年版。

《邓小平文选》(第 1 ~2 卷),人民出版社 1994 年版。

《邓小平文选》(第 3 卷),人民出版社 1993 年版。

《彭真文选》,人民出版社 1991 年版。

彭真:《论新中国的政法工作》,中央文献出版社 1992 年版。

彭真:《论新时期的社会主义民主与法制建设》,中央文献出版社 1989 年版。

《江泽民文选》(第 1 ~3 卷),人民出版社 2006 年版。

《胡锦涛文选》(第 1 ~3 卷),人民出版社 2016 年版。

习近平:《干在实处走在前列——推进浙江新发展的思考与实践》,中共中央党校出版社 2006 年版。

《习近平谈治国理政》,外文出版社 2014 年版。

《习近平谈治国理政》(第 2 卷),外文出版社 2017 年版。

《习近平谈治国理政》(第 3 卷),外文出版社 2020 年版。

《习近平关于全面深化改革论述摘编》,中央文献出版社 2014 年版。

《习近平关于全面依法治国论述摘编》,中央文献出版社 2015 年版。

《习近平关于协调推进“四个全面”战略布局论述摘编》,中央文献出版社 2015 年版。

习近平:《做焦裕禄式的县委书记》,中央文献出版社2015年版。

《习近平总书记重要讲话文章选编》,中央文献出版社、党建读物出版社2016年版。

习近平:《在哲学社会科学工作座谈会上的讲话》(2016年5月17日),人民出版社2016年版。

《习近平关于社会主义经济建设论述摘编》,中央文献出版社2017年版。

《习近平关于社会主义政治建设论述摘编》,中央文献出版社2017年版。

《共和国走过的路——建国以来重要文献选编》(1949～1952),中央文献出版社1991年版。

《共和国走过的路——建国以来重要文献选编》(1953～1956),中央文献出版社1991年版。

《三中全会以来重要文献选编》(上、下),人民出版社1982年版。

《坚持改革、开放、搞活——十一届三中全会以来重要文献摘编》,人民出版社1987年版。

《十四大以来重要文献选编》(上),人民出版社1996年版。

《十五大以来重要文献选编》(上),人民出版社2000年版。

《十六大以来重要文献选编》(上),中央文献出版社2005年版。

《十七大以来重要文献选编》(上),中央文献出版社2009年版。

《十八大以来重要文献选编》(上),中央文献出版社2014年版。

《十八大以来重要文献选编》(中),中央文献出版社2016年版。

《十八大以来重要文献选编》(下),中央文献出版社2018年版。

《十九大以来重要文献选编》(上),中央文献出版社2019年版。

《中共中央关于全面深化改革若干重大问题的决定》,人民出版社2013年版。

《中共中央关于全面推进依法治国若干重大问题的决定》,人民出版社2014年版。

《中共中央关于制定国民经济和社会发展第十三个五年规划的建议》,人民出版社2015年版。

《中华人民共和国国民经济和社会发展第十三个五年规划纲要》,人民出版社 2016 年版。

《改革开放以来历届三中全会文件汇编》,人民出版社 2013 年版。

《中国共产党第十九次全国代表大会文件汇编》,人民出版社 2017 年版。

《中共中央关于坚持和完善中国特色社会主义制度　推进国家治理体系和治理能力现代化若干重大问题的决定》,人民出版社 2019 年版。

《中央人民政府法令汇编》(1949 ~ 1950 年),法律出版社 1982 年版。

《中央人民政府法令汇编》(1951 年),法律出版社 1982 年版。

《中央人民政府法令汇编》(1952 年),法律出版社 1982 年版。

《中央人民政府法令汇编》(1953 年),法律出版社 1983 年版。

《中央人民政府法令汇编》(1954 年 1 ~ 9 月),法律出版社 1982 年版。

《中华人民共和国法规汇编》(1954 年 9 月 ~ 1955 年 6 月),法律出版社 1956 年版。

《中华人民共和国法规汇编》(1955 年 7 ~ 12 月),法律出版社 1956 年版。

《中华人民共和国法规汇编》(1956 年 1 ~ 6 月),法律出版社 1956 年版。

《中华人民共和国法规汇编》(1956 年 7 ~ 12 月),法律出版社 1957 年版。

《中华人民共和国法规汇编》(1957 年 1 ~ 6 月),法律出版社 1957 年版。

《中华人民共和国法规汇编》(1957 年 7 ~ 12 月),法律出版社 1958 年版。

《中华人民共和国法规汇编》(1979 年 1 ~ 12 月),法律出版社 1986 年版。

《中华人民共和国法规汇编》(1982 年 1 ~ 12 月),法律出版社 1986 年版。

《中华人民共和国法规汇编》(1983 年 1 ~ 12 月),法律出版社 1986 年版。

韩延龙、常兆儒编:《中国新民主主义革命时期根据地法制文献选编》(第 1、3 卷),中国社会科学出版社 1981 年版。

于友民、乔晓阳主编:《中华人民共和国现行法律及立法文件》(上、下册),中国民主法制出版社 2002 年版。

孙琬钟主编:《中华人民共和国法律大事典》,中国政法大学出版社 1993 年版。

张培田主编:《新中国法制研究史料通鉴》(第 1 卷),中国政法大学出版社 2003 年版。

张培田主编:《新中国法制研究史料通鉴》(第 3 卷),中国政法大学出版社 2003 年版。

张培田主编:《新中国法制研究史料通鉴》(第 5 卷),中国政法大学出版社 2003 年版。

张培田主编:《新中国法制研究史料通鉴》(第 10 卷),中国政法大学出版社 2003 年版。

故宫博物院明清档案部编:《清末筹备立宪档案史料》(上、下册),中华书局 1979 年版。

上海商务印书馆编译所编纂:《大清新法令》(1901 ~ 1911 年)点校本(第 1 卷),商务印书馆 2010 年版。

上海商务印书馆编译所编纂:《大清新法令》(1901 ~ 1911 年)点校本(第 11 卷),商务印书馆 2010 年版。

怀效锋主编:《清末法制变革史料》(上、下卷),中国政法大学出版社 2010 年版。

(清)甘厚慈辑:《北洋公牍类纂正续编》(一),天津古籍出版社 2013 年版。

熊先觉等编:《中国司法制度资料选编》,人民法院出版社 1987 年版。

(二)

陈寅恪:《魏晋南北朝史讲演录》,贵州人民出版社 2012 年版。

顾颉刚、史念海:《中国疆域沿革史》,商务印书馆 2016 年版。

瞿同祖:《中国法律与中国社会》,商务印书馆 2010 年版。

瞿同祖:《清代地方政府》(修订译本),范忠信等译,法律出版社 2011 年版。

费孝通、吴晗等:《皇权与绅权》,华东师范大学出版社 2015 年版。

费孝通:《乡土中国》(修订本),上海人民出版社 2013 年版。

费孝通:《江村经济》(修订本),上海人民出版社 2013 年版。

钱穆:《中国历史精神》(新校本),九州出版社 2012 年版。

张荫麟:《中国史纲》,中华书局 2012 年版。

王沪宁:《当代中国村落家族文化——对中国社会现代化的一项探索》,

上海人民出版社 1991 年版。

阎步克:《士大夫政治演生史稿》,北京大学出版社 2015 年版。

宁可:《中国封建社会的历史道路》,北京师范大学出版社 2014 年版。

白钢:《制度物议》,中国社会科学出版社 2013 年版。

张纯明:《中国政治二千年》,当代中国出版社 2014 年版。

严耕望:《中国政治制度史纲》,上海古籍出版社 2013 年版。

周振鹤:《中国地方行政制度史》,上海人民出版社 2014 年版。

葛剑雄:《历史上的中国——中国疆域的变迁》,上锦绣文章出版社 2007 年版。

李光灿:《法理念的求索》,人民法院出版社 1999 年版。

张文显:《法治的中国实践和中国道路》,人民出版社 2017 年版。

张文显:《司法理念与司法改革》,法律出版社 2011 年版。

李步云:《迈向法治新时代——我的治学理念和实践》,人民出版社 2017 年版。

苏力:《法治及其本土资源》(第 3 版),北京大学出版社 2015 年版。

苏力:《道路通向城市:转型中国的法治》,法律出版社 2004 年版。

苏力:《制度是如何形成的》(增订版),北京大学出版社 2007 年版。

梁治平编:《法律的文化解释》(增订本),三联书店 1994 年版。

梁治平:《法律何为:梁治平自选集》,广西师范大学出版社 2013 年版。

钱弘道:《中国法治实践学派的基本精神》,人民出版社 2017 年版。

钱弘道:《法治评估及其中国应用》,人民出版社 2017 年版。

李林:《中国的法治道路》,中国社会科学出版社 2016 年版。

孙笑侠:《法的现象与观念》,山东人民出版社 2001 年版。

顾培东:《我的法治观》,法律出版社 2013 年版。

季卫东:《法治秩序的建构》(增补版),商务印书馆 2014 年版。

强世功:《法制与治理——国家转型中的治理》,中国政法大学出版社 2003 年版。

何勤华、贺卫方、田涛:《法律文化三人谈》,北京大学出版社 2010 年版。

公丕祥:《大变革时代的中国法治现代化》,人民出版社 2017 年版。

公丕祥主编:《变革时代的区域法治发展》,法律出版社 2014 年版。

公丕祥主编:《区域治理与法治发展》,法律出版社 2017 年版。

公丕祥主编:《区域法治发展研究》(第 1 卷),法律出版社 2016 年版。

公丕祥主编:《民俗习惯司法运用的理论与实践》,法律出版社 2011 年版。

夏锦文主编:《区域法治发展的文化机理》,法律出版社 2016 年版。

刘旺洪主编:《区域立法与区域法治现代化》,法律出版社 2016 年版。

李浩主编:《员额制、司法责任制改革与司法的现代化》,法律出版社 2017 年版。

周佑勇主编:《区域政府间合作的法治原理与机制》,法律出版社 2016 年版。

陈立虎主编:《自贸区法律制度研究》,法律出版社 2016 年版。

叶必丰、何渊主编:《区域合作协议汇编》,法律出版社 2011 年版。

李煜兴:《区域行政规划研究》,法律出版社 2009 年版。

叶必丰等:《行政协议:区域政府间合作机制研究》,法律出版社 2010 年版。

殷敏:《新区域主义时代下中国区域贸易协定研究》,中国政法大学出版社 2014 年版。

童之伟:《国家结构形式论》(第 2 版),北京大学出版社 2015 年版。

骆天伟:《区域法治发展的理论逻辑:以地方政府竞争为中心的分析》,法律出版社 2017 年版。

李旭东:《地方法制原理引论》,中国民主法制出版社 2016 年版。

刘莘主编:《区域法治化评价体系与标准研究》,中国政法大学出版社 2013 年版。

孙笑侠主编:《转型期法治报告》(2009 年卷),法律出版社 2010 年版。

孙笑侠主编:《转型期法治报告:行业领域的法治》(2013 年卷),法律出版社 2013 年版。

方益权、肖磊等:《温州模式与温州区域法治文明研究》,法律出版社 2013 年版。

王诚:《改革中的先行先试权研究》,法律出版社 2009 年版。

中共江苏省委党史工作办公室、江苏省依法治省领导小组办公室编:《法治建设在江苏》,中共党史出版社 2013 年版。

刘福森:《马克思哲学的历史转向与西方形而上学的终结》,北京师范大学出版社 2017 年版。

刘永佶:《马克思经济学手稿的方法论》,河南人民出版社 1990 年版。

张一兵:《回到马克思——经济学语境中的哲学话语》,江苏人民出版社 1999 年版。

王立民、练育强主编:《上海租界法制研究》,法律出版社 2011 年版。

王立民、练育强、姚远主编:《上海法制与城市发展》,上海人民出版社 2012 年版。

张世明:《法律、资源与时空建构:1644 ~ 1945 年的中国》(第 5 卷),广东人民出版社 2012 年版。

吴松弟等:《港口——腹地与北方的经济变迁(1840 ~ 1949)》,浙江大学出版社 2011 年版。

冀朝鼎:《中国历史上的基本经济区》,商务印书馆 2014 年版。

林尚立:《当代中国政治:基础与发展》,中国大百科全书出版社 2017 年版。

[美]黄宗智、尤陈俊主编:《从诉讼档案出发:中国的法律、社会与文化》,法律出版社 2009 年版。

李林、田禾主编:《中国法治发展报告·地方法治》(2013 年),社会科学文献出版社 2013 年版。

葛洪义主编:《中国地方法制发展报告》(2012 年),法律出版社 2013 年版。

胡鞍钢等:《中国国家治理现代化》,中国人民大学出版社 2014 年版。

孙琇:《解读蒂利——查尔斯·蒂利的政治转型研究与美国历史社会学的发展》,山东人民出版社 2015 年版。

李建平等主编:《"十二五"中期中国省域经济综合竞争力发展报告》,社会科学文献出版社 2014 年版。

梁昊光主编:《中国区域经济发展报告(2014 ~ 2015)》,社会科学文献出版社2015年版。

赵弘主编:《中国区域经济发展报告(2015~2016)》,社会科学文献出版社2016年版。

赵弘主编:《中国区域经济发展报告(2016~2017)》,社会科学文献出版社2017年版。

刘北成主编:《文明研究第一辑:多元文明与区域变迁》,商务印书馆2014年版。

袁剑:《边疆的背影:拉铁摩尔与中国学术》,社会科学出版社2016年版。

陈倩:《区域中国与文化中国——文明对话中的施坚雅模式》,人民出版社2013年版。

行龙、杨念群主编:《区域社会史比较研究》,社会科学出版社2006年版。

杨一凡:《重新认识中国法律史》,社会科学文献出版社2013年版。

刘志伟、孙歌:《关于区域史研究认识论的对话》,东方出版社2016年版。

张志铭等:《世界城市法制化治理——以纽约市和东京市为参照系》,上海人民出版社2005年版。

冯兴元:《地方政府竞争:理论范式、分析框架与实证研究》,译林出版社2010年版。

唐志军:《地方政府竞争与中国经济增长——对中国之"谜"中的若干谜现的解释》,中国经济出版社2011年版。

王焕祥:《中国地方政府创新与竞争的行为、制度及其演化研究》,光明日报出版社2009年版。

郑永年:《未来三十年:改革新常态下的关键问题》,中信出版社2016年版。

郑永年:《中国的"行为联邦制":中央—地方关系的变革与动力》,邱道隆译,东方出版社2013年版。

李剑:《制度变迁中的地方政府自主性》,中国社会科学出版社2016年版。

刘亚平:《当代中国地方政府间竞争》,社会科学文献出版社2007年版。

张军、范子英、方红生:《登顶比赛:理解中国经济发展的机制》,北京大学出版社 2016 年版。

唐丽萍:《中国地方政府竞争中的地方治理研究》,上海人民出版社 2010 年版。

王丽娟:《地方政府土地财政竞争效应研究》,经济科学出版社 2015 年版。

高洪深:《区域经济学》(第 4 版),中国人民大学出版社 2014 年版。

高虎森等:《新区域经济学》(第 3 版),东北财经大学出版社 2015 年版。

郭庆旺等:《中国地方政府规模和结构优化研究》,中国人民大学出版社 2012 年版。

姚洋:《发展经济学》,北京大学出版社 2013 年版。

国家社科基金重大项目课题组:《区域现代化理论与实践研究》,江苏人民出版社 2014 年版。

黎雨编著:《大格局——变动中的中国区域发展战略布局》,国家行政学院出版社 2013 年版。

欧阳康主编:《省域治理现代化》,中国社会科学出版社 2016 年版。

刘大志:《地方政府竞争与资本形成》,中山大学出版社 2008 年版。

于东山:《转型期中国地方政府竞争研究》,东北大学出版社 2012 年版。

时红秀:《财政分权、政府竞争与中国地方政府的债务》,中国财政经济出版社 2007 年版。

费广胜:《经济区域化背景下地方政府横向关系研究——基于竞争与合作并存的角度》,中国经济出版社 2013 年版。

杨宝剑:《我国地方政府支出竞争行为及效应研究》,经济科学出版社 2015 年版。

张为杰:《分权治理、地方政府偏好与公共政策执行机制研究》,中国社会科学出版社 2016 年版。

蒋满元:《区域可持续发展中的地方政府竞争问题研究》,中国农业出版社 2007 年版。

钟昌标:《区域协调发展中政府与市场的作用研究》,北京大学出版社 2016 年版。

厉以宁:《转型发展理论》,同心出版社 1996 年版。

刘君德、范今朝:《中国市制的历史演变与当代改革》,东南大学出版社2015年版。

胡佳:《区域环境治理中的地方政府协作研究》,人民出版社2015年版。

唐亚林:《长江三角洲区域治理的理论与实践》,复旦大学出版社2014年版。

洪文迁:《纽约大都市规划百年:新城市化时期的探索与创新》,厦门大学出版社2010年版。

胡德:《权力空间过程与区域经济发展》,东南大学出版社2014年版。

薛梅、张晓生:《民营企业竞争优势来源与机制研究——地方政府对苏南民营企业影响实证》,经济科学出版社2014年版。

袁浩然:《大国地方政府间税收竞争研究:基于中国经验的实证分析》,上海人民出版社2013年版。

彭薇:《中国地方政府税收竞争研究——基于企业异质性视角》,经济科学出版社2016年版。

杨开忠主编:《改革开放以来中国区域发展的理论与实践》,科学出版社2010年版。

吕薇等:《区域创新驱动发展战略:制度与政策》,中国发展出版社2014年版。

陈秀山主编:《区域协调发展:目标·路径·评价》,商务印书馆2013年版。

李荣娟:《当代中国跨省区域联合与公共治理研究》,中国社会科学出版社2014年版。

叶超:《体国经野:中国城乡关系发展的理论与历史》,东南大学出版社2014年版。

申剑敏:《跨域治理视角下的地方政府合作:基于长三角的经验研究》,上海人民出版社2016年版。

陶希东:《全球城市区域跨界治理模式与经验》,东南大学出版社2014年版。

华林甫等:《中国省制演进与未来》,东南大学出版社2016年版。

马海龙:《京津冀区域治理:协调机制与模式》,东南大学出版社 2014 年版。

刘君德、林柘主编:《中国行政区经济与行政区划:理论与实践》,东南大学出版社 2015 年版。

史卫东等:《中国"统县政区"和"县辖政区"的历史发展与当代改革》,东南大学出版社 2010 年版。

景天魁等:《时空社会学:拓展和创新》,北京师范大学出版社 2017 年版。

景天魁等:《时空社会学:理论与方法》,北京师范大学出版社 2012 年版。

徐国栋:《地方论研究——从西塞罗到当代》,北京师范大学出版社 2016 年版。

张佳:《大卫·哈维的历史—地理唯物主义理论研究》,人民出版社 2014 年版。

王晓磊:《社会空间论》,中国社会科学出版社 2014 年版。

王志刚:《社会主义空间正义论》,人民出版社 2015 年版。

庄友刚:《空间生产的历史唯物主义阐释》,苏州大学出版社 2017 年版。

潘可礼:《社会空间论》,中央编译出版社 2013 年版。

尹保红等:《西方马克思主义空间理论建构及其当代价值》,光明日报出版社 2016 年版。

包亚明主编:《现代性与空间的生产》,上海教育出版社 2001 年版。

包亚明主编:《后现代性与地理学的政治》,上海教育出版社 2001 年版。

陆铭:《空间的力量:地理、政治与城市发展》(第 2 版),上海人民出版社 2017 年版。

鲁西奇:《中国历史的空间结构》,广西师范大学出版社 2014 年版。

杨念群:《中层理论:东西方思想会通下的中国史研究》(增订本),北京师范大学出版社 2016 年版。

杨念群:《儒学地域化的近代形态:三大知识群体互动的比较研究》(增订本),三联书店 2011 年版。

《杨念群自选集》,广西师范大学出版社 2000 年版。

赵世瑜:《小历史与大历史:区域社会史的理念、方法与实践》,三联书店

2006年版。

谭明智:《当代中国的中央地方关系》,中国社会科学出版社2014年版。

封丽霞:《中央与地方立法关系法治化研究》,北京大学出版社2008年版。

魏建国:《中央与地方关系法治化研究:财政维度》,北京大学出版社2015年版。

吕志奎:《区域治理中政府间协作的法律制度:美国州际协议研究》,中国社会科学出版社2015年版。

应星等:《中国社会学文选》(上、下册),中国人民大学出版社2011年版。

欧阳康:《社会认识论——人类社会自我认识之谜的哲学探索》,云南人民出版社2002年版。

何一鸣:《制度经济地理学范式——以"岭南模式"为例》,科学出版社2017年版。

蔡运龙等:《地理学方法论》,科学出版社2011年版。

蔡运龙、[美]Bill Wyckoff主编:《地理学思想经典解读》,商务印书馆2011年版。

刘卫东等:《经济地理学思维》,科学出版社2013年版。

胡兆量等:《地理环境概述》(第3版),科学出版社2016年版。

苗长虹等:《新经济地理学》,科学出版社2011年版。

王铮等:《新地缘政治经济结构与治理》,科学出版社2017年版。

杨开道:《中国乡约制度》,商务印书馆2015年版。

徐勇:《乡村治理与中国政治》,中国社会科学出版社2003年版。

徐勇等:《基层民主发展的途径与机制》,北京师范大学出版社2015年版。

徐勇主编、邓大才等:《中国农村村民自治有效实现形式研究》,中国社会科学出版社2015年版。

徐勇主编、邓大才等:《中国城市居民自治有效实现形式研究》,中国社会科学出版社2015年版。

徐勇主编:《中国乡村政治与秩序》,中国社会科学出版社2012年版。

史卫民:《"政策主导型"的县政发展》,中国社会科学出版社 2013 年版。

王先明:《走近乡村——20 世纪以来中国乡村发展论争的历史追索》,山西人民出版社 2012 年版。

肖唐镖:《宗族政治——村治权力网络的分析》,商务印书馆 2010 年版。

乔运鸿:《乡村治理:从二元格局到农村社会组织的参与——以山西永济蒲韩乡村民间组织为例》,中国社会出版社 2016 年版。

浦善新:《中国行政区划改革研究》,商务印书馆 2006 年版。

周振鹤:《中国历代行政区划的变迁》,中国国际广播出版社 2010 年版。

周庆智:《在政府与社会之间:基层治理诸问题研究》,中国社会科学出版社 2015 年版。

周庆智:《县政治理:权威、资源、秩序》,中国社会科学出版社 2014 年版。

杨雪冬、赖海榕主编:《地方的复兴:地方治理改革 30 年》,社会科学文献出版社 2009 年版。

贺雪峰:《治村》,北京大学出版社 2017 年版。

暴景升:《当代中国县政改革研究》,天津人民出版社 2007 年版。

杨菊平:《非正式制度与乡村治理研究》,上海交通大学出版社 2016 年版。

吴锦良等:《走向现代治理:浙江民间组织崛起及社会治理的结构变迁》,浙江大学出版社 2008 年版。

周振鹤:《中国行政区划通史 · 总论》,复旦大学出版社 2009 年版。

庞中英:《全球治理与世界秩序》,北京大学出版社 2012 年版。

张伟主编:《联合国核心人权文件汇编》,中国财富出版社 2013 年版。

胡恒:《皇权不下县? ——清代县辖政区与基层社会治理》,北京师范大学出版社 2015 年版。

[美]黄宗智:《中国乡村研究》(第 5 辑),福建教育出版社 2007 年版。

王志民、徐振宏主编:《中国地域文化通览 · 山东卷》,中华书局 2013 年版。

王建学编:《近代中国地方自治法重述》,法律出版社 2011 年版。

魏光奇:《官制与自治——20 世纪上半期的中国县制》,商务印书馆 2004

年版。

辛德勇:《秦汉政区及边界地理研究》,中华书局 2009 年版。

李伟中:《20 世纪 30 年代县政建设实验研究》,人民出版社 2009 年版。

张静:《基层政权:乡村制度诸问题》,浙江人民出版社 2000 年版。

赵兴胜等:《中华民国专题史》(第 8 卷)(地方政治与乡村变迁),南京大学出版社 2015 年版。

张敏杰主编:《中国的第二次革命——西方学者看中国》,商务印书馆 2001 年版。

李正华、张金才主编:《中华人民共和国政治史(1949 ~ 2012)》,当代中国出版社 2016 年版。

杨一凡、陈寒枫主编:《中华人民共和国法制史》,黑龙江人民出版社 1997 年版。

萧公权:《中国乡村——论 19 世纪的帝国控制》,张皓、张升译,台北,联经出版事业股份有限公司 2016 年版。

应星:《农户、集体与国家——国家与农民关系的六十年变迁》,中国社会科学出版社 2014 年版。

樊红敏:《县域政治:权力实践与日常秩序——河南省南河市的体验观察与阐释》,中国社会科学出版社 2008 年版。

程民生:《宋代地域文化史》,安徽文艺出版社 2017 年版。

谢晖、陈金钊主编:《民间法》(第 3 卷),山东人民出版社 2004 年版。

眭鸿明:《清末民初民商事习惯调查研究》,法律出版社 2005 年版。

龚汝富:《明清讼学研究》,商务印书馆 2008 年版。

林毅夫、蔡昉、李周:《中国的奇迹:发展战略与经济改革》(增订版),上海人民出版社 2014 年版。

林毅夫等:《供给侧结构性改革》,民主与建设出版社 2016 年版。

胡鞍钢、王绍光编:《政府与市场》,中国计划出版社 2000 年版。

盛洪主编:《现代制度经济学》(第 2 版 · 上卷),中国发展出版社 2009 年版。

滕泰、范必等:《供给侧改革》,东方出版社 2016 年版。

王义桅:《世界是通的——“一带一路”的逻辑》,商务印书馆 2016 年版。

陶希东:《全球城市区域跨界治理模式与经验》,东南大学出版社 2014 年版。

王浦劬:《国家治理现代化:理论与策论》,人民出版社 2016 年版。

陈春常:《转型中的中国国家治理研究》,上海三联书店 2014 年版。

(三)

[古希腊]亚里士多德:《政治学》,吴寿彭译,商务印书馆 1965 年版。

[古希腊]斯特拉博:《地理学》(上、下),李铁匠译,上海三联书店 2014 年版。

[意]维柯:《新科学》,朱光潜译,人民文学出版社 1986 年版。

[法]孟德斯鸠:《论法的精神》(上册),张雁深译,商务印书馆 1961 年版。

[法]孟德斯鸠:《论法的精神》(下册),张雁深译,商务印书馆 1963 年版。

[俄]格·瓦·普列汉诺夫著、张光明编:《普列汉诺夫文选》,人民出版社 2010 年版。

[德]阿尔夫雷德·赫特纳:《地理学——它的历史、性质和方法》,王兰生译,张翼翼校,商务印书馆 1983 年版。

[美]理查德·哈特向:《地理学的性质——当前地理学思想述评》,叶光庭译,商务印书馆 1996 年版。

[美]理查德·哈特向:《地理学的性质的透视》,黎樵译,商务印书馆 2012 年版。

[英]大卫·哈维:《地理学中的解释》,高泳源等译,高泳源校,商务印书馆 1996 年版。

[法]皮埃尔-菲利普·库姆斯、蒂里·迈耶、雅克—弗郎索瓦·蒂斯:《经济地理学——区域和国家的一体化》,安虎森等译,安虎森校,中国人民大学出版社 2011 年版。

[德]康德:《纯粹理性批判》,蓝公武译,商务印书馆 1960 年版。

[德]黑格尔:《大逻辑》(上、下),杨一之译,商务印书馆 1981 年版。

[德]黑格尔:《小逻辑》,贺麟译,商务印书馆 1962 年版。

[德]黑格尔:《法哲学原理》,范扬等译,商务印书馆1961年版。

[德]黑格尔:《历史哲学》,王造时译,上海书店出版社1999年版。

[挪]G.希尔贝克、N.伊耶:《西方哲学史——从古希腊到二十世纪》,童世骏、郁振华、刘进译,上海译文出版社2012年版。

[德]盖奥尔格·齐美尔:《社会学——关于社会化形式的研究》,林荣远译,华夏出版社2002年版。

[德]斐迪南·滕尼斯:《共同体与社会》,林荣远译,商务印书馆1999年版。

[法]E.迪尔凯姆:《社会学方法的准则》,狄玉明译,商务印书馆1995年版。

[法]埃米尔·涂尔干:《社会分工论》,渠东译,三联书店2000年版。

[英]安迪·派克、安德烈·罗德里格斯-珀斯、约翰·托梅尼:《地方和区域发展》,王学峰等译,上海人民出版社2011年版。

[法]卢梭:《社会契约论》,何兆武译,商务印书馆1980年版。

[英]罗伯特·伯恩斯、休·雷蒙-皮卡德:《历史哲学:从启蒙到后现代性》,张羽佳译,北京师范大学出版社2008年版。

[德]威廉·狄尔泰:《历史理性批判手稿》,陈锋译,上海译文出版社2012年版。

[德]H.李凯尔特:《文化科学和自然科学》,涂纪亮译,杜任之校,商务印书馆1991年版。

[德]玛丽安妮·韦伯:《马克斯·韦伯传》,阎克文等译,商务印书馆2010年版。

[美]弗里茨·林格:《韦伯学术思想评传》,马乐乐译,北京大学出版社2011年版。

[德]马克斯·韦伯:《社会科学方法论》,杨富斌译,华夏出版社1999年版。

[德]马克斯·韦伯:《社会科学方法论》,朱红文等译,谢建葵校,中国人民大学出版社1992年版。

[德]马克斯·韦伯:《批判施塔姆勒》,李荣山译,李康校,上海人民出版

社 2011 年版。

[德]马克斯·韦伯:《学术与政治》,冯克利译,三联书店 1998 年版。

[德]马克斯·韦伯:《经济与社会》(第2卷·上册),阎克文译,上海人民出版社 2010 年版。

[德]马克斯·韦伯:《儒教与道教》,洪天富译,江苏人民出版社 1993 年版。

《文明的历史脚步——韦伯文集》,黄宪起、张晓琳译,上海三联书店 1988 年版。

[美]迈克尔·波特:《国家竞争优势》(上、下),李明轩等译,中信出版社 2012 年版。

[美]迈克尔·波特:《竞争论》,刘宁等译,中信出版社 2012 年版。

[美]迈克尔·波特:《竞争战略》,陈丽芳译,中信出版社 2014 年版。

[美]迈克尔·波特:《竞争优势》,陈丽芳译,中信出版社 2014 年版。

[美]Anwar Shah 编著:《践行财政"联邦制"》,贾康等译,科学出版社 2014 年版。

[法]弗朗索瓦·佩鲁:《新发展观》,张丰、丰子义译,新华出版社 1987 年版。

[美]柯文:《在中国发现历史——中国中心观在美国的兴起》(增订本),林同奇译,中华书局 2002 年版。

[美]查尔斯·蒂利:《强制、资本和欧洲国家(公元 990 ~ 1992 年)》,魏洪钟译,上海人民出版社 2012 年版。

[英]佩里·安德森:《从古代到封建主义的过渡》,郭方等译,上海人民出版社 2016 年版。

[美]西达·斯考切波:《历史社会学的视野与方法》,封积文等译,董国礼校,上海人民出版社 2007 年版。

[美]西里尔·E. 布莱克等:《日本和俄国的现代化——一份进行比较的研究报告》,周师铭等译,商务印书馆 1984 年版。

[美]詹姆斯·L. 麦克莱恩:《日本史》(1600 ~ 2000 年),王翔等译,海南出版社 2014 年版。

[英]马丁·雅克:《大国雄心:一个永不褪色的大国雄心》,孙豫宁等译,中信出版社2016年版。

[美]黄宗智:《清代以来民事法律的表达与实践:历史、理论与现实》(第1~3卷),法律出版社2013年版。

[美]黄宗智:《华北的小农经济与社会变迁》,中华书局2000年版。

[美]吉尔伯特·罗兹曼主编:《中国的现代化》,陶骅等译,上海人民出版社1989年版。

[美]拉铁摩尔:《中国的亚洲内陆边疆》,唐晓峰译,江苏人民出版社2008年版。

[美]施坚雅主编:《中华帝国晚期的城市》,叶光庭等译,陈桥驿校,中华书局2000年版。

[美]王国斌:《转变的中国》,李伯重等译,江苏人民出版社1999年版。

[美]彭慕兰:《大分流:欧洲、中国及现代世界经济的发展》,史建云译,江苏人民出版社2010年版。

[美]罗伯特·K. 默顿:《社会理论和社会结构》,唐少杰、齐心等译,译林出版社2015年版。

[法]布尔迪厄、[美]华康德:《反思社会学导引》,李猛等译,商务印书馆2015年版。

[法]保罗·克拉瓦尔:《地理学思想史》(第4版),郑胜华等译,北京大学出版社2015年版。

[美]罗斯科·庞德:《通过法律的社会控制》,沈宗灵译,商务印书馆2010年版。

[美]弗朗西斯·福山:《政治秩序的起源:从前人类时代到法国大革命》,毛俊杰译,广西师范大学出版社2012年版。

[意]罗伯塔·卡佩罗:《区域经济学》,赵文等译,经济管理出版社2014年版。

[日]速水佑次郎、神门善久:《发展经济学——从贫困到富裕》(第3版),蔡昉等译,社会科学文献出版社2009年版。

[日]藤田昌久、[美]保罗·克鲁格曼、[英]安东尼·J. 维纳布尔斯:《空

间经济学——城市、区域与国际贸易》，梁琦主译，中国人民大学出版社 2011 年版。

［英］A. P. 瑟尔沃：《发展经济学》（第 9 版），郭熙保译，中国人民大学出版社 2015 年版。

［英］哈维·阿姆斯特朗、吉姆·泰勒：《区域经济学与区域改革》，刘乃全等译，上海人民出版社 2007 年版。

［奥］路德维希·冯·米塞斯等：《产权、市场与竞争的基本理念》，冯兴元等译，重庆大学出版社 2013 年版。

［美］丹尼尔·伯科威茨、卡伦·克莱：《法律、地理和国家发展：以美国为例》，李丹莉等译，中信出版社 2015 年版。

［美］理查德·皮特：《现代地理学思想》，周尚意等译，商务印书馆 2007 年版。

［美］卡洛琳·加拉尔、卡尔·T. 达尔曼、艾莉森·芒茨、［爱］玛丽·吉尔马丁、［英］彼得·舍洛：《政治地理学核心概念》，王爱松译，江苏教育出版社 2013 年版。

［英］凯·安德森、［美］莫娜·多莫什、［英］史蒂夫·派尔、奈杰尔·思里夫特主编：《文化地理学手册》，李雷雷等译，商务印书馆 2009 年版。

［美］米罗斯拉夫·N. 约万诺维奇：《演化经济地理学——生产区位与欧盟》，安虎森等译，经济科学出版社 2012 年版。

［日］藤田昌久、［比］雅克－弗朗索瓦·蒂斯：《集聚经济学：城市、产业区位与全球化》（第 2 版），石敏俊等译，曾道智校，上海人民出版社 2016 年版。

［美］乔治·马丁内斯－维斯奎泽、弗朗索瓦·瓦利恩考特主编：《区域发展的公共政策》，安虎森等译，经济科学出版社 2013 年版。

［芬兰］蒂莫·J. 海迈莱伊宁、里斯托·海斯卡拉：《社会创新、制度变迁与经济绩效——产业、区域和社会的结构调整过程探索》，清华大学启迪创新研究院组织编译，知识产权出版社 2011 年版。

［美］克利福德·格尔兹：《文化的解释》，纳日碧力戈等译，上海人民出版社 1999 年版。

［英］塞缪尔·E. 芬纳：《统治史（卷一）：古代的王权和帝国——从苏美

尔到罗马》(修订本),王震等译,华东师范大学出版社2014年版。

[美]杜赞奇:《文化、权力与国家:1900～1942年的华北农村》,王福明译,江苏人民出版社2010年版。

[美]费正清、刘广京编:《剑桥中国晚清史(1800～1911)》(上、下卷),中国社会科学院历史研究所编译室译,中国社会科学出版社1985年版。

[美]费正清、罗德里克·麦克法夸尔主编:《剑桥中华人民共和国史(1949～1965年)》,王建朗等译,上海人民出版社1990年版。

[美]魏斐德:《中华帝制的衰落》,邓军译,黄山书社2010年版。

[法]亨利·列斐伏尔:《空间与政治》(第2版),李春译,上海人民出版社2015年版。

[美]大卫·哈维:《希望的空间》,胡大平译,南京大学出版社2006年版。

[美]戴维·哈维:《后现代的状况:对文化变迁之缘起的探究》,阎嘉译,商务印书馆2013年版。

[美]戴维·哈维:《正义、自然和差异地理学》,胡大平译,上海人民出版社2015年版。

[美]大卫·哈维:《跟大卫·哈维读〈资本论〉第二卷》,谢富胜等译,上海译文出版社2016年版。

[美]大卫·哈维:《新自由主义简史》,王钦译,上海译文出版社2016年版。

[美]大卫·哈维:《资本社会的17个矛盾》,许瑞宋译,上海译文出版社2016年版。

[美]大卫·哈维:《世界的逻辑:如何让我们生活的世界更理性、更可控》,周大昕译,中信出版社2017年版。

[美]爱德华·W.苏贾:《后现代地理学——重申批判社会理论中的空间》,王文斌译,商务印书馆2004年版。

[美]爱德华·W.苏贾:《寻找空间正义》,高春花等译,社会科学文献出版社2016年版。

[美]段义孚:《空间与地方:经验的视角》,王志标译,中国人民大学出版社2017年版。

[美]克利福德·格尔茨:《地方性知识——阐释人类学论文集》,杨德睿译,商务印书馆2016年版。

[英]多琳·马西:《保卫空间》,王爱松译,江苏教育出版社2013年版。

[美]马克·戈特迪纳:《城市空间的社会生产》(第2版),任晖译,江苏教育出版社2014年版。

[英]R. J. 约翰斯顿主编:《人文地理学词典》,柴彦威等译,商务印书馆2004年版。

[美]安东民·奥罗姆、陈向明:《城市的世界——对地点的比较分析和历史分析》,曾茂娟等译,上海人民出版社2005年版。

[美]罗伯特·戴维·萨克:《社会思想中的空间观:一种地理学的视角》,黄春芳译,北京师范大学出版2010年版。

[美]劳伦·勃兰特、托马斯·罗斯基:《伟大的中国经济转型》,方颖等译,上海人民出版社2016年版。

俞可平、[德]托马斯·海贝勒、安晓波主编:《中共的治理与适应:比较的视野》,中央编译出版社2015年版。

[美]李侃如:《治理中国:从革命到改革》,胡国成等译,中国社会科学出版社2010年版。

[美]邹至庄:《中国经济转型》(第3版),徐晓云等译,电子工业出版社2017年版。

[美]巴里·诺顿:《中国经济:转型与增长》,安佳译,上海人民出版社2010年版。

[美]倪志伟、[德]欧索菲:《自下而上的变革:中国的市场化转型》,阎海峰等译,北京大学出版社2016年版。

[美]傅高义:《先行一步:改革中的广东》,凌可丰等译,广东人民出版社2008年版。

[美]安·弗洛里妮、赖海榕、[新加坡]陈业灵:《中国试验:从地方创新到全国改革》,冯瑾等译,中央编译出版社2013年版。

[美]孔飞力:《中国现代国家的起源》,陈兼等译,三联书店2013年版。

[英]彼得·伯克:《什么是文化史》,蔡玉辉译,北京大学出版社2009

年版。

［美］E. 希尔斯：《论传统》，傅铿等译，上海人民出版社 1991 年版。

［加］帕特里克·格伦：《世界法律传统》（第 3 版），李立红等译，北京大学出版社 2009 年版。

［英］丹尼斯·罗伊德：《法律的理念》，张茂柏译，新星出版社 2005 年版。

［德］斯特凡·约尔丹主编：《历史科学基本概念辞典》，孟钟捷译，北京大学出版社 2012 年版。

［英］亚当·斯密：《国民财富的性质和原因的研究》（上、下卷），郭大力等译，商务印书馆 1979 年版。

［英］坎南编著：《亚当·斯密关于法律、警察、岁入及军备的演讲》，陈福生等译，商务印书馆 1962 年版。

［法］萨伊：《政治经济学概论——财富的生产、分配和消费》，陈福生等译，商务印书馆 1963 年版。

［英］约翰·梅纳德·凯恩斯：《就业、利息和货币通论》（重译本），高鸿业译，商务印书馆 1999 年版。

［美］米尔顿·弗里德曼：《资本主义与自由》，张瑞玉译，商务印书馆 1986 年版。

［法］亨利·勒帕日：《美国新自由主义经济学》，李燕生译，北京大学出版社 1985 年版。

［美］道格拉斯·C. 诺思：《经济史上的结构和变革》，厉以平译，商务印书馆 1992 年版。

［美］斯蒂格利茨：《政府为什么干预经济：政府在市场经济中的角色》，郑秉文译，中国物资出版社 1998 年版。

［美］斯蒂格利茨：《经济学》（第 2 版）（上册），吴小民等译，中国人民大学出版社 2000 年版。

［匈］卡尔·波兰尼：《巨变：当代政治与经济的起源》，黄树民译，社会科学文献出版社 2013 年版。

［美］阿瑟·拉弗、史蒂芬·摩尔、彼得·塔诺斯：《繁荣的终结：什么样的政策和法规才能带来繁荣》，王志毅译，凤凰出版社 2012 年版。

[新加坡]陈惠华:《变革:市场中的政府角色》,刘阿钢译,北京大学出版社 2014 年版。

[美]约瑟夫・熊彼特:《经济发展理论——对于利润、资本、信贷、利息和经济周期的考察》,何畏等译,商务印书馆 1990 年版。

[英]阿瑟・刘易斯:《经济增长理论》,周师铭等译,商务印书馆 1996 年版。

[美]威廉・伊斯特利:《威权政治——经济学家、政策专家和那些被遗忘的穷人权利》,冯宇等译,中信出版社 2015 年版。

[美]阿马蒂亚・森:《贫困与饥荒——论权利与剥夺》,王宇等译,商务印书馆 2001 年版。

[美]约翰・罗尔斯:《作为公平的正义》,姚大志译,上海三联书店 2002 年版。

[美]阿瑟・奥肯:《效率、平等和财产所有权》,沈国华译,机械工业出版社 2015 年版。

(四)

张文显:《变革时代区域法治发展的基本共识》,载公丕祥主编:《法制现代化研究》(2013 年卷),法律出版社 2014 年版。

张文显:《论中国社会主义法治道路》,载《中国法学》2009 年第 6 期。

沈国明:《法治创新:建设上海自贸区的基础要求》,载《东方法学》2013 年第 6 期。

文正邦:《区域法治——深化依法治国方略中的崭新的法治形态》,载《甘肃社会科学》2008 年第 6 期。

文正邦:《区域法制研究纵论》,载公丕祥主编:《法制现代化研究》(2009 年卷),法律出版社 2009 年版。

文正邦:《法治中国视域下的区域法治研究论要》,载《东方法学》2014 年第 5 期。

葛洪义:《作为方法论的"地方法制"》,载《中国法学》2016 年第 4 期。

葛洪义:《法治国家与地方法制》,载《法学》2009 年第 12 期。

李爱平:《关于我国区域法治几个问题的思考》,载《西部法学评论》2011年第1期。

张胜全:《我国区域法治的宪政基础与实践探索》,载《唯实》2012年第4期。

夏锦文:《区域法治发展的基础理论研究构架》,载公丕祥主编:《法制现代化研究》(2013年卷),法律出版社2014年版。

蔡宝刚:《增进区域法治发展的法理证立》,载公丕祥主编:《法制现代化研究》(2013年卷),法律出版社2014年版。

顾培东:《当代中国法治话语体系的构建》,载《法学研究》2012年第3期。

周尚君:《国家建设视角下的地方法治试验》,载《法商研究》2013年第1期。

周尚君:《地方法治试验的动力机制与制度前景》,载《中国法学》2014年第2期。

周尚君:《地方法治竞争范式及其制度约束》,载《中国法学》2017年第3期。

汪习根、王康敏:《论区域发展权与法理念的更新》,载《政治与法律》2014年第2期。

付子堂、张善根:《地方法治建设及其评估机制探析》,载《中国社会科学》2014年第11期。

孙笑侠:《局部法治的地域资源——转型期"先行法治化"现象解读》,载《法学》2009年第12期。

公丕祥:《中国法律文化现代化的概念分析工具论纲》,载《南京社会科学》1990年第1期。

公丕祥:《区域法治发展的概念意义——一种法哲学方法论上的初步分析》,载《南京师大学报》(社会科学版)2014年第1期。

公丕祥:《法治建设先导区域的概念与功能》,载《江海学刊》2014年第5期。

公丕祥:《区域法治发展与文化传统》,载《法律科学》2014年第5期。

公丕祥:《法治中国进程中的区域法治发展》,载《法学》2015 年第 1 期。

公丕祥:《还是区域法治概念好些——也与张彪、周叶中教授讨论》,载《南京师范大学报》(社会科学版)2016 年第 1 期。

苏力:《当代中国的中央与地方分权——重读毛泽东〈论十大关系〉第五节》,载《中国社会科学》2004 年第 2 期。

杜华:《国家构建理论与美国政治史研究的新趋势》,载《史学理论研究》2015 年第 1 期。

邓小南:《追求用水秩序的努力——从前近代洪洞的水资源管理看“民间”与“官方”》,载《暨南史学》2004 年第 3 辑。

赵世瑜:《分水之争:公共资源与乡土社会的权力和象征——以明清山西汾水流域若干案例为中心》,载《中国社会科学》2005 年第 2 期。

张俊峰:《介休水案与地方社会——对泉域社会的一项类型学分析》,载《史林》2005 年第 3 期。

杨念群:《“地方性知识”、“地方感”与“跨区域研究”的前景》,载《天津社会科学》2004 年第 6 期。

王立民:《中国地方法制史研究的前世与今生》,载《中外法学》2013 年第 5 期。

周叶中、曹阳昭:《我国区域法制建设简论:以武汉城市圈为例》,载《当代法学》2012 年第 2 期。

曹阳昭:《我国区域法制冲突的协调程度研究》,载《太原理工大学学报》(社会科学版)2011 年第 4 期。

王春业:《我国区域法制构建中法律规范供给模式的创新》,载《南京社会科学》2013 年第 1 期。

余涛:《地方法制理论视野下的“小制度”研究》,载《云南大学学报》(法学版)2015 年第 6 期。

朱未易:《地方法治何以可能和正当》,载《广东社会科学》2016 年第 5 期。

苏力:《大国及其疆域的政制构成》,载《法学家》2016 年第 1 期。

苏力:《家族的地理构成》,载《山西大学学报》(哲学社会科学报)2007 年第 5 期。

朱垭梁:《空间理解对法律的阐释》,载《求索》2014 年第 7 期。

朱垭梁:《法律中的空间现象研究》,载《湖北社会科学》2015 年第 8 期。

徐爱国:《法律文化的空间与时间维度》,载《光明日报》2017 年 5 月 1 日。

巩方健:《认真对待法律的空间性》,载《政法论丛》2008 年第 4 期。

张世明:《空间、法律与学术话语:中国边疆民族历史研究的若干理论问题》,载《商丘师范学院学报》2012 年第 1 期。

折晓叶:《村庄边界的多元化——经济边界与社会边界封闭的冲突与共生》,载《中国社会科学》1996 年第 3 期。

江必新、王红霞:《法治社会建设论纲》,载《中国社会科学》2014 年第 1 期。

陈柳裕等:《论地方法治的可能性:以"法治浙江"战略为例》,载《浙江社会科学》2006 年第 2 期。

黄文艺:《认真对待地方法治》,载《法学研究》2012 年第 6 期。

倪斐:《地方法治概念证成——基于治权自主的法理阐释》,载《法学家》2017 年第 4 期。

王立民:《中国近代的城市区域法制探研——以上海近代的区域法制为例》,载《法制现代化研究》(2013 年卷),法律出版社 2014 年版。

叶必丰:《区域经济一体化的法律治理》,载《中国社会科学》2012 年第 8 期。

叶必丰:《区域经济一体化法制研究的参照系》,载《法学论坛》2012 年第 4 期。

叶必丰:《基于区域合作思维的跨界污染纠纷处理》,载《法学家》2017 年第 4 期。

张彪、周叶中:《区域法治还是区域法制?——兼与公丕祥教授讨论》,载《南京师大学报》(社会科学版)2015 年第 4 期。

李树忠:《依法治国语境下的县域法治》,载《中国政法大学学报》2013 年第 6 期。

尹洪阳、杨玉圣:《县域法治论纲》,载《中国政法大学学报》2013 年第

6 期。

杨玉圣:《法治、礼治与善治——立足于县域法治与县域善治的讨论》,载《政法论坛》2017 年第 4 期。

何增科:《政府治理现代化与政府治理改革》,载《行政科学论坛》2014 年第 2 期。

陈先达:《文明必然趋同　文化一定求异》,载《新华日报》2017 年 7 月 21 日。

茅海建:《也谈近代湖湘文化》,载《湖南师范大学社会科学学报》1989 年第 1 期。

姚中秋:《钱塘江以南中国:儒家式现代秩序——广东模式之文化解读》,载《开放时代》2012 年第 4 期。

陈景良:《唐宋州县治理的本土经验:从宋代司法职业化的趋向说起》,载《法制与社会发展》2014 年第 1 期。

陈安金:《崇实重商的永嘉学派》,载《光明日报》2014 年 3 月 31 日。

[美]黄宗智:《挖掘中国法律传统与思维方式的现代价值》,载《文汇报》2014 年 3 月 24 日。

梁治平:《法律的文化解释》,载《中国社会科学季刊》(香港)第 4 卷(1993 年)。

刘阳访谈录:《传统文化"失语",我们该做什么》,载《人民日报》2014 年 3 月 27 日。

姚洋:《确定有利于社会公正的分配正义原则》,载《人民日报》2016 年 8 月 26 日。

许耀桐:《中国国家治理的宏图大略》,载《人民日报》2017 年 7 月 23 日。

王焕祥、李静:《西方学者关于地方政府竞争研究的微观视野》,载《改革与战略》2009 年第 11 期。

周黎安、宋紫峰:《中国地方政府竞争 30 年》,载《教学与研究》2009 年第 11 期。

周黎安:《中国地方官员的晋升锦标赛模式研究》,载《经济研究》2007 年第 7 期。

[德]何梦笔:《政府竞争:大国体制转型的理论分析范式》,陈凌译,冯兴元校译,载《广东商学院学报》2009 年第 3 期。

[德]D. 德林:《政府、竞争与市场》,王宁、李迪译,载《国外社会科学》1995 年第 10 期。

后　记

本书是国家社会科学基金重点项目《当代中国区域法治发展的理论与实践研究》(项目批准号:14AFX001)的最终研究成果。

在本书的写作过程中,作者注意坚持以马克思主义法律思想和中国特色社会主义法治理论为指导,从理论与实践的结合上,以法治中国进程中区域法治发展的运动逻辑为叙述主线,深入研究区域法治发展领域的基本理论,努力构建具有鲜明中国风格的区域法治发展现象的概念工具系统和理论分析框架,以期为全面依法治国新时代的区域法治发展提供学理阐释。

在本课题的立项和研究过程中,得到了全国哲学社会科学工作办公室、江苏省哲学社会科学规划办公室、南京师范大学人文社会科学院和中国法治现代化研究院、江苏高校区域法治发展协同创新中心以及南京师范大学法学院的大力支持,得到了国内法学界有关学者的热忱指导。江苏省高级人民法院曹也汝博士、华任同志和南京师范大学法学院方乐教授、於海梅博士、胡惟佳同志为本书的资料收集、文稿打印、项目管理等相关事宜,给予了周到的帮助。法律出版社领导对本书的出版面世慨然关顾支持,王扬老师、赵明霞老师为本书的编辑工作付出了辛勤劳动。在此,谨致以诚挚的感谢!

笔者深知,开展区域法治发展的基本理论研究,这是一项理论难度很大的富有挑战性的学术工程。本书的写作,旨在为这一领域的研究打下初步的基础,未来的理论愿景正在向有志的人们召唤呢!

公丕祥

2020 年 7 月于南京

图书在版编目(CIP)数据

区域法治发展的理论分析 / 公丕祥著. -- 北京 : 法律出版社, 2020
ISBN 978-7-5197-3680-4

Ⅰ. ①区… Ⅱ. ①公… Ⅲ. ①社会主义法治－研究－中国 Ⅳ. ①D920.0

中国版本图书馆 CIP 数据核字(2019)第149527号

区域法治发展的理论分析
QUYU FAZHI FAZHAN DE LILUN FENXI

公丕祥 著

策划编辑 赵明霞 王 扬
责任编辑 赵明霞 王 扬
装帧设计 乔智炜

出版 法律出版社
总发行 中国法律图书有限公司
经销 新华书店
印刷 北京玺诚印务有限公司
责任校对 杨锦华
责任印制 胡晓雅

编辑统筹 法商出版分社
开本 710毫米×1000毫米 1/16
印张 24.5
字数 351千
版本 2020年9月第1版
印次 2020年9月第1次印刷

法律出版社/北京市丰台区莲花池西里7号(100073)
网址/www.lawpress.com.cn
投稿邮箱/info@lawpress.com.cn
举报维权邮箱/jbwq@lawpress.com.cn
销售热线/400-660-8393
咨询电话/010-63939796

中国法律图书有限公司/北京市丰台区莲花池西里7号(100073)
全国各地中法图分、子公司销售电话:
统一销售客服/400-660-8393/6393
第一法律书店/010-83938432/8433
西安分公司/029-85330678
重庆分公司/023-67453036
上海分公司/021-62071639/1636
深圳分公司/0755-83072995

书号:ISBN 978-7-5197-3680-4
定价:78.00元
(如有缺页或倒装,中国法律图书有限公司负责退换)